KB260142

# 간통

*Adultères*

# 간통

*Adultères*

프랑스 지식사회에 파장을 몰고 온 알도 나우리 박사의
프로이드적 간통 분석

**알도 나우리** 지음 | **조용희** 옮김

(주)고려원북스

모든 부부들에게.
절망하지 않고
폭풍에 맞서 싸우는 부부들에게.
그들의 과거가
항해에 충분한 장비를 갖춰주지 않았기에
때로는 침몰한 부부들에게도.

왜 간통에 관한 책을 쓰는가? 이제는 더 이상 이야기할 거리가 없어진 진부한 주제가 아닌가?

고대에 있었던 간통의 자취를 더듬거나 신화나 성경에 나오는 간통을 고증하려 한다면 그런 의문을 제기할 수 있다. 카사노바의 무용담, 돈 후안의 편력, 명사나 왕족들의 문란한 행각에 대해 집필할 계획이라면 그런 질문을 할 수 있다. 대중 잡지에서 흔히 볼 수 있는 남성 유명 인사들의 무용담이나 여성 작가들의 애처로운 고백, 여배우를 향한 남자들의 정복욕, 그리고 다른 한편으로 남성 정복을 일삼는 여성 지식인들의 회고록 같은 글을 쓰려고 한다면 충분히 위와 같은 반응을 보일 수 있다.

독자들은 안심하시길 바란다! 내 의도는 그런 것이 아니다. 감쪽같이 간통에 성공할 수 있는 고도의 기술을 한 수 가르쳐주려는 것도 아니고, 간통을 예찬하거나 비판하려는 것도 아니다.

나는 거의 평생을 소아과 의사로 일해왔고, 이 책에서도 소아과 전문의의 관점을 견지할 것이다. 나는 내게 진료받는 아이들의 젊은 부모들을 관찰하는 데 많은 시간을 할애했다. 두 사람이 묵시적으로 합의한 정조를 지키지 않고 부부 중 한 사람이 다른 파트너를 찾아 나설 때, 그들 자신이 그렇게 행동하는 이유와 의미도 모르고, 그 행동의 결과는 더더욱 모르는 채 일을 저지르는 이유를 찾아내려 했던 것이다. 달리 표현하자면, 과거엔 어린아이였던 이 부모들이 자신의 독자적이고 자유로운 선택이라는 환상 속에서 간통을 행하는 이유가 무엇인지 궁금했다.

나의 의문은 영원한 테마다. 따라서 간단한 역사적 고찰을 아니 할 수 없다. 간통이 비난과 치욕의 대상이 아닌 시대가 없었음에도 불구하고, 여전히 그것은 계속되고 있다. 인간이라면 누구나 살아가는 동안 피할 수 없다고 느낄 정도로 강렬한 유혹이다. 정신분석학자 뤼시엥 이스라엘이 "아내의 정조를 확신하는 사람은 정신병자들밖에 없다"[1]라고 익살스럽게 표현한 것도 같은 의미다. 이는 돌팔매질을 당할 위기에 처한 여성을 구하기 위해 "죄를 짓지 않은 자가 있으면 먼저 돌을 던져라"[2]라는 말의 메아리처럼 들린다.

왜 이렇게 될 수밖에 없는가?

오늘날 남성 중심이라 비난받는 과거의 모든 사회를 보자. 어느 시기, 어느 법전을 보더라도 간통을 금하는 계율이 있었다. 이 계율은 남성들만을 대상으로 여성의 악마적인 매력을 경계하며, 이에 굴하지 말고 성적 충동을 자제할 것을 강력히 권한다. 그러나 그 결과가 썩 좋지 않음을 인정해야 할 것이다. 왜냐하면 남성들은 이 같은 계

---

1) Lucien Israël, *Marguerite D. au risque de la psychanalyse*,(심리학적으로 본 작가 마거릿 뒤라스) Strasbourg, Ramonville-Sainte-Agne, Arcanes, Érès, 2003, p.173.
2) 마태복음 19 : 9

율의 강력한 권고에 계속 저항해왔기 때문이다. "육체는 약하다"라는 주장으로 여성들의 죄의식을 부추기는 한편, 매춘 제도를 만들고 또 매춘을 규제하는 법을 만든다. 이혼 소송에 있어서도 여성의 잘못을 과하게 인정하는 불평등한 입법을 통해 여성에 대한 부당한 대우를 정당화했으며, 문학을 통해서는 남성들의 여성편력을 미화하고 합리화해왔다.

그러나 수십 년 전부터, 여성들이 끈질긴 투쟁으로 마침내 상처받은 존엄성을 회복할 수 있는 수단을 쟁취하면서 상황은 달라졌다. 아직 충분하지는 않지만 여성들이 쟁취한 결과에 찬사를 보내지 않을 수 없다. 남성들과 대등한 성적 요구와 권리를 부각시킴으로써 상황의 변화를 일으켰고 현재와 같은 성의 자유화에 도달한 것이다.

이런 상황에서 간통이라는 개념은 무엇을 내포하고 있는가? 모든 사람들이 인정하고 결코 포기할 수 없는 자유라는 명분으로 다른 누구의 동의도 필요 없이 자기 마음대로 행동할 수 있는 권리를 주장하는 상황에서, 아직도 간통이라는 단어를 사용할 일이 있는가? 이와 관련해 임의로 부부관계를 유지했던 장 폴 사르트르와 시몬느 드 보부아르의 계약결혼에 대해 언급하자면, 두 사람은 각기 상대방의 불륜을 인정할뿐더러 서로 자세히 이야기해주기로 약속했다고 알려져 있다. 나중에 알려진 사실이지만, 사실 이들은 이 약속을 지키지 않았다. 하지만 이들의 계약이 세간에 알려짐에 따라 이를 맹목적으로 모방한 많은 사람들 중 상당수는 비싼 대가를 지불했다.

이제 현실을 보자!

매일 진찰실에서 벌어지는 일들을 살펴보는 것만으로도 충분하다. 나는 오랫동안 의사 생활을 하면서 그 방면에 다양한 선택을 했던 수

많은 부부들을 관찰해왔다. 그 결과는 모두 참을 수 없는 고통을 유발했을뿐더러, 깊은 상처를 남기지 않은 부정이나 결별을 목격한 적이 없다고 장담할 수 있다. 현대를 사는 사람들이 아직도 동화의 세계에 머물러 있는 것일까? 여성들은 백마 탄 왕자를 기다리고, 남성들은 신화 속 여신을 차지할 꿈을 아직도 품고 있는가? 아니면 이런 현상은 사람들이 시대의 변화를 망각하고 구시대의 세계관을 고집하고 있기 때문에 일어나는 것인가? 간통이 이제 더 이상 위법 행위가 아니라 해도, 결코 쉽게 수용하거나 초연할 수 있는 경험은 아니다.

다른 경우에서도 확인할 수 있는 현상이지만, 간통에 있어서도 정반대 의견들이 대치하는 가운데, 극소수의 의견이 나름대로의 대처 방안을 목소리를 높여 제시하며 —스스로도 실천하지 못하는 경우가 많으면서— 조용한 다수에게 강요한다. 이 조용한 다수는 그들의 우상들이 예언하는 테러리스트식 논리가 얼마나 허위인가를 확인하기 거부하며 그 논리를 순순히 따른다.

간통에 대한 자랑스러운 무용담이나 고통스러운 고백의 이면에는 무엇이 있는가? 규범을 어기는 짜릿함에 대한 예찬? 강박관념에 기인한 변명? 마음을 정리하기 위한 방편? 자율성을 미화하는 새로운 방법? 대등한 성행위를 주장하는 방법? 상처받은 나르시시즘에 대한 응급치료? 이미 구시대에 성행했던 비난의 연장? 새로운 사랑에 대한 복수심 어린 저항?

이러한 것들이 모두 뒤섞여 있다. 또 이미 알려져 있을뿐더러 수없이 반복되어 이미 진력이 난 다른 것들도 뒤섞여 있다. 그러나 그 관계가 어떤 성격을 띠든 간에 모든 형태의 결합에서 공통적으로 발견되는 것이 있다. 결코 어떤 먹구름도 방해할 수 없는 새파란 하늘색 사랑의 모험에 대한 끝없는 지평선, 그 무엇도 좌절시킬 수 없는 희망, 고집스러운 기다림, 알듯 말듯 한 그 무엇에 대한 미친 듯한 갈증이 존재한다.

환상일까?

그럴지도 모른다. 그러나 놀라울 정도로 깊은 뿌리를 가진 이것은 모험에 감염된 사람들로 하여금 어쩔 수 없이 이 환상을 실현시키도록 한다!

환상이 항상 그러하듯, 자신의 정당성을 날조하기 위해 지푸라기라도 잡는 행동을 하게 되고, 주위 사람들의 이성을 부정하며 충돌을 일으키는데 정작 자신은 이를 알지 못한다. 이상할 것도 망측스러울 것도 없는 일이다. 심리 체계가 사물의 근본을 감추고자 할 때 발동시키는 메커니즘일 뿐이다. 다만 당사자와 주변 사람들과의 관점이 너무 상이할 때 '증상'이라 부를 수 있는 현상이 관찰되는데, 당사자도 어느 정도는 인지할 수 있다. 이 점을 명확히 하고 강조하는 이유는, 이 책의 전반에 걸쳐 간통이라는 행위뿐만 아니라 간통을 행하는 사람들의 증상도 연구 대상으로 삼았기 때문이다. 이런 사고 방법을 독자들에게 익숙하게 하기 위해, 당초 나 스스로도 크게 신경 쓰지 않았던 대수롭지 않은 현상이 나중에 간통이란 테마로 합류되는 것을 자세한 예를 들어 설명하는 것이 필요하겠다.

하지만 이 광범위한 과제에 대해 완벽하고 철저하게 연구했다고 자부할 수는 없다. 나는 냉정하게 과학적으로 묘사하는 방법보다는 분석적 방법에 의존했음을 인정한다. 많은 임상사례를 제시하는 학술적인 방법을 사용했지만, 일련의 직관에만 의존했다는 비판을 받을 수 있음도 인정한다. 그러나 직관도 지식의 한 형태가 아닌가? 직관이 그렇게 인정받지 못하는 것도 사실이지만, 반론의 여지가 없는 지식이라는 것 또한 사실이다. 왜냐하면 지식이란 어떤 것의 내부에서 나온 개념들이 결집되는 메커니즘을 거쳐 그 개념들이 은밀히 축적된 것이기 때문이다.

이런 논리가 충분치 않을 수도 있지만, 내가 선택한 접근방법과 발표방식은 명확한 장점을 가지고 있다. 독자가 내 의견에 동의하지 않을 경우, 선입견이나 도덕적인 잣대를 쓰지 않고 독자 자신의 감성의 체로 걸러서 주저 없이 반대하고, 거부하고, 격한 비난까지도 퍼부을 수 있다는 것이다. 이렇게 함으로써 나는 내 나름대로 −모리스 마테를링크가 희곡『펠레아스와 멜리상드』를 통해 추구하는 것과 마찬가지로− "이성(raison)이 아닌 공감(résonance)을 통해서 인간의 가장 은밀한 곳에 접근하고자 한다."[3]

---

3) Maurice Maeterlinck, *Pelléas et Mélisande*, Paris, Labor, 2006.

# 차례

# "나는 반복적으로 간통을 했어요.
# 매번 무너지면서 이번이 마지막이라고
# 다짐했어요."

나는 안경렌즈를 닦는 데 많은 시간을 보낸다. 언제나 그랬다. 나와 비슷한 사람들이 많이 있겠지만, 나는 확실히 지나칠 정도다. 내 시야에 아롱진 광채가 보이거나, 손가락 자국, 먼지가 들어오면 급히 손수건을 찾는다. 보통은 금방 찾지 못해 헤매다가, 겨우 찾아서 안경을 닦지만 만족스러운 결과를 얻지 못한다. 새 손수건이든 낡은 손수건이든 모두 새로운 문제를 일으킨다. 아무리 정성스럽게 닦아도 렌즈 위에 새로운 무지개가 생긴다. 렌즈의 양쪽에 입김을 불고 나서 이쪽저쪽을 닦는다. 대부분의 경우 소용이 없다. 주변에 세면대가 있는 경우 비누칠을 해서 물로 닦는다. 스프레이, 젖은 휴지 등을 써봤지만, 비누칠이 내가 발견한 가장 근본적인 방법이다. 나는 나와 대화하는 상대의 깨끗하지 못한 안경도 참지 못한다. 내가 생각해도 내 증상은 거의 병적이다. 나와 친한 사람인 경우, 충동을 참지 못하고 즉시 그의 안경을 닦아준다. 잘 모르는 사람인 경우, 그의 안경에 있는 손가락 자국이나 먼지 때문에 대화의 흐름을 놓치지 않기 위해 노심초사한다. 자동차 앞 유리창도 똑같은 문제를 일으킨다는 것을 고백하면 내 증상이 더 심각하다고 생각할 것이다. 비오는 날 택시 와이퍼가 앞 유리창을 기막히게 깨끗하게 닦는다면, 차의 브랜드와 모델을 물어보고 "언젠가 이 차를 사야겠다"고 다짐을 한다.

물론 이것은 나의 복잡한 일상 속에서 대수롭지 않은 일이다. 보통은 크게 신경 쓰지 않고 잘 참아왔다. 여기서 이 이야기를 꺼내는 것은 어느 순간 그것이…… 증상이 되었기 때문이다! 어느 날 나 스스로 내가 너무 심하다는 생각이 들었다. 그리고 여기에 무슨 의미가 있을 것이라는 의문이 생겼다. 그리고 이 의문은 일련의 다른 의문들을 유발했다. 그중 하나가 '왜 내가 이전에 이 문제에 대해 의문을 제기하지 않았느냐'는 것이다. 자크 라캉이 "그것은 이야기한다, 들을 줄 모르는 사람들에게도. 그것은 모든 것을 말해주지 않는다, 그것을 아는 사람들에게도(ça parle, ça parle même à ceux qui ne savent pas entendre, ça ne dit pas tout, même à ceux qui le savent)"라고 말한 증상의 해독(解讀)을 나도 모르게 시작한 것이다.[1] 그는 다음과 같이 덧붙일 수도 있었을 것이다. "그것은 아주 많은 이야기를 한다, 정신분석학을 통해 순서도 체계도 없이 엉긴 생각들을 풀 수 있는 훈련을 받은 사람 스스로가 자신의 개인 영역에서 지금까지 어느 정도 정리를 했다고 자부하던 것까지 되돌아보게 할 정도로 많은 이야기를 한다."

이는 정신분석을 통해서 자신의 모든 문제를 해결하고 향후 부딪

---

[1] Jacques Lacan, séminaire, 1971.1.20

힐 수 있는 문제에 대처할 준비가 되어 있다고 생각하는 사람에게 좋은 가르침이다. 적어도 끈질기게 나타날 수 있는 잘못을 고칠 수 있는 좋은 기회다. 즉, 분석을 통해서 어떤 개인이 가진 족쇄들 중 상당수를 자유롭게 풀어줄 수 있는 것은 사실이지만, 모든 유전 기질로부터 자유롭게 한다고 자신할 수는 없다. 설사 그가 그 경험을 직업으로 삼은 정신분석 전문가라고 해도 다른 사람들과 마찬가지로 정신적 문제를 안고 있다. 다른 사람들보다 덜 속박받는 것이 아니다. 다른 사람들만큼 속박을 받고 있지만, 속박을 느낄 경우, 그것을 다룰 줄 안다는 점에서 좀 낫다고 할 수는 있다. 오랫동안 받은 사고의 연상 훈련은 의문을 느낄 때 당황하지 않고 대처할 수 있게 해준다. 자신의 방법이 적절하다는 것을 잘 알고 있기 때문에 시간이나 에너지를 아까워하지 않고 그 분석방법을 적용한다. 단지 이 점에서만 다를 뿐이다. 명백한 것을 부정하거나 한없이 게으름을 피우는 경우가 아니면, 아주 평범한 생활에서도 가슴을 무겁게 하는 의문으로부터 자유로운 사람은 없다.

위와 같은 생각에서 나는 내가 안경렌즈에 지나치게 신경을 쓰는 것에 스스로 놀랐다. 그런 분석방법이 적용될 수 있다는 놀라운 발견을 잘 이해할 수 있도록 하기 위해 그 방법을 자세히 묘사했다. 그러나 수개월에 걸친 연상을 통해, 내가 시력에 들이는 지나친 정성이 증상으로 변한 정확한 시점까지 거슬러 올라간 방법까지 자세히 설명할 의도는 없다. 그런 설명은 너무 길고 크게 흥미로운 것도 아니다. 다만 간통 관련 문제들에 대한 의문들을 제기하는 과정에서 그 의문들과 기이하게 만날 수 있는 기회가 생겼다는 사실을 밝히는 바이다.

“나는 반복적으로 간통을 했어요. 매번 무너지면서 이번이 마지막이라고 다짐했어요.”

그 여성은 식사가 끝날 무렵 커피를 마시기 직전에 태연한 어조로 이렇게 말했다. 아무렇지도 않게 던진 이 명확하고 간단한 고백 형식의 발언은, 당초 일시적일 것 같던 관계가 좀 더 긴밀하고, 돈독하고, 은밀한 관계로 전환된 것을 의미하는 것으로 보였다. 그 당시 나는 그저 점심만 먹고 끝낼 수 있는 관계를 상담으로 연결되는 직업적인 관계로 만드는 것이 싫었다. 그리고 나처럼 남의 이야기를 듣는 것을 업으로 삼는 사람에게 나름대로 심각한 문제를 가진 사람이 사석에서 치료요법을 가르쳐달라고 요청하는 것도 싫었다. 나는 그 여성에게 내가 도움을 주기에 적당한 사람이 아니라는 것을 이해시키고 동료 의사를 추천하며 연락처를 주었다. 그렇게 함으로써 나는 거기서 해방되었다고 생각했다. 그러나 그것은 큰 오해였다! 그 당시에 나는 내가 들은 그 말에 그렇게 오랫동안 시달릴 줄 상상하지 못했다. 특히 “이번이 마지막이라고 다짐했어요”가 뇌리를 떠나지 않았다. 이 말은 금단의 행동을 저지르기 전에 당사자가 느낀 후회나 도덕적 각성으로 해석될 수 있는 뉘앙스가 있었다. 그러나 당사자의 의지에 반해 반복되는 점을 감안하면 어떤 중독성이라기보다는 강박감에 가까운 특이한 성격이 드러나는 것으로 보였다.

정신분석학에서 말하는 ‘응축(condensation)’이나 ‘전치(déplacement)’(강박증에 사용되는 심리적인 방어 기제들—역주)의 메커니즘에 의해 내게 고백한 그녀의 강박감은 당시 생각했던 것보다 내게 더 깊은 인상을 주었고, 바로 그런 이유로 깨끗한 안경 렌즈에 대한 나의 강박감을 깨닫게 되었다!

나는 일견 전혀 별개인 두 가지 테마가 내 앞에 전개된 강도와 상관관계를 이해하려고 상당한 노력을 기울이고 나서야 이 사실을 인정할 수 있었다.

내가 발견한 첫 번째 공통점은 형식의 동일성이었다. 즉, 이성을 거역할 수밖에 없는 억제할 수 없는 무언가가 있었다. 그 여성이 "이번이 마지막이다" 하고 다짐했지만 또 간통을 행하지 않을 수 없었고, 나는 성능이 우수한 와이퍼를 보고 나도 모르게 탄성을 지르지 않을 수 없었다! 안경 렌즈를 닦아서 충족된 효과가 부정할 수 없을 정도로 나의 강박감을 강화시켰다면, 간통에 대한 강박감 또한 —비장한 상황에서도— 그 당사자에게 동등한 효과를 부여한다. 유사한 메커니즘에 의해 두 행위가 가진 형식의 동일성은 동등한 결과를 낼 개연성을 가진다.

내가 상관관계를 찾으려고 시도한, 두 행위가 추구하는 결과나 목적에 전혀 공통점이 없다는 사실은 어떻게 설명하나?

이런 부류의 의문들에는 자유로운 연상 훈련이 효과적이다. 순서나 체계가 없는 생각들이 떠오르는 대로 놔두면 조만간 그 나름대로 방향성을 갖는다. 두 행위의 결과와 관련하여 각각의 강박감이 누구에게도 해를 끼치지 않았다는 점이 명백하게 보였다. 즉, 나의 강박감은 나에게만 관련된 것이고, 그 여성의 강박감은 —그녀의 말에 따르면— 그녀만 관련된 것이다. 물론 그녀의 행위가 수반하는 도덕적인 면은 전혀 고려하지 않은 것이다.

추구하는 목적에 관련해 상관관계를 발견하는 데는 더 많은 시간이 걸렸다.

"이번이 마지막이다"라는 다짐 때문에 그녀의 말은 내가 당시 생각했던 것보다 나에게 더 깊은 인상을 남겼다. 이 말은 나도 모르게 나로 하여금 소아과 의사로서 어린 환자들과 유지하는 관계로 돌아가게 만들었다. 그 여성의 얼굴에 유년기의 모습이 남아 있었고, 그것은 어른에게 꾸중을 듣는 아이들이 하는 —지킬 수 없지만 가슴을 찡하게 하는— 다시는 그런 짓을 하지 않겠다는 다짐을 연상케 했다. 그 당시 내가 느낀 측은한 마음은 아이들이 일상적으로 연출하는 상황을 볼 때 느끼던 것과 같다. 그것은 물론 나를 시각의 영역으로 —특히 의사 특유의 시각의 영역으로— 돌아가게 했는데, 이 시각의 효능에 대해서는 미셸 푸코가 훌륭한 글을 남겼다.[2] 그 후 수십 년 뒤에 발표한 논문에는 신생아의 시각에 대한 내용도 있었다.[3] 세상에 나오자마자 시각은 종합적인 감각기능을 보이는데, 자기 자신의 몸 뿐만 아니라 주변 공간도 의식하게 한다.[4] 신생아가 지닌 시력의 범위와 마찬가지로, 신생아의 능력의 범위도 당초 예상했던 것보다 훨씬 오랫동안 나를 고민하게 만들었다. 의문이 하나씩 제기될 때마다, 정신분석이 충동의 이면에서 발견하는 통제, 편집증 또는 변태 성향과 같은 것들이 매번 매복되어 있었다. 나의 위치를 파악하기 위해 나는 푸코뿐만 아니라 제라르 보네[5] 등 다른 저자들의 책을 참고해야 했다. 그에 따라 내가 내린 결론은,

---

2) Michel Foucault, *Naissance de la Clinique*(클리닉의 탄생), Paris, PUF, 1978, p.116.

3) 임신 기간 중 신생아의 시각영역이 어떤 이미지도 기록할 수 없었고, 다른 감각영역들과는 달리 데이터베이스를 만들지 못했음에도 불구하고, 신생아가 공기 중에 나온 후 8시간만 되면 사진에 있는 어머니를 알아볼 수 있음을 증명했다.

4) Henri Hecaen, *Neuropsych ologie de la perception visuelle*(시각적 인식에 대한 신경정신학), Paris, Masson, 1972.

5) Gérard Bonnet, *Voir et être vu*(보기, 그리고 보여지기), Paris, PUF, 1981.

의학공부가 내 시각의 효능을 완성시키는 데 기여했다면, 이 효능은 나로 하여금 현재 종사하고 있는 직업을 선택하게끔 하는 데 충분할 정도로 이미 발달되어 있었다는 것이다. 달리 말하면, 내가 의사이기 때문에 내 시각에 그렇게 깊은 애착을 가진 것이 아니라, 내가 항상 시각에 애착을 가졌기 때문에 의사가 된 것이다.

나는 시야에 관한 나의 강박감과 그 여성이 대화에서 밝혔던 간통의 강박감과의 연결고리에 대해 오랫동안 생각했다. 아주 춥던 날 지나치게 난방이 잘된 카페에 들어설 때까지. 카페에 들어서자 안경에 김이 서렸다. 렌즈를 닦고 나서 창가 테이블에 자리를 잡자마자 나는 모자로 김이 서린 창문을 닦고 있는 나 자신을 발견했다. 그 순간 내 머리를 스친 것은 내가 참을 수 없는 일은 "불투명한 것"이란 생각이었다. 아주 작은 불투명한 증상이라도 그것을 볼 때마다 위협을 느낄 정도로.

그 순간 나는 단번에 나의 머리를 떠나지 않던 과거의 삶으로 돌아갔다. 나는 시야의 영역에 제한된 '시니피에(signifié, 기호의 의미, 라캉학파에서는 주체의 의미—역주)'를 떠나서 나에게 다른 지평선을 여는 '시니피앙(signifiant, 기호의 표현, 라캉학파에서는 주체를 구성하는 질료, 무의식적 욕망—역주)'으로 다가갔다. 불투명성에 대한 나의 투쟁은 내 안경의 범위를 훨씬 넘어서 불투명성이 있을 수 있는 다른 영역으로까지 확대되었다. 이는 나 자신을 분석하면서 발견한 것, 즉 어린 시절 문화권이 바뀌면서 겪었던 일련의 고통으로 돌아가게 했다. 이 시절 나는 모국어의 편안함을 떠나 처음으로 배우는 새로운 언어의 불투명성에 부딪쳤다. 이 과정에서 나는 줄곧 내 시선을 무기같이 사용했다. 에드거 앨런 포의 단편에서 탐정 뒤팽이 언급하는 아이처럼,[6] 내 상대의 말을 잘 이해하지 못할 때, 나는 내가 그와 똑같은 표정이 될 때까지 그의 얼굴을 뚫어져라 바라보았다. 이렇게 함으로써 나는 그가 나를 어쩌지 못한다는 것을 알게 되었다. 그리고 내가 어떤 대답도 하지 않았기 때문에 그에 대한 지배력을 갖게 된다는 것도 알게 되었다. 왜냐하면 나는 그가 말한 것에 대해 알지만, 그는 내가 말할 수 있는 것에 대해 전혀 모르고 있기 때문이다.

이런 사실을 재발견함과 동시에, 나는 내 인생 역정 전체가 불투명성에 대한 악착같은 투쟁이었음을 알게 되었다. 왜 나는 다른 동료들처럼 직업에 종사하는 데 필요한 통상적인 일만 하지 않았나? 왜 나는 인문과학의 다른 영역에 관심을 가질 수밖에 없었나? 왜 나는 정신분석을 시도했나? 왜 나는 정신분석을 쉬운 말로 풀어쓴 책을 출판할 필요성을 느꼈나? 이상과 같은 의문에 대한 답은 모두 불투명성에 대한 나의 반응이었다. 모든 것이 합쳐져서 새로운 의미를 가지게 된다. 나는 이 책에서 간통이라는 복잡하고도 불투명한 영역을 통해서 남녀의 관계가 갈 수 있는 막다른 골목의 끝까지 밝히고자 한다.

그러나 이것은 간통이라는 테마가 나의 관심을 끌게 된 경위를 설명하지 못한다.

나도 모르는 사이에 간통이 숨기고 있는 금단성에 유혹을 느낀 것일까? 간통은 소심한 내가 스스로 억제하고 있는 부분을 건드리러 온 것인가? 내가 살아오면서 가졌던 감정이나 의혹으로 되돌아온 것

---

6) Edgar Allan Poe, "La lettre volee(도난당한 편지)," *Histoire extraordinaires*(진기한 이야기들), Paris, Gallimard 2004

일까? 내가 직업상 들어야 했던 은밀한 대화들에 대해 고통을 느꼈던 것인가? 이 같은 가정들이 서로 연관성이 없는 것일까? 실은 이 모든 가정 하나하나가 전부 상관관계가 있거나, 상관관계를 준비해주는 것이다. 그러나 이 가정들은 불투명성에 대해 나의 내부에서 일어난 일련의 반응에 비하면 미미한 수준이다. 왜냐하면 간통은 '은폐'라는 불투명성을 근본적인 특징으로 가지고 있기 때문이다. 이 은폐는 시선에 의도적으로 노출되지 않는 것뿐만 아니라 말이나 행동을 통해서 의도적으로 언급을 하지 않는 것도 포함한다.

'은폐'라는 단어가 이미 지나간 과거의 이야기를 들춰보고자 하는 나 같은 돈키호테에게 새로운 탐사 영역을 제공하는 건 사실이지만, 은폐의 반대어인 투명성을 옹호할 의도는 없으며 현재와 같은 테러리즘적인 투명성은 결단코 거부한다는 것 또한 밝히고 싶다. 이것은 '은폐'라는 문제가 가진 여러 면들 중 하나에 불과하다. 현상의 추잡한 면에서 벗어나서, "들을 줄 모르는 사람들에게도 말하고, 아는 사람들에게도 이해되지 않는" 증상에 관심을 두면 거기에는 다른 면들이 있다는 것도 알게 된다. 한 인간의 인생이 서로 연관성이 없는 별개의 과정들로 이루어져 있는 것이 아니라고 생각하면, 인생은 한 치의 빈틈도 없는 연속체다. 즉, 성인은 어제의 아기이며, 오늘의 아기는 내일의 성인인 것이다. 간통에 대해 연구할 때 간통이 행해질 수밖에 없었던 결정론, 그 역동성과 목표를 찾아야 하고, 이것들이 먼 과거에 일어났던 일과 어떻게 접속될 수 있는지를 살펴봐야 한다. 과거와의 인과 관계는 일정한 조건이 조성되면 어렵지 않게 파악할 수 있다. 간통에는 능동적인 가해자도, 피해자도 없기 때문이다. 간통에 관련된 사람들 각각의 사연을 들어보면 무고한 피해자들만 있다. 이 사연은 서로 별개의 것으로 전개되며, 각자 자신의 몸으로 직접 겪는 것이다. 사연의 자취는 소멸되지 않으며 그가 회피할 수 없는 일련의 사건들로부터 계속 상기되고, 사건이 생길 때마다 위기가 조성된다. 예기치 못한 상황에서 간통의 주체는 은폐를 이용해 자신에게 불투명하게 남아 있었던 과거 삶의 영역으로 고독한 회귀를 할 수밖에 없으며, 이 과거의 영역은 반복해서 상기된다.

유년기의 사연 때문에 내가 다시는 불투명성의 함정에 빠지지 않기 위해 상당한 노력을 기울이는 것처럼, 나에게 간통을 고백했던 여성은 그녀가 찾을 수 있었던 유일한 수단, 즉 '반복적인 간통'을 통해서 그녀의 의도에서 벗어나려는 무엇인가를 되찾으려고 노력했을 것이다. 이 과정에서 그녀는 자신의 몸을 이용했는데, 과연 그녀의 방법이 틀렸다고 할 수 있을까? 라캉은 증상에 대해 "육체에 남은 언어의 흔적"이라 말하지 않았는가? 반대로 그녀의 방법은 매번 "이번이 마지막"이라고 절박한 심정을 표현하는 점에서 그녀가 시도하는 노력의 한계를 노출한다. 이것은 그녀의 행위를 말로 표현하라 요청한 결과로서, 서투르나마 그녀 나름대로 노력한 것이다.

우리들은 각자가 취하는 대처 방법이 아주 다르다고 생각한다. 그러나 우리 생각처럼 그렇게 많이 다르지는 않다. 왜냐하면 우리가 인정하든 않든 성에 대한 사고나 성행위는 언어의 형식을 취하고 있기 때문이다. 성에 대한 사고가 성행위보다 더 언어의 형식에 가깝게 보이는 것은, 성행위처럼 노골적이고 충동적인 과정을 규제하는 사회적 규범이 있기 때문이다. 그러나 성행위나 성에 대한 사고는 모두 타인에게 자아의 스펙트럼을 펼쳐 보이는 것이다. 내가 읽고 인용하는 저술가들과의 대화가, 지나치게 많은 섹스 파트너를 가진 그 여성과의 대화와 큰 차이가 없다고 주장한다면 많은 사람들이 의아해할 것이다. 그러나 어느 경우든 둘 다 만남이 아닌가? 현실성에 차이가 있긴 하지만 그래도 그것은 만남이다. 매번 '상대'가 있으며, 그 '상대'에게서 우리는 그 옛날의 흔적은 가지고 있으나 지금은 잘 식별할 수는 없는, 우리 각자를 '상대'처럼 만든 그 '상대'의 한 가닥, 한 조각, 한 원자라도 건지고자 하는 희망을 갖는다.

이런 말을 한다고 해서 내가 정조를 등한시하고 간통을 옹호하는 것은 결단코 아니다. 오히려 나는 정조가 의심할 여지 없이 높이 인정받아야 할 덕목이라는 것을 강조한다. 다만 나의 의도는 통상 생각하는 것보다 훨씬 복잡하고 모호한 행위의 논리를 파악하고자 하는 것이다.

그러나 그 만남이 어떤 양상을 띠든 모든 만남에 있어서 과거 삶의 가장 숨겨진 영역을 돌이켜보는 것이 필요하다. 즉, 어린아이 시절의 관계 설정 및 육아 방법에 대한 사고의 길을 여는 것이다. 과거로 회귀하는 모든 움직임에 있을 수 있는 향수는 각자가 자신 속에 지니고 있는 흔적 위에 생기기 때문이다. 이 흔적은 자신이 만든 것이 아니며 그의 어머니가 행동이나 태도, 언어를 통해 자신의 사연과 욕망을 아이에게 전해준 것이다. 아이는 그저 보관하고 있을 뿐이다.

남성이나 여성이나 공히 간통이란 행위는 어머니가 조절이나 절제 없이 아이와 함께 걸었던 충동적인 길에 대한 뒤늦은 대답인 것은 아닐까?

## 1부

# 먼 곳에 있는 것보다 더 가까운 것이 없고,
# 그리고 …… 그 반대도 마찬가지!

당신에게는 내가 모르는 먼 것들이 필요합니다. 내가 욕망하는 것들은 지상에 있는 사람이 아닙니다. 당신을 취하게 만드는 바람은 내 가슴을 두려움으로 채웁니다. 심연의 저녁을 찾는 당신의 부름은 나를 절망시킵니다. 내 안에는 채워지지 않는 큰 이별이 있기 때문입니다.

— 장 드 라 빌 드 미르몽Jean de la Ville de Mirmont 『환상의 수평선L'Horizon chimérique』

# 부름

부름, 저항할 수 없는 부름. 그 부름은 항상 대기하고 있다. 어둠 속에서 얌전하게 때를 기다리면서.

어느 날 그 부름은 눈에 잘 띄지 않을 정도로 조심스럽게 모습을 드러낸다. 우리는 그것을 한구석에 두고 눈길조차 주지 않으려고 습관적으로 노력한다. 그것을 잊어버릴 수 있다면 마음이 놓일 것이다. 평온한 일상에 위협이 될 수 있다는 예감 때문에 그것을 떨쳐버렸으면 한다. 그러나 부정하려던 시도는 우리를 비웃으며 다시 나타난다. 그것은 버티고 또 버틴다, 끔찍해질 때까지, 시인이 증언하는 것처럼.

우리는 부름에 나름대로 저항해본다. 못 들은 척도 해본다. 귀를 꽉 막아본다. 힘이 다할 때까지 막으면서, 조만간 손도 다시 쓸 수 있고, 이성도 되찾을 것이란 희망을 갖는다. 그리고 기다린다. 결국 우리는 부름 자체가 문제가 아니라 —그것은 그 누구도 특별히 표적으로 삼지 않는다— 그 내용을 파악하지 못하고 그것에 대해 너무 민감하다는 것이 문제임을 인정하지 않을 수 없다.

그때부터 부름에 맞서보고, 말로 표현해보면서 그것을 파악하고, 다독거리고, 길들이고, 압박감을 줄이고, 인내하게 하고, 생각할 시간을 벌려고 하지만, 이 모든 게 다 불가능할 것이라는 두려움이 생긴다. 왜냐하면 그것은 잠수해 있기 때문이다. 우리는 그것을 다른 것으로 전환시키고, 현재 진행 중인 다른 일에 합류시키고, 먹을거리를 주고, 부분적으로 만족시켜 조용하게 만들려고 노력한다. 그러나 부름은 우리를 휩쓸어버린다, 우리가 시도하는 모든 몸부림과 해독 작업을 비웃으며. 그 힘과 격렬함을 이해하긴 어렵지만, 이상하게도 우리 자신들이 언젠가 사랑이나 사랑을 구성하는 요소들 주위에 둘러쳤던 살창을 벗어나는 것 같다.

왜 그것이 가진 여러 가지 고문 수단에 에로틱한 차원까지 가미되어 우리를 더 혼란스럽게 하는 것일까? 그것은 진짜 에로틱한 차원을 가진 것인가? 그것은 에로틱한 차원을 동력으로 이용하는 것일까? 그것이 에로틱한 차원의 동력인가? 에로틱한 차원이 가진 수많은 표현 방법 가운데 하나인가? 아니면 유혹하는 힘을 증가시키기 위한 에로틱한 차원의 전달 수단인가?

아무튼 그것의 스타일은 인정해야 될 것이다! 강력하게 자리를 차지하고, 한계와 잔꾀를 비웃으며, 모든 것을 쓸어버리며, 먹이에게 나타나서 먹이가 그것의 영향력 앞에서 어쩔 수 없이 꿈틀거리고, 변화하고, 예민한 반응을 보이고, 그렇게 살아 있을 수밖에 없다는 것을 이해시킨다. 섹스가 쾌락으로 고문을 끝낼 기회를 달라고 울부짖는 순간에 그랬던 것처럼 살아서 꿈틀거린다는 것을 인식시킨다.

어떤 상황에서도 이렇게 될 수밖에 없다.

이 장의 서두에 인용한 시 구절은 그 표현방식에 있어서 사랑에 빠진 사람들이 애인들에게 표현하는 감정을 연상시킨다. 그러나 이 구절을 쓴 사람이 말하는 상대는 애인이 아니라 그가 오래전부터 모험을 떠나고 싶어했던 대양이다.

다른 예를 하나 들겠다. 이 부름을 전달하는 작품들은 너무나 많고 성격도 매우 다양해서, 목록을 작성할 수도 없을 뿐더러 성격별로 분류하기도 힘들다. 예술적인 표현방식 또한 대단히 다양하다. 그중에서도 대표적인 것이 시다. 시에 쓰이는 단어의 무게, 연결, 리듬, 운율 등은 연령에 관계없이, 의식을 못하는 사이에 개개인을 그 인생의 어두운 영역으로 유인해 데리고 간다. 사람들은 시 속에서 기대감, 끈질기고 채워지지 않는 욕망, 언제나 생생한 희망이 고집스럽게 도사리고 있음을 발견한다.[1]

시는 예외 없이 '아직 미지의 존재(encore inconnu), 내가 모르는 먼 것들'에 대해 —소리치며 우리를 부르는 이 존재에 대해 우리가 약속을 했거나 빚을 진 것처럼 느낀다— 열광할 수밖에 없음을 보여준다.

그러나 우리가 이렇게 '아직 미지의 존재'에 대해 깊이 빠지고 실수를 저지를 수 있는 위험을 감수하는 것을 어떻게 설명할 수 있는가? 이는 우리의 행위와 행동 전반을 지배하는 극단적인 경제논리에 반하는 것이다. 생물학적인 면이나 감정적인 면에서 모든 것이 엄중한

---

[1] 단어들의 무게를 무서워하는 사람들은 단어들을 필요로 하지 않고 살지만, 듣고 말하는 능력에 관련된 그들의 한계를 보완하는 방법으로 음악에 크게 또는 거의 독점적인 집착을 보인다. 오늘날 어휘 능력이 날로 감소하는 사람들에게 음악이 어떤 형식이든 크게 인기가 있는 것은 분명 우연이 아니다. 어휘의 풍부함이 폭력을 막을 수 있다는 것을 안다면, 최근 사랑하던 부인을 살해한 음악가가 그녀에 대한 사랑을 부르짖는 것을 이해할 수 있다.

논리에 복종한다. 그것은 조심성의 논리로 최소의 위험과 최적의 호메오스타시스(생명체가 환경 변화에 대하여 자기 자신을 변화시켜 균형을 유지하려는 작용—역주)를 보장하는 안정 지향의 성향을 포함한다. 모든 상실은 즉시 이득으로 벌충되고, 모든 축적은 배설을 초래하는데, 그렇지 않을 경우에 증상이 나타난다. 모든 공격은 곧바로 발견되고 이를 퇴치하기 위한 메커니즘에 발동이 걸린다. 우리는 기득권을 지키고, 우리 자신을 방어할뿐더러 우리 스스로 회복할 수 있는 능력을 자연스럽게 부여받았다. 자는 동안에도 공격에 노출되어 있고 경계심이 느슨해져 있기 때문에, 프로이트가 말하는 '우리 욕망의 파수꾼'인 꿈이란 것을 갖고 있다. 아울러 호르몬을 비롯한 여러 가지 분비물도 공격에 즉각 대응하기 위해 최고 수준으로 분비된다. 한밤중의 불면증도 뇌에 자리 잡은 방어 메커니즘이 작용하기 때문이다. 즉, 한밤중에 잠에서 깨는 것은 아주 먼 우리의 조상들에게서 물려받은 생물학적 시계의 지시를 받는 결과인데, 우리 조상들은 이 시간에 활동하는 맹수들에 대항하기 위해 잠에서 깼다. 일반적으로 우리의 육체와 심리 체계는 감탄할 정도로 우리 스스로를 잘 보살펴서 결코 잘못되는 일이 없도록 한다.

'아직 미지의 존재'에 대한 역설적인 애착과 관련된 우리의 모순은 한 가지 방법으로만 설명될 수 있다. 즉, 그 존재는 우리에게 그렇게 미지가 아닐 수 있다는 것이다! 그 존재는 전혀 미지가 아니다. 오히려 그 존재는 우리가 큰 애착을 갖고 있었으나, 어느 날 뜻밖의 압력을 받아 관심이 다른 데로 돌려져 그 존재를 잊거나 숨기고 있는 '친밀한 그 무엇'이다. 그렇다고 해서 우리가 그것을 아주 버린 것은 아니다. 우리는 그것을 한쪽 구석에 잘 정리해두었는데 —정신분석학자들은 '억압했다'고 한다— 어디에 두었는지 잊어버린 것이다. 하지만 그 흔적은 우리의 기억 속 어딘가에 남아 있다. 우리가 실제로 그것을 다시 찾지 못할 경우, 우리는 한동안 그것을 그 화신이나 변신으로 대체해서 만족한다. 그 사실은 예술적인 작업에서 역력히 나타난다. 어느 예술 부문을 막론하고 예술가는 끊임없이 그것을 찾아다니는데, 그것이 자신이 찾던 것이라는 것을 알아차리기까지 해야 한다. 그렇게 하는 데 평생이 걸릴 수도 있고, 한 작품을 마치는 시간만 걸릴 수도 있다. 랭보가 후자에 해당되는데, 우리는 그가 왜 천재적인 예술 활동을 일찍 마감했는지 의문을 갖는다. 예술가가 이미 '알던connaître' 것이 아니라면 어떻게 '알아차릴re-connaître' 수 있단 말인가? 언제나 알고 있었고 설명할 수 있는 것이 아니라면, 자기가 발견한 결과를 진정한 발견이라고 생각하는 경우도 있다. 피카소는 "나는 찾지 않는다, 나는 발견한다(je ne cherche pas, je trouve)"라고 말했다. 이는 놀라운 일이 아니며 예술가의 솔직한 마음을 의심할 수는 없다. 예술가는 작업을 통해 그가 의식하고 있지 않는 기억의 미로에서 그것을 만난 것인데, 이 기억의 미로는 그가 존재한다고 생각조차 해보지 못한 '억누르고 있던' 영역이다. 라캉은 이런 종류의 관점을 확대하며 "기억하기 때문에 치유되는 것이 아니라, 치유되기 때문에 기억한다"라고 말했다. 역설적으로 보이는 이 말은 놀라울 것이 없다. 라캉은 이를 '오브제 a', 즉 잃어버렸던 오브제라 불렀다. 어느 날 '억눌러져 있던' 그것의 존재는 모든 욕망의 원동력으로 작용한다. 내 나름대로 '부름'이라고 이미지지화한 것의 형태로 끊임없이 표출되고 있는 것이다. 이것의 대표적인 예는 오손 웰스 감독의 영화 《시민 케인(Citizen Kane, 1941)》의 주인공, 백만장자 케인이 임종하면서 마지막으로 내뱉는 말 "로즈버드"이다. 이 말의 비밀을 밝히기 위한 조사를 한 결과, 주인공이 어린 시절 사랑하는 어머니와 이별해야 한다는 현실에 격한 반대 의사를 표시하는 데 사용한 눈썰매에 이 글씨가 씌어 있는 것을 발견하게 된다. 어머니와의 관계에서 있을 수 있었던 모든 감정이 이 단어에 압축되어 있다. 이전 장면들에서 이 시기에 대한 향수에 젖은 주인공의 행동이 나타나긴 하지만, 그의 일상적인 삶의 어느 부분도 이 향수를 설명해주지 못한다.

물론 《시민 케인》은 허구이며, 작가가 원하는 방향으로 시나리오를 만들기 위해 여러 사건들의 연결과 전개를 얼마든지 바꿀 수 있다는 이유에서 위 사례의 충격에 저항할 수도 있다. 그러나 나는 이런 조심스러운 태도에 동의할 수 없다. 왜냐하면 이는 소설 형태의 모든 글에 쓰이는 통상적인 메커니즘이기 때문이다. 또 관객이나 독자는 일관성이 없는 픽션에 공감하지 않기 때문이기도 하다. 여기서 더 나아가 실제 일어난 예를 들어야 한다면, 내가 개인적으로 겪은 일을 얘기하겠다. 내가 이 책을 쓰기 위해 내 자신을 정신분석하면서 —나는 내 인생의 전 과정을 빠짐없이 분석했다고 자부했다— 최근 발견한 사실이다. 분석을 마치며 나도 모르게 이런 말을 했다. "내 경력을 한마디로 요약하자면, 평생 우리 어머니를 떠난 적이 없다고 해도 되겠어."

어떻게 이런 생각을 하게 되었을까? 이는 내가 40년 동안 소아과 의사로 일하는 동안, 특이한 방법을 사용했음에 기인한다고 본다. 즉, 내가 만나는 어머니들은 어떤 시점에서든 반드시 자신들의 사연을 이야기했고, 나는 이 사연들을 귀 기울여 들었다는 사실이다. 정신분석 교육을 받았기 때문에 나는 남의 말을 잘 듣고 수집하는 귀를 가지게 되었다. 정신분석 교육이 내 귀를 발달시키고 예민하게 만들기 전에도 내게 그런 능력이 있었다고 생각되지만, 그 능력을 보다 잘 발휘하기 위해 정신분석을 시도한 것 같다. 이런 성향은 내가 이야기를 좋아하기 때문이라고 보는데, 나를 비판하는 사람들도 내가 이야기꾼의 재능을 가졌다는 점은 대체로 인정한다. 어디서 이 소질이 온 것인가? 가족 내력인가? 물론, 그럴 수도 있다. 법률가 집안이 있고, 음악가 집안, 럭비 선수 집안이 있듯이, 내 소질이 이야기꾼이었던 내 어머니로부터 온 것이라 생각한다. 이 새로운 발견으로 나를 이끈 것은 아주 어린 시절 어머니가 계속 속편으로 이어지는 이야기를 해주시던 저녁에 대한 추억이다. 우리 일곱 남매는 어머니를 가운데 두고 각기 어머니 몸의 한 부분을 차지하고 바닥에 앉았는데, 막내였던 나는 가장 좋은 자리인 어머니의 무릎을 차지했다. 그 수많은 저녁들 중 어느 저녁에 내 인생의 정수를 경험했던 것일까? 물론 알 수 없다. 그러나 어머니의 이야기들이 용해된 그 목소리는 그 후 내 인생 전체를 이끌어간 힘이었다. 수많은 곡절이 있었던 실존적 인생 여정에서 결국 내가 추구해왔던 목표는, 오로지 어머니의 이어지는 이야기를 들으며 느꼈던 행복감을 무한 반복하는 것이었다.

이 장면에 등장하는 요소들을 이용해서 다른 해석을 할 수도 있을 것이다. 예를 들어 어머니의 매혹적인 면을 되찾는다거나, 어머니라는 인물의 복잡한 성격에 침투해보려고 노력한다거나, 어머니의 취약점을 찾아본다거나, 어머니에 대한 방어 자세를 취해본다거나…… 그럴 수도 있겠다. 하지만 그것은 별로 중요하지 않다. 중요한 것은 어머니라는 제1의 요소가 거기 있었고, 정확하게 확인되었다는 점이다. 그 요소 주변에 여러 가지 상황을 한 묶음으로 구성해볼 수도 있겠지만.

　이 증언의 목적은 내 나이에도, 내 실존적 인생과 직업상의 복잡했던 과정에도 불구하고, 내가 '아직도 미지'의 영역을 어떻게 발견하는지 말고도, 이 발견 속에서 시도했던 자기분석을 통해 내가 보다 더 일관성 있는 의식을 캐냈다는 사실을 보여주기 위함이다. 물론 이것이 발견의 끝이 아니며, 내가 죽을 때까지 발견은 계속될 것이라고 확신한다. 또한 나는 이 점에서 특별한 예외의 경우가 아니며, 의식을 하든 안 하든 누구라도 해당될 수 있다. 명백한 사실들이 번개처럼 우리를 기습하면서, 우리가 '성향'이라고 부르는 것을 가동시키면서 우리를 개성있는 사람으로 만든다.

　나의 경우, 또 위에서 말한 로즈버드의 예시가 모두 어머니와의 깊은 관계를 연상시키는 것이 우연일까? 결코 아니다. 모든 것은 어머니로부터 시작하며, 이 시작은 끝없이 반복되기 때문이다.

　이 점에 있어서는 우리 모두에게 예외가 없다. 우리들은 행동, 품행, 선택 모두를 합리적으로 조절할 수 있다고 생각하지만, 자신도 모르는 사이에, 선택의 여지도 없이, 우리는 쉴 새 없이 확신과 의문 사이를 오가고 있다. 어떻게 보면 다행인지도 모른다. 우선 그것이 우리가 가진 정체성의 밀도를 증명하는 것이기 때문이다. 이 정체성은 우리가 아주 어릴 때부터 지금 나이까지 단절 없이 우리를 우리에게 각별한 사연의 주체로 만든다. 아울러, 이것이야말로 우리의 다양성과 풍성함을 만들어주는 것으로, 우리 사회가 표준적인 기준에 의해 만들고자 하는 로봇과 우리를 차별화하는 것이다. 이따금 우리가 뜻하지 않은 상황에 처해서 그 상황을 끝내버리거나, 회피할 수도 없고 어떻게 해야 할지도 모르는 것이 놀라운 일인가? 우리는 잃어버린 오브제를 되찾는 작업으로 ―평생이 될 수도 있는 오랜 시간을 들여도 될지 안 될지 모르는 작업— 우리가 전혀 접근할 수 없고 알지 못하는 그 무엇인가의 꼭두각시라는 것을 인정함으로써만 그런 상황을 수용하고 최소한의 안정을 찾을 수 있다. 이는 우리가 원하든 원치 않든, 수많은 분류와 수많은 스위치를 갖고 있는 전기회로같이 접속되고 배열된 충동들에 복종할 수밖에 없는 존재라는 것을 뜻한다. 이 충동들의 체계와 위치는 우리의 사연에 의해 정해지며, 가장 중요한 스위치에 오브제가 있다.

# 간통의 부름

"나는 반복적으로 간통을 했어요. 매번 무너지면서 이번이 마지막이라고 다짐했어요."

이미 언급했던 것처럼, 이 만남은 나에게 결정적인 것이었다. 그여성이 유혹의 대상이 될 때마다 무너진 것은 남다른 취향 때문이 아니다. "이번이 마지막이라고 다짐"하는 걸로 봐서는 결과에 대해 실망할 것을 예측까지 하며 행동한 것이다. 어떻게 이런 정도까지 반복하는지를 이해하기 위해 다른 사례를 제시한다.

그는 철학자 출신의 정신분석 전문가로 이제 막 첫아이를 보았다. 편의상 그를 '시실(Sicile)' 씨라고 부르자. 첫아이가 태어난 며칠 후에그는 건강에 문제가 생겨 입원하게 되었다. 혈압이 위험할 정도로 높아진 것이었다. 의사로서 이 병이 유전적 영향이 있을 수 있음을 알았기에, 그가 아기 아빠가 된 시기와 병이 발생한 시기가 일치한 점에 관심이 갈 수밖에 없었다. 내가 예상한 대로 그도 그 상관관계에 대해 생각했다고 말했다. 내 관심 분야를 잘 알고 있는 그는, 아이가 태어난 다음 날이자 그가 입원하기 전날 생긴 일을 내게 이야기해주었다.

"간호사가 아내의 입원실에 와서 저를 찾았어요. 간호사가 제게 시실 씨냐고 묻기에 그렇다고 대답했죠. 간호사는 제 아버지가 일층 안내창구에서 기다린다고 말했어요. 전 그럴 리가 없다고 했죠. 제 아버지는 18년 전에 돌아가셨거든요. 간호사가 다시 물었어요. '시실 씨 맞으시죠? 여기가 4층이고, 부인이 어제 아들을 출산하셨죠?' 간호사의 말은 다 맞았어요. 그녀는 다시 말했어요. '시실 씨 아버님께서 1층에서 기다리고 계세요.' 가장 간단한 것은 오해를 풀기 위해 제가 확인하는 거였어요. 그런데 이상한 것은 제가 1층으로 내려갔다는 사실이 아니라, 엘리베이터 안에서 스스로 '혹시 그럴 수도 있지 않을까?'라고 생각했다는 거예요. 1층에는 나이 든 남자가 있었는데 며느리가 이틀 전 출산을 했다는 슬리실(Slyssyle) 씨였어요. 당연히 제 아버지가 아니었죠!"

우리는 이 사건에 대해 많은 이야기를 나누었다. 물론 간호사의 실수에 대한 것이 아니라, "혹시 그럴 수도 있지 않을까?"에 대해서였다. 같은 경우에 자주 쓰이는 말로 정신분석에서 수없이 논의 대상이 되는 말이 있다. "잘 알고 있어, 하지만 그래도 모르잖아(Je sais bien, mais quand même)."

많은 사례들 중에서, 결정론이 우리의 이해력을 벗어나 엄청나게 강하고 집요하게 우리에게 부과되는 사례를 들었다. 오찬을 하던 여성의 고백도 같은 부류다. 그녀의 고백은 꾸중을 듣고 다시는 그런 짓을 하지 않겠다고 약속하고도 금방 똑같은 짓을 하는 아이들의 애처롭고도 헛된 결심을 연상시킨다. 그런 행동을 해서는 안 된다는 설명을 들었던 다섯 살짜리 아이에게 왜 다시 그런 짓을 했느냐고 물으면 대답은 한결같다. "난 어쩔 수가 없었어요!(C'est plus fort que moi, j'peux pas m'empêcher!)"

어린아이가 그 자리에서 무슨 얘기를 하든, 어른으로부터 자신이 해서는 안 된다고 들은 행동을 언젠가는 이해하게 될 것이다. 그렇다면 아이는 이 금지사항을 어떻게 처리할까? 그리고 그것을 누가 알 수 있을까? 아마 아이는 내부에서 들끓는 충동을 "절대 해서는 안 된다"라는 선반에 정리할 수도 있다. "걸릴 위험이 없으면 한다" 또는 "가능한 한 즉시 한다"라는 선반, "충동을 느끼기만 하면 한다"나 "걸리지 않는 것이 확실하면 한다"라는 선반에 넣어둘 수도 있다. 이것들이 전기회로를 설계하는 것이며, 나는 그 회로에 여러 개의 스위치가 달렸다는 사실을 언급한 바 있다.

많은 교육을 받고, 사리를 분별할 줄 알고, 합리적이며 무의식이 부리는 수작을 잘 아는 사람이라도 자신이 살고 있는 현실에서 "혹시 그럴 수도 있지 않을까?"라는 말이 기생할 수 있는 여지를 남겨놓는다. 시실 씨는 어느 선반에 아버지의 죽음을 정리해놓은 걸까? 정신분석 과정에서 그는 이 선반을 어떻게 탐색했나? 그가 어둠 속에 무엇을 남겨두었기에 그런 엉뚱한 생각을 하고, 그런 행동을 했나?

다시 그 여성의 경우로 돌아가보자. 그녀를 색골 취급하면서 그녀의 품행을 비난하지 않을 사람이 과연 있을까? 반복되는 간통은 자의가 아닌 타의에 의한 것이며, 유혹의 수작에 넘어간 것이라 치부할 사람도 있지 않을까?

우리 주변 사람들의 행동 속에서도 그녀의 품행과 유사한 것들을 얼마든지 나열할 수 있다. 그러다 보면 비교적 명확하고 단순한 일종의 경계선이 그어질 것이다. 나비 수집가가 꿈에 그리던 나비를 얻기 위해 머나먼 여행을 떠나는 고상한 취미와, 억제할 수 없는 충동에 사로잡혀 행동하는 변태성욕자들을 같은 수준에 놓고 취급할 수는 없다. 이 두 가지 경우를 구별하는 것은 당연하다. 나비 수집가의 활동은 타인에게 해를 끼치지 않을뿐더러 본인에게 건전한 만족을 주지만, 후자의 경우는 피해자에게 폭력을 가한다. 내가 언급한 여성의 간통은 어떻게 분류해야 하나? 당사자에겐 이롭지만 그 남편에게는 고통을 준다는 점에서 —전혀 증명이 되지는 않았지만— 비난받아야 하나? 돌팔매에 처해질 간부(姦婦) 앞에서 "죄 짓지 않은 자 있으면 먼저 돌을 던져라"라는 예수의 말에 따라 그녀를 용서해야 하나? 간통이란 주제가 모든 문화, 연극, 오페라의 영역에 걸쳐 있으므로 거론 자체를 삼가야 하나? 이런 형태의 예술이 보이는 관심은 이 끈질긴 의문에 대해 만족스러운 대답을 찾지 못했기 때문인가? 뿌리가 엉켜 있고, 여러 가지 영역의 충동들이 뒤섞여 있는 행위를 이해하고자 하는 노력이 헛된 것이라 결론지어야 하나?

개인적인 관점에서 이 마지막 옵션은 게으름의 소치라고 본다. 이것은 내가 말한 바 있는 전기회로나 스위치를 들여다보기를 포기하는 것과 마찬가지다. 왜 포기해야 하나? 이것은 세상이 존재하는 것만큼이나 오래된 문제이며 어느 인간 사회도 무관심할 수 없었던 주제다. 왜 의문을 제기하면 안 되나? 이 풍부하고 엄청난 소재를 앞에 두고 적절한 결론에 이르지 못할 것을 두려워해서 접어야 한다는 것인가?

# 섬광과 같은 단어

언어는 정신이 변화해온 흔적을 지니고 있으며, 정신은 시간의 흐름에 따라 변화된 결단의 흔적을 지니고 있다.

이 주제와 관련해 현재 사용되는 단어의 의미로부터 출발해서, 일차적 의미에 부가된 다른 의미를 파악하기 위해 기능적 측면을 살펴보려 한다. 그 방법으로 단어들을 분해해볼 수 있는데, 우선 '부부(couple)'라는 단어를 살펴보다. 이 단어는 간통의 형식과 무관하게 간통이 발생하는 지점이다. 여기서 부부의 탄생이나 역학, 발전 과정을 주재하는 결정론에 대해 논의할 의도는 없다. 다만 단어나 음소에 대한 연구를 소개하는 기회로 삼고자 한다. 양가의 부모 들이 부부의 생활을 간섭해 가족 세포의 자율권이 위협받는 문제로 말다툼을 할 때 '부부(couple)'와 '그 관계를 끊어라(coupe-le)'라는 동음이의어를 흔히 듣는다. 예를 들면 "그것을 끊어(coupe-le), 당신 부모들이 우리들에게 유지하도록 강요하는 그들과의 탯줄을!" 이 말은 통상 생각하는 것보다 훨씬 복합적이다. 그럼에도 불구하고 미묘한 분석이 필요한 행동에 대해 너무 단순한 판단을 내린 것이라 생각된다. **왜냐하면 자신이 선택한 파트너의 존재방식이나 행동방식에 대해 자신의 책임을 완전히 면제받을 수 있는 사람은 없으니까.** 부부란, 다른 무엇보다도, 존재하는 매 순간마다 상호작용이 일어나는 ―그것이 보이든 보이지 않든― 터전이기 때문이다. 나중에 다시 언급할 기회가 있겠지만, 이 선행조건 하에서 부부는 어떤 형식이든 결합에 의해 은밀히 관계를 맺은 두 사람―그들이 원하든 원치 않든, 그 역할을 하든 하지 않든―에 의해 형성되며, 간통은 부부라는 관계의 받침돌 위에서 이루어진다. 따라서 비슷한 단어로 정의를 내리자면, **협의의 간통은 '성인으로 간주되는 개인들이 이룬 부부 사이에서 발생한 행위'이다.**

간통(adultère)이라는 단어를 둘러싼 흔한 말장난 가운데 하나는 이 단어를 둘로 나누는 것으로 ―'성인이 방황한다(adulte erre)'― 간통을 저지르는 사람을 어느 정도 불쌍한 사람으로 치부한다. 이런 모험에서 성인이 방황하는 경우도 있긴 하지만, 전혀 한계도 표지판도 없는 영역에서 방황하는 것은 결코 아니다. 이미 언급한 바 있는 부름을 받아 그가 방황하기는 하지만 ―닭이 모이를 찾아가는 것처럼― 미리 갈 길을 정해놓고 길을 나서는 것은 아니다. 그 과정에서 시급한 일과 시급하지 않은 일, 이성과 기억, 현재와 과거, 자기 제어의 성공과 실패 사이의 경계를 모른다는 점에서 방황한다고 할 수 있다. 그러나 위에서 언급한 경계는 평생을 거쳐오면서 확실히 그어진 것이 아니다. 잉태되어서 노인으로 죽을 때까지 삶의 과정과 마찬가지로, 본질이나 정체성의 단절이란 있을 수 없다. 상황의 변화에 적응하기 위한 일련의 변신들은 큰 변화가 아니다. 성인은 어제의 아이이며, 오늘의 아이는 내일의 성인이라는 점을 다시 한 번 상기하기 바란다. 생을 마감할 시기에 있는 노인들을 관찰해보면 그들이 인생의 첫 몇 개월 때 했던 행동을 다시 하는 것을 볼 수 있다. 그래서 노인들에게 '다시 어린아이가 되었다'고 하지 않는가?

앞으로 언급할 기회가 여러 차례 있겠지만, 간통은 결코, 변덕이나 우연의 결과가 아니라는 것을 임상 과정에서 확인할 수 있었다. 간통은 인생의 실존적인 여정에 기록되는 것이며, 그 여정에 있었던 최근 또는 오래전의 많은 요인들이 간통의 발생을 정확하게 결정짓는다는 것이다. 달리 표현하자면 간통은 당사자의 언어에 녹아 있다. 간통은 당사자의 현재 됨됨이나 우리가 당사자와 관련해서 생각할 수 있는 그 무엇으로 간단하게 요약될 수 있는 것이 아니다. 앞에서 살펴보았듯이 아주 집요한 형태로 나타나는 놀라움, 후회, 고집 사이에서 갈팡질팡하는 당사자의 말에서 간간히 엿볼 수 있을 뿐이다. 이런 설명보다 좀 더 자극적인 표현을 쓰자면, **간통은 당사자가 통제할 수 있다고 생각하는 억제 메커니즘에서 벗어난 불특정 충동의 표출이다.** 전기회로의 비유를 다시 들자면, 간통은 꺼져 있어야 할 스위치가 당사자의 실존적 인생 여정에서 있었던 요소들의 영향으로 켜져 있는 것이다.


너무 조급하게 정의 내린 감이 없지 않지만, 내친김에 간통과 관련해서 사용되는 단어들의 어원을 살펴보고, 시대의 변화와 시대 정신의 변화에 따라 간통 행위와 간통에 대한 인식이 어떻게 변화했는지 살펴보고자 한다.

로베르 사전에서 제시하는 '간통'의 정의는 '부부간 신의의 불이행'인데, 이 뜻을 이해하자면 정의에 쓰인 단어들을 모두 다시 찾아야 할 지경이다. 이 사전이 제시하는 간통의 라틴어 어원은 'adulterare'로 '결혼한 여자를 타락시키다'라는 뜻이다! 로마인들에게는 여성만이 부부간의 신의를 지켜야 할 의무가 있으며 이 의무를 지키지 않는 것은 범법 행위였다. 그 이후 라틴어에서 유래한 프랑스어 'adultérer'의 정의는 '결혼한 사람을 타락시키다'로 남녀를 구별하지 않고 있다.

에르누 라틴어 어원사전을 보면 adulterare는 alterare라는 단어에서 비롯되었고, alterare는 alter('다른'이라는 의미의 alius의 비교급)와 접두사 ad('~을 향해')에 어원을 둔다.[1] 즉, 간통의 라틴어 어원상의 의미는 '더 다른 사람을 향해 가다'이다. 자신을 기준으로 할 때, 자신의 파트너는 '다른 사람'이며, 간통을 행하는 것은 '더 다른 사람'과 결합하는 것을 뜻한다. 부부가 가진 기능들 중 하나는 '다른 사람'과 은밀한 경험을 갖는 것이며, 다른 사람이란 심리학과 철학에서 자신을 인식하기 위해서 필수적인 사고이다. '더 다른 사람'을 향해 가는 움직임은 당사자가 통상적인 경험을 거부하거나, 결핍감을 느끼거나 실망감을 느낀 것을 의미한다고 추론할 수 있다. 부부를 구성하는 '다른 사람'이 그 역할을 하지 않았거나, 과도하게 한 결과 당사자는 '더 다른 사람'과 어떤 결과를 얻기를 바라며 한 번 더 관계를 해야 한다고 느낀다는 것이다.

이제 나와 오찬을 나누었던 여성의 실망감을 더 잘 파악할 수 있을 것 같다. 매번 그녀는 이전 관계에서 얻지 못한 것을 결국 얻을 수 없

---

[1] A. Ernoult, A. Meillet, J. André, *Dictionnaire étymologique de la langue latine*(라틴어 어원사전), Paris, Klincksieck, 1994.

을 것을 예감하면서도, 약간의 희망을 갖고 새로운 모험에 뛰어드는 자신을 한심해했기에, 매번 이것이 마지막이라 다짐했던 것이다.

에르누 라틴어 어원사전을 다시 보면, adulterare가 모음 하나만 다른 adalterare(변화시키다, 위조하다, 타락시키다)에서 나왔을 수도 있다고 한다.

라틴어 학자들, 특히 에르누 씨에 대한 존경심에도 불구하고, 나는 adulterare가 세 단어—ad(~을 향해), ulter(건너편에 있는), errare(잘못하다)—가 결합해서 "건너편에 있는 것을 향해 가서 잘못을 저지르다"라는 의미라고 본다. 이런 어원들은 부부가 서로에게 해줄 역할과, 각자가 서로로부터 벗어나는 실수를 하지 않기로 한 약속을 강화시킬 것이다.

adulte(성인)가 19세기 후반까지 오늘날의 adolescent(청소년)의 의미를 갖고 있었다는 사실에 관심을 둘 필요가 있다. 언어가 우리 눈에 비친 사물의 모습을 반영한 것이라는 점은 숙고할 가치가 있다. adolescent의 어원은 adolesco(성장하다)—접두사 ad(~을 향해), oleo(냄새나다), 동작을 나타내는 접미사 esco—라고 보는데, '향기를 가질 수 있게 되는 중이다'라는 의미다. adulte는 adolesco의 과거분사로 '성장을 마친'을 뜻한다. 따라서 19세기 말까지는 성장을 마쳤다는 사실이 성숙했다는 충분한 기준이 되지 못했다는 것을 의미하는데, 오늘날에 와서는 나이만 기준을 삼아 성인이 될 뿐만 아니라 그 기준마저 낮아졌다.

의미의 근접성으로 보면 성인 상태에 청소년 상태가 기생할 수도 있다는 것이다. 간통 행위에 불안감, 초조감, 열광, 주저, 향수, 후회 등 청소년의 차원을 특징짓는 요소들이 —잃어버린 오브제를 찾을 때 느끼는 안절부절못하는 감정과 행동— 확인된다는 것은 놀라운 일이 아니다. 마치 청소년이라는 단계를 넘어서면 잃어버린 오브제를 찾을 기회가 다시는 오지 않을 것이라고 청소년에게 말해주는 것이 자연스러운 것처럼. 이런 해석이 '성인이 방황한다'와 같이 쉽고 즉각적인 설명보다 더 신빙성이 있어 보인다. 간통은 잔인한 시간의 방향성을 거부하는 형식을 취하거나, 아예 시간을 역행하는 방식을 취한다. 전자의 예는 '정오의 마귀(카톨릭에서 말하는 일곱 가지 대죄 중에 나태―역주)', 즉 중년에 이성의 유혹에 빠지는 것이며, 후자의 예는 나와 오찬을 했던 그 여성이 자신의 강박감에 솔직하게 대응하는 것으로 설명할 수 있다. 따라서 그녀는 이렇게까지 말할 수 있을 것이다. "이렇게 감추고 있을 게 아니라, 언젠가 까놓고 떳떳하게 해야겠어!"

앞서 살핀 바와 같이 어원상의 고찰에서는 간통 행위에 대해 한결같이 낙인을 찍는 것으로 관찰된다. 내가 언어학에 정통하지 않아 프랑스어와 라틴어에서 본 바가 다른 언어권에서도 발견될 것이라고 확신할 수는 없다. 다만 인류 역사상 모든 사회와 모든 문화권에서 보여주었던 여성의 지위를 고려할 때, 그랬을 것이라고 추정할 수는 있다. 인도의 일부 지방에서는 아직도 남편과 사별한 여성이 남편과 함께 화장을 당한다는 점을 보면, 그 여성이 간통을 했을 경우 어떤 대우를 받을지 상상할 수 있다. 중국에서 여자 아기가 태어나자마자 살해한다거나, 여성에 대한 마오쩌둥의 언사나("나는 여자의 질에 내 섹스를 목욕시킨다"),[2] 많은 나라에서 명예에 관한 조그만 혐의에도 여성들이 중형에 처해지는 사실이나, 이슬람 근본주의적 법이 적용되는 나라에서 여성들이 돌팔매질에 처해진다는 점을 볼 때, 간통, 특히

---

[2]  P. Short, *Mao Tsé-toung*, Paris, Fayard, 2005.

여성의 간통 행위에 대해 전 지구상에서 공감대가 형성되어 있었다
는 것을 확인할 수 있다. 어떻게 그런 생각들이 모든 언어에 그 흔적
을 남기지 않을 수 있겠나? 우리는 오랜 역사를 가진 문제의 핵심에
있으며, 최소한의 이해를 위해 그 문제의 근간을 파악하는 것이 중요
하다.

# 제우스 신부터 십계명까지

인류 최초의 성문법전으로 알려진 함무라비 법전(BC 1792~1750)의 282개 조항 중에서 55개 조항이 가족에 관한 것인데, 이 가운데 금지 조항은 없다. 가족에 관한 조항은 129조부터인데 처음 7개 조항은 간통 문제를 다룬다. 이 조항들은 당시로서는 놀라울 정도의 평등의식을 보여주고 있다.[1]

고대 이집트의 법률은 훨씬 더 가혹했고, 여성의 간통만 인정했으며, 남자는 합법적인 부인 이외에 첩을 원하는 대로 가질 수 있었다. 고대 사회에서 여성들을 그렇게 불평등하게 취급한 것은 여성을 남성들이 살 수 있고 소유할 수 있는 재화로 간주했기 때문이다. 이런 현상은 현재까지 지구상에서 계속되고 있으며 대표적인 예가 아랍-이슬람 사회다. 여성의 동의 여부에 관계없이 간통은 소유권 침해의 성격을 가진다. 이 모든 것이 문자 그대로 '종의 법칙(인류란 종이 본원적으로 갖고 있는 남녀간 성의 차이와 그에 따른 원칙들-역주)'의 내용이나 정신에 부합되는 것인데, 인류학자들이 주장하는 바에 의하면 이 법칙은 남성이 여성을 교환할 수 있는 제도를 만들게까지 했다.

고대 그리스 사회는 조금 달랐다. 간통은 도시국가에 해를 끼치는 잘못으로 간주되어 법적 처벌 대상이었다.[2] 특히 여자들의 경우 실제 처벌을 받았지만, 간통은 공공연히 행해졌다. 그 예는 판테온 신전에서 볼 수 있고, 최고의 신 제우스도 마찬가지다. 그리스 신화를 보면 제우스가 부부 정조를 수호하는 헤라와 결합한 상태에서 간통을 범해, 서로 다투고 복수하는 장면이 나온다. 헤라로부터 벌을 받은 제우스가 근신하는 태도를 보일 때도 있지만, 얼마 지나지 않아 다시 시작한다! 다른 신들도 만만치 않는데, 그들은 인간과도 관계를 맺어 반신(半神)을 낳기도 했다. 여신들 중에는 특히 아프로디테의 활약이 널리 알려져 있다. 아프로디테는 지옥의 신 헤파이스토스와 결

---

1) 129조. 한 남자의 아내가 다른 남자와 현행범으로 잡혔을 경우; 두 사람을 묶어서 물에 던진다. 그러나 남편은 아내를 용서할 수 있고, 왕은 노예를 용서할 수 있다.

130조. 한 남자가 다른 남자의 약혼녀를 범했는데 그 여자가 처녀이고 아버지의 집에서 살고 있으며, 남자가 현행범으로 잡힌 경우; 남자는 사형에 처하고, 여자는 무죄 선고를 받는다.

131조. 한 남자가 다른 남자의 아내를 고발했는데 그 여자가 현행범이 아닐 경우; 선서를 하고 집으로 돌아갈 수 있다.

134조. 한 남자가 전쟁포로가 되고 집에 양식이 없을 때, 그의 아내가 다른 집으로 가서 아이를 가질 경우; 그녀는 무죄로 간주된다.

135조. 한 남자가 전쟁포로가 되고 집에 양식이 없을 때, 그의 아내가 다른 집으로 가서 아이를 가졌고 그 이후에 그녀의 남편이 돌아오는 경우; 아내는 남편의 집으로 돌아가지만 아이들은 아버지에게 남는다.

136조. 집을 버리고 도피해서 아내가 다른 집에 가도록 내버려두었을 때, 그가 돌아와서 아내를 다시 찾기 원할 경우; 그가 집을 버리고 도망갔기에 아내는 남편의 집으로 돌아가지 않아도 된다.

2) Sabine Melchoir-Bonnet, Aude de Tocqueville, *Histoire de ''adultère*(간통의 역사), Paris, La Martinière, 1999.

혼한 후 올림포스의 여러 신들과 잠자리를 같이했다. 아레스와의 사이에 두 아들 에로스와 안테로스, 딸 하르모니아가 태어난다. 제우스가 관심을 가졌던 여신들을 제외하고는 여신들의 간통은 별로 거론되지 않았다. 여신들은 최고의 여신 헤라의 엄격한 견제를 받아 정조를 지킬 수밖에 없었다. 인간들은, 불멸하며 많은 능력을 가지고 있는 판테온의 신들조차 존재의 허망함에 노출되어 있음을 거울삼아 위안을 받았던 것으로 생각된다.

간통에 대한 금기가 히브리 유일신교의 십계명 중 하나가 되고, 오늘날까지 서구의 유일신 사회들-특히 유대-기독교 사회들-의 법률에도 영향을 미치고 있다. 억제력을 가진 계명이 형법에 추가된 변화를 다른 9개 계명과 비교해보는 것도 흥미로울 것이다.

오랜 역사를 가진 이 유일신교는 인류학적인 관점에서 오늘날까지도 진행되고 있는 실험에 기여한 것으로 보인다. 즉, 선험적인 계명이 인간들로 하여금 사회관계를 해칠 수 있는 충동을 억제하고 그들의 행동을 변화시킬 수 있는지 여부를 확인하는 실험실 역할을 한 것이다.

이 관점에 대한 여러 가지 반대 입장이 제기되어 나름 성공을 거두었는데, 오늘날까지 우리가 그 대가를 치르고 있다. 그 대표 인물이 장 자크 루소인데, 그는 인간이 선하게 태어났다고 믿으며 정신분석이 주장하는 것처럼 충동에 의해 행동하는 자기중심적 존재가 아니라 사회가 타락시킨 것이라고 보았다. 반면 히브리의 유일신교가 오늘날까지 설득고자 한 사람들로부터 받은 저항과 그 종교가 처한 환경 때문에 생기는 어려움에 대해서는 잘 알려져 있지 않았다. 지난 수 세기 동안 이 메시지를 보다 잘 전파하기 위해 그 기념비적인 내용을 설명하려고 노력해온 사람들은, 윤리적인 성격을 가진 전반 다섯 개 계명[3]과, 이것들로부터 논리적인 출발을 해서 사회적 목표를 추구하는 후반 다섯 개 계명 사이에 어떤 상관관계가 있는지를 보여주려고 했다.[4] 이 관점을 정당화하기 위해 통상 십계명을 각각 다섯 개의 계명이 적힌 두 개의 판으로 보여주었다.

이는 전체적으로 절묘한 상관관계를 보여주는데, 예를 들어 첫 번째 계명과 여섯 번째 계명, 즉 살인과 신을 부정하는 것(신을 살해하는 것)은 상관관계를 갖는다. 이런 관점에서 일곱 번째 계명에 언급된 간통은 두 번째 계명에 언급된 믿음의 변질에 해당되는데, 이는 이미 자신의 가까이에 있으며 결코 배신해서는 안 되는 것을 환상적이고 금지된 다른 것에서 헛되이 찾는 것이기 때문이다. 다른 방법으로 계명들 간의 상관관계를 찾아보자. 간통을 금하는 계명이 살인과 도둑질을 금하는 계명 사이에 있다는 점은 사회관계에 있어서 그 중요성을 새삼 강조하는 것으로, 그 계명을 어기는 것은 심하게 보면 살인에 해당되고, 가볍게 보더라도 도둑질에 해당된다고 본 것임.

이런 생각이 걸코 과장이 아니라는 것은 내가 앞으로 소개할 사례를 보면 이해할 수 있을 것이다. 그리고 내가 사례의 상당히 세부적인 면까지 언급하는 것은 성서 해석 훈련을 하자는 의도가 아니라 우리들에게 실제로 작동되고 있는 심리 상태를 이해하고자 함이다.

---

[3] 1. 나는 너의 신이다 2. 나 외에 다른 신을 섬기지 말라 3. 내 이름을 헛되이 일컫지 말라 4. 안식일을 지켜라 5. 부모를 공경하라.

[4] 6. 살인하지 말라 7. 간음하지 말라 8. 도적질하지 말라 9. 거짓 증언을 하지 말라 10. 타인의 재물을 탐하지 말라.

# 살인

내가 그 부부를 만난 것은 그들의 첫아들이 태어났을 때였다. 그들은 아주 진지한 사람들로, 같은 세대의 부모들과는 좀 달랐다. 남편은 화학 엔지니어로 전공 분야에 정통한 인물로 보였고, 내가 주는 조언이나 처방에 대해 제법 날카로운 질문을 많이 하는 그의 말투에는 약간의 교만함이 섞여 있었다. 아내는 조형미술 교수로 차갑다기보다는 조신한 편이었고, 옷차림이나 화장, 머리 모양에서 나름대로 높은 품격과 취향을 엿볼 수 있었다. 몇 번 상담을 하고 나서, 나는 그들이 그리 좋은 집안 출신들이 아니라는 것을 비롯한 몇 가지 사항을 파악할 수 있었다. 소심한 아내를 대신해 남편이 어린 아들을 데리고 먼 여행을 떠날 때 취해야 할 조치에 대해 나한테 물어봤다. 그에겐 열 살 때부터 자신을 혼자서 키워낸 아버지가 양을 치며 살고 있고, 그 아버지에게 손자를 보이러 간다는 사실을 알게 되었다. 부모 세대에 비해 사회문화적 지위가 갑자기 향상된 사람들은 스스로 약간 거북함을 느끼며, 이를 보상받기 위해 그의 출신이 더 좋을 것이라 상상했을 사람들에게 조금은 서툰 공격성을 보인다.

우리들의 관계는 상담을 거듭하면서 많이 부드러워졌지만, 내가 목표로 하고 대부분의 환자들과 갖게 되는 편안한 관계로까지는 발전하지 못했다.

그들은 아들이 세 살 무렵이 되었을 때, 먼 나라로 이주하는 문제를 두고 몇 가지 질문을 해왔다. 좋은 계약조건으로 5년 동안 같이 떠나기로 했다고 했다.

그리고 그들은 떠났다.

몇 달 후에 남편이 전화를 했다. 나는 그가 귀국한 줄 알았다. 그가 직장에서 전화한 이유는 그의 표현으로 "아주 심각한" 사정을 내게 설명하기 위해서였다. 그의 부인은 "아주 급히 송환되어" 파리에 있는 G병원의 M교수 담당과에 입원할 것이라고 했다. "아내가 비장 파열로 긴급수술을 받아야 하는데 백혈병이라고 하네요. 여기서는 임신부의 백혈병을 치료할 수가 없어요. 아내가 임신 6개월 반이라 말씀드리지 않았죠?"

마지막 부분에서는 화가 난 듯한 말투였다. 상상할 수 있겠지만 나는 이 소식을 듣고 걱정이 돼서 몇 마디 위로의 말을 했던 것 같은데, 그는 내 말을 가로막으며 다시 말을 이어갔다. "제가 전화를 드리는 건 소식만 전해드리려는 것이 아닙니다. 우리는 파리에 아는 사람이 없기 때문에 저는 여기 있으면서 아이도 봐야 해요. 아내가 해산하기 전에는 휴가를 얻을 수 없습니다. 지금 출산 예정일은 모릅니다만, 가능한 한 빨리 제왕절개수술을 할 예정이에요. 회사에서는 그때 제게 열흘 정도 휴가를 줄 수 있다고 합니다. 지금부터 그때까지 아내는 혼자 있어야 해요. 선생님께서 문병가주실 수 있나요? 아내는 선생님을 아주 좋아합니다."

나는 달리 무슨 말을 해야 할지 몰라서 그의 요청을 수락했다. 그는 고맙다고 말하면서 이렇게 덧붙였다. "여기 의사가 진찰 결과를 제 아내에게 알려주지 않았어요. 저만 압니다. 의사는 제 아내에게 골수염이 있다고 하는데, 여기서는 정확한 진단을 할 방법이 없다고 하네요."

나는 M교수가 과장으로 있는 G병원에 여러 주 동안 거의 매일 문병을 갔다. M교수는 그녀에게 백혈병보다는 덜 심각한 진단을 내렸지만, 치료가 오래 걸리고, 복잡하고 고통스러울 것이라고 설명했다.

그녀의 입을 통해서 자초지종을 들을 수 있었다.

그들이 프랑스를 떠나기 며칠 전, 그녀는 목, 겨드랑이, 서혜부에 많은 종기가 생기고 얼굴과 몸통에도 종기가 난 것을 발견했다. 그녀는 직장 근처의 피부과 의사를 찾아갔다. 이 의사는 단핵세포에 염증이 생긴 것인데 바이러스에 의한 가벼운 증상으로 특별한 치료법이 없다고 하면서, 당연히 피곤할 것이며 종기는 몇 주일 갈 것이라고 했다. 그녀는 의사에게 그 진단이 확실하냐고, 혈액검사를 해야 하는 것 아니냐고 물었다. 의사는 화가 난 듯한 태도를 보이며 그녀의 질문을 무시했다. 그녀는 조만간 먼 외국으로 떠나야 하며 임신할 계획도 있기 때문에 확신을 가질 필요가 있다고 설명하면서 다시 한 번 물었다. 의사는 자기 일을 누구보다도 잘 알고 있고 자신 있다고 잘라서 대답했다. 그들은 떠났고, 임신 계획을 실천했다.

외국에서 병세가 악화되어 프랑스로 돌아온 후, 그녀는 임신한 상태에서 가능한 한 약한 함량의 부신호르몬 치료를 받았다. 태아의 상태를 봐서 제왕절개수술을 한 후에 좀 더 강하고 적극적인 치료방법을 쓸 것이라고 했다.

나는 찜찜했다. 그녀의 증상을 봐서 단핵염을 생각할 수 있는 건 사실이었다. 그러나 백혈병도 거의 같은 증상을 보일 수 있기 때문에, 잠자코 있긴 했지만 현지 의사의 태도가 유감스러웠다. 아울러 현재 담당 과장이 어떤 의견을 갖고 있는지 알 수가 없었다. 여러 의사가 관여하고 있고 상이한 소견들이 제시되었기 때문에 내가 개입할 수 있는 여지가 별로 없었다. 나는 그저 문병을 가서 그녀가 하고 싶은 말을 들어주고자 했다.

헛수고였다. 날이 가고 몇 주가 흘러도 그녀가 내게 해준 것은 일상적인 이야기밖에 없었고, 오히려 내 직업, 기타 활동, 내 일신상 문제, 내 여가, 내 자식들에 대한 질문만 잔뜩 했다. 연상 작용을 유발시키기 위한 구체적인 질문이나 현지 생활, 환경, 직장 등에 대한 질문을 해도 간단한 대답밖에 얻을 수 없었다. 이는 무엇을 의미하는가? 피부과 의사가 잘못 진단한 대가를 내가 치르는 건가? 나도 그와 마찬가지로 불신의 대상이 되었나? 내가 문병을 가는 이유는 그녀에게 고백을 강요하거나 고통을 주기 위한 것이 아니라는 생각을 하면서 나는 모든 목표를 포기하고 지루함을 달래주는 문병객 역할로 만족하기로 다짐했다. 우리는 서로 걸림이 없는 화제만 골랐다. 예술, 문학, 연극, 영화와 같이. 여러 주에 걸친 입원 기간에 뭔가를 하면서 보내야 했다.

어느 날 그녀는 출산을 위해 산부인과로 옮겼다. 연락을 받은 남편이 전날 도착했는데, 아이는 현지에 두고 왔다고 했다. 둘째 아들의 출생을 알리는 전화를 한 것은 남편이었다. 조산이었기 때문에 아기는 병원의 다른 과에 입원시켰다. 그는 부인과 아들의 입원실을 왔다 갔다 해야 하기 때문에 나를 만나지 못할 것이라 말했다.

마지막으로 산모를 방문하고 내 임무는 끝났다고 생각하니 당분간 움직일 일이 없었다.

열흘 후, 내 생각이 오산이었다는 것이 밝혀졌다. 그녀는 울고 있었다. 나에게 꼭 문병을 와달라고 했다. 그것도 급히. 그녀는 견딜 수 없다고 했다. 상황 판단도 안 되고 뭘 생각해야 할지도 모르겠다고 했다. 그녀는 혼자라고 했다. 남편이 예정을 앞당겨 전날 출발했다고 했다. 그녀는 완전히 정신이 나간 상태였다. 나는 그녀를 진정시키려고 했고, 금방 가겠다고 했다. 그녀는 병원을 바꿨다고 했다. 지금까지 입원해 있던 과는 내부 공사 때문에 폐쇄되어 산부인과에서 J병원의 다른 과로 이송되었다고 했다. 그녀는 다시 울음을 터트리고 딸꾹질을 하며 말했다.

"아세요? 새 과장이 저를 보러 왔었어요. 큰일 났어요! 새 과장은 다른 의사들의 태도를 비난하면서, 자기는 진단 결과를 환자들에게 숨기는 것을 거부한다고 했어요. 글쎄 말이에요, 제 병이 백혈병이라는 거예요! 그게 다가 아니에요. 먼저 의사가 백혈병의 유형을 잘못 판단했다는 거예요. 제 백혈병은 생각보다 훨씬 더 심각한 거래요. 아세요? 제가 왜 전화 드리는지 아시냐구요? 그 과장이 저한테 한꺼번에 충격을 가해놓고는, 뻔뻔스럽게도 더 끔찍한 말을 했어요! 제가 그대로 반복할게요. 잊을 수가 없어요. 이렇게 말했어요. '겁내지 마세요. 내가 당신을 괴롭힐 겁니다. 당신을 두들겨패고, 여태 못 보던 꼴을 보게 할 겁니다. 당신은 죽을 지경이 돼서 아래로 위로 다 토해낼 겁니다. 머리카락뿐만 아니라 몸에 있는 털이란 털은 모두 빠질 겁니다. 살려달라고 애걸복걸할 때까지 괴롭힐 겁니다. 그러나 한 가지는 약속할 수 있습니다. 당신 병이 낫게 하겠습니다.'"

나는 다시 문병을 시작했다.

첫날, 나는 먼저 과장을 보러 갔는데, 그는 소아과 의사가 환자의 부모들에게 그 정도 관심을 갖는다는 사실에 놀라워했다. 나는 내 행동에 대해 그런 반응을 보이는 것에 대응하지 않았다. 그의 반응은 우리 사회의 자기중심적인 태도를 확인하는 것으로, 약간의 동정심도 의혹의 대상이 된다. 그는 그녀가 전화로 내게 이야기했던 말을 재확인했다. 그러고 나서 나는 그녀를 만나러 갔다. 나는 그녀의 손을 잡고 그녀에게 다른 방안이 없으며, 그런 상황에서는 담당 의사를 믿을 수밖에 없으며, 그가 다른 의사들의 잘못을 밝혀냈고, 동시에 거칠게 표현하긴 했지만 낫게 해주겠다는 약속을 했다는 것을 지적했다. 우리는 서로의 손을 잡고 오랫동안 침묵을 지키고 있었다. 한참 후 그녀는 남편이 아기를 데리러 와서 큰애의 유모에게 맡길 것이라고 했다. 그녀는 이 일이 아기나 큰 아이에게 미칠 영향에 대해 물었다. 나는 그녀가 아이들을 봐서라도 미래를 생각하라고 말하며 위안을 주려 노력했다.

며칠 후, 나는 다시 그녀가 크게 동요하며 우는 것을 보았다. 그녀에게 무슨 일로 그러느냐고 물었다. 그녀는 귀국한 후 한 번도 나타나지 않았던 어머니가 문병 왔었다고 말했다. 내가 놀라는 표정을 짓자, 그녀는 자신과 어머니 사이가 예전부터 좋지 않았다고 하면서, 마치 사죄라도 하듯이, 어머니가 지방에 살고 있고 직업을 가지고 있어 쉽게 움직일 수 없다고 했다. 그 순간 그녀는 다시 울기 시작하면서 말했다. "내게 와서 그런 소리를 하려면 차라리 안 오는 게 나았어요. 다음 날부터 화학요법을 시작한다고 했더니, '아, 그래, 우리 언니가 그걸로 죽었지'라고 말하더군요."

내 기억에 의하면, 나는 너무나 흥분한 나머지 의자가 뒤로 넘어지는 줄도 모르고 펄쩍 뛰면서 소리쳤던 것 같다. "당신 어머니 같은 인간은 아무 쓸모없는 인간이에요. 죽어도 싸요! 그런 어머니는 없는 게 나아요! 그런 인간은 멍청할뿐더러 살인자예요! 내 말 잘 들으세요, 다시는 당신을 보러 오지 못하게 하세요! 병원 당국에 그 사람 문병을 거절한다고 하세요. 당신은 그럴 권리가 있고, 그 이유를 댈 필요도 없어요."

나는 이런 말투로 한동안 계속했다. 나는 정말 화가 나서, 유감스럽게도 그 상황에 적절한 대응을 못하고 본능적으로 행동하고 말았다. 그러나 그녀의 인상이 좀 펴지고 약간의 미소도 어렸다. 내가 감정을 폭발시키는 모습을 보고 그녀가 나를 좀 더 가깝게 느끼게 된 걸까? 나는 다시 진정하고, 그녀에게 지난 몇 주 동안 왜 소식을 주지 않았냐고 나무랐다.

"별 들을 만한 거리도 안 되는 얘기예요."

그녀는 이야기를 시작했다. 미용사인 어머니는 대서양쪽 해안도시에 살았는데 어쩌다 그녀를 갖게 되어 낳아 길렀다. 어머니가 지금의 남편을 만날 때까지 모녀는 한 집에서 살았다. 지금의 남편도 미용사였다. 그들은 자력으로 미용실을 갖기 위해 같이 일하며 저축했다. 그들이 원한 건 평범한 미용실이 아니고, 큰 해안 휴양도시의 대로변에 위치한 미용실이었다. 이 목표를 달성하기 위한 저축을 하다 보니 단칸방에 살 수밖에 없었는데, 아이가 태어나자 그 방이 갑자기 너무나 작아 보였다. 그래서 어머니는 그녀를 기숙사에 넣기로 결정했다. 그녀는 세 살 반에 수녀들이 운영하는 기숙사에 들어갔고 18세가 되어서야 그곳에서 나왔다. 그 후 대학진학자격 시험에 합격했으며, 장

학금을 받고 아르바이트를 한 덕분에 대학을 다닐 수 있었다. 이야기가 여기까지 갔을 때 그녀는 말했다. "수녀님들 덕분에 살아갈 수 있었어요."

그녀는 어린 시절 내내 어머니를 1년에 한두 번밖에 보지 못했다. 크리스마스에도 못 볼 때가 있었다. 어머니는 그사이에 그렇게 갈망하던 미용실을 장만했는데, 위층에는 큰 아파트가 있었다. 그러나 그녀가 차지할 자리는 없었다. 여동생의 건강이 나빴기 때문에 부모들이 너무 애지중지해서, 아이 버릇이 이루 말로 표현할 수 없을 정도로 나빠졌던 것이다.

"동생은 겨우 미용사 학교를 마쳐 미용사가 되었어요. 저는 부모님을 만날 기회도 별로 없었지만, 간혹 만났을 때도 부모님이 그 애 걱정하는 걸 들으며 걱정하지 말라고 말해야 했어요. 동생은 예쁘니까 남자 하나만 잘 만나면 팔자를 고칠 거라고요. 그러나 부모님은 내 말을 듣지 않았어요."

그녀는 이 말을 한 이후에도 오랫동안 추억과 회한을 되새겼다. 나는 그녀의 말을 들으며, "아무에게나 고아가 되는 운이 있는 건 아니다"라는 말을 되새겼다.

몇 주가 지났다. 화학요법에 따른 부작용들과 더불어, 초기 치료의 고통은 예상을 초월했고 말로 표현할 수 없을 정도였다. 나는 그녀가 버틸 수 있을지, 병원 과장의 약속이 말장난이 아닌지 자문했던 기억이 난다. 그녀는 당시 자신이 처한 상황을 내게 보이기 싫다고 누차 말했지만, 나는 일정한 간격으로 문병을 계속했다. 그녀의 뜻은 잘 알지만 그래도 오겠다고 말했고, 계속 그녀를 찾아갔다. 그것이 내가 할 수 있는 전부였다.

그리고 여러 주가 지나자 조금씩 차도가 있었다.

병이 나아간다고 판단되어 그녀는 퇴원했다. 4개월마다 체크를 위해 파리를 방문한다는 조건으로, 두 달 만에 남편과 애들이 있는 곳으로 돌아가도 좋다는 허락을 받았다.

파리에 올 때마다 그녀는 내 진찰실에 들렀다. 나는 그녀를 다시 보는 것이 정말 기뻤기 때문에 항상 기쁨을 표했지만, 그녀는 우리의 관계를 입원 이전으로 돌려놓았다. 그녀는 내게 선물과 기념품을 주었지만, 아무래도 수녀들에게서 받은 교육이 남긴 부끄러움과 수줍음을 버리지 못했다. 그래도 우리는 생명이 병마를 극복하고 보이는 평범한 증상에 기뻐했다.

건강을 체크하러 파리에 온 어느 날, 그녀는 부부 사이에 겪고 있는 위기에 대해 이야기했다. 그녀는 아주 자세하게 세세한 부분까지 그들이 살고 있는 현지 프랑스인 사회의 생활방식과 분위기를 설명했다. 부부간의 문제를 이해하기 위해 자신이 기울인 노력, 나름대로 해본 가정, 그 가정을 확인하거나 취소하기 위한 증거 수집, 적응을 위한 행동, 여러 번 시도한 대화와 상대의 침묵 등에 대해 얘기했다. 그녀는 얼마 동안 파리에 머물렀기 때문에 우리는 두세 번 다시 만났지만 문제를 설명할 수 없었고, 더욱이 대응책이나 해결책은 나오지 않았다. 현지로 돌아간 후 그녀는 여러 차례에 걸친 긴 편지를 통해 부부의 파경에 대해 마음을 정리했다고 설명했다. 그녀는 파경의 원인이 그녀의 병 때문이라고 결론짓고, 이 실패가 고통스럽긴 하지만 자신이 생명을 건진 대가로 생각한다고 말했다.

몇 달 후 그녀는 완치됐다는 사실과 함께 이혼을 알려왔다. 나에겐 전자에 대한 기쁨만큼이나 후자에 대한 슬픔도 컸다. 나는 이것으로 그녀와의 관계가 끝나는 걸로 생각했다. 그 순간 나는 이 이야기에서 나의 역할이 무엇인가에 대해 자문했다. 병이 발생한 직후부터 나는 치료 담당 의사도 아니었고, 상담 시간에 대해 진료비를 청구한 의사도 아니었다. 다만 내가 아는 평범한 사람이 실의에 빠져 도움을 청해왔기 때문에 반응을 보인 것뿐이었다. 나는 여러 가지 생각을 했다. 내가 한 여러 가지 선택들, 내가 지닌 문화적 유산, 내가 저지른 관찰의 오류, 나와 사회 환경 사이의 괴리!

편지는 점점 뜸해졌다. 그녀는 프랑스로 돌아왔고 지방에서 교편을 잡았다. 남편은 계약 기간이 만료되지 않아 현지에 남았다. 그리고 세월은 흘렀다. 나는 실패한 부부가 한 쌍 더 생긴 것뿐이라고 생각했다. 하지만 나는 그들에게 생긴 일을 이해하지 못한 것이 유감이었고, 그녀가 파경의 중요한 원인을 병에 두는 것에 동의할 수 없었다. 내가 종종 그럴 수밖에 없었던 것처럼, 이번에도 이해 못하는 것을 수용할 수밖에 없었다.

그런데 내 이해를 도와준 것은 어느 날 나타난 그녀의 남편이었다.

그가 직장에서 전화를 했다. 정확히 따져보니 둘째 아들이 태어난 때부터 그의 목소리를 들은 적이 없었다. 그는 며칠 후 파리에 출장 오는 길에 애들에 대해 상담하기 위해 나를 만나고 싶다고 했다. 만나자는 이유를 잘 이해하지는 못했지만 그의 제안을 받아들이고, 어느 날 저녁 바에서 만나기로 했다.

정말 힘든 만남이었다. 정말. 그가 내게 한 질문들이 복잡해서가 아니었다. 사실 그런 상황에서 애들과의 관계에서 생긴 문제를 해결하는 것은 아주 간단하다. 아무리 조심하더라도 이런 상황이 아이들에게 고통을 주는 일이라는 것을 잘 알고 있기에, 단번에 결정을 내리고 즉각 선택을 알려주면 되는 것이다. 정말 힘들었던 것은, 나는 그런 일이 일어난 이유를 알고 싶어 했고, 그는 그 문제에 대한 언급을 회피했다는 것이다. 내가 구체적인 질문을 해도 그는 요리조리 피해갔다. 그는 나와의 대화를 마무리하겠다는 표시를 여러 차례 했다. 그는 계산을 하기 위해 웨이터를 부르기까지 했다. 나는 모른 척하고 웨이터에게 코냑을 한 잔 더 시켰다. 내가 할 수 있는 일은, 그의 고집스러운 태도 앞에서 나의 좌절감과 분노를 억제하고 소극적으로 대할 수밖에 없었다. 내가 공들인 시간을 생각하고, 이 사건 파일을 완전히 마감하기 위해서라도 ―내가 평생 불투명성과 투쟁했다고 하지 않았나?― 사실을 알 권리가 있다고 생각했다. 서로 자리만 지키고 버티는 전쟁이었다. 나도 그의 침묵만큼이나 무거운 침묵을 지키며 나의 결의를 보여주기 위해 또 주문을 해야 했다. 이번에는 커피를 주문했다. 바가 비어가기 시작했다. 마침내 그가 침묵을 깼다. 업무상의 대화처럼 감정 없는 차가운 어조로 말했다. 아내가 파리에 입원해 있는 동안 그가 현지에서 정부로 삼았던 여자와 새로운 출발을 하기 위해, 아내와 이혼하기로 했다고 말했다. 아주 흔해빠진 이야기라는 생각이 들었지만, 이 설명은 왠지 모르게 나를 만족시키지 못했다. 그는 아이들의 양육권을 요구하려는 의도를 언급하면서 내가 지지해줄 것으로 기대하는 것 같았다. 내가 뻔뻔스러운 요구라면서 그들이 애들의 양육권을 요구하는 근거가 충분치 않다는 점을 지적하자, 그는 반박했다. "우리 애들이 그녀를 잘 알아요."

내가 놀라는 표정을 짓자 그가 다시 말했다. "애들이 그 여자를 아주 잘 안다구요. 내 처제거든요. 그러니까 아내와 아버지가 다른 동생이에요. 아내가 수술을 받을 때 큰 아이를 봐주러 왔었어요."

그는 말을 이어갔다. "그리고 그녀가 계속 있게 되었어요. 그녀와 장모님은 애를 위해 가장 좋은 방법이라고 생각했어요. 아내는 이런 사정을 전혀 몰라요. 우리가 결혼을 결심했으니, 이제 아는 게 좋겠죠."

그 말을 머릿속에 새기며 나는 그를 그 자리에서 죽이고 싶은 강렬한 충동에 사로잡혔다. 무슨 명분으로 장모와 공모해서 이런 짓을 하는가? 장모는 어릴 때부터 일찌감치 딸을 내팽개쳤고, 이제는 그녀에게 "화학요법? 아, 그래, 내 언니가 그걸로 죽었지"라고까지 말하면서 딸이 죽기를 진정으로 바라는 인간이 아닌가? 장모는 딸이 벌써 죽었다고 생각하나? 남편은 세상에 불가능한 일이 없다고 생각하나? 원래 그런 사람이었나? 아니면 사회 계층이 달라진 후 갑자기 사람이 변했나? 얼마나 건방진 생각인가? 그의 부인이 출생부터 줄곧 증오의 대상이었다는 사실이 그에게는 이렇게 살인에 해당하는 행위를 하게까지 만들었나? 퍼즐의 모든 요소들이 단번에 제자리를 찾았다. 너무 작은 단칸방, 기숙사, 둘째 딸에 대한 편애. 그리고 미천한 출신인 두 존재가 이루어낸 결혼의 결정적 요소들. 그녀의 병과 둘째 아들이 태어났을 때 아이 아버지가 핑계를 대고 나를 피한 점. 이와 대조되는 요인들도 있다. 수녀들의 역할, 병원 과장의 약속, 내가 옆에 있었다는 것, 나에게 했던 수많은 질문을 통해 조심스럽게 그러나 확실하게 나를 믿고 애착을 가진 점, 이혼이 결정되고 재혼이 성립될 때까지 영문을 몰랐던 그녀가 해답을 구하지 못했던 의문들, 남편과 여동생이 선을 넘어 일종의 근친상간을 범한 후 아예 결혼까지 하게 된 것을 상상조차 할 수 없었던 그녀.

나는 그를 죽일 수 없었다. 그래서 자리에서 일어나 그에게 인사도

하지 않고 나와버렸다. 내가 취한 태도가 가져올 결과에 대해서는 아무래도 좋았다.

3년 후 그녀로부터 사진이 동봉된 두툼한 편지를 받았다. 한 남자를 만나서 결혼했다는 소식이었다. 둘 사이에 첫아이, 남자아이를 가졌다고 했다. 나는 그 소식에 울컥했던 것 같다! 그 이후 그녀의 전 남편에 대해서는 들은 바가 없지만, 그녀로부터는 지금까지 꾸준히 소식을 듣고 있다.

# 도둑질

그녀는 많이 울었다. 진찰실에 들어오기 전부터 울고 있었다. 평소와 마찬가지로 8개월 된 여자 쌍둥이 아이들을 무릎에 놓고 앉아서. 금발 곱슬머리에 통통한 장밋빛 얼굴을 가진 두 아이는 정말 예뻤다. 그녀가 아이들을 자랑스럽게 여기는 것이 보였다. 아이들은 그 엄마의 문장(紋章)과 같은 존재였다. 나는 그녀를 맞으러 대기실로 갔다. 첫 진찰 때 자주 볼 수 있듯이 남편이 동행했다. 그들에게 나를 따라오라고 말한 직후 전화벨이 울렸다. 나는 먼저 진찰실에 들어가 그들이 들어오기를 기다리며 문을 열어놓았다. 생각보다 들어오는 데 시간이 많이 걸리는 것 같아 쳐다봤더니, 그들은 문턱에서 기다리고 있었다. 그녀는 걸음을 멈췄다. 내가 들어오라고 말하기를 기다리며 예의를 차리는 것이 아니었다. 내가 그렇게 말해도 들어오지 않았다. 그녀는 내가 그 멋진 모습을 입력하도록 기다리고 있었다. 사실 그림이 좋았다. 그녀가 머리를 꼿꼿이 세우고 자세를 잡으며 두 팔에 애들을 안고 승리의 미소를 지을 때 문틀이 액자로 느껴지는 한 폭의 그림이었다. 그녀는 옆모습이 좀 특이했고, 자세가 특별했다. 키가 컸고, 야위거나 뚱뚱하지도 않았으며, 얼굴은 평범했고, 큰 눈의 가장자리에 있는 눈썹은 예뻤으나, 눈 자체는 예쁘지 않았다. 뒤로 묶어 한 가닥으로 굵게 땋은 머리가 한쪽 어깨 위로 내려와 있었다. 아이들을 안고 있는 그녀의 상체는 키에 비해 왜소해 보였고 짧고 볼품없는 주름치마는 좀 굵지만 긴 다리를 노출하고 있었다. 왼쪽 다리에는 무릎을 고정시키기 위한 기구가 달려 있었다. 우리가 본격적인 대화를 나누는 데는 많은 시간이 필요하지 않았다. "거기다 탭댄스까지 하시면 그림이 더 좋아지겠어요!"라고 농담을 던졌을 때, 그녀는 침착하게 대꾸했다. "바닥에 카펫이 깔려 안 되겠어요. 오늘은 제가 뒤뚱거리는 걸로 만족하세요."

그들이 들어오자마자, 우리는 오래전부터 알던 사이처럼 느꼈다. 나는 그녀의 가장 가까운 친구의 소아과 의사였다. 이 친구가 몇 년 전부터 그녀에게 나에 대한 얘기를 하도 많이 해서 그녀는 나를 "속속들이 아는 느낌"이었고, 언젠가 아이가 생기면 나한테 보이겠다고 다짐했다고 한다. 이 이야기를 들으니 그녀의 나이를 짐작할 수 있을 것 같았다. 생각했던 대로 그녀는 25세 미만이었다. 다리가 그런 것은, 모처럼 남편과 일주일 동안 스키 휴가를 갔는데 무릎에 골절상을 입었다고 했다. 그녀보다 열 살 정도 많은 남편은 계속 그녀에게 시선을 주며 세심한 주의를 기울이고 있었다. 아이들은 아직 문제를 일으킨 일이 없었다. 상담 분위기는 통상 첫 상담 때와 마찬가지였다. 그녀는 나에게 깊은 인상을 줄 만한 단어를 골라가며 말했다. 나는 그녀를 바라보면서 왜 그녀가 자기 자신을 그렇게밖에 가꾸지 못하는지 의아해졌다. 옷이나 머리 스타일을 좀 바꾸고 화장만 약간 하면

같은 나이의 다른 젊은 여자들보다 훨씬 더 눈길을 끌 수 있는 몸매였다.

그런데 그녀는 울고 있었다. 남편은 측은한 표정으로 그녀를 쳐다보고 있었고, 자기가 어떻게 할 수 없는 일이라는 눈짓을 내게 보냈다. 이미 형성된 좋은 분위기를 해치지 않으면서 조심스럽게 분위기를 바꿔야 할 필요성이 있었다. 그녀는 더 심하게 울면서 이제 남편과 더 이상 살 수 없어 남편을 떠나겠다고 말했다. 남편은 어깨를 으쓱하고, 하늘을 쳐다보며 고개를 흔들었다. 그가 어린애들 말투로 "정말 웃기고 있네!"라고 했더라도 나는 놀라지 않았을 것이다.

마침내 우여곡절 끝에 들은 이야기를 통해 자초지종을 파악할 수 있었다. 그녀는 출산 후 다시 직장에 복귀했다. 몇 주 지나지 않아 한 동료와 함께 지방으로 출장을 가게 되었는데, 그가 오래전부터 그녀에게 야릇한 관심을 보였기 때문에 그녀가 경계하는 동료였다. 출장에서 일이 몹시 안 풀려 그녀는 상심했다. 동료가 맡은 일은 무난하게 끝나서 그는 기분이 좋았고, 그래서 그녀를 위로하려고 했다. 그는 그녀를 식당으로 데려가, 술을 마시게 하고, 방으로 데리고 가서…… 그녀가 정신을 차렸을 때 일은 이미 저질러져 있었다. 그녀는 자신을 용서할 수 없었다. 그래서 집으로 돌아오자마자 남편에게 얘기했다. 자신이 너무 형편없는 존재라고, 이혼하고 떠나겠다고 말한 것이다. 물론 남편도 충격을 받았다. 그러나 그는 극단적으로 생각하지 않고 그녀가 좀 더 온건한 방향으로 행동할 것을 권했다. 그는 정상을 참작할 소지가 있다고 생각했다. 그러나 그녀는 남편의 말을 듣지 않고, 그녀가 그렇게 약한 모습을 보인 것은 분명 무슨 이유가 있을 것이며 아무 일 없었던 것처럼 지나갈 수는 없다는 말을 반복했다. 두 번째 상담에서도 셋이 함께 만났다. 상담을 마치면서 나는 그들에게 부부 문제 치료 전문의를 소개했는데 좋은 결과를 거두었다. 나는 쌍둥이들을 계속 돌봤고, 그 후 그들 사이에서 생긴 아이 둘도 담당했다. 그녀가 치료받는 중에 생긴 변화—자세, 머리 스타일, 옷차림—를 보고, 나는 내가 취한 행동에 흡족해했다. 그녀가 자신의 여성스러움을 더 잘 수용하고 가꾸기 위해 그런 치료가 필요했던 것이다. 사람들은 몸이 조금만 아파도 치료를 받으려 한다. 그러나 어려운 시기를 거치고 있는 부부들이 그런 치료를 거부하는 것은 심히 유감스러운 일이다.

# 상대와 자신, 자신과 상대

십계명 중 간통을 금하는 일곱 번째 계명에는 그 이전 사회들이 가지고 있었던 다른 법 조항과는 다른 점이 있다. 다른 조항들은 일반인들이 모르고 있더라도 분쟁이 발생하면 그 조항이 개입하여 효력을 발하게 된다. 반면 일곱 번째 계명은 기회가 있을 때마다 반복되었다는 점에서 예방 차원의 억제력과 일종의 교육적인 효과도 가지고 있었다. 그 계명을 위반하는 자는 위반 사실을 알리고 처벌을 받는다는 것을 모른다고 할 수가 없었다.

이 계명은 모든 유대 민족을 대상으로 하지만, 우선 무엇보다도 사회의 진로와 운명을 결정하던 남자들을 대상으로 했다. 여러 가지 종교적인 기록에서 그 사실을 확인할 수 있는데, 특히 10세기 종교계의 권위자였던 사디아 가온은 이 금기가 간통 행위에만 해당되는 것이 아니라 이웃의 여자를 포함하는 열 번째 계명에서 언급된 사항에도 해당된다는 것을 남자들에게 설명했다.[1] 다른 영역에서와 마찬가지로 이 영역에서도 계명에 의해 억제되어야 했던 충동들은 면면히 생생하게 살아 있었던 것이 분명하다. 조금 전에 이야기한 사례에서 확인된 바와 같이, 오랫동안 켜진 전기회로의 스위치를 끄는 것은 쉬운 일이 아니다. 정신분석학이 확고한 위치를 확보한 것도 바로 이 끄기 어려운 스위치 덕분이다. 아울러 이성을 무장시키기 위한 벌칙들이 마련되었다.

이 문제에 관한 법적 조치를 예시한 모세 오경 레위기를 보면,[2] 여성의 간통과 남성의 간통을 크게 차별하는 것을 확인할 수 있다. 간통죄를 지은 여성은 돌팔매질에 처해졌으나 —간통을 증명할 증거들이 제시되어야 했는데, 이는 그리 간단한 일이 아니었다— 남성은 달랐다. 일부다처제를 허락하던 당시 이 지역의 많은 사회들과 마찬가지로 심각한 간통죄로 인정되는 것은 결혼한 여성과 간통을 범한 남성의 경우였다. 구체적인 이유는 그 관계에서 태어나는 자식이 그 사회의 모든 미래에 관한 계획에서 소외될 서자가 되기 때문이다. 당시 아버지들이 자식들에게 쏟는 애정과 기대를 고려할 때 이것은 가벼운 일이 아니었다. 천국이나 지옥같이 사후의 세계에 대한 개념이 전혀 없는 사회에서 남자들에게 책임감을 부여하는 것은 자식의 미래였다. "여호와는 천 대까지 은총을 주신다…… 여호와는 아버지의 잘못을 4 대까지 기억하신다."[3]

---


1) Isaac Morali, *Dissertation homilétique de R. Saadia Gaon sur le Décalogue*(십계에 대한 사디아 가온의 설교), Paris, Comité Parisien des Isaélites de l'Algériois Editeur, 1965.
2) Mary Douglas, *L'Anthropologue et la Bible, Lecture de Lévitique*(인류학자와 성경, 레위기 읽기), Paris, Bayard, 2005.
3) 출애굽기 34 : 7

자식과의 관계는 그 옛날부터 지금까지 남녀관계와 관련된 토론의
영원한 주제다.

자식들의 혈통 관계를 나누는 것은 정말로 복잡하다. 여성은 구
체적인 확신을 갖고 자식을 낳지만, 남성은 사회적인 조치를 이용
해 불확실성을 제거해가며 자식을 낳는다. 이 문제의 뜨거운 시사성
을 프랑수아즈 에리티에가 보여준 바가 있다.[4] 스스로 아들을 낳을
수 없는 남성들이 다른 경로로 낳은 자식들의 혈통을 몰수했다는 저
자의 주장에 동의하든 않든, 간통을 두고 취해진 조치들은 개인에게
혈통과 정체성을 주고 종의 법칙이란 논리 속에 그 개인을 편입시키
는 목적을 지녔다. 여성의 교환, 근친상간을 금지하는 법은 각 개인
이 아버지를 기준으로 정의되도록 했다.[5] 서구 사회의 법이 변했기
때문에 오늘날에는 그러한 고심이 우스꽝스럽게 보이지만, 얼마 전
까지만 하더라도 간통으로 태어난 서자가 배척받았으며 적자가 가
진 모든 권리를 누리지 못했다. 이런 사정은 일본이나 한국같이 서
구화된 사회에서조차 아직까지 지속되고 있을 정도로 많은 나라의
현실이다.

이런 조심성과 예방 조치는 서구 사회의 반대편에 있거나 수천 년
의 간격이 있는 사회에서도 찾을 수 있음을 지적하고 싶다. 카낙(뉴칼
레도니아의 토착민-역주)의 구전문학에서 도망가는 남편이 아내에게 부
탁하는 장면을 예로 들어보겠다.

---

4) Françoise Héritier, *Masculin/Féminin I et II*(남성/여성 I과 II), Paris, Odile Jacob, 1996/2002.
5) Aldo Naouri, *Les Pères et les Mères*(아버지들과 어머니들), Paris, Odile Jacob, 2004.

"우리 자식들을 잘 돌봐요. 그 애들에게 우리의 상황, 땅, 가족, 인척관계와 외가 부모들에 대해 가르쳐줘요. 간통을 하거나 다른 사람들에게 해를 끼치는 일을 못하게 해요. 그렇지 않으면 애들에게 불행이 닥칠 거요. 다른 사람들이 그 애들을 죽이고 먹어버릴 거요."

정도의 차이는 있지만 아프리카와 아시아 역시 남녀를 차별대우했던 서구 사회와 크게 다르지 않다.

간통에 대한 조치들의 보편성은 간통이 충동적인 본질을 가졌다고 생각하기 때문이다. 타인(또는 상대)의 중요성이 상당히 큰 위치를 차지하는 사회관계를 위해, 다른 사회적 금기와 마찬가지로 이성에 의해 제어되어야 할 금기로 간주되어, 처벌받아 마땅한 것이었다.

모세 오경은 타인(상대)과의 관계를 지배하는 정신을 요약하면서 "네 이웃을 너 자신같이 사랑하라."[6]고 말한다. 신학자들은 이를 "네 이웃이 너에게 하기 원치 않는 일은 네 이웃에게 하지 말라"라고 해석한다. 교육적이고, 항상 변하지 않고, 일상생활의 모든 영역에 적용될 수 있는 메시지를 주는 것이다.

그렇다면 예를 들어 부모나 가까운 친척의 알몸을 보는 것을 금지하는 것도 마찬가지일까? 그것은 무슨 이유 때문인가? 매 순간 가까이 사는 사람들의 알몸을 볼 기회는 많으며, 교육 효과에 상관없이 알몸인 사람은 알몸이라는 사실 자체로 약화되기 때문이다. 그에게 던져진 눈길은 '외적 아이덴티티(타인에게 비춰지는 개인의 정체성–역주)'를 변질시킬 수 있다. 즉, 그는 자신이 원하는 대로 자신을 보일 수 없으

---

6) 레위기 19 : 18.

며, 더욱이 보이고 싶지 않은 것을 감출 수 없다. 그에게 던져진 눈길은 그의 삶에 개입할 수 있고 그가 원치 않는 투명성에 노출되게 하며, 결국 그를 무력화시킬 것이다. 근친상간을 금하는 규칙은 모세오경에서 "알몸을 보는 것"으로 표현되어 있다.

유대 성서에 의하면, 자위를 금하는 것도 마찬가지다. 인류학은 자위를 타인이라는 현실을 필요로 하지 않고, 자신의 잠재력을 활용하는 가장 근원적인 행위로 본다. 근친상간의 정의는 '자기 자신으로 똑같은 짓을 하는 것'이다. 자위행위는 대표적인 근친상간이다. 자녀들이 어떤 경우엔 숨김없이 하는 이 행위에 대해 묵인하는 정도를 넘어 공감하는 태도를 취하는 오늘날의 부모들을 볼 때, 격세지감을 느낀다! 자녀들의 장래 성생활을 방해해서는 안 된다는 우려가 너무 지나치고, 성적인 만족에 대한 가치를 너무 높이 두기 때문에 부모들은 금지 조치를 취하지 않는다. 자녀들이 타인을 부정하는 길로 들어서는 것을 내버려둠으로써, 타인(상대)은 자신의 만족을 위한 잠재적 수단으로만 간주된다.

예전에 아이들에게 가르치던 도덕적인 가르침들이 불필요하며 보수 반동적이라고 치부되는 오늘날이지만, 타인을 수용하고 타인과 함께 신뢰할 수 있는 관계를 이루는 것은 인류가 진화 과정에서 끈질기게 추구해왔던 점이라는 것을 인정해야 한다. 인류의 진화 과정에 금기가 없을 수 없으며, 이 금기는 모두 동일한 결과를 추구한다. 즉, 합의의 형식으로 개개인이 자신의 격한 충동을 이길 수 있도록 돕는다는 것이다. 근친상간 금지와 간통 금지가 추구하는 바는 기이하게 합치한다.

우리의 오랜 조상들은 종의 법칙을 확립했을 때 세대 간의 차이에 대해서도 인식하도록 했다. 즉, 교환 대상이 된 여성들은 아버지가 성적 용도로 데리고 있을 수 없는 자신의 딸들이었다. 그 딸들이 교환의 대상이 될 수밖에 없었던 것은 그녀들보다 한 세대 위인 아버지에게서 태어났다는 사실이 인정되었기 때문이다. 이렇게 강조된 세대 간의 차이는 시간의 방향성에 대한 의식을 확립했다. 시간은 항상 같은 방향으로 흐르며, 그 흐름에 제동을 걸거나 방향을 바꾸거나, 흐름을 거슬러 올라갈 수 없다는 것을 알게 된 것이다. 시간은 어느 날 인간을 필연적 죽음에 대면시킴으로써, 언젠가 이 현실을 수용하고 인정하게 함으로써 거기서 나름대로의 결론을 끌어내도록 했다. 그 점에서 모든 근친상간 행위는 시간의 방향성을 거부하고 죽음의 필연성을 거부하는 것으로 간주되었음을 짐작할 수 있다. 그 관점에 따라 간통도 똑같이 간주되었다고 본다. 간통은, 적어도 처음 행해질 때는 자기의 파트너와 체험했던 것과 유사한 경험을 되풀이하는 것이라 생각되지만, 시간이 흘러간다는 사실을 잊어버린 듯한 환상, 즉 죽음의 필연성을 부정한다는 점에서 '정오의 마귀'를 다시 한 번 떠올리지 않을 수 없다! 죽음의 필연성을 부정하는 것 또한 문제가 아닐 수 없다. 자신이 죽을 것임을 인식한다는 것은 현재 살아 있는 것을 실감함으로써 타인과의 관계를 개선하고 사회적 관계를 강화하기 때문이다.

이런 관점에서 볼 때, **간통은 가장 기본적인 사회관계, 즉 부부를 이루고 있는 타인과(상대와) 형성된 관계를 변질시키는 것이다. 이 변질 행위는 간통을 행하는 개인에게만 해당되는 것이 아니라, 그 사실을 알 때 배신감을 느낄 피해자에게도 해당되는 것이다.** 이 배신감은 너그럽게만 봐줄 수 없는 은폐 의도뿐 아니라 간통 행위가 사전 계획

되었다는 점에서 더 커진다. 이 차이는 우발적인 살인과 계획 살인의 차이에 해당된다. 모든 부부가 장 폴 사르트르와 시몬느 드 보부아르 부부와 같다고 할 수 없다. 자신들의 충동을 통제할 수 있다는 지적인 자만심을 가지고 있지 않은 평범한 부부들 사이에서 벌어지는 일의 형태는 뻔하다. 부부 사이에 제3자를 끌어들인 파트너는 일반적으로 그런 기미를 보이지 않으며 자신이 만든 관계를 끊을 때까지 아무런 낌새를 못 차리게 하는데, 이 경우에 문제가 가장 적게 발생한다. 이런 상황을 흔히 볼 수 있다는 사실이 위에서 인용한 바와 같이 뤼시엥 이스라엘로 하여금 "아내의 정조를 확신하는 사람은 정신병자들밖에 없다"라고 익살스럽게 말하게 한다.

그의 말을 믿는다면, 간통은 아주 유혹적이고 흔한, 강렬한 경험이기 때문에 우리는 그것에 굴복할 수밖에 없다. 그 이유는 그 행위 자체의 관능적인 성격 때문이 아니다. 충동 관리의 어려움으로 발생하는 불안정한 심리 상태에 대해 해결책을 기대하는 사람의 충동 영역에 그 행위가 존재하기 때문이다. 이런 면에서 간통은 많은 경우 빙산의 드러난 일각에 불과하며 평가하기 어려운 차원을 가지고 있다. 많은 경우에 간통은 적절한 문제제기에 대한 부적절한 대답이며, 전혀 에로틱하지 않은 문제에 대한 에로틱한 대응이라는 것이 전이(轉移)의 메커니즘을 통해 증명될 것이다. 간통의 이 역설적인 면은, 다른 데서 소지품을 잃어버린 사람이 한밤중에 가로등 불빛이 있다는 이유만으로 가로등 밑에서 잃어버린 물건을 찾고 있는 것과 유사하다.

충동의 통제에 대해 논해보자! 충동의 통제 또는 억제라는 문제에 관심을 갖게 된 이후, 인류는 그 부분에서 진보했다고 할 수 있을까?

아니면 통제 또는 억제를 권장하기만 했나? 확실한 것은 없다. 이 문제에 상당한 에너지를 집중 투입하고 많은 수단을 동원한 종교들도 큰 환상을 가지지 않았다. 이 작업이 엄청나게 어렵다는 점과 조그만 성과라도 얻는 데 극히 많은 시간이 투입된다는 점을 인정하고, 신자들의 선의를 꺾지 않을 정도로 요구 수준을 맞췄다. 따라서 종교들은 신자들이 자신들의 과오를 인정하고 용서를 구하는 데 전념하도록 유도했다. 유대교 대사죄일(Kippour)에는 인간이 과오를 범하기 쉬운 존재임을 인정하고 공개적인 고백을 하는데, 이는 기독교에서 개인적으로 고해성사하는 것에 해당된다. 이렇게 뿌리 깊은 종교적 현실주의에 이어, 인류학자 프레이저의 좀 더 객관적인 현실주의도 있다. 그는 우리 손을 불에 넣으면 안 된다는 법은 필요 없는데, 근친상간을 금지하는 법이 필요한 것은 참 놀랄 일이라고 익살스럽게 말한다. 이 말은 몇 가지 문제를 생각하게 한다. 우리 스스로 근친상간을 금하기 위한 법이 필요하다고 인정하는 것은 근친상간이 우리에게 줄 수 있는 쾌락에 대한 위험한 취향이 있음을 의미한다. 예외적인 경우나 병적인 경우를 제외하고는, 우리가 종의 법칙을 문자 그대로 지키고 있는 것에 놀라지 않을 수 없다. 그러나 좀 더 깊이 생각해보면, 이것은 속임수에 불과함을 알게 된다. 이 법이 우리 머릿속에 각인된 이래 우리가 부모, 혹은 자식과 성교하지는 않는다. 문제는 단순한 문자 그대로의 의미를 벗어나서, 특히 이 법의 정신을 잘못 알고 갖가지 방법으로 이를 위반하고 있다는 것이다. '자기 자신으로 똑같은 짓을 하다'라는 근친상간의 인류학적 정의를 현재 우리 사회에 팽배한 개인주의, 무역전쟁과 대량 살상을 목적으로 모든 수단을 동원하고 첨단기술을 지배하는 개인주의에 빗대보면, 우리가

'외적 아이덴티티(타인에게 비춰지는 개인의 정체성—역주)'를 거의 또는 전혀 배려하지 않는다는 것을 알 수 있다. 고대 문화와 십계명이 권장한 금기들이 어느 정도 효과를 거두었다고 볼 수 있는가? 통상 우리가 집을 나서는 즉시 죽을 가능성은, 적어도 서구 사회의 대도시에서는 없는 것이 사실이다. 그러나 진정한 발전은 아닐지라도 그나마 이 정도 최소한의 발전을 제외하고는 —이것도 그나마 여러 가지 금기 덕분이라고 봐야 할 것이다— 우리는 계속해서 가벼운 마음으로 여기저기서 죽이고, 간통하고, 도적질하고, 거짓 증언하고, 남의 재산을 탐하거나 아예 몰수하지 않는가? 이것이 모두 루소가 주장하듯이 우리 사회의 잘못인가? 우리들의 기술이 이룬 성과를 내세우며 우리가 조상들에 비해 발전했다고 주장할 수 있는가? 조상들과 마찬가지로 우리 역시 규칙과 환경이라는 혼란스러운 의식에서 벗어나기에는 갈 길이 멀다고 겸손하게 인정해야 하지 않을까?

정신분석은 무엇을 하는 것인가? 자기 성찰을 시도하는 사람에게 자신이 가진 충동의 폭력성과 변화무쌍함을 인식할 수 있게 해주는 것이 아닌가? 그렇게 함으로써 자신을 위해, 동시에 자신의 환경을 위해 그 충동을 잘 관리하도록 해주는 것이 아닌가? 정신분석이 한편으로는 끊임없이 사회 전복 기도를 가졌다고 의심받고, 다른 한편으로는 변태적인 언사에 동조하지 않는다 해서 보수적이라는 비난을 받는 것이 놀라운 일이 아닌 이유이다.

'함께 하다', '같이 있다'는 어떤 의미인가? '둘이 짝'이 되고 결국 '하나'가 되어야 할 '둘'은 무엇인가? 위안? 수단? 목표? 지향? 동시에 이 모든 것인가? 이 모험이 위험하다는 것을 알 때 무엇을 기대할 수 있나? 무엇보다도 그 둘의 존재를 보장하기 위해서는 어떤 형태의 것이

든 신뢰감이 있어야 한다. 세 번째 존재가 둘 사이에 끼어들어 자신의
이익을 위해 이 '둘'을 몰수해버릴 때 '둘'이란 존재할 수 없다.

2부

둘

# 역사의 침묵을 메워보자면……

부부—이성(異性)으로 구성된 일부일처제—란 언제까지 거슬러 올라가는 제도인가? 정확하게 언제라는 걸 알 수 있을까? 종의 역사를 볼 때 그리 오래되지는 않았을 것이다. 아마 여러 문화들이 자리 잡을 때가 아닐까? 1만 5천 년 전에 취한 근친상간 금지 규범으로 인해 여러 집단의 남성들에게 여성을 교환하는 제도가 생겼다면, 그때부터 그 법이 엄격하게 짝 맞추기를 권장했다고 보기는 어렵다. 그러나 증명할 수는 없다. 여성교환제도는 남성이 살해 위험을 감수하지 않으면서 성적 충동을 만족시키기에 충분했을 것이라 상상할 수 있다. 조건에 따라 친척 제도(혈연관계)가 조직되는 데는 상당한 시간이 흘렀을 것으로 보이는데, 이 친척 제도는 결혼 금지의 범위를 정하기는 하지만 한 개인이 동시에 몇 번 결혼할 수 있는지에 대해서는 전혀 말하지 않는다. 이는 놀랄 일이 아니다. 이런 아이디어가 갑자기 나와 자리 잡기 시작했다 할지라도 상당히 복합적인 제반사항을 단번에 확립하지 못했을 것이라 짐작할 수 있다. 모든 것이 굉장히 서서히 이루어졌고, 의식이 점진적으로 무르익어갔을 것이다. 수만 년 내지 수십만 년 전부터 본능의 메커니즘에 따라 움직이던 개인들이 갑자기 이 메커니즘의 압력을 통제하고 그들의 행동을 조절하고 관리할 수 있는 장치를 단시간에 만들었다고는 상상하기 어렵다.

이 점에 대해서 영장류 연구가들이 우리에게 주는 교훈은 아주 소중하다.[1] 어떤 종에서는 새끼들과의 관계에 있어서 어미인 암컷의 행동과 자기중심적이고 성적 충동에 따라 움직이는 수컷의 행동에는 큰 차이가 있음을 발견한다. 암컷은 소아과 의사이자 정신분석학자 도널드 위니콧이 '제1기 모성의 배려'라고 부르는 것과 똑같은 보호에 몰두한다.[2] 반면, 수컷은 섹스를 위해 암컷에 접근하려고 주저 없이 새끼를 멀리 집어던져 죽이는 경우까지 있다. 이런 묘사는 정확하다 하더라도 엄청나게 긴 시간 중에서 한 순간에 해당되는 사진과 비슷한 것이다. 인류학자들이 광대한 시간 속에서 인류의 발전 과정을 묘사할 때 이런 방법을 쓰지 않을 수 없다. 그들이 적용하는 엄중한 잣대는 더 이상 자세한 묘사를 할 수 없게 하며, '인간 종(種)'이 한 과정에서 다음 과정으로 진화하는 것을 설명하는 데 한계를 갖게 한다. 인간의 사촌 격인 현재의 영장류들과 오랫동안 비슷했던 우리들의 먼 조상이 어떻게 사고를 통제하게 되고, 사회적인 유대를 만들고, 문명을 발생시킨 과정을 확립할 수 있었나? 이 질문에 과학적으로 답할 수 있는 것은 다윈 이론의 성격을 띠는 적자생존 이외에는

---

[1]  Sarah Blaffer Hrdy, *Les Instincts maternels*(모성 본능), Paris, Payot, 2002.

[2]  Donald W. Winnicott, *De la pédiatrie à la psychanalyse*(소아과에서 정신분석까지), Paris, Coll. Petite bibliothèque Payot, 1969.

없다. 그러나 그런 적응이 단지 해부학적이고 생리학적인 적응이란 말인가? 우리가 알아챌 수 없을 정도로 아주 은밀하고 흔적을 남기지 않는 적응 과정이 발생할 수는 없는가? 왜 똑같은 동물들 중에 어떤 것들은 적응해서 살아남고, 다른 것들은 사라졌는가?

나는 내 나름대로 그런 진화를 설명할 수 있는 가정을 제시하고자 한다. 소아과 의사인 내가 '어머니-자녀'라는 이원론을 중시하고 그 이원론을 이 긴 진화 과정의 꺼지지 않는 동력이라 생각한다 해도 놀랄 사람이 없을 것이다. 동물계, 특히 지상에 사는 큰 포유류들을 관찰하면, 사자, 호랑이, 스라소니를 비롯한 다른 육식 동물들은 큰 무리를 형성하지 않고 살지만, 얼룩말, 영양, 물소, 코끼리 등은 떼를 지어 산다. 후자들에게는 군집 본능이 있다고 한다. 이 설명은 떼의 기능적인 목적에 대해 관심을 두는 생태학자들의 설명—떼를 지어 사는 것이 다른 동물들에게 잡아먹힐 확률을 낮춘다—에 의해 적절히 보완된다. 육식 동물인 동시에 초식 동물이고 동물의 먹이인 동시에 동물을 잡아먹었던 초기 인류(humanoïdes)가 무리를 형성했으며, 이 군집 성향의 행동을 용이하게 하는 유전자를 갖고 있었다고 생각할 수 있다. 나는 '다른 성격의 무엇'인가가 유전적으로 결정된 이 행동과 결합되어 넓은 의미의 사회관계를 형성하고 수용하게 함으로써, 무리를 넘어 사회를 형성하게 했을 것이라 생각한다. 나는 '다른 성격의 무엇'이란 충동이 본능에 작용한 대리 행위라고 생각한다. 충동의 출현은 수만 년 동안 '어머니-자녀'라는 이원론이 초기 인류에게 남긴 흔적의 반복 효과에 의해 형태가 잡혔다고 생각한다. 곤경에 처할 때마다 초기 인류는 유사한 배려에 대해 일종의 향수를 느꼈을 것이다. 이런 희미한 향수가 수천 년간 축적됨에 따라 초기 인류는 암컷의 '제1기 모성의 배려'를 이전처럼 적극 배척하지 않고 용인했을 것이다. 배려의 효율이 높아지고 흔적이 강화됨에 따라 차세대로 전수되었을 수 있다. 수천 년이 흐른 후에도 이 흔적이 남아, 약화되거나 사라진 먼 어머니 또는 그녀를 대체할 수 있는 '타인'이 우리를 배려해주기 원하게 된다. 이렇게 해서 수천 년 또는 수만 년에 걸쳐 오늘날 우리가 생각하는 사회관계가 탄생했을 것이며, 이것이 사회화를 장려했고 앞으로도 계속 장려할 길을 열었다.

따라서 여성은 남성의 미래일 뿐만 아니라 남성의 과거이기도 하다. 초기 인류의 숭배 대상이 여성이라는 것도 이런 이유가 아닐까? 이제 현시대로 돌아오자. 오늘날 우리의 의료소비 문제가 너무 심각해져서 아무런 합리적인 대책을 찾지 못하고 있다는 것은 우연이 아니지 않을까? 우리 사회의 팽배한 개인주의로 인해 사회적인 유대가 점점 약해짐에 따라, 잃어버린 유대의 혜택에 향수를 느끼는 우리들이 충동적으로 이 유대를 찾고자 하는 유일한 장소가 진찰실이다. 모든 치료나 간호 행위와 마찬가지로 의사의 행동 본질은 모성의 성격을 지니고 있다는 점을 우리의 의료제도 관리자들은 간과하고 있다.

시간을 다시 거슬러 올라가보면, 초기 인류의 성공적인 적응은 그들이 이원론을 경험한 결과였다. 아주 어렸을 때부터 어머니로부터 최대한의 보살핌을 받은 개인들만 생존해서 자식을 낳고 그들이 환경을 변화시켰을 것이다. 프로이트는 모성애라는 비교할 수 없는 보물이 자식으로 하여금 예외적인 생존 여정을 누릴 수 있게 한다는 것을 증명하면서 이 사실을 크게 강조했다. 각자의 무의식 깊숙이 기록된 이 사실이 어머니가 겪고 있는 엄청나게 큰 생리적인 죄의식을 설명해준다. 자식들이 받을 어떤 혜택에 대한 자신의 책임을 감지하고,

자신들이 역사가 강요하는 매개변수를 통제하거나 접근할 수 없음을
유감스럽게 생각하며, 자신들이 노력을 해도 닥칠 수 있는 실패에 대
해 미리 자책한다.

　내가 전개하고자 하는 것은, 성별에 관계없이 각 개인이 어머니와
의 사이에서 형성한 관계가 얼마나 중요한지를 증명하는 것이다. 라
캉학파의 정신분석 이론은 이 어머니를 대문자로 표기하며, 개인이
평생 동안 그 속에서 보호받는 시니피앙의 보물로 간주한다.

# 모든 결혼은 정략결혼

나의 가정을 좀 더 전개해 보겠다. 나는 남성과 여성에게 남아있는 이원론의 경험에서 부부 제도의 결정적 요소가 나온다고 본다. 이 경험은 시간이 흐르는 사이에 여성과 남성이 서로를 바라보는 눈길에 깊은 변화를 가져오게 했을 것이며, 이것은 문명화의 결과이기도 하다.

여성에게는 이 경험이 자식과의 관계를 —이제까지 이 관계는 본능적인 모성이라고 간주되었다— 강화하고 더 풍성하게 만드는 데 기여했을 것이다. 진화를 거듭하면서, 아울러 성행위가 번식과 관련이 있다는 의식이 생기면서, 남성을 보는 시선도 성적인 약탈자가 아닌 변화가 가능한 존재, 따라서 매력 있는 존재로 바뀌게 되었다.

반면 남성의 진화과정은 여성과 상이하며, 아주 느렸다. 인류의 기원부터 여성은 발정이라는 것이 없고 항상 성행위를 할 수 있어, 이 점이 남성을 미치게 만들었다. 또 남성은 성적 흥분점이 여성보다 훨씬 낮아 여성의 이런 특성에 과격하게 반응하기 때문이다. 문화가 탄생할 무렵으로 판단되는 시기에, 남성들은 자신의 후손이라 생각되는 아이들을 낳은 동거인의 중요성을 인식하게 되었다. 남성이나 여성에게 세계관의 진정한 변화라고 생각될 수 있는 이 큰 변화는 종의 법칙과 특히 혈연체계에 의해 규정된 법칙을 수용하게 만들었다. 이 혈연체계를 채택하고 준수 여부를 감시함으로써 정확하게 짝을 짓고 지속되는 부부 제도가 생겼다 하더라도, 이런 결합이 결정적으로 그리고 엄정하게 단지 두 개인에게만 한정된 것인지에 대해서는 ―앞에서 언급했듯이― 알려진 바가 없다. 오늘날까지도 일부다처제와 일처다부제가 존재한다는 것이 그 증거이다. 드물긴 하지만 아직도 인도나 네팔의 일부 지역에 일처다부제가 존재한다고 전해진다.[1]

일부다처제가 아직도 널리 퍼져 있고 합법적이라는 사실―아랍-이슬람 지역, 많은 아프리카 부족사회, 모르몬교도 사회―은 수컷이 동시에 여러 암컷을 소유했던 먼 조상들의 욕망과 생물학적 유산을 아직도 극복하지 못한 것으로 생각된다. 이 욕망을 억제하는 데 시간이 많이 걸리는 것은 어머니와의 관계가 주던 만족감에 대한 향수 ―동시에 여러 여자를 소유하는 것만으로도 해소될 수도 있는 향수― 때문이라고 상상할 수 있다. 그래도 먼 조상들 중 다수는, 아담과 이브의 이야기를 비롯한 여러 신화에서 볼 수 있는 부부의 이미지처럼, 일찌감치 일부일처제에 정착한 것으로 보인다.

우리는 남성과 여성에게 대등한 파트너의 지위를 부여한 이 작은 진보를 ―아직도 보편화되지 못한 진보이지만― 이룬 것을 기뻐하면서, 무

---

1) Françoise *Zonabend, Hoistoire de la famille 1*(가족의 역사 1), Paris, Armand Colin, 1986.

엇이 그 진보를 가능하게 했냐는 의문을 갖게 된다. 어떻게 이 진보가 사람들의 머릿속에서 생겨났고, 세대가 바뀔 때마다 영역을 넓히고 전파되어, 드디어 일반화될 수 있었는가?

이 질문이 우리들이 겪는 모험의 중심에 있는 것이 아니라면 —나는 그렇다고 생각한다— 사치스럽고 별스러운 취미에서 나온 지적 유희라고 생각할 수도 있을 것이다. 이 질문은 앞에서 이원적 관계가 남긴 흔적의 장기적 영향에 대해 말한 모든 것과 직접 관련된 것이다. 그러나 이 질문은 간단한 대답으로 해결될 수 있는 것이 아니다. 이는 클로드 레비스트로스가 '수직적 인류학자'와 '수평적 인류학자'란 개념을 두고 벌인 토론과 직접 연결된다. 전자는 가족과 그 후손을 사회라는 사슬을 이루는 날실이라고 보고, 후자는 사회를 가족들이 자리 잡는 씨실이라고 본다. 양측은 이따금 서로 모순되는 대답을 한다.

사회가 모든 가족이 따라야 할 모델을 의도적으로 강요한 것인가, 아니면 한 사회의 가족 모델이 성공한 것이 전 구성원들을 추종자로 만든 것인가?

우리 기억 속에 남아 있는 역사 속에서, 유명한 사람들과 유명한 사건 사이에 일어난 상호작용, 그리고 평범한 사람들과 평범한 사건 사이에서 생긴 상호작용에서 그 예를 찾아 이해를 도모해볼 수 있겠다. 예를 들어 비틀즈가 텔레비전에 몇 번 나오자 곧바로 전 세계 젊은이들의 상당수가 머리를 길게 길렀다. 마틴 루터 킹 목사 혼자 미국의 흑인들을 위해 이룩한 업적은 그가 출현하기 이전 한 세기 동안의 투쟁을 통해 거둔 업적보다 컸다. 1960년대 소피아 로렌과 카를로 폰디의 비합법적 커플을 두고 가십 기자들이 끝없이 써댄 기사들은 이탈리아에서 이혼절차를 간소하게 만드는 데에 어떤 캠페인보다 효과적으로 작용했다. 프랑스의 임신 중절 허용 입법에 있어서 1975년 121명의 선언에 서명한 여성들이 기여한 바에 대해서는 별로 알려져 있지 않다. 이 위선적인 사회는 여성들에 대해 관심을 갖고 그들의 어려움에 귀 기울이고 있다고 자처하면서, 사실상 그때까지 불법 낙태 문제에 대해서는 전혀 모른 척하고 극심한 처벌을 가했다. 1924년 프랑스에서 마지막으로 단두대에서 사라진 여성의 죄목은 낙태였다. 이런 예는 얼마든지 들 수 있다. 콜럼버스, 마오쩌둥, 루이 14세, 나폴레옹, 간디, 히틀러, 스탈린, 드골 등 유명한 사람들이 역사의 계단에 남긴 영향에 대해 질문해보자. 그러면 우리는 언제나 유사한 메커니즘이 작용한다는 것을 발견한다.

중요한 발전들은 언제나 눈으로 확인하기 어렵고, 예측하기는 더 어려운 역학관계라는 압력 하에서 이루어질 수밖에 없다. 시소가 움직일 때 한 명 또는 극소수의 압력 하에 한쪽 편이 다른 편을 누르고 압도한다. 이 말이 사회학자들에게는 진부하게 들릴 수 있겠지만, 나는 가족을 창조한 부부 신화를 만들어낸 사람들이 어떻게 그런 큰 성공을 거두게 된 것인지 알고 싶었다. 이런 성과는 다수의 개인들이 자신의 은밀한 삶을 고찰해보고, 그 기원에 대해 깊이 생각하고, 그것을 본능적으로 또는 어느 정도 의식적으로 이원적인 경험과 연관 지어보는 순간 나올 수 있다고 생각한다. 시소는 작은 집단의 영향에 의해 움직인다. 어떤 사회가 이 집단의 메시지를 채택하고 전 사회에 강제하게 되는데, 시간이 좀 지나면 오래전부터 그래왔던 것처럼 보이게 된다. 예를 들어 오늘날 알제리 사람들 중 그들의 조상이 성 아우구스티누스 시대에 기독교인이었다는 사실을 알고 있는 사람이 몇이나 될까? 이원적인 경험은 아마도 그 영향력을 계속 발휘해서 점진적으로 신뢰할 만하다고 간주되었으며, 새로운 사고를 생산할 정도가 되었을 것이다.

인류가 인간성을 갖기 시작할 무렵, 사고의 메커니즘은 왜 ―오늘날보다는 정도가 덜하지만― 감정에 가까울 정도로 저항적이고 방어적이었나? 오늘날까지 성별이나 생활방식, 환경에 관계없이, 아이들은 성관계가 어떻게 이루어지는지 처음 알게 되었을 때 그 현실을 강력하게 부인하는 반응을 보인다. 시간이 지남에 따라 아이는 그 관계가 성인들에게 정상이며, 필수적이기까지 하다는 현실을 인정하지만, 자기 부모들, 특히 어머니는 예외라고 말한다. 그런 사실 하나만으로도 기독교가 강압적인 수단을 사용하지 않고도 그렇게 급속도로 퍼진 것을 설명할 수 있지 않을까? 그렇게 포기하기 힘든 믿음이 존재하는데, 창시자의 어머니가 성관계를 맺지 않고 자신을 잉태했음을 보장하는 종교가 즉각적이고도 방대한 지지를 얻지 않을 수 있었을까? 오래 전부터 아무하고나 성관계를 맺지 않고 유일한 파트너만 가진 어머니를 수용하는 장치를 만들어낸 사고방식에 일종의 변화가 있을 가능성을 상상할 수 있다. 이런 변화는 오늘날 흔히 들을 수 있는 "우리 어머니(누나 또는 여동생도 해당)만 제외하고 모든 여자는 창녀다"라는 말에서 확인할 수 있다. 이 과정은 "우리 어머니는 하지 않는다"라는 환상에서 시작해서 "우리 어머니는 자식을 낳기 위해서만 했다"를 거쳐 "우리 어머니는 한 남자하고만 했다"로 이어진다. 결국 아버지―어머니라는 부부를 만들고, 가족을 창조해낸 부부 신화가 만들어지는 이 과정은 수만 년이 필요했을 것이다. 모든 것은 순조롭게 진행되었으며, 끝없이 재생되는 사회 내에서 파트너 관계는 점차 개선되었다.

일부일처가 제도화된 사회관계로 돌아오면, 과거부터 현재까지 개인이 자신의 충동 체계를 제어할 수 있도록 도와주는 금기를 양산하는 메커니즘이 있었다. 이 사회관계가 만족할 만큼 탄탄해지기 전까지는 이 과정을 수정할 수 없었다. 그런데 충동들—여러 종류가 있는데, 성적 충동을 구성한다는 점에서 '부분 충동들'이라고 한다—은 가장 쉬운 길, 즉 성기를 통한 길을 이용하는 특성이 있다. 여기서 정신분석의 범성주의(汎性主義, pan-sexualisme)를 엿볼 수 있는데, 이것은 논리가 통상적인 이해를 벗어나는 메커니즘을 좀 더 잘 이해할 수 있도록 해준다. 따라서 프로이트가 강조한 것처럼 문명화 과정을 용이하게 하기 위해 성행위를 가능한 한 잘 억제하는 것이 절대적으로 필요했다. 금기의 목표를 그르치는 충동의 압력에 개인들이 무의식적으로 굴복하지 않도록, 이 질서의 수호자, 즉 부모들의 판단 하에 결합하는 방식으로 그들은 비교적 일찍 성행위를 할 수 있었다. 이는 애정에 의해 결합하는 방식이 아닌데, 이를 통칭하여 정략결혼 또는 중매결혼, 타협에 의한 결혼이라고 부르자. 이런 결혼을 주도하는 사람들에게는 이 방법이 사회관계와 사회질서를 가장 잘 보장하는 결혼으로 간주되었다.

우리는 자료를 통해 상당히 먼 시대이지만 우리 기억이 닿는 과거의 결혼이 어떠했는지 알 수 있다. 예를 들어 인류 역사의 초기와 그 후 대부분의 기간에 부부의 결합은 완전히 그들의 환경이나 부모들의 판단에 의해 결정되며, 때로는 순전히 정략적인 것이었다는 것을 알 수 있다. 모세 오경에서 이삭이 결혼할 수 있는 나이가 되었을 때, 그의 아버지 아브라함은 아랫사람을 보내 가까운 가정에서 여자를 선택하도록 한다. 야곱은 그의 형을 피해 어머니의 친척집에 여자를 구하러(만나러 또는 얻으러) 간다. 거기서 그는 라헬을 만나 사랑하게 되지만 라헬 아버지의 술수로 우선 큰딸 레아와 결혼한다. 문자 기록이 남아있는 사회에서 자유민은 결코 노예와 결혼하지 않았다. 따라서 이렇게 결합하는 것은 가문이나 족벌들이었다. 갈등을 종식시키기 위해 —원시 민족들은 "적들과 동맹을 맺어야 한다"고 주장했다— 동맹을 맺고, 재산, 사냥 영역, 영토를 합치고 늘렸다. 미래에 결합할 사람들은 —그들이 태어날 때부터 정해진 경우가 많았다— 자신들을 대상으로 한 계획을 알지도 못했고, 대부분 발언권도 없었다.

이런 전략에 중요한 의미를 두는 사회의 최고위 계층이 모범을 보였다. 어릴 때 역사책을 보면 필요한 목적을 달성하기 위해 왕이나 왕자의 수많은 결혼들이 어김없이 정략적으로 이루어졌던 것을 알 수 있다. 귀족들도 마찬가지였으며, 부르주아 계층도 당연히 이를 모방했다. 사실상 개인들의 애정은 전혀 중요하지 않았다. 개인들의 애정이 고려된 유일한 계층은 하류 계층이다. 이들은 그 당시 사회의 흐름에 아무런 영향을 미치지 못했으며, 정략적인 결혼을 통해서 잃을 것도 얻을 것도 없는 사람들이었기에 애정에 의한 결혼이라는 특권을 누렸다.

이런 사실을 인지하고, 프랑스 중고등학교 문학수업에서 들었던 해설들을 되새겨보면, 우리가 모르는 사이에 부자보다는 가난한 사람을 부러워하도록 교육받은 것을 인정하지 않을 수 없다. 그런 교육을 교묘하게 했다 하더라도 교육 과정을 관장하는 국가의 자코뱅적 이념을 숨길 수 없다. 자코뱅적 이념은, 이념을 위해 행해진 과격 행위를 자랑스럽게까지 생각하며 개인의 합법적인 갈망을 인정할 의도가 있다고 —단, 개인이 자코뱅의 권위적인 방법에 의문이나 반론을 제기하지 않는 조건에서— 말한다. 피지배계층은 양 떼와 같아서 미끼로 유인하면

할수록 통치하기가 쉬워진다는 것을 우리는 알고 있다. 내가 교육 문제를 먼저 거론하며 이 미묘한 문제에 접근하는 것은 결혼이 아직까지도 당사자들의 선택과 상관없이 성사될 수 있다는 생각에 거부감을 느끼는 사람들에게 차분히 심사숙고할 수 있게 하기 위함이다. 지금부터 살펴보겠지만, 애정에 바탕을 둔 결혼과 정략이나 계산에 바탕을 둔 결혼이 그 내용이나 전개과정에 있어 우리가 생각하는 것처럼 그렇게 다르지 않다.

그리고 이런 결혼 전략은 완전히 사라지지 않았다. 아랍-이슬람 지역, 아프리카의 많은 부족사회에서는 아직도 건재하다. 영국에서도 이 전략은 이민 사회 출신 하원의원들의 지지를 받고 있는데, 이 남녀들은 서구 사회에 완전히 적응한 사람들이며 대학 교육을 받은 사람들이다. 프랑스 사회에도 역시 존재하는데, 생각보다 훨씬 쉽게 확인할 수 있다. 구인광고, 결혼소개소, 만남을 주선하는 인터넷 사이트 등이 과거에 결혼을 주선하던 가족을 대신하고 있으며, 이는 당사자에게 본인의 선택에 의해 움직인다는 환상을 주고 있다.

손자들을 데리고 병원을 방문했던 50세 가량의 부인이 있었다. 그녀는 언제부턴가 정기적으로 아프리카인으로 보이는 젊은 여인과 그 여인의 아이를 동반했다. 그 부인이 젊은 여인을 매번 그리고 상당 기간 동안 동반하는 이유에 대해 의아한 생각이 들었다. 왜냐하면 젊은 여인은 우아한 차림에 프랑스어도 잘해서 자선이나 도움의 대상으로는 결코 보이지 않았기 때문이다. 내가 궁금해 한다는 것을 눈치챈 부인이 어느 날 저녁 혼자서 나를 보러 왔다. 그녀는 여러 해 전에 재능 있는 아프리카 음악인을 만났는데 나중에 그는 그녀의 남편이 되었다고 한다. 그는 둘 사이에 결혼 같은 것은 있을 수 없다고, 그녀에게 미리 말했다. 왜냐하면 그의 집안에서 그가 어떤 여자와 결혼하도록 —그 여자는 그때 아직 태어나지도 않았다— 다른 집안과 약속을 했는데, 그 약속을 지켜야 한다는 것이었다. 그녀는 아직 시간이 많이 있고, 그 사이에 같이 살 수 있다고 말했다. 두 사람 사이에 첫아이가 태어났을 때, 둘은 결혼했는데, 앞에 언급한 집안 간의 약속을 지키기 위해 남자가 결혼할 수밖에 없을 때가 되면 이혼하기로 묵시적으로 약속했다. 그리고 어느 날 그 일이 일어났다. 결혼을 약속했던 여자아이가 태어나고 자라서 젊은 여인이 되었을 때, 집안에서 이미 할아버지가 된 신랑감에게 연락을 했다. 이미 세상을 떠난 그의 부모들이 한 약속을 지키기 위해 이 남자는 이혼 절차를 밟아놓고 아프리카로 갔다. 이렇게 해서 합법적인 결혼이 이루어졌다. 새 신부가 남편을 따라 프랑스에 왔다. 이 남편은 아직도 애정을 갖고 있던 첫 부인에게 그녀가 원하면 '공동 부인'의 지위를 —프랑스에서는 법적으로 인정되지 않지만 아프리카의 여러 국가에서는 아직도 흔하다— 유지해도 좋다고 했다. 그녀는 그 방법을 선택했고, 그녀의 이웃 사람들이 그런 행동을 공개적으로 비난했기 때문에 이사 갈 수밖에 없었다. 그런 이유로 그녀는 이제 전 남편이자 애인이 된 남자와 같이 사는 젊은 여인을 동반했다고 했다.

이국적인 이 사례는 한 남자에게 애정에 의한 결혼과 이 결혼에 이식된 정략결혼이 모두 일어난 것이다. 물론 오늘날 흔히 볼 수 있는 것처럼 부부생활이라는 모험을 여러 차례 반복하는 남녀들과 마찬가지로 일부다처제의 평범한 예라고 치부할 수도 있다. 이 사례는 공식적으로 통시적(diachronique) 성격을 갖고 있지만, 이혼 이후에도 첫 부인이 계속 부인으로 남아 있고 전 남편의 애인이 되었다는 점에서 공시적(synchronique)이라 할 수 있다. 우리 주변에서는 드문 일이지만, 두 여성이 각각 자신이 그 남자에게 어떤 존재라는 것을 알고 있고, 두 여성이 서로를 인정한다는 점에서 특이하다. 젊은 여인은 결혼이라는 운명과 그녀의 애정과 무관하게 "두 번째 부인"이 되게 한 문화에 익숙해 있다고 볼 수 있다. 첫 부인은 애정을 당연한 것으로 여기는 문화에서 성장했기 때문에 그 애정의 이름으로 자신의 결혼 조건과 방식을 처음부터 수용했다. 첫 부인의 애정은 파트너의 문화적인 특성을 수용했고, 두 번째 부인의 예정된 운명은 이전 부부의 애정과 충돌하지 않았다.

내가 이 극단적인 예를 선택한 이유는 정략 결혼 예찬론을 펴기 위해서가 아니라 애정이라는 개념을 조명해보기 위해서이다.

내가 남자고, 그래서 일부다처제에 호감을 갖고 있을 수 있기 때문에 그런 예를 들었다는 비난을 받을 수 있다. 이 비난은 부당하다. 왜냐하면 내 직업상 수천 쌍의 부부들을 만났지만 이 사례는 그야말로 드물고 예외적인 경우였다. 물론 진정한 일부다처의 경우를 만났지만 모두 비밀로 감추는 경우였다. 그러나 나는 일처다부라고 볼 수 있는 많은 사례도 보았다. 일부다처의 경우, 대부분의 남자들은 두 개의 완전한 가정을 유지하고 시간을 적절히 할애하며 —부재 기간은 언제나 이해할 수 있는 범위 안이고 이유가 있다— 자녀교육에 책임을 지면서 그 상황을 철저히 누린다. 반면 일처다부의 경우 결혼 여부와 상관없이 아이들과 정상적인 가정생활을 하면서 한 명 내지 수 명의 애인과 지속적인 관계를 유지하는 여성들이다. 몇몇 여성의 경우, 애인이 아이의 아버지였다. 어떤 여성들은 아이들을 병원에 데리고 올 때 아버지와 애인이 번갈아가며 동반했는데, 이 경우 아이에게는 애인을 친구라고 하거나 대부라고 했다. 한 집에서 두 남자와 사는 여성도 한 사람 있었는데, 전혀 부자연스럽지 않다고 했다. 하루는 그 여성이 내게 불만을 토로했는데, 남편이 항우울제 복용을 거부하면서 한 지붕 아래 또 다른 남자인 그녀의 애인이 실업 상태인데도 불구하고 생활비를 혼자서 부담하지 않겠다고 했다는 것이다. 어떤 여성은 15년 동안 만나던 애인과 관계를 끊은 몇 주 후, 남편이 헤어지자고 했다며 놀라워했다.

이상과 같은 사례에서 첫 번째 부부는 애정으로 결합했던 것이며, 당사자들의 의지를 무시하고 정략적인 의도에서 형성된 부부는 아니었다. 아울러 이 경우들을 통상적인 간통으로 취급할 수 없는데, 부부 외적인 관계가 상당한 기간 지속되었다는 점, 그들의 상황에 일시적이고 억제할 수 없는 충동이 개입하지 않았다는 점에서 일부다처나 일처다부로 분류하는 것이 더 적절하다고 보기 때문이다.

이런 경우들을 알고 나서도 부부의 형성에 애정이 적법하고 불가결한 요소라고 계속 믿는다면, 부부가 형성되고 유지되는 메커니즘의 복합성을 충분히 인식하지 못했다고 볼 수 있다. 학창 시절이나 필생의 만남에 대한 기대로 가득 차 있는 나이엔 가련한 사람들의 이루지 못한 아름다운 사랑 이야기를 들으면 심장이 뛰고, 애정이 없는 정략 결혼을 해서 사는 것은 상상도 할 수 없다. 그리고 정략 결혼을 한 부부들은 무겁고, 슬프고, 숨 막히는 분위기에서 후회와 끊임없는 불화 속에서 산다고 치부하는 경향이 있다. 사실은 이 모든 것에 대해 우리가 아는 것은 거의 없거나 전혀 없다. 의도적으로 애정의 편을 드는 문학이나 연극 덕분에 오늘날 우리에게까지 전달된 연역적이고 대위법적인 이야기를 제외하면 아무것도 없다. 그러나 실제 삶이 문학이나 연극과 같을 것이란 믿음은 전혀 보장될 수 없다.

나는 유년기와 사춘기의 대부분을 알제리의 작은 도시들에서 보냈다. 거기서는 3개 공동체가 이웃해서 살았다. 상당히 비밀스럽고 자기들끼리만 모여 사는 아랍인 공동체와 거의 접촉이 없었던 유럽인(기독교인과 유대인) 공동체들은 어느 도시에서든 항상 정확하게 똑같은 생활방식으로 살아간다. 유럽인 공동체들은 주로 대로 주변에 위치했다. 늦은 오후가 되면 수많은 사람들이 대로로 나오기 시작해서 밤 늦게까지 대로들을 누비고 다녔다. 물론 삼삼오오 떼를 지어 다니는 것이 더 재미있다. 유럽인 공동체 내에서는 일종의 동족 결혼이 성행했다. 기독교인들은 기독교인들끼리 결혼했고, 유대인들도 마찬가지였다. 그런데 어떻게 짝이 지어지는지 관찰하는 것은 재미있는 일이다. 나는 친구들과 어떻게 짝이 지어질 것인가에 대해 내기를 했는데, 대부분 내 예측이 맞아들었다. 우리들이 예언가를 자처했던 것은 아니고, 짝짓기의 논리를 이해했기 때문이었다. 애정이 있든 없든, 예쁘든 그렇지 않든, 철물상의 딸이 약사의 아들과 결혼할 가능성이 전혀 없었고, 대학에서 아무리 공부를 잘해도 우체부의 아들이 공장주의 딸과 결혼할 가능성은 전혀 없었다. 서로 잘 알아서 오빠와 여동생처럼 지내던 사람들이, 어느 날 아침부터 할리우드 영화에서 본 것처럼 서로 허리를 감싸고 다니는 부부가 되는 것을 보는 것은 흥미로웠다. 도대체 무슨 일이 일어났나? 그들의 부모들이 그들을 결혼시키기로 결정하고, 적령기가 된 그들도 이의가 없었던 것이다. 만약 부모들이 몇 주에 걸쳐 합의한 내용에 그들이 반대했다면 일이 성사되지 못했을 것이다. 그들은 그 선택의 주체가 아니었고, 그 제안을 수용했을 뿐이다. 사실상 혼전 성관계를 엄격히 금하는 전통과 성의 압력이 그들에게 제시된 안을 수용하게 하는 데 기여했을 것이다. 그 이후 우리는 그들이 기독교 성당이나 유대 교회당에서 결혼식을 올리는 것을 보았고, 얼마 지나지 않아 첫째, 둘째 아이를 차례로 임신한 모습을 봤다. 그렇게 인생은 흘러갔다.

이 이야기 끝에 남는 질문은, 그들이 서로 각자의 파트너에게 느꼈던, 또는 느끼지 않았던 사랑은 어떻게 되었느냐는 것이다.

전혀 다른 세계와 다른 시대를 배경으로 한 부르키나파소의 아름다운 영화 《틸라이(Tilaï, 1989)》도 부분적으로 같은 주제를 다루며 이 질문에 대한 대답을 제공한다. 사가라는 한 젊은이가 2년 동안 도시에서 지낸 후 마을로 돌아온다. 그가 부재한 동안, 아버지가 자신의 약혼자라 여겼던 노그마와 재혼한 것을 그는 도저히 받아들일 수 없었다. 그는 다시 마을을 떠나면서 자신이 가진 계획에 대해 아무에게도 말하지 않았다. 노그마에게조차도. 그러나 여전히 그녀를 사랑하기에 그는 그녀를 다시 차지할 권리가 있다고 생각한다. 법과 관습을 어기면서, 자유와 개인의 행복이라는 명목 하에 사가와 노그마는 몰래 만나 사랑을 나눈다. 이 사실이 알려지게 되고, 그들의 행동은 근친상간으로 간주되었다. 노그마의 아버지는 딸의 부정에 충격을 받아 목을 맨다. 사가는 마을에서 도망칠 수밖에 없었다. 사람들은 그가 죽었다고 생각했다. 그러나 노그마와 그녀의 어머니는 그가 죽지 않았다는 사실을 알았고, 노그마는 사가가 피신해 있던 이모의 집에서 그를 만난다. 어머니가 위독하다는 소식을 들은 사가는 아버지와 담판을 벌여 노그마를 차지하려고 마을로 다시 돌아온다. 격렬한 말다툼이 벌어지고 아버지는 아들에게 "이것이 법이다"라고 말한다. 이 씨족의 법은 다른 모든 연대 의무들에 우선하는 것이었다. 말다툼 끝에 몸싸움이 벌어지고 아버지는 아들을 가차 없이 죽인다.

이 영화는 개인의 자유라는 개념—약속이 담겨있기에 존중되어야 할 개념—과 침체되고, 시대에 뒤떨어지고, 강압적이며, 인간을 불행으로 몰고 갈 수밖에 없다고 간주되는 법과 관습을 대립시키고 있다. 그리스 비극을 연상시키는 이 작품에 대한 감동적인 평가와는 별개로, 내가 이 작품을 선택한 이유는 다음 장면 때문이다. 노그마의 아버지가 목을 매는 장면 직전에 노그마는 어머니에게 자신의 처지를 하소연하며 어머니를 자기편으로 만들려고 시도한다. 모녀가 주고받는 애정 어린 긴 대화 중에, 딸은 어머니를 설득시키겠다는 생각으로 어머니에게 아버지를 사랑했기 때문에 결혼하지 않았냐고 말한다. 어머니는 그렇지 않다고 했다. 이 말을 듣고 딸이 놀라는 것을 보고 어머니는 딸을 정면으로 쳐다보며 말한다. "나는 사랑 없이 그와 결혼했다. 나는 그를 사랑하는 법을 배웠다. 그리고 나는 그를 사랑했다."

이는 애정 없이 이루어진 결합에서 통상 벌어질 수 있는 상황을 보여준 것으로 보인다. 거의 아는 것이 없는 —약혼 기간은 길지 않았으므로— 파트너임에도 불구하고 그들은 서로에게 완벽하게 정의된 존재다. 그 계획이 이루어질 수 있게 한 전략에 대해서는 양쪽이 이미 다 알고 있었고, 사랑은 애초부터 양쪽 모두에게 없었다. 집안들 사이에 오래전부터 계획되어 있었던 합의, 또는 결혼을 잘 추진하기 위해 모든 것이 명확했다. 결혼의 최종 목적을 양가에서 공히 인정한다는 사실은, 문자 그대로 양가가 두 사람을 다른 집안에 주었다는 점에서 두 사람은 향후 둘만의 은밀한 생활에 선의를 갖고 임해야 한다는 것을 의식하고 있었다. 이 거래는 사랑의 대상에게 아무 계산 없이 모든 것을 주는 방식이 아니고, 기브 앤드 테이크 방식으로 이루어진다. 각 파트너는 자신에게 주어진 상황을 잘 이용해야 한다는 것을 의식하고 있기에, 조심스럽게 최소한의 관심을 표하면서 그 반대급부를 기다리고, 그 관심 표시가 효과 있었다고 판단될 경우 그 행동을 되풀이했다. 잘 모르기 때문에 예측도 불가능한 각 파트너는 자기 혼자만 충동적인 자아를 보이는 것을 자제했고, 그것이 기준이 되지 않도록 노력했다. 어쨌든 위 사례의 주인공은 자신을 사랑에 바쳤다. 이 사랑은 통상 하늘에서 떨어진 것이라고 생각하지만, 사실은 우리가 아주 어렸을 때부터 어머니를 대상으로 느낀 감정을 제3자에게 투사한 것에 불과하다. 정신분석이 ―모든 정신분석 실험이 그것을 증명한다!― "전이된 사랑 이외에 사랑은 없다"라고 주장하지 않는가? 이렇게 그들은 서서히 서로를 알게 되었고, 더욱이 성관계를 가졌기 때문에 서로를 더 잘 알게 되었을 것이다. 이 모든 과정이 많은 생각을 하게 만든다.

앞에서 암시했던 어린 시절에 관하여 나는 두 가지 격언을 기억하고 있는데, 이 격언들은 내가 지금 설명한 논리와 관련이 있으며 다른 여러 가지 상황에도 적용될 수 있다. 첫째는 "네가 사랑하는 것을 못 가졌으면, 네가 가지고 있는 것을 사랑하라"이고, 둘째는 "사이가 좋은 두 사람이 있으면, 둘 중에 하나가 많이 참는다는 것을 알라"이다. 시대에 따라 풍속이 다르며 각각의 시대는 금기를 만들고 금기에 의해 구조화된다. 물론 이 영화의 배경은 프로이트가 살았던 시대처럼 신경증을 보이던 시대였다. 우리가 사는 현재도 전 시대만큼 신경증을 보이긴 하지만, 우리 시대의 장점이라면 그 신경증을 생리적 장애로 분류하고 정상 상태가 환상임을 밝혔다는 것이다.

앞에서 보여준 예에도 불구하고 사랑 없이 결합할 수 있음을 상상하기 어려운 젊은 세대가 있다면, 부모나 조부모들에게 물어보라. 아무런 애정이 없었던 결혼이 대단히 조화로운 부부 생활을 가능하게 했다는 이야기를 들을 수 있을 것이다.

나는 남편을 잃은 한 노부인의 감동적인 말을 기억한다. 나는 그 부부와 집안 사연을 잘 알고 있었다. 부모들의 강요로 전혀 사랑하지도 않을뿐더러 자신의 남편이 될 자격이 없다고 판단되는 남자와 결혼한 그녀는 세 아이를 낳은 이후에도 남편을 완전히 지배하고 압도하면서 공주같이 군림했다. 조문을 간 나를 보자 그녀의 흐느낌은 한층 더 커졌다. 그리고 말했다. "당신, 당신만은 내 말을 이해할 수 있겠지. 앞으로는 사는 게 정말 지옥 같을 거야. 고독감 때문이 아니라 —애들이 있으니 그런 문제는 크게 없겠지— 남편이 죽고 나서 가장 그리운 것은, 믿지 않겠지만, 그의 침묵이야!"

그것은 깊은 침묵, 충만한 침묵, 동의하는 침묵이었다. 비록 결혼을 잘못해서 공주의 지위에서 퇴위하긴 했지만 내심 자신이 공주라는 것을 확신케 해주던 침묵이었다.

내가 이 말을 진정한 사랑의 표현이라고 한다면, 많은 사람들이 동의하지 않을 것이다. 나는 그렇게 생각하지만 이 주장을 뒷받침하는 논리를 지금 전개하지는 않겠다. 왜냐하면 애정이나 사랑이라는 개념이 —아! 얼마나 변질된 개념들이 통용되는가?— 담고 있는 내용에 대해 달리 설명할 기회가 있을 것이기 때문이다.

예찬론을 펼칠 의도는 없지만, 결혼 초기 긴장으로 시작된 부부관계가 세월이 가면서 탄탄해지고, 지혜로우며 자식들에게 사랑을 베푸는 부부로 발전하는 경우가 많이 있다는 것을 부언하고 싶다.

위의 사례처럼 비교적 행복하게 살았던 경우를 제외한다면, 이혼이 거의 존재하지 않던 시대에 과거의 매력에 대한 향수를 붙들고 부득이 같이 살 수밖에 없었던 부부들은 어떻게 되었나? 만족하지 못한 각 파트너는 —그 비율은 통계를 내봐야 하겠지만 통상 우리가 생각하는 것보다 훨씬 많을 것이다— 자신이 저항할 방법이 없는 시스템의 불행한 희생자라고 생각할 것이다. 그는 체념하고 이따금 꿈같은 환상을 갖거나 (보편적이고 가장 흔한 간통의 형태), 기회가 생기면 보상을 받으려 할 것이다. 남자들의 경우, 실제로 간통을 실행할 기회가 여의치 않을 때 창녀를 찾아간다. 모파상의 작품에 이 주제를 다룬 뛰어난 장면 묘사들이 있다! 여자의 경우, 처벌이 더 엄중했기 때문에 간통은 훨씬 더 드물었고 여자를 위한 남창은 없었다. 모든 여자들이 엠마 보바리가 아니었으며 플로베르는 『보바리 부인』을 출판했을 때 일어난 스캔들로 재판까지 가게 되었다. 그러나 성적 환상을 일으키는 문학 작품들은 많이 있고, 특히 유혹에 대해 저항하려는 목적의 파생 문학 작품들도 있다. 이 모든 것이 아주 옛날부터 있었고 불가피한 생리 현상이나 전통의 힘을 보여주고 있다. 몇 세기 전의 것으로는 "기사도 사랑"이 있는데, 무리하게 요구된 참을성과 교회의 섬멸작업으로 사라지고 말았다. 그리고 무엇보다 자식들에게 쏟는 애정이 특징인데, 남자아이, 그중에서도 장남은 어머니에게 거의 애인과 같은 지위를 지니고 있었다. 나의 동료인 필립 귀통은 나와의 공동 저서에서 이 보상 메

커니즘의 은밀함을 파헤쳤다.[2]

그는 오래전부터 지금까지 아이들에게 지나치게 애정을 투입하는 어머니들은 다른 사람들로부터 인정받기 어려운 여성의 특성, 그리고 당연히 누릴 자격이 있다고 생각하는 혜택을 누릴 수 없는 여성의 특성을 보상받기 위해 다른 선택의 여지가 없다고 주장한다.

이런 형태의 묵시적인 합의가 부부간의 어려움을 해결하고 그들에게 원만한 분위기를 조성해준다고 주장하는 것은 물론 아니다. 배신당한 파트너가 격한 반응을 보이는 것은 당연하다. 가정의 평화는 언제나 유토피아이므로. 내가 이를 거론한 이유는 오직 한 가지를 강조하기 위해서다. 남녀 사이에 존재하는 명백한 불평등에 대한 파생물 또는 보상이라고 할 수 있는 것을, 당사자들은 불안감이나 우울증을 겪지 않고 양심의 가책도 없이 대했을 것이다. 자신의 불행을 자신 내부가 아닌 외부에 있는 원인에 돌릴 때나 자신의 힘으로 어쩔 수 없을 때 이런 반응이 나타나지 않는가? 이런 맥락에서 인간들은 희생양이라는 것을 만들어내지 않던가? 이에 대해서는 사회적 측면과 인간관계 측면만 다루었던 문제의 무의식적인 역학을 살펴볼 기회가 있을 때 다시 논하겠다.

---

2) A. Naouri, S. Angel, P. Gutton, *Les mère juives n'existent pas, mais alors qu'est-ce qui existe?*(유대인 어머니가 존재하지 않는다면, 무엇이 존재하나?), Paris, Odile Jacob, 2005.

# 애정과 그 역설

　　정략이나 협상, 중매, 타협에 의해 이루어진 결합은, 우리 문명사회에서는 이구동성으로 그리고 기회가 있을 때마다 개인을 존중하고 애정과 자유선택에 의한 결합과 대비되어 비난받았다. 애정에 의한 결합에 대해서는 사례를 들어 자세하게 논할 기회가 있겠지만, 일반론을 펴지는 않겠다. 그런 결합들은 지천에 널려 있으며, 그런 결합이 생기는 방식이나 전개되는 바를 모르는 사람도 없다. 그러나 그런 결합이 정말 우연의 결과라고 믿거나 주장할 수 있을까? 그 결합을 만들어내는 상호의 매력에는, 원하든 원치 않든 타협의 범주에 드는 결정론이 ―각 파트너가 주도하는 타협이긴 하지만― 어느 정도 있는 것이 아닐까?

　　대개 부부가 형성되는 방식을 관찰하면, 우연이란 없다. 만남은 지리적인 요소나, 사회계층, 교류하는 사람들, 직업 또는 취향에 의한 배경에서 이루어진다. 이런 면에 개입되는 친화력은 사회적 기준에 의한 타협보다 더 큰 중요성을 지닌다. 각 파트너는 나름대로의 결정기준을 갖고, 무엇보다 상대가 그 기준에 얼마나 부응하는가를 가늠한다. 물론 이것은 상호작용 과정이며, 이 과정에서 각자는 자신이 상대를 끌리게 할 만한 존재라는 은근한 확신을 가지고, 상대가 자신에 대해 감탄하기를 내심 기대한다. 달리 표현해서 이 만남은 양측 모두 희생정신에 가득 차 있는 것이 아니라, 기막히게 변장한 이기주의로 가득 차 있다는 것이다. 세부적인 사항 하나만 상호의 기대에 부합하지 않아도 모든 계획이 무산된다는 것이 이를 증명한다.

마지막까지 오랜 세월 미혼으로 남아있던 대학교 동창이 있었다. 그는 우리에게 크루즈 여행 중에 자신이 평생 꿈에 그리던 여성을 찾았다고 말했다. "그녀는 내가 찾던 바로 그 여자야. 난 미칠 것 같아. 그녀와 함께 내 일생을 마칠 거라고 생각해, 아니 확신해. 내 말 들어봐. 그녀는 테니스도 잘 치고, 여름에 스키 타는 것도 즐기고, 위스키를 스트레이트로 마시고…… 게다가 금상첨화로, 상상도 못할 거야, 그녀는 브리지게임의 대가야!"

그는 그가 추구하던 바를 —그녀를 자신의 '오브제'로 만들기 위해 필수적인 모든 것을— 그렇게 요약했고, 나머지는 —그녀의 출신, 그때까지 그녀가 살아온 인생, 나이, 직업, 집안— 하나도 중요하지 않았다. 그런데 문제는 그녀가 그를 원치 않는다는 사실이었다. 그녀는 그가 자신보다 5센티미터 작다는 것을 절대적인 결점으로 생각했다!

단 한 명의 발에만 완벽하게 맞는 유리 구두, 그건 신데렐라 이야기에나 나오는 것이다! 이상적인 상대는 동화에서나 있다. 어떤 매력을 느끼고 어떤 애정을 가지고 있든, 선택된 사람에게 무언가 거슬리는 것, 문제가 될 수 있는 것, 잘 모르긴 하지만 뭔가 마음에 안

드는 것이 있다. 이런 것을 발견하면 그 즉시 잊으려고 노력해야 한다. 아마도 이런 이유에서, 누군가를 사랑할 때 그 사람의 장점과 단점을 모두 사랑해야 한다는 말이 있는 것이리라.

그러나 어떤 지혜에 의지해도, 벌레는 이미 과일 안에 들어가 있다. 벌레가 보일 때마다 '완벽함은 존재하지 않는다', '완벽함은 환상이다', '만족한 사유와 불만족한 사유를 저울질했을 때 대체로 긍정적이다'라는 생각으로 위안을 삼는다. 그러나 언젠가는 부딪치게 될 현실과 그렇게 오랫동안 가꾸었던 꿈 사이의 괴리를 인정하지 않을 수 없다. 정확하게 이 순간, 파트너가 다른 사람, 타인으로 보일 때, 이 타인은 끝없는 상호작용 속에서, 모든 결합 속에서 그가 무의식적으로 맡은 임무를 완수하게 된다. 나는 이를 표현하기 위해 '타인화하다(autruifier)'라는 신조어를 만들었다. 이 비극의 강도는 초현실적인 이야기 『오페라 무도회』가 생생하게 보여준다. 가면무도회에 간 두 남녀는 밤새도록 행복감에 취해서 춤을 춘다. 그러나 새벽에 가면을 벗으면서 그들은 끔찍하게 놀란다. 그 남자가 아니었고, 그 여자도 아니었다.

애정과 자유로운 선택에 의해 형성된 부부 사이에서 ─애정과 자유로운 선택이 모험의 본질적인 동력이었다─ '타인화' 작업이 정착되는 것만큼이나 어려운 일은 없다. 이런 역설을 어떻게 설명할 것인가?

협상, 중매 또는 타협 전략에 의해 형성된 부부를 관찰한 결과, 우리가 알게 된 것을 이용해서 유추해보자. 오늘날 서구 사회에서 외부의 개입이 전혀 없이 서로의 매력을 유일한 기준으로 형성된 부부들을 볼 때 ─중매결혼에 의한 불행을 격렬하게 비난하는 논리를 따르자면─ 행복하고 안정되고 만족하는 부부들이 적절한 비율을 차지하고 있거나, 그 숫자가 계속 늘어나야 한다. 그런데 실상은 어떤가? 정확하게 반대 현상이 벌어지고 있다! 결혼 제도는 비틀거리고, 이혼은 그 어느 때보다 성행하고,[1] 여러 차례 해체되고 재구성된 가족은 예사로운 일이고, 1인 부모 가정의 수가 엄청나게 늘어나면서 부부라는 개념 자체에 등을 돌리고 있다.

이 점에 있어서는 프로이트도 신경증의 미래를 잘못 예측했다. 아무런 금기도 없는 성관계가 엄청나게 늘어났지만, 신경증은 어느 때보다도 건재하다. 불과 이삼십 년 사이에 모든 형태의 섹스가 성행하는 상황이 왔다. 최악의 상황은, 그 결과가 설득력이 없을 뿐 아니라 기이한 막다른 골목에 도달했다는 것이다. 왜냐하면 모험의 기회를 최대한 활용한다는 생각이 실패한 후, 남성들은 대거 포르노에 의존하고, 여성들은 섹스기구에 의존하게 되었기 때문이다. 폭발적으로 성장한 포르노 산업이 여성을 도구화 하고, 온갖 섹스기구들이 상품화되어서 명품 의류 부티크의 지하에서도 거래되고 있다![2]

다들 거부하고 비난했던 다부다처제가 무대에 재등장하면서 이전과 다른 점이 있다면, 공시적인 다부다처제(동시에 여러 여자와 여러 남자가 결합하는 형태-역주)에서 통시적인 다부다처제(시간을 두고 여러 여자와 여러 남자가 결합하는 형태-역주)로 바뀌었다는 것이다. 이제 옛날 표현처럼 "최선과 최악을 같이하기 위해서" 결합하는 시대는 끝났다. 다시 말해 최선에 대해서는 듣고자 하나, 최악이 나타나면 "걸음아

---

1) 미국에서 일부 변호사들은 고객들을 계속 확보하기 위해 이혼 소송을 두 번 연이어 수임할 경우, 세 번째 이혼 소송은 무료로 해준다는 광고를 낸다.

2) *Le Figaro Madame*, 2005. 5. 21, p.106-108.

나 살려라” 하며 줄행랑을 치고 싶은 마음에 사로잡힌다. 통상 주변에서 기대할 수 있는 모든 동의를 얻을 수 있다고 확신할 때 주저하지 않고 행동에 옮긴다. 예외적인 경우를 제외하고는 아직 동시에 여러 명의 공식적인 파트너를 가지지는 않지만, 평생을 살면서 여러 명의 파트너를 가지는 셈이다. 물론 불평하는 사람은 아무도 없다. 여러 차례 이전의 결합을 깨면서 새로운 결합을 맺고, 새로운 결합에 걸던 희망이 깨져도 마찬가지다. 일회용 소비재 시대에 그 정도로 하찮은 일에 좌절할 수 있다는 생각은 아무도 하지 않으며, 가벼운 마음으로 실의에서 재빨리 벗어나 어떤 상황에서도 긍정적으로 생각한다! 결국 문제는 여러 가지 수단을 동원해서 떨쳐버리려 해도 끊임없이 나타나는 불안감이며, 이것은 갈수록 증폭되어 전체적인 그림을 망쳐간다는 사실이다.

중매나 타협으로 결혼한 개인들은 자신들이 저항할 수 있었거나 불안감을 느끼지 않고 그에 대한 보상을 기대할 수 있었던 체제의 희생자들이라 간주될 수 있다. 반면 누구에게서도 그런 선택을 강요당하지 않은 사람은 실패한 결혼에 무거운 책임감을 느끼기 때문이다. **그들은 실망만큼이나 큰 불안감 때문에 심한 우울증을 보이는데, 그들이 포로가 된 소비 논리로 그 증세를 부정하는 경우도 있다.** 그들이 자신의 모험을 어떻게 보는지에 대해 얘기할 기회가 있을 때, 그들은 두 가지 반응을 보였다. 실수를 했다고 선언하거나, 파트너가 예전에는 그렇지 않았는데 갑자기 변했다고 말하는 것이다. 두 가지 설명 모두 아무 근거가 없음은 두말할 필요가 없다. 왜냐하면 교환, 의사소통 및 선택을 주재하는 무의식은 실수를 할 수 없다. 선택된 파트너는 언제나 그리고 의심의 여지 없이 그 순간에는 최선의 선택이었다. 파트너를 버리기까지 그 내부에서 실망을 준 것이 무엇이었는지를 알아내는 것이 바로 남은 문제다! 이 문제는 적당한 시점에 거론하겠지만, 거의 언제나 같은 해답을 내포하고 있는 문제다. 앞으로 논하겠지만 조금만 들여다보자. 우리가 애정을 근본적인 요소, 더 나아가서 가장 지배적인 요소로 제시할 때, 우리는 자신의 깊숙한 곳에서 나온 이 애정을 문제 삼거나 실망시킬 수 없는 것으로 생각한다. 그런데 이 애정이란 것은 너무나 복잡하고 복합적이다. 특히 피할 수 없는 '타인화' 시도에서 파트너가 그 애정에 의문을 제기할 때 문제 삼기가 아주 어렵다.

이 거래 체계 하에서 모든 논리를 문제 삼는 것이다. 대부분의 경우, 우리가 그런 모험에 빠져들 때 우리의 애정이 상대를 끝없이 이기적으로 즐기도록 허락한다고 확신하며 —같은 방법으로 상대가 우리를 즐기게 내버려두지는 않으면서— 우리의 충동에만 귀기울인다. 이 체계는 얼마간 기대하던 대로 작동하다가 조만간 고장이 난다. 특히 우리가 상대의 현실을 잘 이해하지 못하고 있을 때 고장은 심각해지고 더 빈번해진다. 최근 개인주의의 영향 탓에 적응하려는 노력을 하지 않기 때문에 매일 조금씩 더 어려워질 수밖에 없다.

오늘날 젊은 세대들이 갖고 있는 사랑에 대한 시각은 청소년기의 수준을 넘어서지 않으려는 것으로 보인다. 사랑은 변화와 표현의 여러 단계를 거치고, 부부는 적응을 위한 부단한 노력에 의해서만 지속될 수 있다는 성인의 시각을 거부하는 듯하다. 이런 노력은 부부의 기능이 건전하게 작동함을 보여주는데, 이 기능은 무엇보다도 자기 자신을 문제 삼는 것이다. 결별하는 부부들이 그런 시각을 수용하는 데 보이는 저항은 상상하기 어렵다. 자신을 사로잡는 불안감을 어쩔 수 없다고 생각하는 것처럼 충동이라는 폭군에게 완전히 굴복하여 그것 이외에는 고려 대상이 전혀 없는 것처럼 행동한다. 청소년기에 느끼는 죽음에 대한 불안감의 강도를 아는 사람은, 이런 결별에 수반되는 불안감의 압박 정도를 비교 확인할 수 있다.

실수는 인간적인 것이라고들 한다. 이 말은 역으로 실수를 했을 때 반성하지 않으면 악마에게 영혼을 파는 것과 마찬가지라는 의미로 해석된다. 그런데 오늘날 인간들이 악마에게 굴복하는 한 가지 영역이 있다면 그것은 부부일 것이다. 내가 조금 전에 얘기한 결합 방식들을 잠시 보기만 해도, 어떤 형식을 취하든 **부부라는 모든 모험은 통계상 압도적으로 부부 중 한 사람 또는 두 사람 모두의 실망으로 이어진다.** 놀라운 사실은, 사회학자·통계 전문가·사회의 모든 계층에 속한 사람들에게 이것이 분명한 사실임에도 불구하고, 실패를 맛본 가족 출신의 젊은이들까지 부부 형성을 주저하지 않고 고집스럽게 그것만 추구한다는 것이다. 피임도구의 사용과 풍속의 자유화 등으로 매일이라도 파트너를 바꿀 수 있는 시대에 살면서도 부부관계를 맺으려 한다. 나이 든 사람들 역시 결별을 맛보았거나 독신으로 지내는 다른 이유가 있거나 간에 똑같은 방식으로 행동한다. 아마 이것으로 인터넷 만남 사이트가 놀랄 정도로 성업 중임을 설명할 수 있을 것이다. 인터넷의 익명성 덕분에 아주 내성적인 사람들까지 나서는 것 같다. 나는 이 집요함을 비난하지 않는다. 일부일처로 평생을 평범하게 산 늙은이로서 그런 행동을 비웃는 것도 아니다. **나는 이 집요함을 존경하고, 이 집요함에 감탄한다. 이 집요함에는 의미가 있다. 그것은 우리 각자에게 그나마 남아 있는 고귀함이며 생동감이다.** 아마도 그런 행동방식을 통해서 각 파트너가 자기 나름의 진실을 찾고 있는 것으로 보이며, 결혼을 자신과 비슷한 의향을 가진 상대와 관계를 맺을 수 있는 자신의 능력을 자유롭게 실험해보는 개인 실험실로 보는 것 같다. 이런 확신을 지지하는 통찰력은 그들의 내부에 있다. 이 통찰력은 아주 어린 시절로 거슬러 올라가서, 엄청난 힘을 행사하고 있는 '어머니-자녀'라는 이원론에 도달한다. 그 축복받은 순간, 순식간에 사라지고 마는 그 순간에 그들은 자신을 자신으로 인지했고, 어머니와의 결합은 두 존재를 분리할 수 없는 하나의 단위로 만들었다. 이 단위의 힘과 잠재력은 너무나 커서 이 세상의 어떤 것도 그의 능력, 그의 성취, 그의 미래를 제한할 수 없다.

# 내 어머니는 내 생명이다

　우리는 수동적으로 아무런 사연 없이 태어나는 것이 아니다. 우리가 세상에 태어날 때 이미 신경세포의 연접이 잘 조직되어 있다. 이것은 자궁 내에 머무르는 동안 이루어진 것이다. 감각중추 뇌는 컴퓨터의 데이터베이스와 같이 어머니의 몸 모든 부분에서 온 수많은 혈관들을 축적하면서 어머니의 몸에 익숙해지고, 이를 잘 알게 되며, 안전한 몸으로 여기게 된다. 따라서 태어날 때부터 자신의 몸을 좋아하게 되는 것이다. 뇌의 시각 영역이 어두운 자궁 내부에서 아무런 정보를 수집할 수 없음에도 불구하고, 모든 신생아가 공기 중에서 8시간만 지나면 사진에 있는 어머니를 알아볼 수 있다! 이 모든 것이 태내에서 어머니와 밀접한 관계가 존재함을 뒷받침하는데, 태어난 이후 이 관계가 변질되는 것이 아니라 오히려 지속적이고 명백한 지위를 부여해 어머니와의 결합은 생명에 불가결한 조건이 된다.

　"내 어머니는 내 생명이다."

　세상의 모든 신생아들이 동의할 수밖에 없는 보편적인 문구다. 비극은 이 문구가 금세 효력을 상실한다는 것이다. 일단은 빠르게 성장하기 때문이며, 이후에는 항상 대기 상태에 있다고 생각했던 어머니가 언제라도 자신에게 시간을 할애해줄 수 있지 않음을 차츰 인식하게 되기 때문이다. 신생아 시기에는 모든 것을 아주 강렬하게 느낀다. 매일 무한한 행복과 끔찍한 고통을 맛본다. 어떤 자극에나 똑같이 격렬하게 반응한다. 처음엔 아무것도 이해하지 못하지만 곧이어 감정이라고 부르는 것을 체험한다. 그 후 감정을 시험할 수 있게 되고, 감정을 촉발시키는 요소들, 감정의 변화와 강도를 알아내기까지 한다. 그러나 이 가운데 어떤 것도 관심의 중심으로부터 벗어나게 할 수는 없다. 어머니와의 관계는 기쁨 속에서 하루하루 강화되고 존재의 매 순간들과 연결되어 영원히 지속될 것 같다. 기분 좋은 느낌들이 무한히 계속될 것 같다. 가끔 고통을 맛보게 하는 엄청난 공포를 몰아내줘서 행복하다.

우리들 중 인생에서 가장 중요한 이 단계를 거치지 않았다고 주장할 사람은 아마 없을 것이다. 이렇게 우리가 어머니와의 관계를 토대로 첫사랑의 모태를 구축하는 동안 ─우리가 무엇을 하든, 다른 사람이 우리를 위해 무엇을 해주든─ 죽음이 우리를 데리고 가기 위해 그늘 속에서 웅크리고 있음을 의식해야 했다. 라틴어 격언에 "죽음은 확실하지만, 시간은 불확실하다(Mors certa, hora incerta)"라는 말이 있다. 시칠리아에서는 죽음을 "확실한 것(la certa)"이라고 부른다.

각 개인에게 어떤 사연이 이식되는 것이 바로 이 지점으로, 그 사연을 거부할 수는 없다. 그들이 선택한 것은 아니지만, 그 사연은 어머니에 의해 계속 상기될 것이기 때문이다. 그는 그 사연을 스스로 연장하고, 또 자기 차례가 되면 전달해야 됨을 알게 된다. 사연은 어떤 말도 필요 없이 어머니의 몸짓에 의해 자동적으로 전달되며, 그 몸짓은 어머니 자신의 의사를 표현할 뿐만 아니라 아버지의 의사—그 사람이 아버지라고 받아들여졌을 때—도 충실하게 전달된다.

아이가 막강한 힘을 가진 어머니에게 매달리는 것은 맹목적인 것인데, 이 행위가 그녀에게 무엇을 의미하느냐에 따라 그 정도가 달라진다. 애처롭고 감동적이지만 언젠가 자연스럽게 끝날 것임을 알기에, 너무 소중하고 결정적이어서 결코 끝나지 않을 것이라 생각할 때보다 훨씬 덜 맹목적일 수 있다.

내가 개업의로서 계속 자료를 수집 분석한 결과, 이 점에 대해 나름대로 독특한 입장을 고수하고 있지만 많은 사람들을 설득하지는 못했다. 내 주장은 다음과 같다. **아이는, 특히 아주 어릴 때, 항상 어머니를 위해, 그녀의 평온함을 위한 자상한 수호자로서 성실하게 —** 이 성실성이 때로는 '증상'들을 만든다— **무슨 일이든 할 준비가 되어 있다.** 이것은 신기한 일이 아니라 본능적인 것이라고 반박할 수도 있다. 즉, 아주 오래전부터 그의 생존이 어머니에게 달려 있다는 것을 확실히 이해했기 때문에, 어머니가 다른 곳으로 가도록 내버려두지 않기 위해 반사적으로 행동한다는 것이다. 어머니가 불안하거나 걱정스러워 보일 때, 아이는 어머니에게 호감을 보이거나 어머니를 괴롭힌다. 이는 어머니를 치유하거나 위로하거나 어머니의 기분전환을 시도하기 위한 방편으로 자신을 제공하는 것이다. 나는 이런 유형의 분석이 적용될 수 있는 아이들의 수면 장애를 진료 당일 단번에 해결했다. 거의 기적에 가까운 일이었다. 나는 어머니들에게 잠자리에 들 무렵 아이를 팔에 안고 "오늘 밤 넌 자도 돼. 오늘 밤엔 네가 필요 없어"라고 말하라고 했을 뿐이다.

모험은 우리가 아는 바와 같이 순조롭게 진행된다. 어머니는 사랑의 첫번째 대상이며, 우리가 원하든 원치 않든, 성별에 관계없이 각자는 이 사랑을 모태로 이후의 모든 사랑을 구축한다.

여기서 다시 상호작용이 일어난다. **어머니가 아이의 성향에 너무 강도 높게 대응함으로써 아이가 그녀 인생의 압통점(壓通點)이 되면, 그녀는 사랑의 모태를 이용해 아이를 탐욕스럽고 게걸스러운 괴물로 만든 것이다. 나중에 그 아이가 선택하거나 그 아이를 위해 선택된 파트너가 도저히 그를 만족시키지 못할 것이다.** 여기서 통칭 '오이디푸스'라고 하는 단계가 개입된다. 아버지—어머니가 그에게 그 지위를 주었을 때—라는 조정자가 나타나 그의 아들이 어머니 뒤를 헛되이 쫓아다니지 못하게 설득하는 것이다. 또 그의 딸에게는 자신의 정체성을 일깨우게 하고 딸이 분리되기 두려워하는 어머니와는 다른 존재라는 의식을 갖게 한다.

이렇게 해서 조용하게 몇 년이 지나가지만, 사춘기가 되면 여태까지 대답을 얻지 못한 질문들이 격렬하게 제기된다.

이 질문들이 도대체 무엇과 관련되었기에 사춘기 아이들이 표현하기도, 부모에게 이해시키기도 어려운 것인가? 부모들은 여태껏 착하고 지각 있는 아이로 길렀다고 생각했는데, 갑자기 잠재적인 폭탄처럼 변한 아이들의 이야기를 왜 들어주기 힘든 것인가?

이는 인생의 의미와 죽음의 공포와 관련된 것이다.

모두들 어려운 시기라고 인정하는 이 시기를 지나기 위해 오래전부터 많은 문화권에서 여러 가지 의식을 거행했다. 어려운 시기인 것은 오늘날도 마찬가지지만, 의식은 없어졌다. 사회 환경의 불안감이 이 시기 특유의 역학에 더해질 때, 고등학생들의 시위와 대도시 교외

지역의 폭동이 일어날 수 있다. 어쨌든 이 시기는 지나간다. 이 시기에 고독감을 다시 느끼게 되는데, 아무리 친구들과 어울려 다녀도 이 고독감을 떨칠 수 없다. 의식하지는 못하지만 우리는 젖먹이 때 무한정 붙어있고 싶어 했던 그 경이로운 어머니와 떨어져서 자아를 인식할 수밖에 없었던 때와 비슷한 상태로 들어간다. 그 상태가 돌아오면, 우리가 받아들일 수밖에 없었던 고통스러운 변신의 길 위에 경계 신호가 세워지는데, 그것은 언젠가 다시 만날 가능성을 내비치며 깜빡거리는 그 문제의 '오브제 a'이다. 여기서 계획이 하나 만들어진다. 즉, 상대와 하나가 되는 방법을 찾는 것이다. 사랑이라고 알려진 기적에 의해 둘이 다시 한 번 하나가 되기 위해, 과거에 맛을 봤으나 단념하지 못한 경험의 연금술을 되풀이하는 것이다. **어머니를 향했던 그 옛 사랑의 모태에 따라 형성되었기 때문에 일단 상대를 찾아서 선택하면, 기적은 당연히 일어나고 완성될 것이다.**[1]

이제 사춘기 사랑의 격렬함을 —우정도 마찬가지지만— 이해할 수 있게 된다. 선택된 사람에게 역할을 수행하라는 본원적이고 이론의 여지가 없는 명령이 내려지는데, 자신도 상대에게 똑같이 해줄 것이란 확신을 갖고 있는 것은 당연하다. 미래가 이렇게 밝아지니 겁을 먹을 이유가 없다. 확신을 예감한다. 누구나 유치원 무렵이나 열 살 쯤에 휴가철 휴양지에서 첫눈에 반한 경험이 있고, 진짜 사랑이라고 믿은 적도 있을 것이다. 그러나 이번에는 똑같지 않다. 그때는 철없던

---

[1] 나는 『딸들과 어머니들』에서 충격적인 표현을 사용한 바 있다. "여자든 남자든 누구나 자기 어머니하고 결혼한다."

시절이었다. 지금 겪고 있는 것과는 비교가 안 된다. 미래에 대해 얘기하고, 서로의 취미도 비교해보고 싶은 생각이 들 정도로 심각해진다. 앞으로 선택할 직업이나 자녀의 숫자를 놓고 부부 싸움 비슷한 것을 해서 웃음거리가 되기도 한다. 그들을 이해 못하는 부모들에게 —부모가 뭘 이해한 적도 없지만— 걱정스러우면서도 재미있어하는 눈길을 받으며 갖가지 양상을 보여준다. 그리고 이런 상태가 얼마간 지속된다. 여기서 진행되는 것은 —잘 보이지는 않지만— 존재의 고독을 감수하는 한 방식으로, 그 내부에서는 고독의 무게를 줄이기 위한 여러 가지 전략이 다듬어지고 있다.

이런 과정에서 젊은이들은 —이혼으로 해체된 가정이나 재구성된 가정 출신의 젊은이들까지도— 부부의 이점과 기대감을 철통같이 믿고 있다.

그리고 훗날 사정이 허락되어 그들이 부부로 형성되면, 그 관계가 유일하며 지속적일 것을 희망하며 결코 다른 생각을 할 수 없게 된다. 그들에게 부부 사이에 누가 개입하거나, 부부의 형성과 함께 자동적으로 만들어진 묵시적인 정조의 약속을 변질시키는 것은 결코 있을 수 없다. 다시 또 그런 일을 당해서는 안 된다고 생각한다. 어린 시절, 어머니와 아버지가 자신들 '둘'을 방해해서는 안 된다는 것을 이해시켰을 때 아이는 양보했다. 그때는 체념하고 받아들였다. 어머니와 아버지처럼 우리도 '둘'만의 행복을 언젠가 실현하겠다는 희망, 약속, 미래를 믿었다. 그러나 부모들이 그들 '둘'을 헤어지게 하는데 성공한다면……. 왜 우리가 부모들 흉내를 낼 것이라 미리 생각해야 하나? 우리는 기다리고, 예방조치를 취하고, 심사숙고하고, 마침내 결정했다. 우리는 성공했다. 실패는 있을 수 없는 일이다. 그렇지 않으면……! 그렇지 않으면, 장애, 끔찍한 일, 꿈이 깨지는 일, 모든 것의 끝, 가장 지독한 악몽의 시작, 그렇게 증오하고 부정하던 죽음의 실루엣을 −죽음은 그 결단성만큼이나 큰 인내력을 가졌다− 엿보는 악몽이다.

중매로 맺어진 부부들이 살아남을 수 있었던 이유가 바로 이것이다. 최선과 최악을 공유한다는 그들의 약속을 유지하던 긴장감은 상대방의 확고한 존재 자체로 서로 간의 불만을 참고, 때로는 초월할 수 있게 해주었다. 이 상대는 어머니와 분리되었다는 그 옛날의 배신감을 −이것은 분명 배신당한 경험이다− 다시 겪을까 두려워하는 상태에서 벗어나게 해주었다.

이런 상황에서 중매결혼을 책임지고 보장하고 있는 양가 가족은 일반적으로 좋은 관계를 유지한다. 부부간에 발생하는 일의 책임을 자식들에게 맡기지만, 일단 갈등이 생기면 개입을 주저하지 않는다. 애정에 의한 결혼을 한 부부의 가족과는 다르다. 이들은 서로 타인과 비슷하며, 가족의 의사와 무관하게 자식이 −성인이 되었지만− 한 선택을 항상 수용하는 것도 아니다. 가족이 개입할 경우, 진정 걱정스러워서 개입하는 것같이 보이지만 실제로는 작은 불꽃에 기름을 부어 큰 불로 키우는 경우가 얼마나 많은지 모른다. 이렇게 해서 자식들에 대한 지배력을 되찾고, 자식이 젊은 엄마인 경우, 그 자식과 그 자식의 자식에 대한 지배력까지 확보한다.

수없이 많은 유사한 사례가 있지만, 하나만 예로 들겠다. 아주 젊은 여성이 상담을 하러 왔는데, 내 책을 애독했던 사람의 추천으로 왔다고 했다. 그녀의 14개월 된 딸이 심한 거식증을 갖고 있었다. 이미 여러 명의 소아과 의사들과 파리 시내 소아과들을 거친 후였다. 다양한 진단이 나왔지만, 확실한 것이 없었다. 내게 인상적이었던 것은 그녀의 딸이 아니라 그녀였다. 나는 동료 의사들이 왜 나처럼 반응하지 않았는지 이상했다. 그녀는 왜소했다. 딸의 확대복사판이었다. 그녀는 바른 자세를 가졌고, 두려워하는 눈초리를 지녔다. 말하는 것은 속도나 리듬으로 봐서 세 살짜리 어린애 같았다. 분명 그 나이 무렵에 굳어진 발음이었다. 그런데 놀랍게도 그녀는 파리에 있는 한 대학의 물리학 교수였다. 상담 중에 그녀는 나중에 아이 아버지가 된 남자 친구와 처음으로 성관계를 한 날 —보통 첫 성관계를 하는 나이를 훨씬 넘어서— 어머니에게 털어놓았다고 했다.[2] 어머니는 그녀에게 그 남자와 만나지 말라고 명령했고, 그녀는 복종하지 않았다. 그러나 그녀는 자신의 임신 사실을 알았고, 어머니를 다시 찾아갔다. 집안에 난리가 나서 아버지가 그 '못된 놈'을 찾아 나섰는데, 그 남자 친구는 스스럼 없이 그녀의 부모에게 딸과의 결혼을 허락해달라 했다.

"어머니의 얼굴 표정을 보셔야 했어요! 어머니는 남자 친구를 죽일 것 같았어요! 사실 어머니가 나중에 한 이야기지만, 어머니는 남자 친구가 그 자리에서 죽었으면 하고 빌었대요, 그리고 내가 놀라서 유산이라도 하기를 바랐대요! 아버지는 현실적인 사람이라 사태를 진정시켰어요. 그렇게 해서 우리는 결혼했어요."

이 젊은 여성의 '내면을 성장하게 만드는 것'은 힘든 일이었다. 내가 소아과 의사임에 자부심을 느낀 것은 내 처방이 아이의 식욕을 되찾게 해주어 체중을 크게 늘렸기 때문이 아니라, 젊은 엄마의 긴장을

---

[2] 이런 행동은 자주 있을뿐더러 아주 나쁜 결과를 초래하는데, 소유욕이 많은 어머니들이 보인다. 이런 어머니들은 딸들에 대한 열성이 지나쳐 성생활까지 참견한다.

풀게 해주고 그녀의 어머니가 주는 긴장감을 완화시켰기 때문이었다. 두 번째 아이가 태어난 것을 보면 내가 내린 처방이 효과를 거둔 것으로 보인다. 그러나 몇 달 지나지 않아서 내 생각이 오산이었음을 알게 되었다. 젊은 엄마가 산부인과 진찰을 받던 중에 자궁에 경미한 염증이 있다는 것을 발견하고 정밀검사를 받게 되었다. 어머니는 딸의 아파트를 방문했는데, 병원에서 보낸 우편물을 열어봤다고 한다. 그녀는 사위에게 "창녀들이랑 자는 나쁜 놈"이라 소리 지르며 분노했다. 그때부터 작은 불꽃이 큰 불이 되었다. 산부인과 의사가 그녀 염증의 원인은 사람의 내장에 있는 가벼운 병균으로, 감염 경로는 수없이 많다고 아무리 말해도 소용이 없었다. 성미가 급한 노인네는 사위가 딸에게 계간(鷄姦)을 한다는 둥…… 그 뒷일은 상상할 수 있을 것이다. 이에 반발한 사위는 장모를 자기 집에 못 들어오게 했고, 부인은 겁나고 죽을 지경이 되어 과실에 의한 이혼요구서를 강제로 쓰고…… 유아의 발음이 어른이 되도록 안 고쳐지는 데는 이유가 있다. 어머니를 그대로 두고 아이만 치료하는 것은 쉬운 일이 아니다.

# 부부가 위협받을 때

오래되었지만 깊은 흔적을 남길 정도로 고통스러운 과거를 치유하기 위해 형성된 것이 부부이기 때문에, 그들은 자신들의 관계가 변질되거나 그 형식에 대해 의문을 제기하는 것을 용납하지 못한다. 각 파트너는 자기 나름대로, 자기 기준으로 관계의 차원에 대해 원칙적으로 주의를 기울이고 있다. 현실적인 위협이든 아니든, 위협이 나타나면 모든 장치가 무너지면서 당사자들은 모든 절제 능력을 상실하고 비극의 주인공들이 된다.

"죽어가는 사람에게는 진실을 말해줘야 한다. 그는 진실을 알아야 한다. 그렇지 않으면 그는 잠들 수 없다."

오페라 《펠레아스와 멜리상드》에서, 늙은 고로 왕자는 딸을 낳은 후 죽어가는 그의 젊은 부인 멜리상드에게 애걸하며 이렇게 노래한다. 그는 그녀와 펠레아스 사이에서 일어난 일을 대해 진실을 말할 것을 요구한다. 이 오페라는 시종 이상한 분위기에서 펼쳐진다. 줄거리는 간단하다. 사냥을 하던 고로 왕자는 숲 속에서 길을 잃고 헤매는 젊고 아름다운 멜리상드를 만나고 어디서 왔는지도 모르는 그녀와 결혼하게 된다. 두 사람이 고로 왕자의 외할아버지 마르켈 왕의 성에 갔을 때, 멜리상드는 고로 왕자의 배다른 동생 펠레아스를 만난다. 멜리상드와 펠레아스는 서로 열렬히 사랑하게 되지만 육체적 사랑까지는 가지 않는다. 부인을 진심으로 사랑하는 고로 왕자는 이를 눈치채고 의심하며 괴로워한다. 그는 두 젊은이를 불러 각자 의무를 지킬 것을 종용한다. 갖은 수단을 써서 진실을 캐려고 애쓰던 고로 왕자는 질투가 지나쳐 멜리상드를 죽이기로 결심한다. 모든 일이 꿈속에서 일어나는 것 같다. 사건은 현실을 지배하는 법칙을 따르지 않는 것처럼 전개된다. 펠레아스와 함께 있으면서 멜리상드는 실수로 남편이 준 반지를 잃어버리고, 그 순간, 고로 왕자는 갑자기 말에서 떨어진다. 등장인물들이 모두 꿈속에서 나온 듯하다. 죽어가는 멜리상드와 대화를 시도하는 고로 왕자는 진실을 알아내지 못한다. 이 부조리한 상황 전개를 보는 관객은 가슴을 찢는 듯한 목소리로 "나는 결코 알 수 없을 거야. 나는 아무 것도 모른 채 장님같이 죽을 거야"라고 노래하는 남자에게 깊은 동정심을 느끼지 않을 수 없다.

드뷔시가 오페라로 작곡한 모리스 마테를링크의 희곡 『펠레아스와 멜리상드』는 20세기 초 작품으로 부르주아 계층의 정략결혼을 격렬하게 비난한 풍자극이다. 그래도 오늘날의 의식혁명과는 거리가 멀다. 『오셀로』는 셰익스피어 원작의 연극으로 보든, 베르디의 오페라로 보든 언제나 진한 감동을 준다. 여기서도 비극의 핵심은 자기가 소유하고 있다고 생각하는 여자에 대한 단순한 의심이 남자를 괴롭히고 마침내 살인까지 저지른다는 것이다. 모든 요소들이 모여 있다. 즉, 오셀로는 베니스 사회에 크게 기여한 인물이지만, 그 사회에서 이방인인 난폭한 무어 흑인으로 묘사되어 있다. 무슨 결론을 얻고자 한 것인가? 그 옛날부터 잘 알려진 깨어지기 쉬운 부부의 관계를 묘사한 것인가? 여성의 신비를 강조한 것인가? 남성들이 너무 쉽게 비난하는 여성들의 이중성을 고발하는 것인가? 도리어 이 남성들의 이중성을 고발한 것인가? 이 여성들에 대한 남성들의 반감인가? 남성과 여성 사이에 의사소통이 불가능하다는 것을 보여주는 것인가?

오늘날 이 모든 것은 먼 옛날 일이며 옛 시대의 일이라 치부된다! 부부가 함께 수상한 일을 꾸미고, 성생활에 대해 주저 없이 얘기하고, 스와핑 클럽 출입을 고려할 뿐 아니라 실제로 행동에 옮기는 것이 부부관계에 유익할 수도 있다! 선정적인 뉴스를 선호하는 언론 매체들이 이런 환상을 일반적인 것으로 묘사하지만 현실은 이런 것들을 고통스럽게 부정하고 있다. 나는 의사 생활을 하면서 그런 것을 실제 행동으로 옮긴 부부들을 본 일이 없다. 그리고 실제로 행한 부정이든 상상으로 한 부정이든 상당한 피해를 남기지 않은 부정을 본 적이 없다.

단순한 의심이 모든 공간을 차지해 주변을 온통 암흑으로 만들고, 판단조차 어둡게 할 수 있는데 왜 그런 고통이 필요한가? 앞에서 언급했듯이 마테를링크는 이성을 통해서보다는 공감을 통해서 인간의 가장 은밀한 곳에 접근하고자 했다. 곤충학자이기도 했던 그는 인간의 행동들에 의문을 가지고, 나름대로의 방법론을 인간의 행동 하나하나에 적용해보고, 모호한 행동을 조명하고자 했다. 그 당시 정신분석은 초창기에 불과했으며, 인성학자들은 훨씬 후에 유사한 방법론을 적용했다.

스탠리 큐브릭 감독은 영화 《아이즈 와이드 셧(Eyes Wide Shut, 1999)》

에서 위에서 언급한 일련의 질문들에 대해 절묘한 스타일로 대답한다. 그는 슈니츨러의 단편소설 「꿈의 노벨레(Traumnovelle)」를 한 줄도 빠짐없이 고스란히 영화에 옮겨놓은 것처럼 시대와 장소, 방식을 초월한 상황과 감정의 일관성을 보여주었다. 프로이트와 같은 시대를 살았고 의사였던 슈니츨러의 천재성은 여성들도 성적 환상이나 성적 욕구로부터 자유로울 수 없다는 것을 이미 20세기 초반에 보여주었다. 한편 큐브릭의 천재성은 오늘날에도 그리고 대도시에서도, 그런 문제에 해박한 남자라 할지라도 그런 사실을 발견하면 정신적 균형을 완전히 잃을 수 있다는 과정을 적나라하게 보여주었다.

인생에 부족할 것이 없는 젊은 의사 빌 하포드는 딸아이를 베이비시터에게 맡기고 아내 앨리스와 함께 어떤 부유한 환자의 파티에 초대받아 간다. 이 파티에서 앨리스가 다른 남자와 춤추며 유혹적인 행동을 주고받으면서도 유혹에 넘어가지 않는 장면의 미학과 에로틱함은 뛰어나다. 빌 자신도 젊은 미녀들이 매달리는 것을 즐기던 중, 저택의 위층에서 마약을 과다 복용하고 정신을 잃은 젊은 창녀를 응급처치하기 위해 불려간다. 부부는 집으로 돌아와 대마초를 피우며 그들이 겪을 수 있는 성적 충동에 대해 한가로운 대화를 나눈다. 앨리스는 그들이 휴가 가서 묵었던 호텔에서 옆 테이블에 앉아 있던 러시아 해군 장교와 우연히 눈길이 마주쳤을 때 그녀가 느꼈던 성적 환상[1]을 빌에게 털어놓았다. 빌은 자기 나름의 성적 환상을 찾는 측은한 모험을 하면서도 아내의 고백을 떨쳐버리지 못하고 그녀가 할 수 있는 여

---

[1] 슈니츨러 단편소설의 여주인공은 성적 환상을 털어놓을 뿐 아니라 그것의 연장선상에 있는 꿈을 남편에게 얘기한다.

러 가지 성행위 단계를 상상하며 괴로워한다. 아내가 우연히 털어놓은 단순한 성적 환상은, 그로 하여금 자신의 조건이 얼마나 취약한지를 의식하게 해준다. 파티에 초대해주었던 부유한 환자가 그를 어른들 일에 참견하는 어린아이처럼 취급하고, 앨리스도 그가 밤거리를 헤매고 다니는 것을 알고 있다는 것을 암시하자, 그는 더욱 갈팡질팡하게 된다. 그는 자신의 부부관계가 영락없이 침몰하게 되었다고 생각한다. 딸아이에게 크리스마스 선물을 사주러 간 백화점에서 빌은 앨리스에게 그들이 막다른 골목에서 빠져나갈 수 있는 방법을 묻는다. 앨리스는 이 영화의 마지막 대사로 이렇게 답한다. "그 짓(to fuck)."

모든 것을 이렇게 바라볼 수밖에 없다는 것을 감안하면, 한 인간은 필연적이긴 하지만 엄청나게 느리게 성숙한다는 것을 다시 한 번 가늠하게 해준다. 잉태한 여성에 의해 삶 속으로 내던져진 인간은 그 여성과 긴밀한 관계를 유지한 채, 그녀로부터 버림받은 것을 스스로 위로하면서 인생의 많은 부분을 보낸다. 성별에 관계없이 그 사람은 뒷걸음질로, 그녀를 완전히 대체할 '상대'를 찾을 수 있다는 확실한 조건 하에 그녀로부터 멀어져 가는데, 그 자신도 이 '상대'에게 똑같은 역할을 한다.

그런데, 이 '상대'가 갑자기 그 코스를 벗어나면 비극적인 일이 벌어질 수밖에 없다!

그러나 한 개인에게는, 그의 '상대'도 마찬가지지만, 대체 인물을 고른 자신의 선택이 옳았는지, 또 얼마나 지속될 것인지에 대해 그 순간뿐만 아니라 영원히 마음이 놓이지 않는다. 이것이 성서가 암시하는 바다. "당신들은 간음하지 말라고 배웠다. 나는 당신들에게 말한다. 어떤 여자에게 탐욕의 눈길을 던진 자는 마음속으로 벌써 간음한 것이다."

이것이 내가 앞에서 논했던 그 부름, 끊임없이 줄기차게 들려오는 부름, 아무도 거부할 수 없는 부름이 아닐까? 영원히 지속되고, 어디서나 존재하는 이 부름은 너무나 강력한 힘을 가졌기에 아무도 저항할 수단을 가졌다고 자부할 수 없는 것이 아닐까? 이 부름 앞에서 율리시스처럼 —요정의 노래를 듣지 못하게 선원들의 귀를 막고, 자신은 요정의 유혹에 빠지지 않기 위해 스스로를 돛대에 묶은 율리시스처럼— 저항할 수 있을까?

실행에 옮기기 쉽지 않은 야심찬 계획이다. 모든 남성과 여성에게 똑같이 실행될 수 없고, 그 효과도 똑같을 수 없는 계획이기 때문이다. 쉽게 저항할 수 없으므로 간통은 언제나 당사자의 성적 불만족에 기인한 결과라는 생각에 찬성하게 된다. 이런 생각은 성을 가볍게 처리할 수 있고, 성적인 불만족을 쉽게 만족시킬 수 있다고 생각하는 것과 마찬가지다! 이런 오류와 잘못된 선입견이 유행하는 한, 간통에 대해 계속 이야기해야 할 것이다.

3부

# 다시 그리고 언제나 둘

# 불필요했던 시선

그녀는 자리에 앉았다. 약간 긴장한 듯했고, "어쩔 수 없이 선생님을 보러 왔어요"라고 내게 말했다. 나와 동업하고 있는 여의사에게 남편과의 결별 소식을 전했더니, 내 동료 여의사가 나를 한번 만나보라고 권했다는 것이다.

"남편이 어느 날 갑자기 절 버리고 떠났어요, 애 셋을 남겨놓고! 뭣 때문에 그랬는지도 몰라요! '더 마음에 드는 여자를 만나서 떠나겠다, 나도 어쩔 수 없다, 인생이 다 그런 것 아니냐' 이런 얘기겠죠. 애들은 걱정도 안 되는 모양이에요. 애들을 보는 조건으로 위자료가 추가되지 않는다면, 애들을 가끔 보겠다고 하겠죠…… 남자들은 다 똑같아요. 어떤 부류인지 아시겠죠? 흔해빠진 경우죠, 그렇지 않아요? 제가 선생님을 만나야 한대요. 솔직히 선생님께서 저를 위해서 해줄 수 있는 일이 있는지 모르겠어요. 이 모든 것을 어떻게 해야 할지는 더더욱 모르겠고요."

그녀는 내가 이미 자기편이라도 된 양 아주 직설적인 어투로 말했다. 그녀는 내 동료 여의사의 환자였지만, 우리는 어떤 면에서 오래 전부터 서로 아는 사이였다. 몇 년 전, 그녀는 나와 첫 상담 약속시간을 잡기가 쉽지 않았던지, 내 비서에게 자신이 지나친 요구를 해서 미안하다고 하면서 호감을 사려고 했다. 그녀는 엄마가 된 지 며칠 되지 않은 상태였다. 그녀는 내가 진료하는 아이들의 엄마들을 잘 안다고 하며, 그 엄마들이 나를 추천했고, 내가 쓴 책을 선물했다고 했다. 그 엄마들은 그녀에게 내가 아주 바쁜 사람이라고 했다. 비서가 내 동료 여의사와의 약속을 제의했을 때 그녀는 거절했다. 나와 상담하기 위해 필요하면 얼마든지 기다릴 용의가 있다고 했다. 비서는 그녀에게 약속 날짜를 잡아주면서, 내가 환자를 치료하는 방식이 그녀가 생각하는 것같이 대단하지 않다는 것을 이해시키려 했다. 하지만 이런 시도도 소용 없었다. 그녀는 분명히 내가 직접 상담해야 하고, 혹시 응급조치를 할 필요가 있으면 그것도 내가 직접 해야 한다는 점을 강조했다. 그녀는 우리 진찰실이 어떻게 움직이는지 잘 알고 있으면서도 그러기를 원한 것이다. 그녀가 원하는 바는 한마디로 내가 그녀를 단독으로 상담해야 한다는 것이었다.

비서는 그녀에게 깊은 인상을 받았던 모양이다. 며칠 지나서 내가 다음 환자를 데리러 대기실로 가려고 할 때, 비서는 다음 환자가 그녀라고 알려주었다.

내가 대기실 문을 열었을 때 그녀가 일어섰다. 그녀는 키가 크고 늘씬한 몸매에 품이 넓은 스웨터와 바지를 입고 있었다. 열이틀 된 신생아가 자고 있는 파란 바구니를 두 팔로 안고 있었다. 특이한 점은 없었다. 밤색 머리를 뒤로 당겨서 말 꼬리같이 땋아 평범한 고무줄로 묶고 있었다. 약간 길쭉한 얼굴은 평범했으나 힘이 넘치는 듯했

다. 밝은 색 눈에는 호기심 이외에 차가움인지 경계심인지 잘 판단할
수 없는 무엇인가가 있었다.

나는 그녀 앞에서 몸을 비켜 진찰실의 열린 문을 가리켰다. 그리고
그녀를 뒤따랐다.

의자를 마주하게 되자 그녀는 주저하는 몸짓을 보였다. 아기 바구
니를 그녀가 등지고 있는 진료 테이블 위에 놓을까 말까 망설이는 것
같았다. 그녀가 몸을 돌리는 순간, 그녀의 아름다운 오른쪽 허리가 드
러나는 것을 볼 수밖에 없었다. 1초나 될까 말까 하는 순간이었다. 그
녀가 내 시선을 느끼고 기분이 상한 것처럼 보여 나는 좀 거북해졌다.

내가 할 수 있는 최대한 중립적인 말투로 자리에 앉으라고 말했다.
아주 평범한 진료였다. 나는 부드러운 분위기를 만들려고 애썼지만
우리의 시선이 얽혔던 거북함을 불식시키지 못했다.

그녀는 다시 오지 않았다. 적어도 내 진찰실에는.

나는 그녀에게 다음 달 진료 예약을 하라고 했는데, 그날 저녁 비
서를 통해 듣기로는 그녀가 다음 달 내 동료 여의사에게 예약했다는
것이다!

여러 해 동안 나는 복도에서 그녀를 만나면 인사했고, 그녀도 예의
그녀답게 공손하게 답례했다. 세월이 흐르고 상황이 변화함에 따라,
여전히 복도에서, 남편을 나한테 소개하고, 나중에는 둘째 아이 그리
고 셋째까지 보여주었다. 동료 여의사가 휴진하는 날, 그 환자들까지
내가 보게 되는 경우, 그녀의 아이가 아파서 진찰을 받을 때면, 본인
이 오지 않고 어머니나 남편이 아이를 동반하도록 했다. 우리가 처음
만났을 때 생긴 거북함이 전혀 사라지지 않았음이 분명했다.

나는 의사와 환자가 만나기 시작할 때 일어날 수 있는 일을 아주

중요하게 생각하며 이에 대해 장황하게 얘기할 수도 있다. 그러나 이미 다른 책에서 다룬 문제이고[1] 이 책의 주제가 아니기 때문에 여기서는 하지 않겠다. 반면, 앞에서 묘사한 만남에서 오고 간 섬광 같은 시선의 문제에 대해서 좀 더 얘기하고자 한다.

무슨 일이 있었나? 내가 이 젊은 여자의 드러난 허리에 시선을 준 것은 의도적이 아니었다. 내가 있던 자리에서, 내 시선은 모든 것을 커버할 수 있으며, 그 젊은 여성의 옷차림, 뒤로 당겨 땋은 머리, 얼굴에 나타나는 감정 등 모든 증상을 계속 찾아냈다. 그녀가 멈춘 지점, 주저하는 동작, 몸을 돌리는 것을 본 것도 그 자리에서였다.

시선은 나에게 언제나 아주 중요한 자리를 차지했으며, 가장 중요한 노동 수단이었다. 그것은 의사의 시선이다. 미셸 푸코가 장황하게 논한 바 있으며,[2] 코르비자르(Jean Corvisart: 나폴레옹의 의사, 심장 및 폐 질환 관련 전문가─역주)와 함께 풍부한 교양과 탄탄한 학식보다 더 중요한 도구라고 인정했던 의사의 시선! 그는 시선에 대해 "그것은 결정적인 중심점을 강타하며, 그것이 한 번에 긋는 선은 한순간에 본질을 파악한다"라고 논했다. 이 시선의 성능은 일반적으로 오랜 교육의 결과다. 이미 앞에서 언급한 바와 같이, 내 경우에는 의학 공부를 했기 때문에 날카로운 시선을 가진 것이 아니라, 날카로운 시선을 가졌기에 이 직업을 선택했다고 본다. 이 시선은 나에게 놀라운 시각적 기억력과 뛰어난 관찰력을 제공했다.

---


1) Aldo Naouri, *L'enfant porté*(잉태한 아이), Paris, Seuil, 1982.
2) Michel Foucault, *Naissance de la Clinique*(클리닉의 탄생), Paris, PUF, 1978, p.122-123.

시각은 참으로 이상한 영역이다! 왜 시각은 이따금 개인들의 운명에 그렇게 결정적으로 작용하는 것일까? 왜 그리고 어떻게 우리의 모든 감각기관들 중에서 눈이 그렇게 큰 중요성을 갖는가?

암굴 벽화 해독에서부터 충동 범위 측정기를 동원하는 치료요법까지, 이 문제에 해답을 찾으려는 연구 서적들이 도서관을 가득 채우고 있다. 나는 이 서적들이 기여한 바를 요약하거나 문제의 복합성을 논할 의도가 없다. 다만 이 책에서 내가 다루고자 하는 주제가 이 문제와 깊은 관계가 있다는 점을 지적할 뿐이다. 간통은 시각과 아주 깊게 관련되어 있다. 간통의 모든 역학이 시각에 노출시키지 않으려고 하는데, 이는 간통이 아주 은밀한 영역에서 진행되고, 은폐의 차원에서 벌어지기 때문이다. 간통은, 시선의 꼬치꼬치 캐는 힘이 미치지 않는 은밀한 영역에서 벌어지며, 시선이 은밀한 영역은 들여다보지 않는다는 양보를 했기 때문에, 시선의 힘을 피하게 해주는 은폐를 선호하며, 이 은폐 속에서 부리는 마술이다.

심리구조에서 시선은 이렇게 중요한 자리를 차지하고 있다. 프로이트가 환자들을 긴 안락의자에 눕게 한 것은, 프로이트 자신의 얼굴 표정에 나타날 수 있는 무의식적인 생각을 환자들에게 읽히는 것을 참을 수 없었기 때문이다. 이 방법은 그가 생각했던 것보다 효과적이라는 것이 판명되었는데, 환자도 의사가 자신을 바라보는 시선에서 해방되어 좀 더 깊은 이야기를 할 수 있었다. 이것은 의사소통에 있어서 시선을 교환하는 것이 얼마나 중요한 의미를 가지고 있는지 보여준다. 단 1초밖에 안 되는 순간에 이 여성은 내가 그녀 몸의 일부를 보는 것을 봤고, 그녀의 시선은 그녀가 느낀 불쾌감을 말해주었다. 빅토르 위고의 시 구절을 상기해볼 수 있다. "눈은 무덤 속에서 카인을 보고 있었다." 아연실색하게 만드는 시선의 힘. 시선이 우리를 노릴 때, 그것은 그 표현만으로도, 또는 우리가 시선에 대해 가지고 있는 추억만으로도 우리를 엄습해서 포로로 만들 수 있다. 시선은 우리를 파괴할 수도 있다. 그와 반대로 시선은 우리를 생기 있게 하고, 강하게 할 수도 있다. 시선은 우리의 심리체계 내에서 주인으로 상주하고, 군림하며, 나르시시즘이라고 불리는 것의 본질을 이룬다. 아주 어린아이는 자신의 이미지를 제대로 형성하기 위해 주위 사람, 특히 어머니의 사랑스러운 시선을 필요로 한다. 그러나 나르시스는 그 자신의 이미지에 매혹되어 스스로 물에 빠져 죽었다.

아름다움의 문화, 특히 시선에 비친 아름다움은 문명화 과정에서 항상 고무되고 찬양되었다. 심미주의자는 그것이 어떤 영역의 것이든, 그를 매혹하는 볼거리를 존재 양식으로 삼고, 또 그렇게 하도록 고양되었다. 우리 세계의 기반이 되는 이 이상하고 신비한 존재에 대해 의문을 제기하는 사례는 의외로 많지 않다. 전시회와 같이 우리의 시선을 위해 제공되는 곳에 사람들은 몰려가지만, 우리의 동기나 전시하는 사람들의 동기에 대해 의문을 품지는 않는다. 마치 전시하는 사람이 관대하게 제공하는 음식으로, 우리의 배를 채울 권리가 있다는 것이 묵시적으로 인정되어 있는 것처럼. 이런 종류의 교환 행위가 사회 구성원뿐 아니라 사회 환경에도 이로운 효과가 있다는 것이 묵시적으로 인정되어 있는 것처럼. 그러나 오늘날에는 이런 일들이 너무 멀리까지 가버린 감이 있다. 이제 우리는 이미지가 절대적으로 군림하는 세상에 살면서, 이미지 없이는 살 수 없으며, 끊임없이 더 많은 이미지를 요구한다. 우리도 모르는 사이, 겨우 몇 십 년 사이에 환경에 대한 우리의 인식과 환경의 역학이 이 변화의 영향을 많이 받았다. 실제로 우리는 현실의 세계—우리가 현실이라고 생각하고, 심리체계가 현실이라고 생각하고, 죽음을 배경으로 하는 현실—를 아주 떠나버렸다. 이 현실은 이제 치명적인 것으로 보이기 때문에 도피해야 할 것이 되었다. 우리는 각각의 이미지가 거울 효과를 통해 우리들의 이미지로 비침에 따라, 모든 이미지를 분별없이 애용함으로써 서둘러 현실을 허상으로 대체했다. 이렇게 하여 우리는 이제 우리가 누구인지도 모르게 되었다. 중요한 것은, 변화의 기준이 우리에게 현기증을 일으키지 않는 정도의 합당한 수준에서 존재하는 것이라고 생각하게 된 것이다. 왜냐하면 우리로서는 더 이상 행동할 수단이 없어져버렸고, 피동적으로 거기에 동참하지 않을 수 없기 때문이다. 우리는 다른 사람들의 눈에 어떻게 비치는지에만 관심을 갖고 있다. 외모의 마술에만 끌린 우리는 일부 정신분석학자들이 '가짜 자아'라고 일컫는 것들을 잔뜩 만들어낸다. 냉정하게 생각해보면, 유대교나 이슬람교 같은 반(反)우상숭배 종교들이 —나중에 개신교도 그랬지만— 표상을 금지한 것은 일리가 있다. 이 금지의 근거는, 인간이 항상 움직이는 현실보다 —인간에게는 이미지가 현실보다 더 큰 진실의 샘이라고 생각될 정도이니 유의해야 한다—고정되어 있는 이미지에 더 끌린다는 사실 때문이다. 이 종교들은 우상숭배가 팽배한 환경 속에서 태어났지만, 우리는 우리도 모르는 사이에 새로운 우상숭배에 빠져 있다.

이 여성 환자와의 첫 만남에서 불쾌감을 조성한 것이 무엇인가? 내 시선이 순간적이긴 했지만 분명히 에로틱한 감정을 일으킬 수 있는 —나는 심미적인 입장에서 쳐다봤다고 항변하고 싶지만— 신체 부위를 향했다. 내 시선이 어깨 또는 목, 이마를 향했더라면 아마도 그런 결과를 가져오지는 않았을 것이다. 따라서 그 시선은 수상하며, 통상적으로 용인되는 심미적인 한계를 넘었다고 간주되어, 시선의 표적이 된 사람에게 사로잡힌 듯한 환상을 일으킬 수도 있었다. 내 눈이 그녀에 대한 탐욕과 그녀를 당장 갖고 싶다는 환상을 노출했을 수도 있다. 분명히 이것이 오해를 낳고, 오랫동안 풀지 못한 수수께끼처럼 우리의 관계에 남아 있었다. 일반적으로 남성을 유혹할 줄 아는 여성들은 남성이 던지는 의미 있는 시선을 오히려 즐기는 것으로 알려져 있기 때문에[3] 이것은 더 풀리지 않는 수수께끼였다. 하지만 앞에서 언급한 바와 같이, 라캉이 "그것은 이야기한다, 들을 줄 모르는 사람에게도, 그것은 모든 것을 말해주지 않는다, 그것을 아는 사람에게도" 라고 말한 증상의 통상적인 차원에 이 수수께끼를 놓고 보면, 신비의 두께가 훨씬 얇아진다.

"보다, 보이다, 쳐다보다, 쳐다보이다(Voir, être vu, regarder, être regardé).[4]

평범한 신경증과 그 이면(裏面)인 변태성의 경계에 있는, 양면성을 가진 미묘한 테마다.

먼저 언급한 바와 같이, 인간이 태어나면서부터 갖는 시각 영역의 특성으로 되돌아오면서, 우리는 이 테마를 조심스럽게 다뤄볼 수 있다. 세상에 태어나기 전에는 써본 적이 없음에도 불구하고 공기 중으로 나오면서부터 작동하는 시각은, 시각 정보를 수집하는 감각의 역

---

3) Isaac Bashevis Singer, *Ombres sur l'Hudson*(허드슨의 그늘), Paris, Folio, n°3670. 여성들의 심리에 정통한 작가는 "자신이 남자들이 탐내는 여자라는 것을 아는 여자들의 자신감"에 대해 논한다.

4) Gérard Bonnet, *Voir et être vu*(보기, 그리고 보여지기), Paris, PUF, 1981.

할을 할 뿐만 아니라 특히 다른 모든 감각들이 제공하는 온갖 정보들을 통합하기도 한다. 반복하지만, 신생아는 8시간 후면 사진에 있는 어머니를 알아볼 수 있다. 이것이 가능한 이유는 "대뇌 피질의 많은 부분이 눈의 망막이 보낸 시각 정보를 처리하는 데 할애되어 있기 때문이다."[5] 시각이 뇌의 다른 영역들과 실행하는 모든 접속들을 생각해보면 그 통합 능력의 힘을 상상할 수 있는데, 이 힘은 엄청나게 크고 성공률이 좋아서 현실을 가장 잘 포착할 수 있는 —아니, 유일하게 현실을 포착할 수 있는— 기관이다. 이 문제는 계몽시대 디드로의 「장님에 대한 글」[6]을 비롯해서 모든 유럽 철학자들의 논의 대상이었다.

갓난아이는 성장 과정에서 세상에 대한 자신의 감각 경험으로부터 현실 인식 능력을 만들어가는 데 이 통합 능력을 많이 사용한다. 갓난아이를 관찰해보면 알 수 있다. 한 살이 안 돼서 물건을 집는다. 아이는 우선 물건을 쳐다보고, 여러 방향으로 움직여보고, 한 손에서 다른 손으로 옮겨보고, 가끔 귀에 가져다 대고, 냄새를 맡거나 입으로 가져간다. 아이는 각 단계마다 이 물건을 쳐다본다. 이렇게 아이는 세상을 살아갈 연습을 하며, 이 연습을 통해 시각이 모든 감각들 중 가장 중요한 감각이라는 것, 즉 세상의 진실을 통째로 이해할 수 있는 유일한 감각이라는 것을 알게 된다. 상당한 시간이 지나서 그는 아주 신뢰할 만한 이 감각이 생각보다 그렇게 확실하지 않다는 것—

---

5) Michel Imbert, "La vision aujourd'hui(오늘의 비전)", in *La Lumière au siècle des Lumières*(르네상스 시대의 빛), sous la direction de J.-P. Changeux, Paris, Odile Jacob, 2005.

6) Olivier Bloch, "Le matérialisme éclairé de Diderot(디드로에 의해 밝혀진 물질주의)", in *Lumière au siècle des Lumières*(르네상스 시대의 빛), sous la direction de J.-P. Changeux, Paris, Odile Jacob, 2005.

"내 눈을 못 믿겠다"라고 하지 않는가?—을 알게 된다. 또 "눈속임"이라는 단어도 있지 않는가?

내가 대충 몇 단계로 묘사한 성장은 크게 두 가지 경우에 변질될 수 있다. 첫 번째는 심리구조에 결함이 있어 정신병으로 진행된 경우다. 당사자는 자신의 시각적인 인식을 지나치게 신뢰한 나머지, 세상을 시각이라는 척도만으로 판단하게 된다. 나중에 그는 항상 움직이고 두리번거리는 시선, 언제나 도전적인 시선, 필연적으로 지배적이고 적대적이라고 생각되는 상대방의 단점을 쉴 새 없이 찾는 시선을 갖게 된다. 두 번째는 남성과 여성의 차이점을 찾는 과정에서 주위 환경의 변수, 특히 어머니의 행동 때문에 생긴다. 남자아이는 남자에게는 페니스가 있고 여자에게는 없다고 결론짓는데, 한 가지 예외로 그의 어머니는 페니스를 가지고 있다고 생각한다. 이 과정에서 남자아이는 어머니의 페니스를 숭배의 대상으로 삼는다. 이때부터 변태의 길이 열려, 남자아이는 다른 사람을 불안하게 만드는 시선을 갖게 된다. 그 이유를 알 수 없는 경우가 있는가 하면, "사람들이 자기를 함부로 속일 수 없다"고 생각하도록 자극하는 표정을 짓기도 한다.

시선의 교환이나 시선의 무게가 작동시키는 야릇한 소통의 중요성을 간단하게나마 설명했다. 우리 생활에 있어서 많은 감성적인 부분이 이 소통에 의해 좌우된다.

시각적인 인식이나 표현을 언어로 인식하거나 표현하는 방법에 접근하기 위한 설명이 가능할까? 달리 표현하자면, 볼 수 있는 것과 표현할 수 있는 것의 변증법과 둘 사이의 미묘한 균형의 변증법에 접근한다는 것이다. 이 문제를 많이 논한 미셸 푸코에 의하면, 환자를 임상적으로 접근하는 데 있어서 시선의 영역을 우선하는 의학은, 보이는 것은(즉, 시선에 제공되는 모든 것은) 표현될 수 있다고(즉, 단어들로 만들어질 수 있다고) 주장한다. 나는 그렇게 보지 않는다. 이 점에서 나는 내 입장에서는 아니고, 그 젊은 여성 환자의 입장에서만 그럴 수 있었다고 생각한다. 즉, 그녀는 그녀 신체의 특정한 부분에 와 닿는 시선의 무게를 확실히 느꼈고 그것을 말로 표현할 수 있었을 것이다. 그러나 나는 도대체 그녀의 그런 확신에 대해 뭘 할 수 있나? 내가 그 확신을 말로 표현할 수 있나? 나한테 방금 일어난 일이 결코 예전에는 일어난 적이 없었다고 내가 그녀에게 말할 수 있나? 이 나이에, 내 시선은 그저 아름다움을 느낄 줄 아는, 그리고 옛날부터 가지고 있는 심미적 성향 때문이지 그녀가 생각했을 수도 있는 늙은 색마의 시선—나르시시즘 성향이 있고 때로는 늙은 색마들과 같이 시간을 보내는 젊은 여성들이 좋아하는 시선—이 아니라고 그녀에게 말할 수 있나? 그리고 그런 말을 했다고 상상했을 때, 그런 섬광이 번뜩이는 시선들이 교환되는 상황에서, 그 말이 이미 벌어진 일을 —두 사람이 서로 침착성을 잃지 않는 가운데— 실제로 해명할 수 있을 것인가? 나는 왜 “내 눈들이 봐서는 안 될 것을 결코 보지 않겠다”고 한 히포크라테스의 선서를 어겼는가? 우리 관계에 질적 전이(質的 轉移, transfert de qualité)를 자리 잡게 하기 위해 그렇게 노력했던 그녀가, 왜 그렇게 사소한 일에 그렇게 민감한 반응을 보였는가? 여기서 우리는 증상과 수수께끼가 함께 나타나는 것을 볼 수 있을 뿐 아니라, 의학의 경계선을 엿볼 수 있다. 즉, 볼 수는 있지만 말로 표현할 수 없는 것은 의학의 범주에 속하지 않는다. 따라서 그것은 버려져야 하고 실제 버려지고 있다. 이런 류의 질문들은 의학이 취급할 가치가 없는 인간관계 차원의 하찮은 문제로 치부되어, 갈수록 비대해지고 소위 과학이라는 기술 부문으로 점점 더 기울어지고 있는 의과대학 과정에는 없기 때문에 위험한 영역으로 인식되고 있다. 그러나 진료를 받는 입장에서는 의사들이 이런 문제를 좀 더 잘 처리할 수 있기를 바란다.

정신분석 교육연수과정을 마칠 무렵, 나는 아이들 중에서 의학적 방법이 아닌 수단으로 치료해야 할 환자, 특히 언어를 통해 증상을 찾거나 접근해야 할 환자들만 받는 시간대를 주간 진료시간표에 넣었다. 사람들은 그 당시부터 나를 정신분석 전문가로 취급했지만 나 스스로는 그렇게 생각하지 않았고, 현재도 그렇게 생각하지 않는다. 나는 내가 나중에 '가시덤불 제거 작업(débroussaillage)'이라고 이름 지은 일을 하고자 했다. 이 작업은 환자가 가진 사연 중에서 증상의 발생으로 이끈 방향설정상의 실수를 찾아내고자 하는 것이다. 많은 경우엔 그 작업 자체만으로 충분해서 모든 것이 제자리를 찾아 들어갔다. 그러나 그 작업만으로 불충분해서 더 깊은 탐색작업이 필요할 때, 나는 그런 환자를 치료할 자격과 필수적인 테크닉을 갖춘 정신분석 전문가에게 맡겼는데, 그런 경우에도 이 '가시덤불 제거 작업'은 훌륭한 발판이 되었다.

내가 그녀를 다시 만난 것은 방금 언급한 그 시간대였다. 우리가 처음 만난 후 수 년 만에 그녀가 다시 문턱을 넘어 나를 보러 온 것을 보고(그녀는 "어쩔 수 없이"라고 했다) 정말 큰 걱정이 있다는 생각이 들었다. 그녀의 남편은 다른 여자와의 관계를 털어놓으며, 정부와 새로운 삶을 살기 위해 그녀를 떠나겠다고 했다. 마침 직장에서 지방 근무 발령을 받았기 때문에 애들을 보러 일요일에만 들르겠다고 했다. 그녀는 무슨 일인지 영문을 몰랐다. 그들 부부에게 무슨 일이 있었나? 그녀가 무슨 잘못을 했기에 남편이 갑자기 다른 여자에게로 떠나겠다는 건가? 그녀가 사랑하고 성숙하고, 균형 잡히고, 지각 있고, 책임감 있다고 생각했던 남편에게 무슨 일이 있었기에 그들 부부와 아이들의 미래에 그렇게 심각한 결정을 내렸나? 그녀가 받은 개인적인 상처를 떠나, 남편과 그들의 가정이 어떻게 될 것인가가 걱정이었다.

이 간통의 초기 자료를 자세히 관찰할 필요가 있다. 왜냐하면 이것은 앞에서 봤던 '살인'이나 '도둑질'과는 전혀 다른 경우이기 때문이다. '도둑질'의 경우, 발각되든 아니든, 고백하든 안 하든, 통상 일시적인 유혹인 반면, 이 여성의 남편은 여자관계를 털어놓으며 그 결과에 대해 책임을 지겠다고 한 것이다. 이 고백을 한 남편은 '살인' 부류의 간통을 한 사람과는 완전히 다르다. 그녀가 자신의 놀라움을 표시할 때, 그는 그것을 인정한다. '살인 간통'을 저지르는 사람들의 통상적인 수법과는 달리, 이 남자는 부인으로 하여금 공동의 불편함에 대해 죄의식을 느끼게 하거나, 남편의 변화에 대해 그녀가 어떤 책임이 있는지 몇 달이나 몇 년 동안 고통스럽게 자문할 정도로 부인을 괴롭히지 않았다. '살인 간통'의 주인공은 자신의 모험에서 얻을 수 있는 성적 이익 및 다른 이익을 이용해서 배우자를 짓밟거나, 서서히 살해할 것을 기도한다. 그런 살해 기도는 예사로운 것이 아니라, 일반적으로 그의 삶의 막다른 골목에서 빠져나가기 위해 선택하는 길이다. 그가 배우자에게 던지는 비난이 어느 정도 근거가 있는 경우도 있지만, 대부분의 경우 객관적인 근거가 없는 비난이다. 이 비난은 단순히 전이의 결과다. **배우자가 비난의 대상이 된다. 그것은 그 비난의 실제 대상에게 하지 못했던 것을 배우자에게 대신 하는 것이다.** 얼마나 많은 남편들이 그들의 어머니 아버지들이 미결 상태로 남겨놓은 문제를 가지고 아내들과 다투는가? 많은 아내들 또한 그렇게 하지 않는가? 흔한 일이라고 해서 사고의 대상이나 판단의 대상이 될 수 없다는 법은 없다. 이것은 무엇을 말하는가? 다름 아니라, **파트너는** —여기서는 정략결혼 문제와는 거리가 멀다— **언젠가 그런 기도의 대상이 되기 위해 선택된 것이다.** 이것은 선택의 주요 요인이라고 알려진 사랑의 근본에 대해 의혹을 품게 한다. 이 선택의 주인공은 이후에 간통의 주인공이 되며, 언제나 치명적인 나르시시즘을 갖고 있는 것으로 밝혀지는데, 이 나르시시즘은 오늘날 '지나치게 큰 자아 (ego surdimensionné)'라고 불린다. 그는 사랑하기 위해서가 아니라 유혹하기 위해서, 그리고 아주 작은 것을 주고 반대급부로 사랑을 받기 위해서만 이 나르시시즘을 이용했다. 그리고 그는 자신의 상태에 책임이 있다고 생각하는 사람에 대한 원한을 다른 사람에게 풀 기회를 기다리고 있다. 이렇게 편집광의 역학과 유사한 과정을 가진 유형의 간통을, 우리는 너무 간단하게 그리고 아무 경우에나 '속임수'라고 부른다. 사실상 진짜 속임수는 다른 데 있는 것이 아니라 바로 여기 있다. 속임수는, 결합을 지배하는 묵시적인 정조 계약에 영향을 미치는 일시적인 사고에 관한 것이 아니다. 속임수는, 그 주인공이 애초부터 추진해온 책략을 말한다. 이 주인공에게는 자신도 알아차리지 못하는 무의식적 과정이 존재했기에 이런 속임수가 그때까지 발생하지 않은 것이다. 그가 이 무의식적 과정에 접근할 수 없었다는 사실이 그에게 면책 사유를 주는 것은 아니지만 —우리가 원하든 않든, 인정하든 않든— 그를 객관적 판단의 대상으로 보게 한다. 모든 인간이 평등하다고 생각하는 것은 쉽다. 그러나 어떤 인간들이 권력을 남용하고, 책략을 꾸미고, 사랑의 고백으로 유혹한 파트너를 도구화할 때 그렇게 생각하는 것은 쉽지 않다. 희생자는 상대가 가진 사연 때문에 그

모험에 연루됐다고 주장할 수도 있을 것이다. 물론이다! 그러나 그렇
다고 해서 문제가 해결되는 것이 아니다. 피해자와 가해자를 평등하
게 보고, 사회 관계에서 만들어진 모든 도덕을 포기한다면 모르지만!

　여기서 정략결혼을 찬성하는 사람들의 논리를 다시 보자. 사랑의
고백이라는 마술과 거리를 두고 있는 부모들은 자식들의 미래 배우
자들이 속임수를 부릴 수 있는 소지를 파악하고 그것으로부터 자식
들을 보호하려 할 수 있다. 그러나 십계명이 명시한 간통 금지의 논
리도 다시 생각해볼 수 있다. 왜냐하면, 이런 종류의 간통이 부부를
갈라놓거나, 배우자 중 한 사람을 망칠 지경에 이를 때, 그 주인공에
게는 간통이 일종의 진보에 해당하며, 그는 새로 만날 사람과 틀림없
이 다시 그럴 것이며, 그리고 또 다른 새 사람과도 그럴 것이다. 이
것이 오늘날 우리 주변에서 흔히 벌어지고 있는 일이다. 반면, 주인
공이 금기를 지켰다면, 그 배우자는 조만간 그의 책략을 알아채고 반
응할 것이다. 즉, 주인공에게 다른 곳에서 분실한 물건을 가로등 밑
에서 찾는 행위가 헛수고라는 것을 이해시키고, 어둠을 무릅쓰고 분
실물을 찾게 하거나, 같이 찾아 나설 수도 있을 것이다. 우리가 '일
상은 하찮은 것(misère ordinaire)[7]이라고 인정했던 시절에는, 많은 고통
을 겪으면서 이 모든 일이 이루어졌다. 그러나 오늘날 유일하게 인정
받는 쾌락주의 개념 때문에 이 고통들은 견딜 수 없는 것이 되어버렸
다. 더구나 그 신성하기 짝이 없는 개인의 자유라는 원칙과 당사자들
이 스스로 한 선택을 존중해야 한다는 준엄한 원칙과 충동을 일으키

---

7) Moustapha Safouan, *L'Echec du principe de plaisir*(쾌락의 본질에 대한 실패), Paris, Seuil, 1979.

기 때문에 이제는 생각조차 하지 못하게 되었다. 불에 기름을 붓지 않고, 조용히 불화를 해결할 수 있는 방법은 배우자들이 각자 선택한 변호사들이 아니다. 이런 수단을 통해 사회는 상대적인 평화를 획득하고 개인들에게 닥친 일에서 손을 떼버린다. 이런 태도는 부부들과 관련 있는 문제들에만 해당되는 것이 아니라 많은 다른 영역에서 제기되는 문제들에서도 그렇다. 그래놓고 우리 시대를 사는 사람들이 이 모양밖에 안 된다는 것에 놀란다! 인류 진화 과정의 상당 부분에서 문제가 된 변증법은 금기와 금기의 전달에 관한 것이었다. 금기를 어기는 것은 죄의식을 동반해서 조만간 금기를 지키도록 했으며, 몸에 유익한 가벼운 신경증을 유발했다. 몇 십 년 전부터 금기가 사라졌고, 성과주의로 대체되었다. 경쟁력 있는 사람이 되는 방법은 킬러 본능을 키움으로써 가능해지는데, 이 과정에서 경쟁력이 없는 사람은 우울증[8]에 빠지며, 우울증은 자신감 부족으로 모든 시도를 중지시킨다. 이런 과정이 인간관계 전반에 영향을 미칠 때, 우리가 스스로 만들어낸 이 우울한 사회와는 다른 사회에 대한 환상을 좇는 것이 당연하다.

이렇게 두 번째 만남부터 상담은 시작됐다. 첫 번째 만남의 어색함에 대해서는 한마디 언급도 없이, 넉 달 동안 일주일에 한 번꼴로 이어졌다. 언제나 변함없이 생각이 떠오르는 대로 말하도록 하면서, 그 생각들이 아무런 검열이나 체계 없이 서로 연상되도록 내버려두었다. 정신분석이 긴 의자에 눕는 환자에게 미리 알려줘야 하는 대원칙

---

8)  Alain Ehrenberg, *La Fatigue d'être soi*(자아적 존재의 피곤함), Paris, Odile Jacol, 1988.

은 '자유 연상(libre association)'이며, 모든 정신분석 작업—일반적 정신분석은 물론, 나 같은 '과거 사연 병(historiopathique)' 계통의 작업에도 해당된다—의 '근본 원칙(règle fondamentale)'이 된다.

이 본질의 핵심을 이해하기 위해서는, 여러 다른 색깔의 실들이 뒤엉켜 있는 실뭉치를 푸는 작업을 상상하면 된다. 우리는 모든 일에 있어서 이성적으로 해결하도록 교육받았기 때문에, 가장 걱정스러운 의문은 어느 실 끝부터 시작하느냐다. 그런데 정신분석의 경험에 의하면 어느 끝으로 시작하든 결과는 마찬가지다. 카프카가 '원죄'라고 한 '인내심의 부족'에 무너지지만 않으면 실을 푸는 작업은 언제나 잘 끝낼 수 있다. 이 인내심 부족은 명백히 개인차가 크다. 어떤 사람은 실뭉치에 손도 못 대고 오랫동안 쳐다보기만 하고, 어떤 사람은 실뭉치를 얼른 집어서 손가락으로 아무 실이나 당겨 실들이 더 엉키게 하는가 하면, 어떤 사람은 실 하나를 잡아당겨 봤다가 움직이지 않으면 좀 더 쉬워 보이는 다른 실로 금방 옮겨가서 당겨본다. 이 차이에는 의미가 있다. 이 차이는 그 사람의 심리구조에 대한 정보를 주는데, 치료사는 이 정보에 귀를 기울임으로써 그를 치료의 길로 인도할 수 있다. 나머지 일은 시간과 전이작용(transfert)이 다 처리해주므로, 인내심 부족의 문제는 금세 해결된다.

내가 여성 환자에게 이런 식으로 유도를 하자, 여느 때와 마찬가지로 여러 세대에 걸친 사연의 실뭉치에서 실이 조금씩 풀려 나왔다.

1차 세계대전과 2차 대전 사이에 살았던 그녀의 외할머니는 그 당시 남성들이 여성들에게 씌웠던 멍에를 스스로 벗어던졌다. 자신이 가진 매력을 잘 알고 있었던 외할머니는 아버지와의 인연을 끊은 후,

그 매력을 최대한 활용하여 많은 부유한 남자들과 ─그중에는 유명 인사들도 있었다─ 교제했다. 외할머니는 이 남자들을 잘 활용해서 몇 년 만에 상당한 부동산을 확보했는데, 일부 후손들은 아직도 이 재산으로 생활하고 있다. 그녀는 후에 유명한 해안 휴양도시에 있는 멋진 저택에 사교클럽을 열어서 운영했다. 그녀는 그 클럽에서 자신과 어울린다고 생각하는 남자를 만나 결혼했고 아들 둘, 딸 하나를 낳았다. 외할머니는 딸을 여성적 미덕의 표본으로 만들어, 자신의 기준에 따라 부르주아 집안 출신 남자와 멋들어진 결혼을 성사시켰다. 그 딸이 지금 내 환자의 어머니이며, 나도 그녀를 알고 있었다. 만날 때마다 조르주 브라상스가 부른 샹송 〈페넬로페〉를 연상하게 하는 매력적인 여성이었다.

그리고 어린 시절의 자질구레한 이야기가 불쑥불쑥 나왔다. 아버지─지금은 딸에게 생긴 일에 깜짝 놀라 사위를 반쯤 죽여버리겠다고 벼르고 있는─와의 관계, 놀이, 학교, 여동생의 출생, 남동생의 출생, 친구들, 대학 생활과 첫 직장, 장난삼아 했던 연애, 처음 몇 번의 성관계, 후에 남편이 된 남자와의 결정적인 만남 등이 순서 없이 얘기됐지만, 우리가 처음 만났을 때 생긴 문제에 대한 답을 줄 수 있는 것과 관련된 결정적인 것은 아무것도 없었다. 그녀는 성생활에 대해 서슴없이 이야기했는데, 언제나 건전한 성생활을 영위했던 것으로 보였다. 그래서 그녀는 남편이 무엇 때문에 다른 여자가 필요했는지 계속 자문했다. 섹스에 관해서 그녀와 남편 사이에는 아무런 거리낌도 금기도 없었다는 암시를 주었다. 그녀의 의문에 대한 답을 얻지는 못했지만, 그 질문 자체는 해볼 만한 것이었다. 많은 남자들이 간통을 저지르는 이유가 그들이 원하는 풍부한 성적 환상을 아내가 만족시켜주지 못하기 때문이라는 것이 통념이기 때문이다. 그녀는 남편이 그 문제에 있어서 결코 불만을 가질 이유가 전혀 없었다는 것을 내게 이해시켰다.

이렇게 만나는 과정에서 나는 그녀의 상태가 그리 나쁘지 않으며, 그녀가 당시 상황을 비교적 잘 견디고 있다고 판단했다. 이것이 상담의 효과인가? 아니면 초기의 혼란 상태만 가지고 알 수 없던 원래의 견고한 성격 덕분인가? 나는 임상의로서 그녀를 관찰할 충분한 시간이 있었다. 그녀는 몸매가 좋았고 보기 좋을 정도였지만, 눈부시게 아름답다거나, 정말 혹할 정도는 아니었다. 운동선수같이 날씬한 몸매는 건장하고 힘이 넘쳤으며, 그녀의 표정처럼 강단 있는 여자의 모습을 보여주었다. 편편하고 넓은 이마, 날카로운 눈, 높은 광대뼈, 곧고 좀 큰 코, 얇은 입술 그리고 선이 강한 턱. 내 기억으론 탄탄하고 비교적 안정된 남성의 얼굴을 가진 남편과 그녀는 잘 어울리는 한 쌍으로 보였다.

시간이 지나면서, 그녀는 나를 '괜찮은 사람, 좋은 사람'으로 보기 시작했다. 그녀의 어머니, 아버지, 친구들 그리고 남편과의 대화에서 나를 "알도"라고 부른다고 하면서 한 말이다. 처음 그 말을 하면서, 다른 사람들이 모두 그렇게 불러서 자기도 그랬다면서, "멋진 이름을 가진 죄"라고 했다. 나는 이 말에 반응을 보이지 않았다. 그녀가 자기 나름대로 연상을 계속해서 마침내 우리의 첫 만남에 대한 이야기가 나올 것을 기대했다. 그러나 그 이야기는 나오지 않았다. 내가 직업상 큰 실수를 저질렀다고 계속 자책하고 있는 그 일이 그녀에게는 나만큼 큰 인상을 남겨 계속 괴롭히고 있지 않는다는 것을 그때 알게 되었다.

그리고 점점 더 '잡담 상담(séances de bavardage)'의 성격을 띠게 되었다.

어차피 이야기를 하기 위한 자리였으므로 누구를 만났다거나, 누구와 다퉜다거나, 최근에 본 영화나 연극 등에 대한 이야기를 나눴다. 긴 의자에 누워서 정신분석을 할 때도 마찬가지지만, 이런 종류의 작업을 할 때는 어느 순간이든지 이렇게 잡담 시간을 갖게 된다. 이런 때는 말하는 사람이 조리 있게 표현하는 능력을 상실해, 어느 정도 중요성이 있거나 들을 만한 가치가 있는 말이 전혀 나오지 않는다. 이 상담 과정은 그 상황이 주는 즐거움을 망칠 것에 대한 두려움, 저항에 부딪치는 것에 대한 두려움, 자연스럽게 나올 수 있는 그 무엇과의 대면에 대한 두려움에 기인한다고 알려져 있다. 이런 상담에 시간을 뺏기는 것을 싫어했던 라캉은 상담료는 다 청구하면서도 상담 시간을 최소한으로 줄였다. 특히 라캉은 환자가 그런 상황을 즐기거나 안주하는 것처럼 보이면 상담을 즉시 끝내기도 했다. 나중에 '짧은 상담(séances courtes)'이라 이름 붙여진 이런 상담 때문에 국제정신분석학회에서 제명당하자, 라캉은 제자들과 함께 파리프로이트학회를 설립했다. 나는 '가시덤불 제거 작업'에서 라캉과 같은 과격한 반응을 보인 적이 없다. 나는 좀 더 중요한 무엇인가가 나타날 때까지 그런 공허한 이야기들을 잘 참아내며 들었다.

우연히 날짜 때문에 기회가 왔다. 그녀는 그날 아침 "이틀 후 생일인데, 생각만 해도 우울해진다"라고 말하기 시작했다. 나는 그녀가 늙는다거나 죽음에 대한 두려움같이 시간이 흐르는 것에 대해 씁쓸한 감정을 표시하는 것을 상상할 수 없었다. 나는 그녀가 남편이 없는 상황에서 생일을 보내야 한다는 데 대한 유감을 표시하는 것으로 생각했다. 그녀는 이야기를 계속했다. "늘 이랬어요. 결혼한 후 계속해서."

나는 귀를 기울였고, 그녀는 말을 이어갔다. "나는 내 생일이 싫어요, 생각만 해도 토할 것 같아요. 이렇게 갑자기 구토증이 나는 것을 보면 생일이 가까워진다는 걸 알 수 있어요."

나는 아무 반응도 하지 않았다. 그 말이 너무나 기대하던 방향으로 가는 듯해서, 내가 한 마디라도 하면 그녀를 중단시킬 위험이 있었다. 그녀는 몇 초 동안 침묵을 지키다가 코를 풀었다. 그녀는 이야기가 끝나지 않았다는 듯 같은 어조로 말했다. "믿기 어려우시겠지만, 생일 때면 시아버지가 꼭 내 속옷을 사주는데, 자기 딴에는 영리하고 재치 있는 선물이라고 생각하는 모양이에요!"

이런 경우 우리는 스스로 아무리 똑똑하다고 자만하더라도, 말하는 사람이 다음 순간 어떤 말을 할지 예상할 수 없다. 그녀는 그 선물을 받을 때 어떤 기분이 되는지를 설명하며, 집에 오자마자 선물을 쓰레기통에 버린다고 했다. "구역질이 심해져서, 토할 때도 있어요. 가족들 앞에선 고맙다는 말을 해야 해요. 그리고 토해요. 예쁘게 미소 지은 내 스스로에게 벌을 주는 것처럼."

나는 깜짝 놀랐다.

내가 알게 된 사실 때문에, 그 사실이 하도 폭력적이고 모욕적이라 뭐라 말할 수 없을 정도로 역겹다고 생각했기 때문만이 아니었다. 그 일의 파렴치하고 비열함에도 놀란 것이다. 선물을 주는 사람은 받는 사람의 신체에 강력한 지배력을 행사할 수 있는 권리가 있다는 것을 과시할 뿐만 아니라, 그 선물을 받는 사람이 자기 신체의 주인이 아님을 표현한 것이다. 이런 불행한 사례가 생각만큼 드물지 않다. 그런 사례에 대해 여러 차례 들은 바 있는데, 항상 젊은 여성을 대상으로 하며 그 주체는 그 여성의 시아버지, 아버지, 어머니다. 시아버지일 경우, 대단히 변태적인 방법으로 성욕을 표시한다. 아버지일 경우, 공개적으로 자신의 근친상간 충동을 표시한다. 어머니일 경우, 어느 정도 의식적으로 딸의 성생활에 관여하겠다거나, 나아가서 대리 쾌락을 느끼겠다는 은밀하고도 파렴치한 차원의 의미가 포함되어 있다. 아버지 어머니가 모두 그럴 경우, 그들의 사위에 대해 무의식적이고 깊은 증오심을 보여준다. 이는 사위에게 통상적으로 딸의 신체를 가질 수 있도록 내버려두긴 했지만, 그들이 여전히 딸의 신체를 ―가장 은밀한 부분들까지― 소유하고 있다는 것을 의미한다. 여기서 내가 옆길로 새고 있다는 것을 잘 알고 있다. 그러나 우리가 생각하는 것보다 훨씬 빈번한 행동의 나쁜 면을 고발할 수 있는 기회라고 생각해주기 바란다. 자식들뿐만 아니라 그 후손들에게도 나쁜 영향을 미치는 폭력적이고 야만적인 행동을 저지르는 부모들을 비난하는 데 조심스러워할 필요성을 나는 전혀 느끼지 못한다. 나는 항상 이렇게 말해왔고, 기회가 있을 때마다 글로 주장해왔다.

"세대와 성별을 혼동하는 것, 더욱이 여러 세대가 뒤섞이는 것은 ―불행하게도 유행이 되고 있는 현상이지만, 그런 현상이 어디서 일어나든, 어떤 가면을 쓰고 있든― 인류를 위해 진보적인 행위가 아니라고 확신한다."

이 상담 과정은 혼란스러운 감정을 일으켰지만, 우리들의 첫 만남이 어색했던 이유를 설명해주었다. 나는 그녀의 시아버지와 같은 연배였다. 내가 그녀의 허리에 던진, 그리고 그녀가 포착한 시선은 에로틱한 무게가 실린 것으로 볼 수밖에 없었고, 그것은 그녀가 거부하던 근친상간적 공세를 상기시켰으며, 그녀에게는 그 공격에 대해 자신을 방어할 수단이 없었다. 이 직업상의 실수에 대해 오랫동안 자책하며, 대답이 없는 질문을 수없이 자문한 나머지, 비로소 나는 그녀에게 내 감정을 전달할 수 있다는 판단을 했다. 그리고 그것을 전달했다. 우리들은 각자의 기억을 더듬어갔다. 모든 점이 일치했다. 모든 만남이 만들어내는 놀라운 연금술 앞에서 매번 느끼는 놀라움에 대해서는 말하지 않겠다. 우리가 함께 있을 때, 그녀가 허리를 의도적으로 보여준 것이 아니었는데, 내가 그녀의 허리에 시선을 던지게 된 것은 기적이 아닌가? 그녀가 느끼던 거북한 마음 깊숙한 곳에 자리 잡고 있던 시나리오 때문에 우리가 마주 앉게 된 것은 무의식의 소통이라는 기적에 의한 것이 아닌가? 수년 동안 그 증상이 자신의 존재에 대해 계속 '말'해주면서, 그 증상은 지금까지 '말'해준 것보다 더 많은 것을 마침내 '말'해주었다. 그러나 증상이 '말'해주기를 끝냈다고 할 수 있나?

그녀는 상담을 마치면서 말했다. "제가 정말 유난을 떨었죠! 선생님의 동료 여의사한테 애들을 진료하게 한 것을 후회하지 않아요. 그러나 불행 중 다행이라고 할까요? 이제 선생님을 더 잘 알게 되었으니까요. 제가 몸을 그렇게 갑자기 돌린 것을 후회할 뻔했어요. 선생님은 정말 좋은 분이세요!"

그 상담은 여느 때와 마찬가지로 화요일이었다. 금요일 아침 나는 그녀 남편의 전화를 받고 놀랐다. 그는 파리에서 주말을 지낸다고 하며, 급히 나를 만나고 싶다고 했다. 이유는 그가 집을 완전히 떠나서 애인과 당장 정착하기 때문에 애들을 위해 조치할 일들이 있다고 했다. 나는 주말을 이용해서 시골에 가려는 계획이 있어 금요일 오후에는 일을 하지 않을 생각이었다. 그러나 무리를 해서 그에게 오후 2시에 오라고 했다.

내가 모든 일을 다 알고 있다는 것을 남편도 알고 있었기 때문에, 그는 준비해 온 체크리스트를 가지고 곧장 본론으로 들어갔다. 그가 준비해 온 질문은 "애들에게 어떻게 알릴지", "방학 때 애들을 어떻게 번갈아가며 맡을지", 외국인이며 더욱이 프랑스어를 못하는 "애인과 애들과의 관계를 어떻게 조정할지" 같은 것이었다. 나는 그의 말을 건성으로 들었다. 예상 가능하고 거의 판에 박힌 이런 종류의 질문들은 권위 있는 전문가의 의견을 청취한다는 명목으로 은근한 죄의식을 은폐하려는 것에 불과하다고 생각했기 때문이다. 사실 권위 있는 전문가의 의견은 불필요하다. 그 이유는 앞으로 일어날 수 있는 문제들을 해결할 수 있는 것은 부모들뿐이기 때문이다. 아이들은 나이와 상관없이, 어떤 사전조치를 취하든지, 부모들이 헤어진다는 사실은 예외 없이 부모들이 겪는 고통만큼이나 큰 고통을 아이들에게 준다. 따라서 단번에 처리해버리는 것이 낫다. 반창고를 천천히 떼는 것과 재빨리 단번에 떼는 것의 차이다. 그래서 나는 여러 차례 대답하기를, 애들의 아버지는 당신이기 때문에 당신이 원하는 대로 할 수 있고, 내 의견을 굳이 수용할 필요가 없으며, 당신이 원하는 것을 누구한테 설명할 필요도 없다고 말했다.

훌륭한 직장인답게 그는 질문 리스트를 다시 보면서 나로 하여금 같은 답을 반복하게 하고 메모까지 했다. 그가 원하는 대로 나는 똑같은 답을 건성으로 반복하면서, 그와 만나기 시작한 직후부터 계속 내 머릿속을 떠나지 않는, 나에게는 훨씬 더 중요한 질문과 씨름하고 있었다. 즉, 그에게 돈을 받을 것인가? 정확한 이유는 모르겠지만 내가 내린 결정은, 내가 그렇게 자문하고 있다면 그에게 돈을 내게 해서는 안 된다는 것이었다. 그의 리스트가 다 끝났을 때, 그는 나에게 고맙다고 말하면서, 상담료는 얼마냐고 물었다. 나는 "무료"라고 대답했다. 그는 놀라워하면서, 돈을 꼭 지불하겠다고 우겼다. 나는 그럴 필요 없다고 잘라 말했다. 그는 내가 돈을 안 받는 이유를 물었고, 나는 "그냥"이라고만 대답했다. 그 순간 왜 내가 그렇게 마음을 정했는지 나도 몰랐다. 이런 일에서 돈 문제는 아주 미묘한 문제다. 때로는 상당히 위험하기도 하고, 잘못 이해한 사람들은 별의별 소리를 다 할 수 있다. 나의 행동이 이 이야기의 시작 부분과 직접적인 관련이 있다고 해석하는 사람도 있으리라 짐작할 수 있다. 일종의 '눈에는 눈'으로, 즉 이 남자 아내의 허리에 '눈을 씻은' 대가로 이 남자에게 '눈으로만' 서비스해줄 수 있었다는 해석……

그녀는 다음 화요일에 다시 왔다. 그리고 자리에 앉자마자 이렇게 말했다, 정말 선생님은 소문대로 대단하세요. '무슨 소리를 하려고 이러나?'라고 속으로 생각하면서, 그녀에 대해 약간의 친근감을 느꼈다. 그녀는 말을 이어갔다. "우리 남편을 어떻게 하셨어요? 남편한테 무슨 말씀을 하셨어요? 어떤 방법을 쓰셨어요? 선생님은 정말 마술사예요! 잘 모르시겠지만…… 그러나 정말 기적을 일으키셨어요!"

그리고 그녀는 한순간 말을 멈췄다. 감정이 복받쳤거나, 마음을 가다듬고 있는 것 같았다. 여느 때와 마찬가지로 나는 그녀가 앞으로 할 말에 놀랄 준비가 되어 있었다. 그녀의 남편은 나와 헤어지고 나서 그들의 집으로 돌아가, 그녀에게 자기가 잘못한 일에 대해 모두 용서를 빌었다. 자기가 그녀를 얼마나 사랑하는지, 이 멍청한 모험을 하면서 스스로 얼마나 바보처럼 느꼈는지 모른다고 말했다. 그리고 그녀가 그 말을 믿지 못하자, 남편은 부인이 보는 앞에서 정부에게 전화를 해서, 이제 둘 사이는 모두 끝났으며, 부인과 애들에게 완전히 돌아가겠다고 선언했다.

"하늘이 내 머리 위로 떨어졌지만, 머리 위로 무언가가 떨어지는 게 이렇게 좋았던 것은 처음이에요! 우리는 사랑을 했어요, 그 자리에서, 바닥에서, 짐승들처럼, 우리는 주말 내내 계속했어요. 남편이 집에 계속 머물면서 아이들이 알아들을 수 있게 잘 설명을 했는데, 아이들이 좋아서 펄쩍펄쩍 뛰었어요! 남편은 회사 동료들에게 전화해서 앞으로의 일들을 상의했어요. 그 사람들이 우리를 위해 더 넓은 집을 구할 거예요. 그 여자와 같이 살려고 했던 집은 너무 작기 때문이에요. 애들이 이번 학기만 마치면 우리는 같이 살 거예요."

그녀는 한동안 꿈꾸듯 말하면서 지금까지 일어난 일들을 정리하고 평가했다.

나는 그녀의 말에 귀 기울이지 않았다. 나도 스스로의 행동에 대한 생각을 정리하고 평가해보았다. 제일 먼저 생각난 것은 이상하게도 내가 남편에게 돈을 내지 말라고 한 것이었다! 이런 일에서 무의식이 하는 작업의 놀라운 결과에 대해 여러 번 반복해서 확인해봤지만, 매번 놀라지 않을 수 없다! 이 이야기는 아직도 많은 어두운 부분들을 포함하고 있다. 이 어두운 부분들을 밝히는 것이 중요한가? 나는 확신할 수 없었다. 그 결과는 이미 나와 있었다. 나에게 필요한 것은 어떻게 그 결과가 나왔는가였다. 나는 이렇게 요약할 수 있었다. 각자 나름대로의 사연이 있는 두 개인이 좋은 조건에 부부를 이루고 한동안 잘 살아가며, 세 아이를 낳고 기른다. 그러나 이 잘 돌아가는 기계에 모래 한 알이 끼어들어 계속 말썽을 부린다. 시아버지가 생일 선물로 '속옷'을 선물하며 며느리를 정례적으로 불쾌하게 만든다. 시아버지는 며느리에게 은밀한 속옷을 선물함으로써 여성으로서의 그녀에 대한 관심을 공개적으로 표시한다. 이 선물 속에는 시아버지가 반복적으로 표현하는 그녀에 대한 욕망이라는 파렴치한 의미가 들어 있기 때문에 며느리는 불쾌감을 느낀다. 그녀는 아버지와 마찬가지로 —그녀는 아버지를 존경했지만 어렸을 때 아버지가 어머니의 남자라는 것을 인정하고 그를 유혹하는 것을 포기했을 때부터 아버지와 적당한 거리를 둘 수 있게 되었다— 존경해야 할 남자가 표시하는 욕망은 용납할 수 없었다. 이 모든 상황은 모호성과 함께 전개된다. 그녀는 그녀의 삶에 적응하며 이 의도와 행동을 모른 척한다. 그러나 그 행동이 반복된다. 그녀에게 첫아이가 생겼다. 사람들로부터 나에 대한 이야기를 들었다. 그녀는 내가 '한쪽 귀로는 청진기의 소리를 듣고, 다른 쪽 귀로는 환자의 말을 듣는 이상한 의사'라고 들었을 것이다. 그녀는 자신이 뭘 찾는지 잘 모르지만, 나의 그런 면에 관심이 생겼다. 그녀는 첫 약속을 얻어내기 위해 내 비서를 졸라댔다. 그렇게 해서 겨우 만났더니, 내 시선이 그녀의 드러난 허리에 닿았다! "다 지저분한 놈들이야, 나이 먹은 놈들은 더해!"라고 그녀는 생각했을 것이다. 그녀 나름의 스타일로 말했더라면 이렇게 했을 것이다. "독사 같은 놈들! 도대체 믿을 놈이 없어! 여자로 태어난 내 잘못이지!"

그녀는 나를 피한다. 피할 수 있을뿐더러, 내 코앞에 있는 동료 여의사의 진료를 받음으로써 나를 피한다는 것을 노골적으로 과시하며, 불가피한 상황에서도 나를 용케 피해간다. 나에 대한 이러한 공격적인 태도 덕분에, 가족들의 모임에서 피할 수 없는 근친상간 경향을 가진 시아버지의 파렴치한 선물 세례를 받는 며느리의 처지를 견디기가 조금이나마 쉬웠을 수도 있다. 다른 사람의 행위에 대한 대가를 나에게 전이함으로써, 그녀는 일단 나름대로의 반응을 한 것이다. 그녀가 어느 날 남편에게 털어놓고 얘기했을까? 내가 그 질문을 했을 때, 그녀는 그런 적이 없었다고 대답했다. 이미 어느 정도 긴장된 관계를 유지하고 있던 두 남자들 사이에 불화를 심는 것이 두려워 말하지 못했다고 했다. 자기 아버지의 행동에 충격을 받을 아들이 무엇을 할 수 있을까? 아버지의 위엄이 아직도 깊은 인상을 주고 있는 과거의 어린아이가 아버지에게 무엇을 할 수 있는가? 참고 견디는 것 이외에 무엇을 할 수 있나? 참고 견디는 것, 모든 남자가 그렇듯 어느 날 '자기 아버지의 여자의 남자가 되는 꿈'을 가졌을 때 품었던 은밀하지만 아직도 내재하고 있는 죄의식 때문에 참고 견딜 수밖에 없다. 그는 침묵한다. 어느 날 물 한 방울이 추가되어 —그 내용을 알 수는 없지만— 잔을 넘치게 한다. 그를 좋아하는 것 같은 여자를 만난다. 드물거나 어려운 일이 아니다. 그 여자를 정부로 삼는다. 그런데 여기서 그는 아버지의 반복된 행동으로부터 위협받던 생식기의 위력을 다시 한 번 느끼는 행복을 체험한다. 여기서 그는, 정신분석에서 '거세 불안'이라고 하는 것을 가장 효과적으로 퇴치할 수 있는 수단을 발견한다. 그는 아내에게 떠나겠다고 선언하며, 그 명분은 '가정을 구하기 위해서'다. 사실 남편이 떠나는 대상은 아내가 아니다. 의심에 사로잡힌 고로 왕자와는 반대이다. 《아이즈 와이드 셧》에서 아내가 다른 남자에게 성적 욕망을 느낄 수 있음을 발견하고 충격을 받아 이런 욕망의 신비를 캐는 초라한 주인공과는 반대로, 다시 말해 자신이 선택한 여성들이 자신에 대해 거세 행위를 하는 것을 참을 수 없게 된 남성들과는 반대로, 이 남편의 경우 현실이든 환상이든 자신에 대한 거세행위가 있었다고 생각할 수 있는 여지는 없다. 이는 그의 아내가 남편과의 성관계에서 어떤 거북함이나 금기가 없었다는 사실에서 추론할 수 있다. 남편이 떠나는 것은, 아버지와 자신 사이에 벌어지는 잠재적이지만 불공정한 투쟁의 대상이 아내라는 영역이기 때문이다.

그녀는 나를 보러 온다. '속옷' 선물이 얼마나 그녀를 거북하게 만드는지, 그녀는 전이의 메커니즘에 의해 나에게 그리고 동시에 시아버지에게 말한다. 남편을 괴롭히는 것은 아내가 아니라 자기 아버지지만, 그가 어쩔 수 없기는 마찬가지다, 너무 늦었다. 남편은 자신의 남성성을 회복하고 있는 과정에서 나를 만난다. 나에게 조언과 비법을 구하기 위해서? 아니면 나를 자기 아버지 위치에 놓으면서, 내 영역을 내놓으라고 말하기 위해서? 내 대답들이 그의 위상과 자율권을 회복시키면서 그의 가치를 인정했을 뿐만 아니라, 상담료도 받지 않는다는 데 놀랐을 가능성이 크다. 이 행위를 통해서 그는 내가 돈벌이에 혈안이 된 냉정한 직업인이 아니라는 것을 알게 된다. 그 자신도 모르고, 나 자신도 모르는 사이에, 나는 투사(投射)의 메커니즘에 의해 그녀의 허리에 시선을 던진 아버지 같은 존재가 되었던 것처럼, 아버지로서 가지고 있었던 것으로 간주됐던 권력을 과감히 버리는 존재가 되었다. 따라서 나는, 두려워할 것이 없는 '좋은 아버지', 그가 자신의 운명을 스스로 좌우할 수 있는 사람이라고 인정해주는 '좋은 아버지', 그가 선택한 여자를 마음대로 할 자격이 있고, 자신이 원하면 당장 방바닥에서라도 부인을 사랑할 수 있는 남자라는 것을 인정해주는 '좋은 아버지'가 되었다.

나는 그녀를 서너 번 더 만났다. 내 연극이 연극으로 끝나지 않았나 확인하기 위해서. 아무 문제가 없었고, 매번 남편의 안부를 전해 왔다.

그들은 의례적인 가족 모임의 무거운 분위기를 피하기 위해, 지방으로 이사 갔다. 해가 바뀔 때마다 언제나 좋은 소식만 전해왔다.

4~5년 후에 그녀가 전화했다. 부부가 파리에 와서 며칠 지내게 되었는데, 나를 보고 싶다고 했다. 나는 겁이 나서 무슨 일이 있느냐고 물었다. 아무 문제도 없었다. 파리에 온 김에 나와 점심이나 저녁 식사를 하고 싶다는 것이었다. 나에게 감사를 표하고 내가 자신들에게 어떤 존재인가를 말해주기 위해.

식사를 마치면서, "정말 멋진 식사였다"는 말이 우리들 입에서 동시에 나왔다.

# 부부에 대한 관점들

그들은 그렇게 떠났다. 우리가 처음 만난 때로부터 몇 년이 지난 지금, 그들은 아직도 그들의 일상, 즉 아무 문제가 없는 것으로 보이는 행복한 사람들의 일상에 대한 소식을 내게 전해준다. 우리 사회에서 특히 가장 활동적이고 가장 말 많은 사람들—텔레비전 연속극들이 보여주는 비극적인 이야기들을 즐기며, 인간의 존재에서 조금이라도 "부르주아" 티가 나는 것은 모두 비난하는 사람들—은 이런 부부 생활을 측은해할 수도, 그들의 선택을 비웃을 수도 있다. 그들은 부부를 이루고, 가족을 만들고, 자식들을 키운다. 그들은 매일 같이 살면서, 서로의 편안함에 세심한 배려를 하면서, 조그만 걱정거리도 공유하면서, 아주 평범하기 짝이 없는 일상을 엮어간다. 사람들은, 그들이 성생활에 대해 하는 말을 믿지 않고 비웃으며, 열정은 사라지고 그저 조금 남아 있는 동물적 욕정에 밀려 때로는 섹스로 결합할 것이라고 상상한다. "행복은, 우리가 가지고 있지 않을 때는 뒤쫓아가고, 우리가 가졌을 때는 발로 차는 공이다"라고 샤토브리앙은 말했다. 행복이 멀리 떠나버릴 듯하다가 다시 나타났을 때 그들은 그 행복을 겸허하게 받아들였다.

그들은 우리의 시계와 양식(良識)을 전부 점령한 소설 속의 인물들과는 전혀 공통점이 없다!

그러나 소설적인 인물이 되고자 하는 사람들의 왜곡된 언행을 자세히 들여다보면 —그들이 어떤 행동을 하든, 어떤 해결책을 제시하든, 어떤 사연을 가지고 있든— 그들의 목표는 오직 하나로, 그것은 진을 빼는 토론과 순항을 마감하고 그 부부가 도달한 것과 같은 항구에 도착하는 것임을 알 수 있다. 그렇지 않다면 이렇게 헤어지는 부부들이 급증하고, 부부를 가장 잘 특징짓는 것이 극도의 불안정성이라는 사실을 어떻게 증명할까? 부부를 이루어봤지만, 언제든지 갈라설 수 있다는 건가? 애들이 있든 없든, 우리는 조그만 갈등에도 갈라서기를 주저하지 않았다. 이 갈등이 우리가 알지도 못하는 사이에, 인정하지도 않으면서 추구하고 있는 '부르주아'적인 이상—우리가 조금도 노력하지 않고 얻으려는 이상—을 위협하기 때문이 아니면 뭐란 말인가?

이런 역설을 어떻게 이해할 것인가?

이런 질문에 대답하기란 여간 어렵지 않다. "역설은 인생이다!"라고 시스템요법(thérapeutes systémiciens) 전문의들은 가르친다. 굳어진 상황이나 굳어질 위험이 있는 상황을 움직일 필요가 있을 때, 그들은 역설을 처방의 원동력으로 삼는다. 통상적인 사실들의 이면에서 그려지고 있는 것은 —모든 인간에게, 어떤 언어권이나 문화권에 속하든— 지울 수도 없고, 협상을 하거나 속임수를 부릴 수도 없는 어떤 형태의 안정성을 찾는 것이다. 이 안정성은 없을 때만 알 수 있는데, 이것이 없을 때 삶이 힘들어지고 결핍감을 느끼기 때문이다.

이 문제에 대해 이미 여러 차례 언급을 했지만, 이에 대해 할 말을 다했다고 볼 수 있을까? 그랬다면 좋겠다. 내가 남성과 여성의 관계, 어머니와 아버지의 관계가 더 명확하고 단순하기를 바라는 것처럼. 두 사람 사이의 합의에 필수적인 타협 시스템이 —하물며 두 사람이 부부를 형성하고 아버지와 어머니일 때— 내가 타협에 간여했던 부부의 타협 시스템처럼 작동할 수 있기를 바라는 것처럼.

그런 소망이 실현될 수 있을 것이라고 믿기까지 내가 어떤 환상을 먹고 살았는지 모른다!

이전 세대들이 부부를 형성하는 문제를 두고 수백 년 내지 수천 년 동안 동일한 형식주의를 유지한 것은 그런 관계들이 부딪치는 어려움을 알았기 때문이라고 생각한다. 오늘날까지도 그런 관습이 아무런 설명 없이 의식의 형태로 유지되고 있는데, 좀 구식으로 보이는 경우가 많다. 신부가 아버지의 팔을 잡고 결혼식장에 입장하고, 신랑은 어머니의 팔을 잡고 입장한다. 그리고 신랑 신부는 서로의 팔을 잡고 결혼식장에서 퇴장함으로써 두 사람의 관계로서만 정의된다. 신부는 아버지의 이름을 포기함으로써 더 이상 아버지의 딸이 아니며, 신랑은 아버지로부터 물려받은 이름을 자기 어머니가 아닌 다른 여자에게 부여함으로써, 더 이상 어머니의 아들이 아니다. 두 사람은 '신 앞에서' 결합한 동반자, 그리고 '사람들 앞에서' 결합한 동반자가 된다. 더욱이 결합은 물론 그것이 지속되도록 맹세를 한 것이다. 법적인 약속, '결합하는 집안들'의 무게는 결합이 지속되는 방향으로 작용하며, 어떤 일이 일어나더라도 그 맹세는 유지되어야 한다.

이 모든 것이 종의 법칙이 갖는 논리에 부합하며, 세계의 가장 세련된 문화권에서부터 가장 원시적인 문화권까지 형태는 약간씩 다르지만 공통적으로 찾아볼 수 있다. 과거 시대의 인간들은 그런 생각을 전혀 하지 못했으므로 그들 각각의 사연이나, 그들이 만든 관계, 그들이 자식들에게 성별에 따라 부여하는 지위에 대해 전혀 신경을 쓰지 못했다. 그들은 "인간 두 명 중 한 명이 여성이다"라는 말이나, 모든 불평등을 낳은 성의 차별과 더불어 모든 억압의 원인인 세대의 차별을 없애는 것이 필수적이라는 것을 파악하지 못하고, 이해하지도 못했다. 그 시대는 말이 어느 정도의 무게를 가지고 있다고 추측하긴 했지만, 세대를 지나면서 바꿀 수도 있었던 이름의 상징성에 너무 큰 중요성을 부여했다. 도대체 왜 아버지의 이름을 자식에게 줄 생각을 했을까? 왜 어머니의 이름이 같은 가치를 갖지 못했을까? 왜 두 이름을 같이 붙여 쓰거나, 새로운 이름을 만들어 쓰지 않았을까? 이베리아 반도의 국가들과, 스페인과 포르투갈의 문화적 영향을 받은 지역에서는 새로운 이름을 쓰지 않았는가? 이 전통의 기원에 대해 의문을 갖지 않고, 우리는 여태껏 해왔던 대로 계속 하는 것 같다. 이는 역사적으로 각인되고 수 세기 동안 지속된 역사적 사실의 결과이다. 그 증거는, 그런 논리를 내세우는 사람들이 이 역사적 사실의 중요성은 부인하면서도 역사에서 관련 요소들을 찾는다는 것이다! 사실상 이 전통은 스페인과 포르투갈의 관습에 이 지역을 7세기 동안 통치했던 아랍—이슬람 문명의 관습이 이식된 결과다. 그 문명에서 유래하는 왕궁이나, 정원, 요리, 민속무용과 수많은 어휘가 남아 있듯이 그 관습도 아직까지 남아 있는 것이다.

아랍—이슬람 문명의 남성들은 일부다처제를 실천했으며, 여성들은 오늘날까지도 장남을 모하메드라고 부를 의무가 있다. 예를 들어 알리라는 남자가 모하메드라는 이름을 가진 아들을 다섯 명 가질 수 있는데, 알리의 아들 다섯 명이 모두 모하메드라고 불릴 경우 정체성의 혼란을 가져올 것이다. 가장 간편한 해결책은 각 모하메드에게 어머니의 이름을 주는 것이었다. 따라서 알리와 파트마의 아들 모하메드는 알리와 아이샤의 아들 모하메드와 혼동되지 않았다. 이것이 가능했던 것은 아랍-이슬람 문명사회에서 관습이 법적인 힘을 가졌기 때문이다. 어린 시절 알제리에서 살았던 나는 방학 때 용돈을 벌기 위해 내가 거주하는 작은 도시의 시청에서 아르바이트를 했다. 국민투표 선거인명부에 유권자들의 이름을 베끼는 일을 맡았다. 나는 여러 페이지에 'SNP Mohammed ben Mohammed'라는 이름을 수천 개 옮겨 적었다. SNP(Sans Nom Patronymique)는 성이 없다는 뜻으로 이 사람들은 성을 가질 생각을 하지 못했던 것이었다. 수천의 'SNP Mohammed ben Mohammed'는 모두 '성 없는 모하메드, 모하메드의 아들'이었다. 선거인명부 열람 기간 동안 부여되는 유권자 카드 번호는 그들에게 공식적인 신원을 주었는데, 물론 그들끼리는 일상생활에서 서로 혼동하는 일이 없었다. 공식적으로 그렇게 할 수밖에 없었던 이유는 프랑스 법이 아버지의 이름에 어머니의 이름을 병기하는 것을 허용하지 않았기 때문이다. 이제 식민지가 없어졌기 때문에 프랑스 법이 '성 없는 모하메드, 모하메드의 아들'의 운명을 관리할 일이 없어진 상황에서, 프랑스 법이 부모의 이름을 병기하는 방향으로 가는 것을 진보적인 개혁이라고 주장하는 것은 아이러니가 아닐 수 없다. 이 개혁은 누구를 위한 개혁인가? 자신의 아버지의 이름을 자식에게 주기를 바라는 어머니를 위한 개혁인가? 그런 바람은 자식들의 미래에 영향을 미칠 수밖에 없는 증상을 보여준다. 즉, 그 어머니들이 자신들의 아버지 이름을 아들에게 물려줌으로써 —아이의 아버지나 친할머니의 이름을 제치고— 상징적으로 아이를 자신들의 아버지의 아들로 만들어 배우자를 몰아내고 자신들의 어머니와 아직 해결되지 않는 경쟁 관계에 안착하는 것이다. 이렇게 종의 법칙이 명백히 푸대접 받고, 그 합법성이 의문시되고 있다. 전체 국민들 중에 극소수를 차지하지만 아주 적극적이고 강력하고 변태적인 집단이 명백한 승리를 거둔 것이다. 나는 이를 얼빠진 언행으로 간주하며, 이것이 어떤 성공을 거두더라도, 내 소신에는 변함이 없을 것이다.

내가 두려워하는 것은, 우리의 과거와 역사뿐만 아니라 자식들의 미래를 —자식들은 일시적인 성관계가 남긴 기념품으로 전락할 것이다— 비웃는 소비 사회의 마술에 일반인들이 속아 넘어가는 것이다. 걱정할 게 없다고들 한다. 소비자의 자격을 얻은 모든 사람들은 일시적으로 발생할 수 있는 질환에 대해, 계속 업그레이드되는 DSM(정신장애 진단과 분류체계)[1]의 지혜로운 혜택을 받을 것이며, 문제의 중요성에 걸맞는 강력한 약물의 신속한 효능도 경험하게 될 것이다.

우리의 지위와 사회적 관계가 급속도로 해체되어가는 것을 막지는 못하더라도, 이미 어쩔 수 없이 사형선고를 받은 과거와, 피할 수 없는 절벽 같은 미래 사이에 놓일, 다만 몇 세대들만을 위해서라도 우리가 할 수 있는 일이 무엇인가를 자문해본다. 그들이 선택의 여지 없이 받아들여야 된다고 생각하는 세력들에게 —그 세력들이 그들의 인생에서 형성해야 할 부부란 개념을 위협하거나 서서히 파괴하기 때문에— 어떻게든 이해시키는 것 이외의 다른 방법이 없지 않을까?

---

1) *Diagnostic and Statistical Manual of Mental Disorders*(정신장애 진단과 분류체계), American Psychiatric Association의 정기 발간물로 정신분석과는 아무 관련이 없다.

내가 시작한 탐사작업을 계속하기 위해, 이번에는 임상사례가 아
닌, 여성의 간통을 다룬 기념비적 영화 작품을 논해보고자 한다.

# 낭비

스웨덴 영화 《부정(Infidèle, 2000)》의 감독은 여성인 리브 울만이며, 시나리오 작가는 잉마르 베리만이라는 것을 앞서 밝히는 것이 좋을 듯하다. 이 두 사람은 공동작업을 통해 남녀 사이에 필연적으로 다를 수밖에 없는 생식기관의 구조에서부터 삶의 경험에 이르기까지 많은 차이점을 다루었으며, 복잡한 이야기에 대한 시각의 차이를 아주 미묘하고 세부적인 부분까지 서로 교차시킬 수 있게 했다.

이 작품이 절묘한 기법으로 다루는 주제의 심각성은 제목에서부터 짐작할 수 있다. 이 작품의 상당 부분이 실존 인물의 자전적인 이야기이며, 그가 이 주제를 어설프게 인식하면서 이런 작품을 만들었을 사람이 아니라는 점에서 젊은 세대들이 깊이 생각해봐야 할 작품이다.

이 작품의 남자 주인공은 다음과 같은 대사를 힘주어 말한다. "질병이나, 파산, 사업의 실패 등 어떤 실패도 이혼만큼 무의식을 크게 울리는 실패는 없다. 이혼은 불안의 근원을 직접 건드리고 되살린다. 이혼은 인생이 우리에게 가할 수 있는 가장 깊은 상처다."[1]

홀로 바다를 마주 보고 있는 나이 든 남자를 보여주는 첫 장면은 영화의 색깔을 예고한다. 존재나 사물에 대해 중립적, 초월적 시각을 가졌다고 간주되는 나이의 늙은 남자, 생명의 근원인 바다(탈라사Thalassa), 고독과 죽음이 가까워오고 인생의 종말을 연상하게 하는 나이. 그리고 이야기가 전개되는 과정에서 간간이 나오는 노인과 바다. 얼랜드 조셉슨이 연기한 이 노인은 누구인가? 영화 속에서 명확히 밝혀진 것은 없다. 그러나 영화가 끝난 후, 그가 잉마르 베리만 자신이라는 것을 알 수 있다. 나는 이 문제에 대해 언급하지 않을 수도 있었다. 왜냐하면 그가 이 책이 갖고 있는 주제의 보편성과 엄격한 구성으로 인해 자주 연상되는 그리스 비극의 주인공 같은 역할을 하기 때문이다. 그러나 이 주인공은 대부분 침묵을 지킨다. 그의 침묵은 환자에게 계속 말을 시키기 위한 정신분석 의사의 침묵을 연상시킨다.

이야기는 정신분석의 상담진료처럼 구성되어 있다고 볼 수 있고, 실제로 작품의 주인공인 마리안의 등장을 중심으로 전개된다. 상담진료는 원래 과거형으로 진행되지만 더 실감 있게 하기 위해 영화는 현재형이다.

마리안은 아름다운 젊은 여성으로 직업은 연극배우다. 국제적으로 알려진 오케스트라 지휘자인 마르쿠스와 결혼한 지 12년이 되었으며, 모든 점에서 완벽한 —그녀 또한 부르주아적인 염색체를 지닌— 조화를 이루며 산다. 마리안에게는 아홉 살 된 딸 이사벨이 있는데, 마리안은 자신의 딸을 "아이의 꿈이나 이야기로 봐서, 정말 신비한 아이"라

---

1) Botho Straus, *Une Affaire d'âme*(영혼의 문제), Paris, Cahiers du cinéma, 2002.에서 인용

고 말한다.

마리안 부부가 오래전부터 알고 지내는 친구 다비드는 연출가다. 마르쿠스와 마찬가지로 오페라를 사랑하며, 두 사람은 같이 여러 작품을 무대에 올렸다. 다비드는 이사벨과 아주 돈독한 관계를 가지고 있다. 나중에 알게 되지만, 다비드에게는 실패로 끝난 두 번의 결혼에서 얻은 아들이 두 명 있는데, 작품에 등장하지는 않는다. 다비드는 부르주아적인 염색체와는 대조적인, 오늘날 흔히 볼 수 있는 인생 여정을 대표하는 인물이다.

여기까지는 흔한 이야기다. 특별한 일이 없는 일상이 평화로운 리듬으로 계속 이어질 수도 있는 이야기다.

그러나 어느 날 저녁 자신이 연출한 작품의 마지막 공연이 있는 날, 다비드는 마리안을 우연히 복도에서 만났고, 대뜸 자기와…… 자자고 제의한다. 마리안은 엉뚱하다고 생각해 웃어넘기면서 이 급작스러운 제의를 거절한다. 그러나 그녀는 이런 행동에서 다비드가 큰 곤경에 처했음을 느낀다. 그래서 다비드에게 마르쿠스가 순회공연을 떠나 그녀 혼자 집에 있을 때 자기 집에서 저녁 식사를 하며 얘기를 계속하자고 제의한다. 술을 꽤 마신 다음 긴장이 어느 정도 풀리자, 그들은 같은 침대에 들지만 ─그녀의 요구에 따라─ 남매처럼 잔다. 그녀는 그 장면을 "그때 잠든 얼굴을 보면서 진정한 다비드를 발견했다"라고 설명한다.

그녀가 그 얼굴에서 본 것은 무엇인가?

다음 두 장면이 그것을 교묘하게 설명하는데, 상당한 주의를 기울여야 이해할 수 있다.

두 장면 중 첫 번째, 마르쿠스가 피아노 악보를 들고 열정적으로

브람스의 사중주 리허설을 하고 있다. 리허설을 구경하는 이사벨을
보면서 마리안은 딸과 아버지의 관계에 대해 생각한다. 마리안은 "이
애는 분명 제 아빠의 딸이야, 그들의 관계는 다른 사람이 뚫고 들어
갈 수 없어"라는 생각을 하면서 스스로도 놀란다. 이는 그녀 자신은
소외되어 있다는 말로 해석된다. 마치 그 두 사람 중에 어느 누구도
그녀를 본질적으로 필요로 하지 않는다는 것을 인정하는 것처럼.

　두 번째 장면은 다비드와의 은밀한 사연이 어느날 갑자기 시작된
이유를 설명한다. 마리안은 자신이 출연하는 연극 작품의 리허설을
마치고 나오면서 다비드를 만난다. 다비드는 전날의 행동에 대해 사
과하면서 자신이 처한 곤경에 대해 이야기한다. 그는 우울하긴 하지
만 현실적으로 자기 삶을 평가한다. "어떤 접촉을 시도하고 관계를
만들려고 노력해도 꼭 실패한다." 다른 사람과의 관계가 전혀 필요하
지 않은 마르쿠스와 이사벨과는 정반대로 다비드는 관계의 부족으로
극한 상황까지 와 있는 것이다. 마리안은 측은해졌다. 그녀는 다비드
에게 도움을 주고 싶다고 말한다. 그는 고맙다고 한다. 이 일로 딸 이
사벨과 돈독한 이 남자에 대한 모성애가 더욱 깊어진다. 마리안은 그
당시 자신의 느낌을 이렇게 표현한다. "나는 아주 신비한 무엇의 일
부가 되었다." 이 말은 앞서 언급했던 이사벨이 가진 신비한 면과 연
결된다. 딸의 신비는 둘 사이, 마리안과 다비드의 교감을 더 생생하
게 느끼게 하면서 그녀를 딸에게서 멀어지게 한다. 마리안이 인식하
는 신비는 은연중에 그녀와 자신의 어머니와의 관계를 연상시킨다.
결과적으로, 마리안이나 다비드는 의식하지 못했지만, 다비드가 딸
이사벨에게 필요 없는 어머니의 존재를 대체해준 것이다. 다비드가
정신분석요법에 호소해볼 생각을 얘기했을 때, 그녀는 "정신분석은

나중에 두고 보자"고 반박하며 그와 키스한다. 이렇게 함으로써 그의 불행한 현실을 치료하는 데 마리안은 자신의 존재를 제공하고, 자신이 제안하는 모험에 다비드가 동참하도록 함으로써 다비드가 그녀에게만 의지하도록 만든다. 그는 이 일에 걸린 위험의 정도와 얼마나 크게 확대될 수 있는지 정확하게 파악하고는 이렇게 말한다. "심각한 일이야, 정말 심각한 일이야."

잠시 부연 설명을 하고자 한다. 그 이유는 여기서 나중에 여성의 간통이 될 요소가 나왔으며, 이 책에서 처음으로 세부적으로 논해지기 때문이다.

원칙적으로, 또한 상식적으로 이해할 수 있는 이유들을 따지자면, 이 경우 간통이 발생할 여지가 없다. 주인공은 부족할 것 없는 여성이자 한 아이의 어머니로, 재미있는 일을 직업으로 갖고 있고, 종사하는 직업에서 누구보다도 뛰어나고, 사려 깊고 사랑해주는 남편을 갖고 있으며, 건전하고 사랑하는 착한 딸을 키우고 있다. 왜 이 여성은, 왜 이 어머니는, 무엇을 찾겠다고 새로운 모험에 나섰나? 도대체 그녀가 찾는 것은 무엇인가?

마리안의 삶에 대한 소개가 이미 상당한 대답을 주었다. 딸 이사벨은 아버지와 너무나 가까운 사이여서 어머니의 필요성을 느끼지 못한다. 남편 마르쿠스는 자신의 음악세계에 충족감을 느끼며, 인생이 그에게 준 모든 것에 만족하고 있어 다른 필요성을 느끼지 못하는 것처럼 보인다. 남편도 딸도 마리안이 조금이라도 필요하다는 표시를 분명히 하지 않는 가운데, 마리안은 모성을 실현할 필요성을 느낀다. 반면, 다비드는 인생의 방향 감각을 완전히 상실하여, 무엇인가가 결핍된 존재로 보이는데, 이 결핍이 그를 너무 괴롭히기 때문에 가장 친한 친구의 부인을 소유함으로써 그 결핍을 주저 없이 만족시킬 시도를 한다!

나는 다른 책[2]에서 이런 여성의 행동 논리를 자세히 분석했다. 나는 그 논리를 "임신의 논리(logique de la grossesse)"라고 부르는데, 여성은 제3자의 결핍을 만족시킬 때 스스로 일관성이 있고 힘이 있다고 느낀다는 것이다. 이 논리에 대응되는 남성의 행동 논리는 "교접의 논리(logique du coït)"다. 생식기를 잃을 수 있다는 두려움을 지닌 남성은 이 생식기의 잠재력을 실제로 써보는 강박적인 방법으로 안도감을 느낀다. 이 모든 것이 아주 어린 시절의 동일화 관계가 심리 체계에 남긴 흔적에 그 기원을 두고 있는데, 성별에 관계없이 모든 아이들은 어머니를 사랑의 첫 대상으로 여기고, 평생 사랑과 관련된 모든 것이 이 첫사랑을 바탕으로 형성된다. 프로이트는 ―나중에 다시 논할 기회가 있겠지만― 이렇게까지 말했다. "아내가 남편을 자신의 아이로 만들기 전에는, 즉 아내가 남편을 그의 어머니로서 대할 수 있기 전에는, 부부간의 행복은 있을 수 없다.[3]

이는 남성들이 비교적 간단하고 명확한 입장을 갖고 있다는 사실에서 유추된 것이다. 남성에게는 여성의 몸과의 어떤 만남이라도, 만나는 순서에 상관없이, 재회의 성격을 띠며 이 여성에게 두 번째 자리를 내주는데, 첫 번째 자리는 어떤 방법으로도 떼어낼 수 없는 어

---

2) Aldo Naouri, *Les Filles et leurs mères*(딸들과 어머니들), Paris, Odile Jacob, 1998 및 *Les Pères et les Mères*(아버지들과 어머니들), *op, cit.*

3) Sigmund Freud, *La Féminité*(여성성), in *Nouvelles Conférences sur la psychanalyse*, Paris, Idées, 1978, p.175.

머니가 차지하고 있기 때문이다. 이 단순한 사실에서, 만나는 여성들을 쉽게 혼동하는 간통 남성은 그런 만남을 통해 항상 첫 번째 자리를 차지하고 있는 여성이 여전히 그 자리에 있는지 확인하고 싶은 욕망을 표출한다고 볼 수 있다. 같은 이유로 남성들은 간통의 모험을 쉽게 생각하고, 후회도 적게 하며, 때로는 간통을 회상하면서 —돈 후안 같은 경우는 카탈로그를 만들 정도로— 자부심을 느끼기도 하는 것이다.

여성들의 경우는 다르다. 어머니의 흔적을 가지고 있지 않고, 아버지의 흔적도 없기 때문이다. 여성에게는 남성의 몸과의 어떤 만남이라도 —예전 아버지의 경우와 마찬가지로— 새로운 발견으로 간주되어, 만나는 순서에 상관없이 첫 번째 자리를 내준다. 여성들이 간통의 문턱을 넘는 데 주저하고, 기억을 지우고 싶어 하고, 때로는 심하게 후회를 하는 것은 이렇게 설명될 수 있다.

이런 정보들을 종합함으로써, 배우자의 간통 사실을 발견했을 때 통상 남성들과 여성들이 보이는 반응을 잘 포착할 수 있다.

혼자서 마음대로 할 수 있는 여자를 —마음대로 할 수 있다고 생각했던 여성이 아버지의 여자라는 것을 알고 극도로 낙심하며 포기해야 했던 어머니 대신에— 이제야 갖게 되었다고 생각한 남성은, 다른 남자에게 첫 번째 자리를 또 뺏기고, 과거에 고통스럽게 겪었던 것처럼, 그 관계를 포기해야 한다는 생각을 수용하기가 아주 어렵다. 앞으로 닥칠 일을 참기 어려울뿐더러 재기하기도 힘들다. 그런 고통을 받는 예는 고로 왕자나 오셀로처럼 의심만으로도 충분하며, 《아이즈 와이드 셧》의 주인공처럼 단순한 성적 환상에 부딪치기만 해도 촉발된다. 최근 미국 영화 《언페이스풀(Unfaithful, 2002, 애드리언 라인 감독)》은 배신당한 남편이 어떻게 아내의 애인을 죽이게까지 되는지를 아주 섬세하고 현실

감 있게 보여준다. 트뤼포 감독의 《부드러운 살결(La Peau douce, 1964)》
은 같은 문제를 놓고 여성들이 겪는 고통을 완벽하게 보여준다.

남편의 배신을 알고 홧김에 중대한 결정을 하는 여성들을 흔히 볼
수 있긴 하지만, 큰 문제 삼지 않고 그냥 눈감아주는 여성들을 더 흔
히 볼 수 있다. 나중에 자세히 설명하겠지만, 이것은 여성이 첫 번째
자리에 놓았던 남자, 즉 오래 전에 성적 정체성을 정립하기 위해 관
심을 가졌던 아버지를 지우지 못했을 뿐만 아니라, 그녀의 어머니가
남긴 불후의 흔적도 지울 수 없었다는 사실에 기인한다. 프랑수아즈
에리티에가 거론한 "여러 물질의 혼합",[4] 즉 한 남자를 사이에 놓고
다른 여자와 은밀한 관계를 유지하는 것은 근본적인 근친상간, 적어
도 동성애적 관계의 형상을 보이는데, 이는 어린 시절 여성들이 어머
니와 가졌던 관계의 유형과 연관되며, 이것이 그 때의 취향을 만족시
킬 수 있기 때문이라고까지 상상해볼 수 있다. 물론 이것은 모든 여
성들에 해당하는 것은 아니겠지만, 일부 여성들에겐 사실일 것이다.

리브 울만의 영화로 다시 돌아와서 —다비드의 얼굴에서 결핍을 발견했
을 때, 다비드는 정신분석의 도움을 받을까 생각했지만— 마리안은 이 결핍을
직접 해결해주기로 한다.

마리안은 그에게 자신의 계획을 설명한다. 여러 상황을 조정해 계
획하는 모험이 가능할 것으로 보인다. 마리안은 소속 극단으로부터
장려금을 받아 3주 동안 파리 연수를 떠난다. 마르쿠스의 순회공연
기간에 연수 기간을 맞추고, 이사벨을 외할머니에게 맡기기만 하면

---

4) Françoise Héritier, *Les Deux Soeurs et leur mère*(두 자매와 어머니). op, cit.

된다. "우리가 거짓말을 하는 것이 아냐"라고 그녀는 말한다. 다비드가 오래전부터 계획하고 있던 영화를 만들기 위해서 무대 장식 전문가를 만나러 파리에 간다는 것만 알리면 모험을 성사시킬 수 있다. 그들의 여행 날짜가 일치하는 것은 우연임이 나중에 알려진다. 그들은 마르쿠스와 같이 저녁 식사를 하던 중, 준비했던 시나리오를 실제 연기로 옮기는데, 이 과정에서 이사벨이 이 세 사람의 팔에 번갈아 안기는 것을 볼 수 있다. 마리안은 이 이상한 우연의 일치를 의심스러워하거나 질투하지 않는지 남편에게 물으면서 그를 자극해보기까지 한다. 남편은 한마디로 대화를 마감한다. "나의 마리안, 나의 다비드!" 나중에 침실에서 부인과 섹스할 준비를 하면서 그는 덧붙인다. "그렇게 되면 배신이지."

마리안에겐 첫 번째 간통이다. 완전히 예상하지 못했던 간통이며, 표면적으로는 객관적인 이유가 전혀 없는 간통이다. 그녀는, 성생활을 포함해서 모든 면에서 그녀를 만족시키는 정말 괜찮은 남자와 결혼했다. 부부의 이미지가 명확한 설명을 못하는 것처럼, 영화 속 그녀는 노인에게 이렇게 말한다. "남편은 내게 쾌감을 느끼게 해요. 그런 쾌감을 전에는 알지 못했고 앞으로도 모를 거예요. 어떤 때는 내가 실신하기까지 해요." 그런데도 그녀는 냉정하게 모험을 준비하며 아주 세부적인 부분까지 연출한다.

이 '연출'이라는 것이 대수롭지 않은 것이 아니다. 그녀가 느끼는 절망감의 강도 때문에 선택되고 투사된 그녀의 애인, 다비드가 연출가다. 모성애를 요구하는 상황은 단번에 마리안으로 하여금 애인의 영역에서 활동할 수 있게 한 반면, 남편 마르쿠스가 활동하는 음악의 세계는 마리안에게 완전히 접근 불가능한 영역이었기에 그런 역할을 요구할 수 없었다. 그녀는 어머니와 아내의 자리를 포기할 준비가 되어 있다고 생각한다. 더할 나위 없이 흡족한 어머니이자 아내지만, 실질적인 힘을 행사할 기회가 전혀 없기 때문에, 이 힘을 약간이라도 써보고 싶어한다. 정신분석가들의 용어로 표현하자면, 마리안에게는 마르쿠스가 팔루스(phallus, 男根)를 소유한 사람이지만, 다비드는 그녀에게 팔루스를 줄 수 있는 사람이다. 라캉은 "사랑이란 가지지 않은 팔루스를, 가질 수 없는 사람에게 주는 것이다(Aimer, c'est donner ce que L'on n'a pas à qui ne L'est pas)"라고 사랑의 정의를 내렸다. 앞의 대문자 'L'은 문제의 '팔루스'를 의미하는데, 이 사랑의 정의는 자주 그 의미가 왜곡되어 인용된다.

그렇다면 '팔루스'는 도대체 무엇인가? 이것은 정신분석에서 아주 중요한 개념으로, 접근이 복잡하고 다양한 극성(極性)을 가진다. 라캉은 이 팔루스에 무의식의 표출을 읽어내는 중요한 지위를 부여했다. 이는 지난 몇 세기 동안 많은 논란을 불러일으켰던 개념으로 프로이트가 그의 저술에서 전개한 논리는 격렬한 공격의 대상이 되었다. 이런 공격은 아직도 빈번히 발생하고 있고, 특히 페미니스트들은 정신분석을 맹목적이고 남성편향적 학문이라고 격렬하게 비난한다.

팔루스는 의미상의 근접성에도 불구하고 구체적인 페니스와는 아무 관련이 없는 상징적인 요소에 불과하다. 팔루스가 페니스에서 몇 가지 특징들을 빌려왔기 때문에 우리에게 혼동을 일으킬 수는 있다. 이런 혼동을 염려했던 프로이트는 ─실제로 누구도 팔루스를 보유하고 있다고 자부할 수 없는데, 이 혼동이 팔루스가 실제로 존재하는 것 같은 의미를 주었기에─ 융이 원했던 거의 신화적인 해석을 거부했다. 그러나 팔루스가 페니스에서 빌려온 특징들은 무의식에 새겨진 팔루스를 조명할 수

174

있게 해준다. "팔루스는 페니스의 이미지를 가지고 있지만, 팔루스의 결핍감을 보게 한다"라고 무스타파 사푸안은 설명한다.[5] 이 다른 점과 이 결핍감이 남성과 여성의 정신세계에서 팔루스가 가진 역할을 이해할 수 있게 해준다.

이것을 어떻게 이해할 것인가?

우리가 원하든 않든, 우리가 인정하든 않든, 페니스는 확실히 눈에 띄는 남성의 성기이며 —로마인들은 그것을 'fascinus'라고 불렀는데, 'fasciner(황홀하게 하다)'를 비롯한 여러 단어들이 거기에 어원을 두고 있다— 혈액으로 부풀려서 발기할 수 있으며, 그것을 보유한 사람은 그것이 지닌 욕망을 만족시키기 위해 격렬한 행동을 해야 하는 것이다. 인류가 진화함에 따라 페니스의 특성들은 격렬한 발동으로, 또는 타인을 엄습하며 자기 자신의 이익만 추구하는 충동으로, 정신세계에 기록되었을 것이다. 성기에 발생하는 이런 종류의 긴급한 발동은 남성에게만 해당되는 것이 아니다. 한 여성이 성적 충동을 억제했던 경험을 나에게 얘기한 바 있는데, 에이즈에 대한 두려움 때문에 그녀에게 구애하는 남자에게 넘어가지 않은 얘기를 하면서 말했다. "우리가 호텔 문 앞을 지날 때 나는 갑자기 내 허벅다리 사이에서 엄청난 열이 올라오는 것을 느꼈어요. 그 남자가 거기다 손을 대거나, 내가 손을 대기만 해도 당장 오르가슴을 느꼈을 거예요." 내 여성 환자의 증언처럼 여성의 성기에도 남성들과 똑같이 성욕의 발동을 유발할 수 있는 발기성 조직들이 존재한다(음핵, 질 앞부분의 해면조직). 이 조직들의 존재가 오랫

---

5) Moustapha Safouan, *La Sexualité féminité*(여성의 성), Paris, Seuil, 1976, p.29.

동안 알려지지 않았고, 최근에야 알려졌는데 그것은 인체 해부에서였다! 시각의 중요성을 고려할 때, 여성들에게 이러한 성적 발동이 음핵과 마찬가지로 심리체계 내부에 기록되지 않는 것을 이해할 수 있다. 팔루스 숭배는 어느 시대 어느 곳에서든, 남녀 모두에게 똑같이 존재했다. 모든 것이 새로운 봄, 풍요로움을 기리는 봄에 일본에서는 오늘날에도 큰 페니스의 모형을 ―다시 한 번 의미상의 근접성이 낳은 결과지만― 들고 거리를 행렬하는 행사가 있다.[6]

아울러 일본은 여성의 성기도 잊지 않고, 좋은 기운을 가진 '닌교(nyngio, 인형)'를 정교하게 조각한 페니스와 아주 실감 나는 방법으로 교접시키는 행사도 있다. 성기를 본뜬 이것이 풍요롭고 비옥하게 하는 신체 기관이라는 의미에서 높은 서열을 차지하는 현상은 너무나 당연하다. 하지만 많은 사회 내부에서 이런 현상은 남성우위 경향을 낳은 것도 사실이며, 오늘날 여성들이 그런 멍에를 벗어나려고 노력하는 것은 바람직한 일이다. 우리가 일상생활에서 프랑수아즈 에리티에의 표현처럼 "서열을 해체하는 것"[7]이 옳다 하더라도, 우리들 무의식의 요소까지 어떻게 할 수는 없는 노릇이다. 정신세계에 팔루스가 존재한다는 사실만으로 ―외음부의 표상도 포함하고 있는― 그 정신세계가 남성 위주로 되어 있다고 주장하는 것은, 영화관의 스크린에서 영사기가 안 보인다고 놀라워하는 것과 마찬가지다. 남녀를 불문하고 우리들 각자가 인생으로 던져진 지점인 그 외음부를 우리의 심리구조는 은연중에 염두에 두고 있다. 외음부는 남성들이 돌아가기를

---

6) Théo *Lesoualc'h, Érotique du Japon*(일본의 에로티시즘), Paris, J.-J. Pauvert, 1968.

176

꿈꾸는 지점이며, 그것을 지닌 여성들이 그 잠재력에 애착을 가질 수 있기까지 —끝까지 그렇지 못한 경우도 많지만— 상당한 시간 동안 두려움을 느끼게 하는 지점이다.

심리적인 요소와 실제 신체 기관 사이에 존재하는 의미상의 근접성을 고려해서 통상 남성을 'L'a(그것을 가지다)', 여성을 'L'est(그것이다)'라고 표현한다. 남성은 페니스에 자신을 표상하는 원천을 가졌기에 'L'avoir(가지다)'라고 간주되고, 여성은 욕망의 대상이 되고 삽입되기 때문에 'L'être(이다)'라고 간주되는데, 이 경우 페니스의 연장으로 혼동되기도 한다.

그러나 다시 반복하지만, 페니스와의 의미상 근접성에도 불구하고 팔루스는 남성만의 전유물이 아니다. 팔루스를 가질 수 없다고 간주되는 여성에게 팔루스가 주어질 수 있는데, 상대 남성이 원하는 경우 여성도 사실상 팔루스를 보유할 수 있다. "센 여자"라든가 "불알 찬 여자"라는 평을 받는 이들도 있지 않은가? 그런 여성들은 팔루스를 자신의 아이에게서 가지고 있는 경우가 많다. 아이가 여성이 갖고 싶어했던 페니스와 같은 가치를 가진 것이라는 해석을 거부할 어느 정도의 이유는 있을 것이다. 그러나 여성들의 행동논리에 명백한 일관성을 주는 임신이 여성들로 하여금 아이 덕분에 더 성취된 삶을 살게 해준다는 사실을 부정할 수 없다. 그 사실과 어떤 힘을 행사한다는 것 사이에는 한 걸음 정도의 차이밖에 없으며, 더욱이 쉽게 넘을 수 있는 한 걸음이다. 그리고 아이가, 남자아이든 여자아이든 마찬가지인데, 팔루스와 페니스를 더 잘 구별하게 해준다. 타인들에게 행사하는 힘에 —물론 상상의 힘이지만, 그렇게 인식되고 있지 않다!— 어느 정도 집착하며 그 힘을 유지하고 증가시키며 조금이라도 놓지 않으려고 애쓰는 개인은 누구든 성별에 상관없이 팔루스를 가지고 있다고 볼 수 있다! 그런 성향이나 그런 의도가 어디서 나오는 것인가? 몇 마디로 간단히 대답하기는 어렵다. 현재 내가 할 수 있는 말은, 이 성향이나 의도가, 남자든 여자든, 일반적으로 그 사람이 어머니의 정신세계 내에서 차지하고 있던 지위와 밀접한 관계가 있다는 것이다.

팔루스의 개념에 대해 일단 마무리를 짓자면, 팔루스는 통상적인 도덕이나 사회관계 측면에서 이해되지 않을 수 없다. 이 관점에서 라캉이 내린 사랑의 정의를 보자면, 사랑이란 상대에 대해 행사할 수 있는 모든 힘을 버리는 동시에, 상대에게 자신에게 행사할 수 있는 약간의 힘을 '주는' 시도이다.

영화로 다시 돌아와보자. 마리안은 통상적이고 객관적인 기준으로 볼 때 결핍감이 없는 인생을 살고 있었지만, 다비드와의 삶을 살기 시작하면서, 남편의 사랑으로 채워진 관계를 유지하며 살 수 없게 된다. 마리안이 보기에 완전한 혼란 속에 빠져 있는 다비드, 즉 이 '예측 불가능한 존재, 사생활이 엉망진창인 존재'가 자신이 가지고 있지 않은 팔루스를 그녀에게 ―강력한 오르가슴을 느끼는 성생활에도 불구하고 남편의 성적 노리개로 살아가는 연극배우에 불과한 그녀에게― 줌으로써, 그녀는 남편에 대해서도 팔루스를 가지게 된다. 마찬가지로 그녀는 그녀가 가지지 않은 팔루스를, 팔루스를 가진 남편과는 달리 팔루스를 가질 수 없는 다비드에게 줄 것이라고 기대해본다.

달리 설명하기 위해, 이 장의 초반에 언급되었던 ―나의 잘못된 시선 때문에 첫 단추를 잘못 끼웠던― 사례에 적용시켜보자. 이 젊은 여성은 그녀가 가지지 않은 팔루스를 남편에게 줄 자세를 갖추고 있었다. 그런데 남편이 팔루스를 다른 데서 찾으려고 나섰다면, 남편은 그들이 부부로 같이 사는 과정에서 팔루스를 마음대로 할 수 없다는 느낌이 들었기 때문이다. 또 아버지의 반복적인 파렴치한 행동으로 인해 그때마다 팔루스를 잃었다는 느낌이 들었기 때문이다.

우리는 이 모든 것들을 또 다른 방식으로 이야기해서, 보통 통용되는 표현들을 사용할 수 있다. 역설적으로 보일 수 있지만, 마리안이 남편 마르쿠스를 배신하는 것은 남편에 대해 불만이 있거나 어떤 비난할 일이 있어서가 아니다. 그녀가 남편을 배신하는 것은, 내가 몇 번이나 지적한 것처럼, 부족한 것이 하나도 없이 문자 그대로 너무 충족돼 있기 때문이다. 자신도 부족한 것이 하나도 없으며, 부인이 부족한 것이 없도록 배려하는 이 남편은 그 자체로서 훌륭하긴 하지만 두 사람 간에 무언가를 교환할 수 있는 역학이 성립될 수 없도록 만든다. 남편은 충족한 그녀에게 더 이상 줄 것이 없다. 그녀도 남편에게 더 이상 줄 수 있는 게 없다고 생각한다. 그들이 서로에게 더 이상 바랄 것이 없는 관계에서 —성적 교류는 만족스럽다고 해도— 결핍의 흔적은 없다. 그런데 결핍이 더 이상 없는 곳에는 욕망도 더 이상 없다. 왜냐하면 결핍은 욕망의 동력이기 때문이다. 이 모든 것이 가장 심각하게 강조되어야 한다. 왜냐하면 부부의 운명에 대해 우리가 가지고 있는 통상적인 관점은 무엇인가? 그렇게 해야 행복에 도달할 수 있다는 묵시적인 합의하에, 각자가 배우자에게 부족한 것을 채워주고, 배우자를 만족시키려 할 뿐 아니라, 과잉 만족시키기까지 하려고 한다! 이것은 부부의 생존을 위해서 결코 완전히 실행되어서는 안 될, 엄청나게 잘못된 계획이다! 그 계획을 무시한다거나, 그 계획에서 너무 동떨어져 있을 경우, 배우자를 너무 심한 결핍 상태에 두었다는 비난을 받을 위험이 있다. 그러나 그런 위험을 감수하며 불편을 겪는 것이 배우자를 너무 만족시켜 욕망을 죽이는 것보다는 낫다.

마리안과 다비드가 형성할 관계가 이런 선택의 예가 된다.

파리에 있는 동안의 이야기는 마리안이 전화로 남편에게 거짓말을 하는 것을 포함해서 통상 간통에서 있을 수 있는 범주를 벗어나지 않는다. 그러나 파리에서 다비드의 행동은 마르쿠스의 타고난 우아함과는 완전한 대조를 이룬다. 다비드라는 애인은 폭군으로 변하고 엄청난 질투심에 전혀 예상하지 못했던 통제할 수 없는 난폭함을 보인다. 마리안은 다비드에게 뮤직박스를 선물했다. 뮤직박스에서는 오페라 《마술피리》에서 파파제노의 두 번째 테마가 흘러나온다. "아주 어린 소녀, 이것이 그를 위해 파파제노가 바라는 것이다. 아주 착한 비둘기는 나에게 행복을 줄 것이다." 이 테마는 자기 자신을 그에게 바치면서 그의 행복을 기원하는 내용이다. 그러나 다비드는 이 메시지를 듣지 못한다. 그 대신 그가 그녀에게 줄기차게 요구하는 것은 그녀가 다른 남자들과 가진 성관계를 자세히 이야기해달라는 것이며, 특히 마르쿠스와의 성관계에 관심을 갖는다. 다비드는 마리안에게 애인으로 행동하는 것이 아니라, 자기가 마음대로 할 수 있는 어머니에게 모든 것을 요구할 권리가 있다고 생각하는 어린 폭군처럼 행동한다. 그런 유아적 행동은 아버지(마르쿠스)가 어머니(그녀)와 어떻게 사랑했는지에 대해 말할 것까지를 요구한다. "당신은 모든 것을 원할뿐더러, 더한 것을 원해!"라고 말하면서, 그녀는 모성애적 성향이 만든 덫에 자신이 걸려들고 있다는 것을 느낀다. 돌아가면 그들의 관계가 어떻게 될 것인가에 대해 의문을 표시했을 때, 사랑의 보금자리였던 호텔 방에서 마리안은 다비드에게 맞기까지 한다.

마리안이 다비드에 대해 가진 사랑과 모성애적 성향 사이에 있을 수 있는 관계를 이해하기 위해, 정신분석이 사랑의 기원에 대해 "전이된 사랑 이외의 사랑은 없다"라고 한 것을 근거로 삼을 필요가 있다. 정신분석의는 전이의 매체가 되어, 환자가 의사라는 매체를 통해 이야기하는 인물들을 알아보기 위해 애쓴다. 정신분석의는 차례로 어머니, 아버지, 여동생, 삼촌, 남동생, 여자 친구 등이 된다. 여러 다른 인물들이 등장하는 시나리오 안에 있는 것은, 어떤 사람이든 아주 어렸을 때 단 한 사람…… 어머니에 대해 품는 유일하고 진정한 사랑을 실천하는 것에 불과하다는 것이다. 내가 사랑하는 대상의 실체가 무엇인지 파악이 잘 안 되지만 —그 대상에 대해 내가 무엇을 알고 있다고 확신할 수 있을까?— 그렇다고 해서 내가 어머니에게서 경험했던 첫 사랑을 그 대상에게 전이할 수 없는 것은 아니다. 그 대상은 그래서 거기 있는 것이며, 그것을 위해 내가 그 대상을 선택한 것이다. 마리안이 다비드에게 느끼는 사랑은 바로 이 사랑이다. 다비드는 그녀를 지배하고 못된 짓을 한다. 그녀의 어머니가 예전에 마리안을 지배하고 아마도 그녀에게 못된 짓을 했을 수도 있는 것처럼……. 그녀를 아주 존중했던 마르쿠스와는 전혀 이런 일이 없었으며, 있을 수도 없었다. 마르쿠스는 그의 어머니를 존중했을 것이며, 이것은 그의 어머니가 그를 존중했던 사실에 화답하는 것으로 볼 수 있다.

다비드가 돌아가서 모든 것을 털어놓자고 제안했지만, 마리안은 그들의 모험을 정리하는 쪽을 택한다. 그것은 마르쿠스에게 차마 말할 수 없기 때문이 아니었다. 마르쿠스에 대해서는 마음을 정리했다. 그녀가 정리할 수 없었던 것은…… 이사벨이었다!

여기서 우리는 간통이 개입하든 않든, 갈등을 겪는 수많은 부부들

의 전형을 만난다. 긴장이 고조된 막다른 골목이지만 아이들을 위해
서 그래도 부부관계를 유지한다는 것이다. 아직 토론의 결말을 보지
못한 선택이며, 문제 제기를 잘못하는 한 토론의 결말을 볼 수 없는
선택이기도 하다.

우리는 이런 일을 겪은 사람들이 주장하는 고통을 항상 너무 빨리
받아들였다. 그리고 단지 이 잣대만으로, 아이에게는 같이 살면서 사
이가 나쁜 부모보다 헤어져서 싸우지 않는 부모가 더 낫다고 조급하
게 결론 내렸다. 이런 논리는 상황을 아주 피상적으로 분석하는 데
서 나오는 것이다. 항상 변함없이 행복한 어린 시절을 보냈다고 말할
수 있는 아이가 있을 수 있는가? 부부간의 화합이나 사랑의 결합에
서 득을 봤다고 말할 수 있는 아이가 있을 수 있는가? 드물지만 그런
목가적인 부부관계를 가졌던 부모 슬하에서 성장했던 자식들의 이야
기를 들어보면, 대부분 부모에 대한 불만으로 가득 차 있다. 즉, 부모
들이 서로를 너무 아끼는 나머지 자신들이 부모들에게 아무런 중요
성이 없다는 인상을 받았기 때문에, 부모들을 신뢰할 수 없었다거나,
부모들이 자신들을 무엇으로 생각했는지 알 수 없었다 등의 불만을
토로한다. 따라서 앞에서 언급한 경우에 아이들이 받을 수 있다고 추
측하는 고통은 상대적이라 생각해야 할 것이다. 이 고통은 오이디푸
스 단계의 생리학적인 논리로 이해해야 한다. 즉, 다음과 같이 생각
할 수도 있다. 어린아이로서 나는, 내가 (어머니나) 아버지에 대해 품
은 사랑, 다시 말해서 (어머니나) 아버지가 강도를 가늠할 수 없는 내
사랑을 (어머니나) 아버지가 대수롭지 않게 생각하기 때문에 나는 고
통받을 수밖에 없다. 나의 사랑이 부부간의 불화를 겪는 (어머니나) 아
버지에게 위안을 줄 수 없다는 것을 확인하고, 내 성격에 따라, 내가

조금 또는 많이 고통받을 수 있다. 내 부모들은 분명히 나 때문에 헤어졌다. 내가 그들 사이에 부족한 사랑을 채워줄 수 없었기 때문에 그들이 헤어졌으니, 내 탓이다. 그리고 (어머니나) 아버지는 내가 (아버지나) 어머니를 더 좋아했다는 것을 알고 질투했을 것이다.

이제 동화와 결별해야 한다! 할리우드 영화들이 우리들 머릿속에 심어놓은, 붉은 석양에 바이올린 소리를 배경으로 한 해피엔드와도 결별해야 한다! 둘이 사는 인생은, 각자에게, 매 순간마다, 부부의 생리적인 측면과 기능적인 측면 때문에, 어려운 모험이다. 이 모험은 시간상으로 장기적인 모험이라고 생각하지 않으면 결코 견딜 수 없는 것이다. "내가 아내를 용서할 수 없는 것은 우리들이 손자 손녀를 같이 맞이할 수 없게 만들었다는 것이다." 이것은 20년 이상 동고동락한 끝에 부인의 요구로 이혼한 내 친구가 한 말이다.

마리안은 집으로 돌아와서 일상의 평온을 되찾는다, 눈에 띄지 않으면서도 어디에나 있으며, 어느 상황에서도 조건을 붙이는 법이 없고, 무서울 정도로 효율적인 그녀의 어머니를 포함해서. 다비드는 마리안에게 다시 만나자고 제의한다. 그녀는 시간이 나면 만나겠다는 식으로 대답한다. 그는 마리안에게 최후 통첩을 했고, 그녀는 화를 내며 절교를 선언한다. 이런 이별 절차는 다비드가 은연중에 자신이 팔루스를 갖고 있다는 생각을 갖게 할 수 있으며, 그들의 사랑이 탄생했던 조건까지도 깰 수 있다는 것을 이해할 수 있다.

간통의 테마로만 볼 때, 이야기가 여기서 그칠 수도 있었을 것이며 영화는 두 사람이 헤어지면서 끝날 수도 있었을 것이다. 영화의 내용이나 구성이 특이하긴 하지만, 평범한 간통 이야기로 마감될 수도 있었다.

영화의 시나리오를 쓰고 그 제목까지 정한 베리만은 인간의 성적 본능은 미리 프로그램 되어 있는 기계적인 동물의 성적 본능과 달리, 존재의 언어에 기록되어 있고, 정신세계에 상당히 끈질기고 결코 지워질 수 없는 흔적을 남긴다는 것을 상기시키는 듯 상황을 더 전개시킨다.

영화는 마리안, 마르쿠스, 다비드가 이루었던 트리오의 친분의 변화를 잘 보여주지 않는다. 그 관계의 변화를 보여주지 않는 것이 이 영화의 유일한 단점으로 볼 수 있다. 몇 달 후에 마리안은 두 사람이 같이 일하는 극장 내에서 다비드가 심각한 어려움에 봉착했다는 소식을 듣는다. 당초 그들의 모험을 유발했던 메커니즘에 다시 발동이 걸린다. 다비드는 다시 결핍에 빠졌다. 즉, '다시 팔루스를 잃었다.' 그들의 관계가 다시 시작된다. "가장 두려운 것이 무한히 반복되는 비극 같았다"라고 마리안은 회상한다. 그녀는 다비드가 만들어놓은 모성애의 덫에 다시 걸려들어 이렇게 말한다. "그는 잠시도 쉴 틈을 주지 않아, 정말 유치하게 노는 데 미치겠어!"

이런 분위기에서 지금까지 평범했던 간통이 비극적인 길로 접어든다.

사랑을 나눈 뒤 다비드 곁에서 졸고 있던 마리안이 무슨 소리에 깬다. 바깥에서 밀어 넣은 종이쪽지가 문 틈에 놓여 있었다. 악보 종이에 적은 마르쿠스의 메모였다. "문 열어. 계단에서 10분 기다릴 동안 안 열면 들어가겠어. 열쇠를 갖고 있어."

그녀는 10분 동안 다비드를 깨우고 둘 다 옷을 입을 수 있었는데도 그 즉시 문을 열어 마르쿠스로 하여금 노골적인 간통의 현실을 보게 하고, 다비드는 놀라서 깬 후 난처한 웃음을 지으며 알몸을 가리려고 애쓴다. 그녀는 이렇게 함으로써 자신의 이중적인 행동에 종지부를 찍으려 했나? 아니면 그녀가 어느 날 인식했던 마르쿠스의 지배적인 지위를 무너뜨리려고 했나? 그 점에 대한 구체적인 언급은 없다. 다만 마르쿠스는 끝까지 냉정하고 정중한 태도를 잃지 않고, 처음부터 다 알고 있었다고 말한 후, 마리안에게 자기 차를 타고 집으로 돌아가자고 제의한다.

그 이후는 이혼을 앞두고 벌어지는 통상적인 일들을 보여준다. 마리안은 이사벨을 할머니에게 맡기고 ―학교를 바꾸지 않기 위해서라는 이유로. 할머니는 아주 기뻐한다!― 빚에 쪼들리는 다비드가 좀 더 큰 아파트를 구할 때까지 기다리면서 다비드와 살 준비를 한다. 그러나 이사벨은 열악한 환경에서라도 다비드, 마리안과 함께 살고 싶어한다. 특히 마리안과! 마르쿠스는 딸의 독점적인 양육권을 요구하며, 그 목적으로 외국 순회공연 계약을 모두 취소한다. 이혼 소송은 진행되는데, 변호사들이 바뀌고, 양육권을 요구하는 두 가정 사이에 존재하는 차이를 알기 위해 복지 담당 부서의 끔찍한 조사가 시작되고, 이 조사과정에서 다비드는 다시 한 번 어린아이처럼 행동한다.

이렇게 몇 주일이 지나는 중 마리안은 다비드와 갖고 싶었던 아이를 임신했다는 사실을 발견하고 행복해한다. 아이가 생겼다는 사실이 두 사람을 행복하게 만든다. 그러나 그들의 행복은 몇 달 만에 온 마르쿠스의 전화로 중단된다. 마르쿠스는 마리안에게 서로의 갈등을 종식시킬 수 있는 해결책을 찾았기 때문에 ―전화로 얘기하기는 거부하면서― 만날 것을 제의한다. 마르쿠스는 변호사나 다비드 없이 그녀 혼자 보기를 원한다. 이어지는 장면은 아주 격렬하다. 마르쿠스를 의심하는 다비드는 마리안에게 혼자 만나러 가지 못하게 한다. "그는 우리에게 모욕을 주려고 하는 거야, 그는 우리를 모욕하고 있어”라고 소리친다. 그녀는 마르쿠스와 11년을 같이 살았기 때문에 잘 안다고 소리치며 이렇게 말한다. “그런데 우리는 그에게 모욕을 주지 않았어?” 이 대화에서 ‘모욕하다’를 ‘팔루스를 빼앗다’로 대체하면 대화의 어조를 더 잘 이해할 수 있을 것이다. 끔찍한 증오감이 표출된다. 사회적으로 성공한 마르쿠스에 대한 낙오자 다비드의 질투, 다비드가 이사벨에 대해 아버지의 권리를 행사하겠다는 의도에 대한 마리안의 격한 감정 등이 명확히 감지된다.

마르쿠스가 마리안을 데리러 집으로 온다. 다비드는 마리안의 결정에 항의하는 뜻으로 —어린아이의 행동을 다시 볼 수 있다— 그날 밤 귀가하지 않겠다고 했다. 그러나 그녀가 집에 돌아왔을 때 다비드는 집에 있었다. 마리안은 마르쿠스가 이사벨의 양육권을 그녀에게 주기로 했다는 것을 알리면서 다비드의 표정을 완전히 밝게 할 수 있다고 생각한다. 경계하는 태도를 잠시도 늦추지 않는 다비드는 갑작스러운 변화를 설명하는 그녀의 말을 한 마디도 믿지 않으며, 그녀에게 팬티를 벗으라고 한다. 정액이 묻어 있는지 보기 위해서! 그의 됨됨이를 잘 아는 마리안은 솔직하기로 작정하고 마르쿠스와 만난 일을 세세하게 이야기한다. 만나자마자 마르쿠스는 그녀에게 “당신이 내게 섹스를 해주면” 이사벨의 양육권을 그녀에게 주겠다고 제의했다. 그리고 그녀는 성관계를 세부적으로 묘사하며, 마르쿠스가 원하는 대로 항문섹스를 허락한 것까지 —모든 일을 빨리 정리하기 위해— 자세하게 설명했다. 당초부터 이런 역간통(逆姦通)의 가능성을 예감하고 있던 다비드는 그녀의 고백을 중단시키지 않으며, 항문 섹스 이야기를 들으며 자신이 쾌감을 느끼고 있는지, 아울러 항문 섹스의 궁극적인 목적이 무엇인지에 대해 자문한다. 마르쿠스는 항문 섹스를 통해서 마리안이 가지고 있을 수 있는 —이 신체 부위에 응축되어 있는 것으로 널리 알려진[7] 잠재적 공격성을 잠재움으로써 마리안을 완전히 굴복시키려고 시도했을 것이다. 다비드는 그녀가 그들의 태아를 더럽혔다고 비난한다. 그녀는 반박한다. "그런 소리 마. 아이한테 불행을 가져올 수도 있어." 자신의 감정과 인식을 가장 중요시하고 자기 스스로 모든 일을 결정할 수 있다고 생각하는 여자가 그런 미신을 언급하는 것은 놀라운 일이다. 어린아이를 배려할 때, 비이성적인 요소까지 포함해서 모든 것을 고려해야 하는 것처럼. 묵시적인 믿음과 동시에 성인들 사이의 다툼을 보여주는 장면 사이사이에 —마치 성인들이 맹목적으로 충동 영역을 만족시키기에만 몰두하는 것을 비난하듯이— 이사벨이 격심한 고통을 겪는 장면들을 보여준다.

마치 자신이 범한 과오를 마무리하려는 것처럼 마리안은 다비드가 여행간 틈을 이용해 그와 상의 없이 낙태를 하고, 다비드는 여행에서 돌아와서 그 사실을 알고 아무 말도 하지 못한다.

부부는 일상에 안주한다. 이혼 소송 재판이 열렸다. 마르쿠스는 마리안에게 한 약속을 번복했고, 복지 담당 부서가 새로운 부부에게 불리한 소견을 냈음에도 불구하고, 판사는 이사벨의 양육권을 마리안이 갖도록 판결한다.

이야기의 끝이 다가온 것을 예감할 수 있다. 하지만 이는 베리만이

---

7) Françoise Héritier, *Masculin/Féminin* I(남성/여성 I), dissoudre la hiérarchie, Paris, Odile Jacob, 2002.

인간의 영혼을 탐구하기 위해 곤충 연구 전문가의 재능을 십분 발휘한 것을 간과한 것이다. 이야기는 계속된다. 마르쿠스는 몇 달 동안 이사벨에게 나타나지 않는다. 마리안이 전화를 해서 그를 탓하자, 그는 어느 날 저녁 딸을 데리러 왔다가 다시 데려다준다. 다음 날 마리안이 극장에 있을 때 마르쿠스가 자살했다는 소식을 듣는다. 그녀는 병원에 가서 그의 시신을 보고, 이 모든 이야기에 완전히 상관없는 이방인이 되어 병원을 나온다. "나는 그에게서 떠났다. 아무런 느낌이 없었다. 그리고 나는 이사벨에게 가서 아빠가 죽었다고 말했다." 마리안의 독백은 정말 이상하다. 그녀가 방금 시신을 본 남자와 11년 동안 진정 사랑했다고 생각했었고 그녀도 모든 면에서 만족했었던 부부로 같이 살지 않았던 것처럼, 단번에 그런 반응을 보인 것이다. 남편의 시신 앞에서 다비드가 결국 첫 번째 자리를 차지하게 되었나?

여기서 내레이션을 이용해 이야기를 교묘하게 만드는 솜씨를 볼 수 있다. 노인이 걸어가고, 서랍을 열고, 자리를 바꾸고, 창밖을 바라보고, 공책을 만지작거리고, 다른 서랍을 열고, 이사벨의 사진을 보고, 마리안의 다리에 담요를 덮어주고, 뮤직박스로 파파제노의 노래를 듣는 장면들은 혼란을 일으키게 하면서도, 예상하지 못했지만 놀라게 하지도 않는 조형성을 이야기 구성에 부여한다. 마리안이 보여줄 태도를 다비드가 보인다. 그는 심각하고, 침울하고, 슬퍼 보인다. 그는 말한다. "부끄럽다, 죄의식을 모두 지울 수 있는 벌을 받았으면 좋겠다." 이 말은 앞서 마리안이 "나는 그에게서 떠났다. 아무런 느낌이 없었다"라고 한 말과 대조적인 것으로 이에 대한 설명을 기대하게 만든다. 간통의 주동자인 마리안이 아무런 죄의식을 표현하지 않는 반면, 다비드는 부인과 딸을 빼앗았던 그의 오랜 친구 마르쿠스의 죽음에 죄의식을 느낀다고 분명히 말한다. 이것은 친구에게서 그렇게 과격하게 팔루스를 빼앗지 않고도 자신이 팔루스를 가질 수 있었다고 생각했던 것을 인정하는 것이다.

마리안은 전혀 그런 심정이 아니다. 결코 괴물이 아닌 그녀의 기괴한 태도를 어떻게 설명할 수 있을까?

마리안은 병원에서 얻은 정보를 이용해 마르쿠스의 자살을 신고하고 시신과 함께 구급차에 탄 여자의 주소를 구한다. 마리안은 그녀를 만난다. 아주 아름다운 이 여자는 마리안보다 나이가 많았다. 그녀의 말에 의하면, 이사벨을 집에 데리고 온 날 마르쿠스는 이사벨과 동반자살을 계획했지만 이사벨을 설득하지 못하고, 딸에게 생각해보고 다음 날 10시에 전화하라고 했다. 딸을 사랑하는 아버지가 한 제안으로는 이상하기 짝이 없다. 이 제안은, 부인과 친구에 의해 완전히 망가진 남자가 자살하면서 부인의 가장 아픈 곳에 타격을 주려는 욕망으로 이해할 수밖에 없다. 기다리던 이사벨로부터 전화가 없자, 마르쿠스는 이사벨에게 전화를 하고, 이사벨이 무섭다고 하자, 혼자 자살했다. 그 여자가 마르쿠스의 시신을 발견한 것은 전에 놓고 간 장갑을 찾으러 우연히 들렀기 때문이다. 그녀는 마르쿠스의 아파트 열쇠를 가지고 있었다! 그녀는 이사벨을 알고 있었다! 그녀는 20년 전부터 마르쿠스의 애인이었다! 마르쿠스가 마리안을 알기 전부터. 여성의 직감 중 어떤 면이 마리안으로 하여금 이 모든 것을 예감하게 했을까? 마르쿠스에게 팔루스를 준 것은 마리안이 아니라 옛날부터 애인이었던 이 여자였다. 그렇다면 마리안은 그에게 팔루스를 줄 도리가 없었다고 말할 수 있나? 일견 그렇게 보이지만, 결코 아니다. 마르쿠스가 20년 전에 이 애인으로부터 팔루스를 얻었다면, 이것이 그에게 충분치 않았기 때문이다. 그는 마리안과 결혼하고, 그녀를 모든 면에서 만족시키고, 그녀가 파리로 나들이 가도록 내버려두는 위험도 감수할 만큼 그녀가 자기 것이라고 확신했다. 여기서 균열이 생긴다. 왜냐하면 마르쿠스는 그런 마리안을 이해하고 그녀의 존엄성을 존중하는 배려를 함으로써, 그녀에게 팔루스를 가진 자로 인식되고, 따라서 그녀는 결코 그에게 팔루스를 줄 수 없다는 것으로 이해한다.

여기서 오해의 심연을 엿볼 수 있는데, 영화 초반에 일견 대수롭지 않은 장면에서였다. 마리안은 마르쿠스가 유태인이라는 것을 지적한다. 왜 시나리오에 이 지적을 넣었을까? 이 지적이 명시된 것은 무슨 이유가 있기 때문이었을 것이다. 그러나 그 이후 이것은 다시 언급되지 않는 대신, 아주 은근히 표현된다. 즉, 마리안과 마르쿠스의 이혼 중재를 처음으로 맡았고, 그들의 교류 범위에 들어가는 사람으로 보이는 변호사가 유태인 이름을 가졌다. 마르쿠스도 유태인들 사이에서 자주 확인되는 특징을 —소수 인종이나 동성애자들 같은 소수 그룹에서 볼 수 있는 것처럼, 그들이 사는 사회에서 인정받기 위해서는 남들보다 뛰어나지 않으면 안 된다고 믿는 특징을— 가졌다. 마르쿠스는 모든 영역에서 탁월했다. 오케스트라 지휘자, 친구, 아버지, 남편, 애인으로서. 그가 어떤 권력이든 남용하는 것을 보여주는 장면은 전혀 없으면서, 모든 권력을 보유하고 있는 것처럼 보인다. 단지 결점이 있다면, 주위에 있는 사람들에게 너그럽게 베풀면서 그들에게서 반대급부를 바라지 않는 것처럼 —단 한 번의 예외가 있었다면 "그렇게 되면 배신이지"였다— 보인다는 것뿐이다. 이 점에서 그는 다비드나 마리안에게 이미 팔루스를 가진 자로 보이게 하며, 따라서 그를 관대하게 대할 필요를 못 느끼게 한다.

여기서 보편적인 개념이 특수한 현실로 나타나는 것을 보게 된다. 정신세계에서 팔루스의 보유자는, 남자아이에게나 여자아이에게나 언젠가 '죽여야 할' 아버지다. 모든 부문에서 뛰어난 남편이며 친구인 마르쿠스는, 마리안이나 다비드에게는 죽여야 할 '아버지'로 느껴진다. 시나리오 작가가 할머니라는 별로 중요하지 않은 인물에게 상당한 중요성을 부여하고, 다비드가 가진 '못된 자식' 측면을 강조할 필요성을 느낀 것을 설명할 수 있다. 그러나 한 남자에게 있는 어떤 여자의 흔적이 마리안으로 하여금 마르쿠스의 애인을 찾아 나서게 했는지 자문해볼 필요가 있다. 특히 이 애인은 마리안이 브람스 사중주곡 리허설에서 한번 만난 적이 있는 여자였다.

"1번이 되겠다는 충동(appel à faire Un)이 지배하는 성행위에서 어머니와의 관계를 기준(reference)으로 삼는 행위는 무의식중에도 존재한다."[8]라고 생각한다면, 마르쿠스의 나이 든 애인을 찾아 나선 마리안의 집요함은 새로운 의미를 가진다. 악보의 복잡성에 익숙해 있는 지휘자 마르쿠스는 연상의 애인 덕분에 마리안과의 관계에서 자신의 어머니에 대한 기준을 제거하는 데 성공한 것으로 보인다. 그러나 마리안을 그녀의 어머니를 기준으로 삼고 있는 상태에 그대로 둠으로써, 그녀는 다비드와의 관계에서 그 기준을 찾아내려고 시도하게 된다. 마리안은 팔루스를 가진 남편과의 관계와는 정반대로 다비드와의 거

---

8) André Stéphane, *L'Univers contestationnaire. Etude psychanalytique*(해석), Paris, Payot, 1969, p.258-259. 이 책을 익명으로 쓴 저자는 1968년 5월 프랑스 학생운동의 참가자들이 항문의 충동, 즉 우주적 항문성(annalité cosmique)을 실행에 옮긴 것이라고 해석했다. 우주적 항문성의 대표적인 예로 동물들이 확보하고 있는 영역의 경계를 배설물로 표시하는 것을 들었다. ―역주

의 근친상간적인 관계에 몸을 던진다. 마르쿠스와 가진 성관계의 질에 대한 언급과는 대조적으로 다비드와의 성관계에 대해 한 마디도 없다는 것이 이를 설명한다. 마리안은 이 경험에서 어떤 결론을 얻었을까? 남자들도 역시 어머니와의 관계에 대한 기준에 갇혀 있으며, **이것이 남자들로 하여금 한 여자에서 다른 여자로 옮겨가게 하는 것이다!** 그러나 이 결론은 그녀 자신의 모험에서 얻은 결론과 마르쿠스와의 성관계에서 이해될 수 있는 것들을 가리고 있다. 마르쿠스와의 성관계를 이해하기 위해서, 아니크 우엘을 참고할 수 있다. "쾌감을 표현하는 의식을 잃는다는 상태는, 무엇인가에 빠져서 자신을 잊어버리는 것을 설명하는데, 이것은 자신의 삶의 뿌리에서 재충전할 필요성에 복종하는 것이다. 즉, 어머니의 사랑이 균열 없이 완전무결한 이상적인 순간의 이미지를 참고로 할 수 있다."[9]

아니크 우엘은 "쾌감을 주는 대상은 옛날의 어머니와 맞서고, 어머니로부터 분리시켜준다"라는 재클린 쉐퍼의 말을 인용하고 나서, 이렇게 덧붙인다. "간통 애인은 남편이 실패한 쾌감 애인의 자리를 차지한 것이라 할 수 있다."

마리안은 그녀가 이렇게 얻은 결론의 유효성을 확인할 기회를 갖는다. 즉, 다비드가 다른 여자와 잤다는 것을 확인하고 그와 완전히 결별하는 장면에서 두 사람은 기이한 행동을 한다. 그리고 그것에 대한 해답은 미결 상태로 남는다. 마치 그 복잡성을 강조하려는 듯이 노인은 뮤직박스를 작동시킨다. 마치 이렇게 말하는 듯하다. "남자는

---

9) Gisèle Chaboudez, *Rapport sexuel et rapport des sexes*(성관계와 성 간의 관계), Paris, Denoël, 2004.

아주 작은 것에 만족한다…… 그저 젊은 여자."

그렇게 간단할까? 그게 진실일까?

충동은 성적 표현이 가장 흔하고 가장 충실한 표현 방식이다. 그 이유는 가장 어둡고, 가장 매력적이고, 가장 쉽게 실행할 수 있기 때문이다. 우리는 우리의 충동에 이끌려 다니면서 무슨 씨를 뿌리고 있는가?

4부

# 간통의 목적은 섹스?

# 저울판

다시 영화 이야기로 돌아가보자. 마리안이 마르쿠스라는 꿈에서나 볼 수 있는 남편을 가지고 있다는 것을 강조하고 반복하는 것이 필요할까? 동화 속의 남편—유명하고 돈 많은 예술가, 잘생기고 머리 좋고 다정다감하고 뛰어난 예술가, 좋은 아버지, 좋은 사위, 좋은 친구이며, 친절하고 사려 깊고 민감하고 섹스도 잘했던 남편—이 세상의 모든 장점들을 다 가졌을 때 장점을 나열하는 순서는 중요치 않다! 그런 남편을 버리고, 그녀 스스로도 "사생활이 엉망진창인 존재"라고 표현했던 다비드를, 또 다른 여자를 쫓아 그녀를 헌신짝처럼 버릴 게 분명한 다비드를 사랑한 이유는 무엇인가? 그런 모험으로 인해 그녀 자신과 딸 그리고 특히 남편에게 유감스러운 일이 일어나는 것을 피할 수 있도록, 그녀가 자신의 의식을 제어할 수도 있었지만 제어하기를 거부한 한계는 무엇인가? 내가 지금 하고 있는 것처럼 그녀의 주체하지 못한 충동을 거론한다면, 사람들은 내가 보수적이고 시대를 역행한다고 비난할 것이다. 하지만 나는 개인주의가 사회 관계에 낳는 낭비적인 요소들을 다시 한 번 비난한다! 내가 분석을 시도한 영화는 비평가들에게 주목받지도 못했고 관객들로부터 좋은 반응을 얻지 못했지만, 스웨덴에서 만들어진 영화라는 것이 시사하는 바가 크다. 우리들은 스웨덴을 성의 자유로부터 시작해서 모든 자유들을 옹호하는 매혹적인 나라로 인식하고 있다. 개인들에게 충동에 몸을 맡기지 말고 이성을 훈련시키도록 수천 년 동안 권고했음에도 불구하고, 충동을 만족시킬 수 있는 특권만을 강조하는 사회에 대한 유감의 표시는 이 정도로 그치겠다. 다만 다른 방법으로 문제를 제기하겠다. 더 말할 나위 없이 좋은 조건하에서 11년 동안 지켜왔던 생활을 마리안이 그렇게 망치도록 한 것은 무엇인가?

지금 와서 털어놓지만, 약간 우울함을 느끼며 영화를 분석하는 동안, 뒤죽박죽으로 내게 다가온 다른 질문에는 대답했는가? 대답하지 못했다. 그러므로 경우에 따라 나는 계속해서 다시 언급할 기회를 가질 것이다. 나의 해석은, 성적으로 완벽한 조화를 이루던 부부에게 발생한 간통을 부분적으로나마 이해하기 위한 것이었다. 이는 통상적인 것이 아니다. 우리가 여기저기서 들을 수 있는 간통 관련 이야기들의 주 원인은 일반적으로, 또는 아주 흔히 성적 부조화라고 알려져 있다. 이 경우 성적 부조화라는 표현은, 마치 섹스가 다른 어떤 조그만 요인도 개입할 수 없고 개입해서도 안 되는 완벽한 제품인 것처럼 가장 좁은 의미로 해석되고 있다.


7년 동안 같이 살면서 두 아이를 낳은 한 젊은 여성은, 어느 날 배우자의 끝없는 비난을 더 이상 참을 수 없다고 느꼈다. 조루증을 가지고 있었던 배우자는 과거의 성적 경험과 비교하면서 부부간 성생활의 실패를 그녀의 책임으로 돌렸다. 이것은 참으로 놀라운 일이었다. 왜냐하면 자기 나름대로는 쾌감을 얻는 남성이 배우자가 쾌감을 느끼지 못하는 사실에 불만을 느끼면서, 자기 스스로를 탓하지 않고 배우자를 비난했기 때문이다. 그런데 이 여성이 야간열차 여행을 하던 기회에 같은 칸에 있었던 남성의 유혹에 —남편에 대한 불만에 홧김으로— 몸을 맡긴다. 그리고 첫 오르가슴을 경험한다. 얼마 뒤 그녀가 쾌감을 느낀 이유가 야간열차라는 이색적인 환경 때문이란 생각이 들어 다른 모험을 시도했는데, 마찬가지 결과였다. 그러나 그 애인의 소극적인 태도로 인해 얼마 지나지 않아 서로 헤어졌다. 다른 애인을 구했고, 그리고 또 다른 애인을 구하면서, 새로운 삶에서 금기와 위반의 기회들을 탐험하며 여러 관계를 만들어갔다. 그녀는 자신이 오르가슴을 느끼는 확실한 자질이 있다는 것을 인식하고 그 자질을 스스로 수용하기로 했다. 이 발견은 그녀를 자기 스스로에게 여유 있게 만들었고, 자신이 바라는 바에 대해서도 여유를 가지게 되었다. 그리고 마침내 같이 살고 싶은 남자를 만났을 때 그녀는 남편에게 털어놓았다. 놀랍게도 남편은 전혀 그녀를 비난하지 않았다. 그는 그녀의 계획을 듣고 안도감을 느꼈다. 그도 얼마 전에 자신과 잘 맞아서 같이 살고 싶은 여자를 만났다고 했다. 그들은 얼마 지나지 않아 서로에게 상처를 주지 않고 헤어졌다.

약간 변형된 형태들이 있을 수 있지만 이런 시나리오는 요즈음 흔히 볼 수 있다. 일반적으로 문제가 별로 없다. 이제 조화로운 성생활이라는 것이 신성시되어, 주변에 있는 사람들도 성적인 조화를 이루기가 아주 어렵다는 것을 묵시적으로 인정하여 그에 수반되는 상황을 수월하게 수용한다. 아이들은 친부모의 새로운 배우자를 '애인'이라 지칭하게 되었으며, 거부감 없이 한 집에서 다른 집으로, 한 부부에서 다른 부부로 옮겨 다니게 되며, 새로운 부부들은 서로의 친구들과 좋은 관계를 유지한다.

그러나 언제나 일이 이렇게 순조롭게 진행되는 것은 아니다. 특히 한 배우자가 일방적으로 부부의 해체를 결정하고 다른 배우자가 그 결정을 인정하거나 따를 의사가 없을 때 그렇다. 고통과 더불어 비난과 증오가 따른다. 따라서 비열한 수준의 이야기들이 터져 나온다. 자식들을 포함해서 주위 사람들이 상당한 영향을 받는다. 가족들은 서로 피하고, 친구들은 흩어진다. 당초 그들이 처음 만나 모험을 시작한 것의 의미에 대한 합의가 없으면 갈등은 만성화된다. 성적인 면에서 실망한 배우자는 다른 어떤 명분에도 귀 기울이려고 하지 않고 제일 중요하다고 생각하는 이 명분에 문자 그대로 매달리고, 그 상대 배우자는 다른 많은 요인들을 파헤치며 계속 항변할 것이다.

옛날 천칭으로 무게를 재던 때와 비슷한 상황이 벌어질 것이다. 첫 번째 순조롭게 이별이 진행되는 경우에는, 각 배우자가 각기 자신의 저울판에 인내심을 갖고 균등하게 무게를 올려갔기 때문에 저울판들은 재빨리 균형을 잡는다. 그러나 두 번째 경우는 다르다. 관계의 성적인 면에 집중된 은근한 비난이, 그것도 갑자기 저울판에 던져지기 때문에, 비난받은 사람으로 하여금 균형을 잡게 하기 위한 어떤 노력도 하지 못하게 할 뿐만 아니라 오히려 저울을 흔들게 된다. 그럴 경우 상대방이 저울의 균형을 위해 자신의 판에서 무게를 내려놓아도 아무 소용이 없다.

이 균형의 비유는 보기보다 훨씬 많은 것들을 말해주고 있다. 이 비유는 성적 부조화가 있는 관계뿐만 아니라 성적 부조화가 없는 관계에도 적용될 수 있다. 이런 사실은 두 사람 간의 균형이 때로는 성 문제를 우선 순위에 놓지 않는 경우에라도 그것을 통해 문제가 될 수 있음을 이해하게 한다. 이는 통상 생각하듯이 소설에나 나올 수 있는 이야기가 아니다.

아이들과 남편을 사랑하고 아낀다는 어떤 여성은, 과부의 외아들인 남편을 그녀가 원하는 정도로 충분히 시어머니로부터 떼어놓지 못했다. 시어머니는 부부의 생활에 항상 관여했으며, 특히 시골에서 보내는 주말에 더 심했다. 싸워봤자 결국 시어머니에게 질 수밖에 없을 것을 예감한 그녀는 다른 해결책을 찾았다. 그녀는 주말에 친구 부부들을 차례로 초대했다. 그리고 그녀는 초대된 부부의 남편에게 그녀가 원하는 바를 어렵지 않게 이해시킬 수 있었다. 그녀는 말했다.

"남편, 시어머니, 그리고 초대된 친구의 아내가 스크래블 게임을 하는 동안, 거기서 백 미터 정도 떨어진 숲이나 풀밭에서 섹스를 할 때 느끼는 쾌감을 상상해보세요. 이 대가를 지불하면서 제 균형을 유지하고, 주위 사람들, 특히 남편이 바라는 대로 일상생활을 할 수 있어요. 제가 시어머니께 얼마나 잘 하는지 아시면 놀라실 거예요! 친구 부부들의 남편들은 각각 제가 자기하고만 그런 관계를 하는 사람이라고 생각해요. 그들이 주중에 만나자고 얼마나 조르는지 몰라요. 그들은 제가 거절하는 것을 이해하지 못해요. 제가 그 큰 저택의 정원에서만 그럴 필요성을 느낀다는 것을 어떻게 그들에게 설명하겠어요? 그들은 이해 못해요, 사실 저도 이해 못해요, 하지만 그러고 나면 기분이 말할 수 없이 좋아져요."

또 다른 한 여성은 왜 자신이 우연히 만난 남자와 일주일에 한 번 씩 만남을 지속하면서 그에게 오럴섹스를 해주며 간통 관계를 유지하는지 이해하지 못하고 있었다. 그녀는 그 남자에게 몸은 '주지' 않았다. 그녀는 말했다. "몸은 남편한테만 줘요."

그 남자는 그녀에게 입을 사용한 애무 이상을 요구하지 않았다. 이 경우는 일시적인 관계를 갖는 남자들과는 항문섹스만 하기 때문에 남편을 배신한 적이 없다고 주장하는 여성과 비슷하다.

남성들의 경우를 보자. 남성 간통이 여성 간통보다 더 흔하며, 동물적이고, 더 기계적이라고 생각하지만 통상적인 인식을 벗어나는 사례들이 적지 않다.

어떤 남성은 아름답고 사랑스럽고 상냥한 부인을 두었다. 그가 애인으로 삼는 여성들은, 물론 부인보다 못생기고 매력이 없을뿐더러, 그가 다른 여성들을 쳐다보기만 해도 질투를 하며 싸움을 거는 안 좋은 성격을 가진 여성들이었다. 애인들의 질투가 그가 인내할 수 있는 한계에 도달했을 때, 그는 관계를 끊고 비슷한 다른 여성들을 찾아나섰다.

다른 남성은 기업체를 운영하면서 가족들이 여름 바캉스를 간 사이에 여성들을 정복했다. 그는 나름대로의 방법을 터득하고 있었는데, 매일 동네를 바꾸면서 길거리에서 자신의 시선을 끄는 여성에게 접근했다. 오랜 경험에서 얻은 조심성을 발휘해서 30분 간격으로, 그리고 공간적으로는 150미터 간격으로 약속을 잡았다. 불미스러운 일에 대해 이렇게 대비하면서 그는 매일 밤 서로 다른 두 여성에 대한 자신의 욕구를 만족시킬 수 있었다.

"이게 제 바캉스예요. 진짜 바캉스죠. 이런 여자들과 만나는 게 정말 좋아요. 전 여자들에게 평생 갈망하던 사랑을 만났다고 고백하죠. 그런 말은 크게 힘든 일도 아니고 분위기도 고조시켜요. 다시 만나는 경우는 물론 없어요. 그러고 나면 1년 내내 조용하게 지낼 수 있어요. 전 아내만 사랑하고 곁눈질하지 않는 타입이에요. 1년 중 그 시기를 초조하게 기다리지도 않아요. 기다리면 온다는 것을 알거든요. 제 균형을 잡아주고, 제 가족의 균형을 잡아주는 리듬을 얻는 방법을 확실히 알게 됐어요."


아이들과 미인인 부인을 둔 또 다른 남성은 부인 못지않은 미남이었다. 기분이 좋지 않을 때면 그는 혼자 나를 보러 와서 이런저런 얘기를 했다. 어느 날부터 회사 여직원들과 그 아이들을 내게 보내면서 그들에게 치료비를 받지 말고 자기한테 청구서를 보내라고 했다. 그가 아이들을 각별히 좋아하는 사람으로 보이진 않았지만, 그 여자들이 아이 엄마들이기 때문에 선택됐거나, 특히 전부 키가 큰 미녀들이었던 걸로 봐서 여직원들은 육체적인 매력을 기준으로 선택되었다고 생각했다. 다른 한편으로 나는 순진하게도, 그가 내게 환자들을 보내주는 것은 나를 좋아하기 때문일 수도 있다고 생각했다. 자세히 설명을 하자면, 그는 흔치 않은 예술 방면의 일을 하고 있었는데, 항상 빚이 많다고 우는 소리를 했다. 어느 날 그는 보통 때보다 더 쪼들리는 듯 보였다. 그는 내게 전화를 해서 자기가 채용한 지 얼마 안 되는 여비서의 아들을 보내는데, 그녀가 그때 자기만큼이나 경제 사정이 좋지 않다는 점을 강조했다. 나는 얼마 동안 그 여비서의 방문을 받았다. 전혀 우아하지 않은 그녀는 그가 전에 보냈던 여성들과는 전혀 달랐다. 나는 그렇게 미녀들만 밝히던 그가 어디서 그런 추녀를 구했을까 자문했다. 몇 달 지나서 그는 부인을 동반해서 내가 진찰하고 있는 시간에 들이닥쳤다. 그는 간신히 두 다리로 서있을 정도였다. 얼굴빛은 송장 같은 잿빛에다 수염은 며칠째 깎지 않아 덥수룩했다. 단둘이 되자마자 그는 자살 직전 상태이며, 일주일 전부터 매일 위스키 두 병을 마시고 담배를 여섯 갑씩 피웠다고 말했다. 그리고는 전후 사정을 설명했다. 그는 마침내 단번에 모든 빚을 다 갚을 수 있는 필생의 계약을 따냈다고 했다. 외국에 출장까지 가야 했던 이 계약의 대상은 아주 귀한 골동품 장기판을 복원하는 일이었는데, 3개월 동안 매달 큰돈이 계속 생길 수 있는 일이었다. 일이 거의 다 마무리돼 가던 무렵 실수로 장기판을 떨어뜨려 깨고 말았다. 그는 장기판 소유주의 분노를 감당할 용기가 없었다. 받을 보수를 포기하고 그는 짐을 챙겨 공항으로 가서 첫 비행기를 탔다. "도착해보니 더한 일이 나를 기다리고 있었어요"라고 그는 흐느끼면서 말했다. 나는 경찰이나 대사관 직원이 그를 체포하기 위해 기다리고 있었다는 이야기를 기대했다. 그러나 그는 더 큰 소리로 울면서 말했다. "그녀가 가버렸어요. 나를 버리고 떠났어요."

나는 그가 실컷 울도록 내버려두려 했지만 그는 그치지 않았다. 그래서 나는 조심스럽게 물었다. "누구 말이죠?"

문제의 여비서! 나는 그 말을 이해하는 데 한참 걸렸다. 내가 그전에 가졌던 의문에 대한 답을 못 얻었던지라, 한동안 침묵이 흐른 후 그에게 솔직히 물었다. "아니, 그 여자가 뭐가 잘났기에 이렇게 낙담하십니까?"

그는 대답했다. "내가 평생 살면서 만난 여자들 중에 내가 무슨 짓을 해도 거절하지 않던 유일한 여자였어요."


열다섯 살 소년 줄리앙은 갓난아이 때부터 나와 알고 지냈는데, 나와 둘이서만 만나고 싶다고 했다. 똑똑하고 멋지게 자란 아이다. 나한테 비밀을 털어놓고 얘기하고 싶다고 했다. 부모 두 사람 모두 바람이 난 것이 분명하다는 것이다. 아버지의 책상에 지우개를 찾으러 갔다가, 책상 위에서 "사랑하는……"으로 시작하는 편지를 보았단다.

"아빠가 엄마한테 쓴 편지일 수는 없어요. 아빠가 왜 엄마한테 편지를 쓰겠어요? 그리고 아빠는 엄마를 그런 식으로 부른 적이 없는데, 왜 편지를 그렇게 시작하겠어요?"

줄리앙은 자신의 호기심을 일으킨 단서를 말하고 나서, 의혹을 확인하기 위해 그가 나름대로 실시한 탐문조사에 대해 얘기했다. 우편물, 전화 통화, 특히 부모들이 각자 따로 떨어져서 하는 통화, 게다가 부모들을 미행해서 각자 파트너와 호텔에 들어가는 것까지 확인했다.

"물론, 쉽지는 않았어요. 힘들었어요. 내 문제가 아니고 부모 문제라는 결론을 내렸어요. 부모들이 같이 살 수 있는 방법이 아마도 이 방법밖에 없으리라 결론을 내렸어요. 여동생들한테 털어놓을 용기는 아직 없어요. 털어놔야 하나요? 털어놓지 않는다면 나 혼자 이 비밀을 어떻게 지니고 있으며, 이 일을 어떻게 해야 하죠?"


또 다른 남자, 그는 고뇌에 차 있었다. 부인이 그를 떠났을 뿐만 아니라, 변호사를 통해서 상당한 액수의 돈과 아파트를 떠날 것을 요구한다고 했다. 아파트는 둘이서 샀지만 세금 문제 때문에 부인 명의로 되어 있었다. 그는 내게 이야기를 풀어놓았다. 그들의 만남, 그들의 사랑, 애들의 탄생, 그리고 20년 동안 같이 살면서 그들의 관계가 서서히 붕괴해간 과정 등등.

"그녀는 불을 끄지 않고 관계하는 것을 거부했어요, 아주 빨리, 아무런 전희도 대화도 없이, 싫은 일을 억지로 하듯이."

그러나 그는 모든 것을 받아들일 준비가 되어 있었다. 그는 그녀를 용서하고, 다시 관계를 회복하고, 그들이 가진 문제를 파악하기 위해 ─"선생님하고라도"─ 같이 상담하며 노력할 준비가 되어 있었다.

"나는 다른 여자와 같이 자는 것을 상상할 수 없어요. 내가 섹스를 하고 싶은 것은 그녀예요. 나는 매일 저녁 그녀의 꿈을 꿔요. 그녀가 내일은 아마도 이 침대에 있을 거라고 생각해야 잠이 들 수 있어요. 모두 다 해결될 수 있어요. 나는 그녀를 용서하고 모든 것을 잊을 수 있어요. 내가 특별히 요구하는 것은 아무것도 없어요. 하지만! 딱 한 가지가 있어요, 딱 한 가지, 다시 키스할 수 있어야 해요. 아주 일찌감치 그녀가 그것을 못하게 했어요. 이유를 모르겠어요. 그녀는 설명도 거부했어요. 사실대로 말하자면, 나는 나서서 여자들을 유혹하는 스타일이 아니에요, 여자들이 유혹해오고 어쩔 수 없을 때, 그 여자들과 키스해요, 내가 아내와 하지 못한 키스. 그 여자들과의 모험은 거기서 그쳤어요."


때로는 현실이 픽션을 능가하지만, 더 이상 사례를 나열하지는 않겠다. 문학과 영상 매체가 그런 이야기로 가득 차 있으니 말이다. 내가 순서 없이 사례들을 늘어놓은 이유는 그런 다양하고 특이한 사례들에서 한 가지 교훈을 얻을 수 있기 때문이다. 즉, **간통에 있어서 섹스가 항상 가장 중요한 요소, 또는 절대적인 요소라고 생각하는 것은 심각한 오류를 범하는 것이며, 섹스가 감추고 있는 본질 자체를 보지 못하는 것이다.**

천칭 저울판의 비유와 여러 사례들을 통해서 다음과 같이 이해할 수 있다. 간통은 어떤 형태를 갖든, 그 관계 나름대로의 특수한 논리를 가지고 있고, 변화무쌍한 잠재력을 활용하며 지속적인 관계가 될 수 있다. 이제 만족스러운 성적 조화를 바탕으로 이루어진 부부도 때로는, 혹은 자주 불화와 별거로 향할 수도 있다는 것을 다른 비유로 보여주겠다.

결합한 지 얼마 안 되는 부부 두 사람만 출연하는 연극 무대의 한 장면을 상상해보자. 부부는 각자 막연한 생각만 가지고 있지만, 그 생각을 연기로 옮길 자신이 있다. 그 이유는 그들이 그것을 원하고, 그들이 결합했다는 사실이 추진력과 결단력을 부여한다. 그들에게 겁을 먹게 할 일은 없다. 그들은 시나리오를 구상하고, 대본을 쓰고, 무대 배경을 디자인하고, 각본을 완성하고, 연출에 조명까지 설치한다. 그것은 훌륭한 무대가 될 것이다. 상상할 수 있는 최상의 아름다운 무대, 두 사람만의 무대가 될 것이다. 이것은 그들이 세상에 기여하는 작품이며, 무엇보다도 그들 자신을 위한 창작물이 될 것이다. 이 작품을 위해 각자가 기여했다는 데 의의가 있으며, 이 공연에 대한 다른 사람들의 평가는 중요하지 않다. 두 사람의 모든 모험은 이렇게 시작한다. 두 사람 중 하나가 부모들의 관계가 실패해서 결별하는 것을 목격했다 하더라도 마찬가지다. "사랑하는 사람들은 세상에 혼자다"라는 말이 있지 않나? 이런 '고독'의 이름으로 그들에게 모든 것이 약속되었고, 그들이 서로 필연적으로 끌리고 서로 완벽한 합치를 이루고 있기 때문에 "둘이 합치면 태산이라도 들 수 있는 힘"을 가졌다고 얘기하지 않는가?

그들은 무어라 표현할 수 없는 기쁨 속에 영원한 결합을 과시하듯 손을 맞잡고 무대에 올라간다. 그러나 꿈이 깨지는 데는 많은 시간이 걸리지 않는다. 왜냐하면 그들이 올라간 무대는 수천 년 전부터 그 자리에 있었던 무대라는 것이 밝혀진다. 무대 장치에 쓴 자재들은 낡았고 금방이라도 부서질 것 같다. 그 무대에는 그들이 은근히 기대했던 것처럼 자기들만 있는 것이 아니다. 무대 위에는 수많은 그림자들이 있고, 그 그림자들이 왔다 갔다 하며 사방으로 요동치고, 이상한 대사를 큰 소리로 외쳐대고, 잠시도 그들을 가만두지 않고, 그들을 덥석 잡았다가 떼어놓기도 한다. 그들은 저항한다. 시간이 흘러간다. 당초 그들의 계획을 떠올리며 최대한 발버둥 친다. 다시 결합하려고 노력한다. 갈수록 함께하는 것이 어려워진다. 결국 포기하고 그들의 모험에 종지부를 찍는다. 예상과는 달리 그들이 가끔 자리를 같이할 때에도 더 이상 예전 같은 것은 하나도 없다. 시련을 겪으면서 서로 큰 상처를 입어 그들의 미래에 대한 환상이 없어졌기 때문이다.

# 보바리 부인은 무엇을 원하나?

내가 비유적으로 만든 무대를 점령하는 그림자들이나 그 무대에서 동시에 일어나는 여러 가지 일들은 정신분석에서 말하는 '다른 무대에서 벌어지는' 일이다. 무의식을 비유한 '다른 무대'는 긴 의자에 누워 정신분석을 받는 사람들의 전유물이 아니다. 이 무대는 우리가 원하든 않든 우리들 모두에게 다 존재하는 것이다. 우리가 처해 있는 상황과 배경이 어떻든 우리는 변함없는 우리 자신이며, 우리가 경험한 것들과 경험에서 터득한 것들을 소유하고 있다는 생각을 수용하기만 하면, 그 무대에 위협적인 그림자들이 있다는 것은 전혀 놀랄 일이 아니다. 이런 관점에서 보면 남녀 간의 모든 관계는 실패할 수밖에 없다고 결론짓고 싶은 유혹에 빠질 수도 있다. 그런 견해가 오늘날 널리 퍼져 있는 것도 사실이다. 지나친 낙관주의에 빠져 있지는 않지만, 나는 그런 견해가 당연하거나 적절하다고 보지 않는다. 그런 견해는 대부분의 사람들이 경험한 일종의 환멸과 비슷한 만성적인 게으름에 기인한다고 생각한다. 그 게으름은 현재와 같은 세상에서 우리들 각자가 스스로에 대해 만들고 싶은 이미지, 주고 싶은 이미지를 유지하는 데 쓰인다. 우리가 무대 위에 올라갈 때 우리의 정신 상태가 가장 중요하다. 실망의 크기는 우리가 키워온 환상의 크기에 비례할 수밖에 없다.

내가 앞에서 정략결혼에 대해 논한 이유를 독자들은 이제 이해할 수 있을 것이다. 아무도 조루증을 가진 남편의 부인에게 그 남편과 결합하라고 강요하지 않았다는 것을 짐작할 수 있다. 그들이 완전히 결합하기로 결정하기 전에 둘의 결합을 시험해봤으리란 것도 쉽게 짐작할 수 있다. 그 점에서 그 결합에는 궁극적인 목적이 있었다는 것 또한 짐작할 수 있다. 다만, 그들의 사연을 피상적으로 들어서는 그들 결합의 궁극적인 목적이 무엇이었는지 잘 알 수 없다. 내가 얘기한 다른 사례들에 대해서도 같은 결론을 내릴 수 있다. 자유로운 선택만이 존재하는 결합과는 정반대의 경우, 즉 정략결혼의 파트너들은 그들의 부모들에 의해 결합되었다는 점에서, 그리고 부모들은 그런 결합을 맺어준 사실에 안도하면서 결합과 결별이 연출되는 무대로 돌아올 필요성을 느끼지 못한다. 부부로 맺어진 자녀들이 서로 적절한 관계를 찾는 어려운 일은 그들 스스로에게 맡기고.

내가 자유롭게 맺어진 관계가 반드시 실패하지는 않는다고 말할 때, 나는 그 계약을 맺은 사람들이 각자 가진 사연으로 인해 일시적으로 어려운 상황에 부딪치더라도 힘을 합함으로써 극복할 수 있으리란 점을 얘기한 것이다. 그들의 부모들이 그들의 자율권과 선택권을 제대로 존중하지 않으려는 태도에 저항함으로써, 내재하는 실패 가능성을 낮출 수 있다는 말을 하고 싶은 것이다. 결혼이라는 제도를 점점 더 기피하고, 결혼 계약을 맺는 사람들이 ─성관계가 있든 없든, 애를 낳았든 안 낳았든 — 어떤 부모의 아이들이란 인식 속에서 이런 종류의 사고는 증가할 수밖에 없고, 무대에 기생하는 잡음과 그림자들은 점점 더 많아질 것이다.

이런 조건에서, 그리고 부부 사이에 일어날 수 있는 사고들을 설명할 수 있는 요소들이 수없이 많은 상황에서, 사람들은 말끝마다 간통의 원인은 원칙적으로 성적 부조화이며, 결별한 부부들은 성적으로 조화를 이루지 못하기 때문이라고 주장한다.

임상 사례들이 제공하는 피상적인 요소들만 그런 관점을 설명하는 것이 아니다. 소설, 희곡 또는 영화들 또한 끈질기게 그런 주장을 한다. 위대한 작가 플로베르도 —자신이 별로 호감을 갖지 않는다고 인정한— 보바리 부인의 이야기를 무기력한 남편 샤를르를 중심으로 엮어가지 않았나? 일반 독자들은 보바리 부인이 아버지가 선택해준 남편에게서 그녀가 필요로 한 것을 얻을 수 있었다면, 그렇게 남성편력에 집착하지 않았을 것이라고 생각하면서, 그녀에게 일종의 동정을 느낄 수도 있지 않을까? 하지만 남성편력도 실상 아무 소용이 없다. 애인들은 그녀에게 그들이 주고 싶은 것만 주지, 그녀가 요구하는 것은 결코 주지 않기 때문이다. 이 말은 그 당시 대중적인 연극 작품들이 배우자로부터 배신당한 남자들이나 여자들을 묘사하는 방법을 봐도 잘 알 수 있다. 상대를 유혹하는 데 쓰이는 많은 술책들을 보여주는데, 때로는 우스꽝스럽기도 하고 때로는 비극적이다. 이런 술책들을 보여주며 남성들의 여성편력을 합리화하는 데 이런 표현들이 사용된다. "운명은 용기 있는 자에게만 미소 짓는다" 또는 "정복하지 못할 요새는 없다, 다만 전략을 잘못 썼기 때문이다."

성적 충동, 즉 우리가 그 한계를 마지못해 수용할 수밖에 없을 때까지 우리를 자극하는 성적 충동은 남성의 전유물이 아니다. 아주 최근에 인정되었지만 여성도 마찬가지다!《아이즈 와이드 셧》의 주인공 하포드 박사를 다시 보자. 아내가 예전에 옆 식탁에 앉았던 러시아 장교에 대해 품었던 격렬한 욕정을 털어놓자 그는 충격을 받는다. 너무 큰 충격을 받은 나머지, 그는 이 발견의 신비와 복잡성을 이해하기 위해 자기 나름대로 탐사에 나선다. 물론 실패한다. 그가 탐사를 포기할 무렵 그의 부유한 후원자는 그에게 충고한다. 그런 것을 이해하기에 그는 나이도 그릇도 모자란다고. 오이디푸스 과정을 거칠 때 아버지가 그의 아들에게 어머니에 대한 욕망을 탓하며, 참고 기다리면 때가 오고, 때가 오면 제대로 된 대상을 만나서 그 욕망을 완전히 해소할 수 있을 것이라고 말해주는 것처럼.

아버지의 정당하고, 근거 있고, 사리에 맞고, 적절하며, 건전한 억제력을 가진 메시지를 이렇게 도식적으로 설명하면, 이 메시지의 발신자와 수신자 사이의 짧은 구간에서 그 내용이 왜곡되지 않을 것이라고 생각할 수도 있다. 그런 상황에 처한 아버지들에게 그렇게 하라고 충고하지 않는가? 그리고 아버지들이 이렇게 개입함으로써 자식들의 폭군적인 충동으로부터 해방시킬 수 있다고 암시하지 않는가? 그러나 그것을 믿든 안 믿든, 암시하든 안 하든, 어차피 새로운 환상을 키우는 것에 불과하지 않을까? 경험에 의하면, 성욕의 실현에 관한 문제만큼 분석상의 오류를 많이 범하는 경우가 드물기 때문이다. 즉, 어린 남자아이의 어머니는 이 아이가 그녀에 대해 표현하는 욕망에 무관심하지 않다는 것을 간과하고 있다. 어머니는 거기에 민감할 뿐더러, 아무 스스럼 없이 그 욕망을 불러일으키고, 공들여 그 욕망을 유지하며, 아들이 커서라도 그 욕망이 그녀를 외면하지 않기를 바란다. 어린 여자아이의 아버지도 이에 못지않게 비슷하게 행동해서, 딸아이로 하여금 그를 향한 어머니의 은근한 이중성과 충돌을 일으키게 한다. 어머니는 자신의 남자에 대해서 딸이 자신의 자리를 차지한다는 것에 불만을 갖는다기보다는, 딸이 갑자기 어머니를 외면함으로써, 여태까지 비중이 없던 사람에게 관심을 보였다란 사실을 암시하는 것을 원망하는 것이다.

"의사 선생님, 살려주세요." 이 어머니는 전화로 나를 집요하게 공격했다. "어떻게 해야 할지 모르겠어요. 가르쳐주세요. 다섯 살짜리 아들이 나를 악착같이 따라다니면서 나하고 섹스를 하자고 졸라요."

나는 그 남자아이를 갓난아이 때부터 안다. 그 부모들도 안다. 단순하지 않은 사람들로, 세상 모든 일에 자기 나름대로의 의견이 있으며, 세상에 모르는 일이 없는 사람들이다! 따라서 나는 그 어린 남자아이가 그런 소리를 하는 것에 대해 크게 놀라지 않았다. 어머니가 지나치게 애지중지하는 그 아이에게 아버지도 그에 못지않게 지나친 애정을 표시한다. 그래서 아이에게 확실한 경계를 가르쳐주기 위해 혼을 내거나, 벌을 주거나, 죽지 않을 정도로 한 대 때려주라고 해봤자 아무 소용이 없을 것이 분명한 경우였다. 어머니에게 아이한테 뭐라 했냐고 물었다.

"물론 대답을 안 할 수가 없었죠. 그래서 계속 이렇게 말했어요. '하지만 얘야, 아빠가 있잖아!'"

나는 하도 놀라서 그녀에게 다시 한 번 말해보라고 했다. 그녀는 놀라서 불안한 어조로 말했다. "그렇게 말하면 안 되나요? 하지만 사실이잖아요!"

그녀에게 그 말을 계속 반복시켜도 그 말이 가져온 효과를 이해시키기 힘들 것 같았기 때문에 그녀의 말 중에 "하지만"에 대해 주의를 끌어보려고 했다. 그녀는 이해하지 못했다. 그녀는 내가 이렇게 얘기해서야 겨우 알아들었다. "부인, 제가 부인께 같이 자고 싶다고 얘기했을 때, 부인께서 '하지만 남편이 있어요'라고 대답한다면, 저는 조만간 부인하고 잘 수 있을 것이 확실하다고 생각할 수 있겠죠?"

아이가 표현한 욕망에 대한 대답의 잠재적인 효과를 이해하기 위해 이 대답을 어른들의 세계에 적용해볼 수밖에 없었다는 것, 아이를 자극하는 충동이 어른이 겪는 충동과 똑같다는 것─그 표현 자체는 그 이상 더 명확할 수 없지만─을 상상하지 못하기 때문이다. 이런 주장을 하면서 프로이트는 당시 큰 스캔들을 일으켰다. 오늘날 그의 주장이 인정받고 오해가 풀렸다고들 생각하지만, 사실은 전혀 아니다. 평가 상의 오류는 계속되고 있다. 그 오류는 일련의 잘못된 생각들이 개입된데서 온다. 우리는 순진무구한 어린이들과 함께 살고 있는 못된 어른들이 아니다. **우리는 본질적인 것은 아무것도 변하지 않은 채 몸만 자란 어린이들에 불과하다.** 본질은 성적 충동이라는 표현으로 요약되는 충동 영역인데, 그 이유는 성적 충동이 가장 쉽게 표현되기 때문이다. 우리는 어린이들보다 더 좋은 수단들을 가지고 있을 뿐인데, 이는 감성적인 성숙함과 심리적인 성숙함이며, 이 수단들은 그 행동과 선택을 표현하고 책임질 수 있도록 허용하고 있다.

아이가 격렬한 충동을 느끼고 있다는 생각을 우리가 거부하는 것은, 우리들이 그 나이에 그랬다는 생각을 수용해야 하기 때문이다.

아울러 우리가 현재의 우리가 될 수 있었던 것은, 우리가 여러 가지 장애물과 억압적인 환경을 겪었기 때문이라는 것을 인정해야 하기 때문이다. 따라서 우리가 원하든 원치 않든, 우리는 —앞에서 언급했던 그림자의 형태로 우리에게 계속 상기되어 나타나는— **어떤 사연(histoire)의 산물이라는 것**을 인정하지 않을 수 없게 된다. 다시 말해서, 우리가 고집스럽게 믿고 싶어하는 것처럼, 우리는 자연스럽게 자유로운 존재로 창조된 것이 아니라는 것을 인정해야 한다는 것이다. 이를 인정함으로써 우리의 나르시시즘을 인식하고, 우리가 누구든, 무슨 사연을 갖고 있든 성이 우리 관심의 진원지이며, 우리를 불안하게 하는 가장 큰 원인의 하나라는 것을 겸허하게 받아들여야 한다. 어떤 경향의 언론 매체든 이 사실을 확실히 이해하고 판매 부수를 최대한 늘리기 위해 오늘날 극도로 자유화된 성에 관한 기사를 다양한 방법으로 최대한 게재한다. 따라서 넘치는 상상력으로 생산된 성에 대한 다양한 정보를 —자유화된 성, 억제된 성, 능동적인 성, 기록 갱신용 성, 나르시시즘의 성, 사디즘, 이성애, 동성애 등— 누구나 적은 비용으로 얻을 수 있다. 이런 정보를 접한 우리는 —성에 대해 어느 정도 관심을 갖고 있는가에 따라 정도는 다르지만— 자신에게 뭔가 부족한 점이 있다는 것을 느낄 수밖에 없으며, 또 그 기사가 주는 정보에 의하면, 만족을 느낄 수 있는 방법이 있으며 실제로 완벽하게 만족하며 사는 사람들도 있다는 사실을 알게 된다. 그러니 더 이상 망설일 필요가 없다!

그 만족감은 당장 우리들이 추구해야 할 정당한 목표가 될뿐더러 양도할 수 없는 권리가 되며, 우리들이 실제 그런 행위를 할 때 느낄 수 있는 거부감을 생각하지 않게 하고, 경우에 따라 우리들의 통상적인 파트너의 자질을 서슴없이 의심하게 만든다.

# 성생리학이 우리들에게 가르쳐주는 것들

위(胃)의 기능을 몰라도 음식을 삼킬 수 있듯이, 성기의 기능을 몰라도 섹스를 할 수 있다. 그러나 고대 이후 문헌을 살펴보면, 위에 대한 기록은 ―음식이나 미식에 대한 기록까지 포함하더라도― 섹스에 대한 기록에 비할 바가 아니다. 그럼에도 불구하고 의학과 생리학에 있어서는, 위에 대한 기록은 다른 신체 부위와 마찬가지로 많이 남아 있는 반면에 성기에 대한 기록은 기이하게도 아주 오래전부터 거의 전무한 상태다. 이 영역에 대해 종교와 도덕이 가한 수치심이 섹스를 적절하지 못한 주제로 만들어,[1] 그런 글들은 은밀하게 유통되었고, 유명한 작가들의 작품이라 하더라도 도서관에 별도로 특별 관리되었다.[2]

인체해부학이나 생리학의 침묵 때문에 오래전에 그늘에서 탄생한 성의학은 공식적으로 20세기 후반에서야 빛을 보았고, 20세기 말에 와서야 겨우 존재를 인정받게 되었다. 그러나 성의학의 탄생은 우연한 것이 아니다. 프로이트가 주도했으며, 의학이 그 필요성을 뒤늦게나마 인정한 것이 성의학이다. 가난에 시달리던 젊은 의사 프로이트는 환자들을 확보하기 위해 당시 의학이 아무것도 해줄 수 없었던 환자들을 진료했다. 이렇게 해서 그는 무의식을 발견했으며, 성별이나 연령에 관계없이, 병리학적으로나 일상생활에서 성이 차지하고 있는 중요한 역할을 발견했다. 그 이후 정신분석은 −그 당시는 물론이려니와 불행하게도 아직도 지속적인 논쟁의 대상이 되고 있지만− 결국 성에 대해 관심을 끌어내는 데 성공했고, 성에게 마땅히 차지해야 할 자리를 부여했다.

어떻게 이런 일이 일어났으며, 성의학은 우리들에게 무엇을 알려주었나?

이 분야에 대해서는 수십 년 동안 겨우  논문 몇 편만 과학전문지에 산발적으로 게재되었다. 그러나 「킨제이 보고서」−1948년에는 남성편, 1954년에는 여성편−가 발표되자 폭발적인 반응을 일으켰다. 미국, 스칸디나비아 국가들을 위시한 서유럽 국가의 의학계가 연구활동 방향을 그 쪽으로 잡았고, 그 분야에 완전히 몰입하게 되었다. 그들은 다투어 연구보고서를 발표하고 전문 학회들을 만들었다. 내가 젊

---

1) 이 책을 쓰면서 나는 1960년대 의과대학 공부를 할 때 사용했고 현재 보관하고 있는 해부학과 생리학 개론들을 다시 들여다봤는데, 이 책들은 성생리학이 마치 존재하지 않는 것처럼 그에 대해 완전한 침묵을 지키고 있다는 것을 확인했다. 사실 생리학은 치료를 목적으로 병리학의 여러 부분들을 조명하는 목적을 가지고 있었다. 그런데 당시엔 성적 불능 문제에 관심을 갖는 사람이 없었기 때문에 생리학이 그 문제에 대해 관심을 보이지 않았다. 내가 질의 신경분포에 대해 알아보고자 했을 때, 다른 부위들에 대해서는 아주 자세하게 논한 해부학 책들이 아무런 설명을 제시하지 못하고 있었을 뿐만 아니라 어떤 책은 질에 신경이 분포되어 있지 않다고 주장하고 있었다. 그리고 이 해부학자들은 골반을 일명 "수치스러운 부위"라고 불렀다. 이 명칭에 따르면 질은 수치스러운 신경망, 수치스러운 혈관망, 수치스러운 동맥총, 정맥총, 수치스러운 임파선 등이 된다.
2) 이런 서적들은 프랑스 국립도서관에 따로 분류되어 접근이 어려웠다.

216

은 의사였던 시절에는 이런 방향으로 나가는 동료 의사들을 신기하게 여겼고, 약간의 경계심 내지는 의혹의 대상이 되었다. 이런 방향을 선택한 의사들이 돈도 벌면서 그들의 성도착적인 성향을 만족시킬 수 있는 길을 찾았다고 생각하기도 했다. 이는 성에 관한 문제들이 얼마나 우리를 거북하게 만들 수 있는가를 보여준다. 그러나 그런 문제들이 의사들의 진료 과정에서 제기되지 않을 수는 없었다. 그런 문제들이 간혹 제기되는 경우, 우리는 산부인과나 성병 치료에 관해 의과대학 과정에서 배운 개념과 연결시킬 수밖에 없었기 때문에, 우리와는 관계가 없다고 생각하거나 ─그 당시 정신분석의들은 공개적으로 진료를 하지 못했다─ 기껏해야 정신병을 진료하는 과로 가도록 유도했다. 마르크스가 기꺼이 활용했을 메커니즘에 의해 성해방이 이루어져 성이 더 이상 터부가 되지 않자, 1968년 프랑스의 5월 학생소요사태 이후 그 부분의 의료 시장은 폭발적으로 성장하여 상황이 완전히 변해버렸다. 그 당시 일반대중 잡지들이 막대한 양의 정보를 제공함으로써 그 나름대로의 논리에 의해 이 주제를 부상시켰고, 일반 의사들도 이 새로운 분야에 대해 교육을 받을 수밖에 없었다.

미국의 연구팀은 연구 결과를 책[3]으로 전세계에 배포했고, 그 연구팀이 내린 결론은 아직도 성의학 교육의 기본이 되고 있다. 윌리엄 H. 마스터스와 버지니아 E. 존슨이 주도한 이 연구팀은 성생리학에 대한 정밀한 실험 결과와 많은 관련 자료들을 발표했다.

이 연구 작업은 미주리 주의 세인트루이스에 있는 번식생물연구소

---

3) W. H. Masters, V. E. Johnson, *Les Réactions sexuelles*(성적 반응들), Paris, Robert Laffont, 1966.

에서 10년 이상 실시되었으며, 18세에서 89세 사이의 여성 383명과 남성 312명이 실험에 참가했다. 참가자들은 대부분 지원자들이었으며 높은 지적 수준(대부분 대학 수준)을 갖고 있었다. 이와 같은 표본 선정 덕분에, 상당수의 임신부들은 물론, 선천적으로 질이 없었으나 대장의 일부를 이식하는 수술을 받아 질을 갖게 된 여성들까지 포함될 수 있었다. 연구팀의 입회하에, 실험 대상자들은 여러 가지 측정 장비들(심장박동 측정기, 뇌전도 측정기, 여성들의 경우 자궁벽 등 여러 근육에 부착된 근육 운동 측정기, 동맥 및 정맥 혈압 측정기, 항문 괄약근 수축 측정기 등)을 부착하고 성교를 하고, 자위를 하고, 다양한 테크닉에 의해 엑스레이 촬영을 했다. 아마도 기술적인 문제로, 성교 중 페니스에 의한 피스톤 운동의 효율을 연구하기 위해 질 속에 압력측정기를 설치하지 못한 아쉬움이 있었는데, 이것이 가능했더라면 오르가슴 직전에 질 내부가 팽창되는 원인을 밝혔을 것으로 생각된다. 아울러, 여러 가지 느낌들을 말로 표현함으로써 이와 같은 그래픽 데이터들을 좀 더 잘 활용할 수 있도록 심리학자들이 동원되었다. 남녀 실험 대상자들의 성교와 자위를 녹화하고 해설한 자료들을 비교하기도 했다. 모든 것을 밝혀보기 위해 여성들도 자위를 하도록 했는데, 한두 번의 오르가슴을 얻기 위해 그 여성들이 원하는 대로, 원하는 리듬으로 자위를 하는 과정에서 카메라가 장치된 투명한 인공페니스를 사용했다. 이 장치는 이제까지 한 번도 볼 수 없었던 부분을 볼 수 있게 해주었다.

아주 세부적인 부분도 놓치지 않으려고 노력했던 이 연구 작업은 문자 그대로 임상 성의학의 기반을 닦았고, 성생리학이 밝히고자 했던 것과 더불어 불임이나 성적 부전 현상을 치료하기 위한 기초도 마련했다. 이 연구 결과가 발표되면서 이 주제에 관한 글들이 폭발적으로 발표되었다. 과학적인 논문뿐만 아니라 일반인들이 접근할 수 있도록 쉽게 작성된 글들도 있었다. 만족한 성생활에 대한 인식이 자리 잡고, 만족한 성생활에 대한 권리는 건강에 대한 권리에 이어, 모든 사람이 주장할 수 있는 새로운 권리로 부각되었다.

공식적으로 찬성할 만하고, 찬성하지는 않는다고 하더라도 비난할 수는 없는 이 엄청난 연구 작업이 가져온 것은 무엇일까?

첫째, 우리들 각자가 기대하고 희망하는 성적 만족이 아주 불공평하게 배분되었다는 것이며, 이 불공평함은 아직 완전히 밝혀지지 않은 신비이기도 하다. 이는 사상 초유였던 「킨제이 보고서」가 발표된 이후 여러 나라에서 실시된 대단위 설문조사들을 통해 확인된 결과이기도 했다.

둘째, 남성과 여성의 성적 생리가 근본적으로 다르다는 것이다. 여성의 성생리는 남성의 성생리보다 더 강도 높고 더 긴 쾌감으로 이어질 뿐 아니라 금방, 또 거의 계속해서 재가동될 수 있는 반면, 남성은 한번 가라앉으면 약 20분 동안은 재 발기하는 것이 전혀 불가능하다는 것이다. 이는 고대 그리스 시대 이래 알려진 사실이며[4] 오늘날 과학적으로도 증명되었지만, 여전히 격렬한 논쟁거리이기도 한다. 페미니스트 단체들은 그들의 주장을 뒷받침하기 위해 위의 두 가지 사실을 이용했다. 여성들이 겪던 불평등과 불공정에 대한 투쟁이 여기서 큰 힘을 얻었다. 성관계에서 여성들이 쾌감을 얻지 못하는 경우가

---

[4] 그리스 신화에서, 7년 동안 여자로 변신했던 티레시아스는 남녀가 느끼는 성적 쾌감의 강도를 두고 제우스와 헤라 사이에 벌어진 논쟁의 중재를 맡았는데, 여성이 남성보다 아홉 배 강한 쾌감을 느낀다고 증언했다.

더 많기 때문에, 자유롭게 이 쾌감에 접근하기 위해 투쟁하는 것이
당연하다는 주장이었다.

또 한 가지 더 오래전부터 알려진 사실은, 남성들과는 달리 여성
들이 쾌감의 잠재적인 원천 두 가지를 보유하고 있다는 것이다. 이
는 음핵과 질로, 예전에는 두 가지가 각기 다른 형태의 쾌감을 준다
고 추측했다. 킨제이에 이어 셰어 하이트는 이렇게 말했다. "오르가
슴은, 성교로 얻든 다른 방법으로 얻든, 인식의 차이가 있더라도, 언
제나 어떤 방법으로든 음핵의 자극에 의한 것이다."[5]

또 다른 미국 연구자 엘리자베스 로이드는 "여성 오르가슴은 음핵
의 자극에 의한 것이며, 이는 남성 오르가슴의 우연한 메아리로, 남
성들의 젖꼭지가 여성 유방의 불필요한 메아리인 것과 비슷하다"라
고 주장한다.[6]

그러나 결정적으로 증명된 바에 의하면, 성교하는 동안 음핵과 질
이라는 쾌감의 두 원천이 함께 참여하나 여성마다 개인차가 있으며,
항문 부위를 포함한 다른 부위들의 충혈 현상까지 모두 합쳐져 오르
가슴이란 하나의 쾌감을 만들어낸다는 것이다. 프로이트는 음핵의
민감성을 불을 피우기 위한 일종의 불쏘시개라고 비유하며 이미 이
런 주장을 했었다. 그의 주장은, 특히 그가 음핵에 부여한 각별한 중
요성에 대해 반론이 제기되었다. 프로이트는 음핵에 부여된 중요성
은 성관계의 유아적 단계에 집착하는 것으로, 성인 여성에게 있어서

---


5) Shere Hite, *Le Rappport Hite (sur les femmes)*(여성들의 하이트보고서), Paris, Robert Laffont, 1977.
6) Elisabeth Lloyd, *The Case of Female Orgasm-Bias in the Science of Evolution*(진화에 있어 여성의 오
르가슴 사례 연구), Harvard University Press, 2005.

는 질에서 느끼는 쾌감에 더 큰 중요성을 부여해야 한다고 주장한 것이다. 오랫동안 반론을 제기한 사람들의 견해는, 질의 해부생리학적 특징은 남성의 쾌감과 출산만을 위한 기관이라는 것이었다. 이런 맥락에서 한 페미니스트 단체는 여성들에게 남성들을 필요로 하지 말고 마음껏 자위를 하라고 —자위가 근친상간과 동일한 의미가 있다는 것을 간과하고— 권했다.

1981년이 되어서야 질 내부에 있는 G스팟에 대한 내용이 발표되었는데, 이 명칭은 1950년에 이미 이 부위의 존재를 처음으로 언급한 독일의 산부인과 의사 그라펜베르크(Grafenberg)의 이름에서 따온 것이다. 1950년 발표한 논문에서 그라펜베르크가 질 내부에 오르가슴과 관련이 있는 특정 부위가 존재한다고 주장한 것은 아니다. 다만 그의 논문에서 언급된 사례는 요도에 바늘을 넣어 오르가슴을 얻는 여성 환자들의 성행위였다! 그는 요도가 어떤 여성들에게는 성감대가 될 수 있다고 결론을 내렸다. 그 이후 G스팟의 존재를 부정하는 주장도 있었으나, 이런 포인트가 네 개가 있다는 주장도 나왔다. 치료를 목적으로 이 현상을 확대하려는 시도[7]까지 있는 걸로 봐서 여성의 질에 대한 새로운 역할이 나올 것이며, 아직 모든 비밀이 밝혀진 것은 아닌 듯하다.

일부 여성들이 오르가슴을 느끼는 동안 발생하는 사정[8]의 존재를 샘물, 여성이라고도 한다. 그런데 사실 그 비밀은 완전히 밝혀지지

---

7) Marie-Claude Benattar, *Medica jadaïca*(해석), 2004, n°93, p.14.
8) M. Zaviavic, *'La prostate féminin'*(여성의 전립선), Sexologie, 2002, p.11-13, 53-60.

않았다. 여성이 사정한 액체를 생물학적으로 분석한 결과, 요관(尿管) 주변에 있는 전립선 유형의 조직 부위에서 나온 것이라고 한다. 이것은 여전히 신비스럽다. 그런 조직은 사정을 하더라도 몇 방울밖에 나올 수 없는데 실제로 방사되는 액체의 양이 상당해서, 이전에는 오랫동안 그 부위를 제거하기 위해 요도를 수술했었다. 이런 특징을 바탕으로 성적 흥분이 생기는 역학과 오르가슴의 발생 현상이 남성과 여성에게서 다르다는 것이 입증되었다. 즉, 성적 흥분과 오르가슴을 얻는 것에 있어서 남성이 여성보다 훨씬 빠르며, 이 때문에 발기 상태가 가라앉을 때 여성들은 충족되지 못한 상태로 남는다. 이 사실은 생식 메커니즘의 논리로 설명된다. 다시 말해서 남성은 생식을 위해 사정하며, 즉 쾌감을 느낄 절대적인 필요성이 있고, 여성은 쾌감을 느끼지 못하더라도 임신할 수 있기 때문에 쾌감이 상대적으로 필요 없다는 것이다. 생식과 쾌감이 분화되는 순간부터 이런 논리는 존재할 수 없다. 이 사실은 여러 가지 반응을 낳았는데, 극단적인 페미니스트 운동 단체들은 자위의 이점을 강조하면서 남성들을 거부할 것을 권하기도 했고, 일반 잡지들이나 성의학 전문가들은 좀 더 평등한 성생활을 위한 성교육을 시도하기도 했다. 도교에서 실천하는 것과 같이, 사정을 억제하기 위한 동양의 테크닉도 제시되었다. 그런 훈련은 여성의 오르가슴을 일으키는 데 도움이 될 수 있지만, 이 테크닉은 당초 여성의 오르가슴을 위한 것이라기보다 남성의 양기를 잃지 않기 위한 것이었던 만큼 목적이 달랐다. 도교적인 테크닉을 따랐던 마오쩌둥은 앞에서도 밝혔듯 이렇게 말했다. "나는 여자들의 질에 내 섹스를 목욕시킨다."

그 문제에 관해 발표된 글들이 주는 정보는 엄청나게 많지만, 여기서 아주 간략하게 논의된 것과 같은 이런 정보들은 우리들 각자의 인식에 자리 잡아 남녀 간의 차이점들을 극렬하게 강조하기 때문에, 남성과 여성의 관계에 부정적인 영향을 미친다. 마치 이런 정보들이 오래전부터 모든 사회에서 남녀 사이에 설정된 계급제도와 그 제도가 비밀스럽게 간직하던 수단들을 마침내 노출시킨 것 같은 상황이 벌어졌다.

이것은 유감스러운 일이다. 왜냐하면, 마스터스와 존슨의 연구 결과가 확실히 인상적인 것이긴 하지만, 우리들은 실험 대상들이 왜 실험에 참가했는지에 대해 ―연구팀 내에 심리학 전문가들이 있었든 아니든― 자문해보지 않을 수 없다. 나는 이 실험이 스와핑 클럽이나 포르노 영화의 촬영장에서 설문조사를 통해 남녀의 성욕과 쾌감에 관해 최종적인 결론을 내리려고 시도하는 것과 크게 다르지 않다고 생각한다. 연구팀은 당초 창녀들만 실험에 참가시켰다가 나중에 참가 신청자들이 쇄도하자 이들이 실험 조건에 서서히 그리고 오랜 기간에 걸쳐 적응하도록 했다고 아주 솔직하게 인정했다. 참가 신청자들이 쇄도했다는 것이 의심스럽지 않은가? 그리고 그런 세부적인 내용을 솔직히 인정한다고, 성적 실험을 '해부 가능한 두 실험 기구들의 단순한 교미'로 축소할 수 있다고 생각하는가?

그리고 그것만으로 이 실험에 불가피하게 수반되는 환상을 제거하는 것이 충분할까? 이 실험 과정에서 나타날 수밖에 없는 복잡한 감성의 표현을 제거하는 데 충분할까? 성적 환상이 비교적 단순한 남성의 성기에 어떻게 작용하는지는 정확하게 알려져 있지만, 여전히 신비스러운 여성의 성기에 어떻게 작용하는지는 아직도 분명히 밝혀져 있지 않다.

약 20년 전에 남성의 발기 메커니즘이라고 생각했던 것도 완전한 오류였음이 밝혀졌다. 그 전에는 성적으로 흥분함에 따라 수동적으로 가만히 있는 스펀지 같은 페니스 조직에 혈액이 가득 차서 발기한다고 상상했다. 그러나 이 스펀지가 대단히 능동적이라는 사실을 발견했으며, 페니스의 물렁물렁한 상태는 결코 '자연스러운' 상태가 아닌 뇌의 중심부에서 보내는 지속적인 억제력이 작용한 결과이며, 발기의 메커니즘에는 혈관 이완 작용을 하는 일산화질소가 개입한다는 것이 밝혀졌다.[9] 이 억제력은 노르아드레날린(noradrenalin)을 통해서 작용하는데, 노르아드레날린은 페니스 동맥의 활평근을 수축해서 혈액이 가득 차는 것을 막는다. 그런데 노르아드레날린은 공포감을 가졌을 때도 분비된다. 따라서 필리프 브르노는 이렇게 말한다. "남성은 **항상 발기 상태에 있다**고 말할 수 있다. 즉, 남성은 언제나 발기될 준비가 되어 있는 것이다. 왜냐하면 공포감, 걱정, 거북함, 터부 등이 없어져서 뇌에서 금지 명령만 풀면 곧바로 발기가 가능하기 때문이다."[10] 이는 일반인들에게 비교적 잘 알려지지 않은 정보지만 남성의 성적 행동의 기본을 이루는 것이다. "남자들은 그것만 생각한다"는 말이 있지 않는가? 이제 당연히 그 말을 해도 될 듯하다!

우리가 지금까지 설왕설래해온 것을 달리 표현해보자면 이렇다. 외계인이 파리에 와서 루브르 박물관 광장, 에펠탑, 교외의 아파트촌, 중세의 감옥, 라데팡스의 현대식 빌딩촌, 노트르담, 몽파르나스

---

9) 대표적으로 비아그라 같은 발기부전 치료제를 제조하는 데 사용되는 분자도 이런 방식으로 만들어졌다.

10) Philippe Brenot, *Le Sexe et l'Amour*(섹스와 사랑), Paris, Odile Jacol, 2003, p.189.

의 고층 빌딩, 몽마르트르의 성당을 살펴보고, 이 건물들이 역사상 다른 시기에 그리고 근본적으로 다른 상황에서 지어졌다는 것을 모른 채 현재 상태에 있는 대로 자세히 묘사하는 것과 비교할 수 있겠다. 나이 사십이나 오십에 열아홉 또는 서른처럼 성생활을 할 수 있다고 누가 장담할 수 있는가? 성교 때 일어나는 오르가슴과 자위행위로 얻는 오르가슴의 효과가 똑같다고 주장하면서 일부 페미니스트들이 자위행위를 권고하는 것은 이제 더 이상 놀라운 일이 아니다. 이런 혼동을 지적하고 ―나중에 다시 설명할 기회가 있겠지만― 그런 권고가 어디서 나왔으며 무슨 목적을 가졌는지를 알아보는 것도 흥미롭다.

이런 야심적인 연구가 인상적이기는 하지만, **성을 생리학으로 논할 수는 없다. 두 성기구들의 ―이것들이 서로 잘 맞게 만들어졌다고 하더라도― 물리적인 특징과 생리적인 특징만으로 결정된 일반적인 법칙을 만들 수 없다.** 왜냐하면 이런 특징들은 그 특징을 좌우하는 여러 요인들이 겹겹이 쌓인 층들을 고려하지 않기 때문이다. 예를 들어 선천적으로 질이 없어 대장의 일부를 이식해 질을 가지게 된 여성들과 음핵이 절제된 아프리카 여성들도 오르가슴을 느낀다는 것이나, 항문 섹스나 오럴섹스로도 오르가슴을 느낀다는 것이 이를 증명한다. 이 문제를 다루면서 내가 의사 생활을 하면서 수집한 특이하고 감동적인 두 가지 사례를 얘기하겠다.


나는 자칭 "섹스 마니아"라는 여성의, 아버지가 각기 다른 다섯 명의 아이들을 진료했다. 그녀는 예술 방면의 돈벌이가 괜찮은 일을 하고 있어, 직업상 전 세계를 누비고 다녔다. 단순히 많은 모험을 했다기보다는, 그녀의 표현을 빌리자면, 모험을 '수집'하고 다녔다고 한다. 그녀의 기분에 따라 하루에 두세 명 때로는 대여섯 명까지 필요했다. 그녀는 이런 것이 그녀의 예술적 창작성을 제고하기 위한 성적 자극이 필요했기 때문이라고 해석한다. "성교 후 모든 동물은 슬픔을 느낀다"라는 라틴어 격언은 남성에게나 적용되는 듯한데, 그 이유는 많은 경우 여성들은 오르가슴이 주는 행복감으로 에너지를 재충전한다는 장점을 강조하기 때문이다. 이는 신경생물학에 의해 옥시토신의 분비가 증가되기 때문이라고 증명되었다. 남성들이 심기가 나쁜 여성에게 사용하는 "섹스를 잘 못하는 여자(mal baisée)"라는 점잖지 못한 표현도, 오르가슴을 가질 수 있다는 것이 타인과의 관계에서 안정감과 좋은 분위기를 가질 수 있다는 것을 의미한다고 볼 수 있다.

이 여성은 기분이 동하면, 그 남성에게 아무 말도 하지 않고 임신할 수 있을 정도의 기간 동안 같이 지내다가, 임신했다는 확신이 서면 그 남성을 떠났다고 한다. 임신을 하고도 남자들과의 모험을 열정적으로 계속하다가 임신 6개월째가 되면 중단했다.

"그 상태에서 파트너를 구하기가 어려워서가 아니에요. 임신한 여자들을 좋아하는 남자들이 얼마나 많다고요! 내가 욕망이 없어서도 아니에요. 반대로 성욕이 더 커져요. 내가 잘못 생각하고 있는지 모르지만, 그 상태에서 섹스를 하면 태아의 건강에 영향을 미칠까봐 그래요."

이렇게 그녀는 피부 색깔이 다른 자식들을 수집했다. 어느 날 내가 남성의 섹스에 대해 그녀가 느끼는 깊고도 끊임없는 매력에 대해 이야기하도록 유도하려 했을 때, 그녀는 내 말을 곧이곧대로 듣고 내게 반박했다. "의사 선생님도 다른 남자들과 똑같네요. 남자들은 정말 아무것도 몰라요. 남자의 섹스는 문제가 아니에요. 섹스는 크든 작

226

든, 검든 노랗든 아무 상관없어요. 남자란 사실 섹스가 없어도 문제
가 안 돼요. 내게 그건 문제가 안 돼요. 그저 남자이기만 하면 돼요.
그것만으로도 나는 무슨 짓이든 할 수 있어요!"

　이것은 이 여성과 필적할 만한 남성편력을 주제로 글을 쓴 카트린
느 미예 같은 여성 작가가 자신의 활동이 남성의 섹스와 직접적이고
도 깊은 관계가 있다고 주장하며 노골적으로 에로틱하게 쓴 글[11]과
는 대조적이다.


　한 여성이 상태가 아주 심각해 보이는 여섯 살짜리 남자아이를 데
려왔다. 그녀에게는 네 살 위의 딸도 있었다. 남자아이는 심각한 언
어장애와 행동장애를 갖고 있었다. 흥분해서 동요하다가, 혼자 웅크
리고 고립해 있기를 번갈아가며 했으며 보는 사람을 불안하게 만드
는 이상한 눈초리를 가지고 있었다. 그 아이가 내 진찰실에 들어섰을
때 나는 정신질환이 아닌가 생각했다. 내가 그 아이의 어머니를 따로
만났을 때, 아이를 나에게 데리고 온 목적과 그녀에게 있었던 일에
대해 말해줄 것을 요구했다. 여러 가지 일을 얘기하던 중, 그녀는 그
아이의 임신에 대해 얘기했는데, 임신되던 순간을 잊을 수 없기 때
문에 완벽하게 기억하고 있다고 했다. 그녀의 남편은 자신의 소원이
라고 하면서, 자신의 가장 친한 친구 한 사람이 지켜보는 데서 그녀
와 섹스를 하고 싶다고 오래전부터 끈질기게 요구했다고 한다. 그녀
는 계속 거부했었다. 그러나 남편이 기회가 있을 때마다 끝없이 요구

---

11) Catherine Millet, *La Vie sexuelle de Catherine M*(Catherine M.의 성생활), Paris, Points-Seuil, 2001.

했기 때문에, 그녀는 한 번만 들어주면 더 이상 그런 소리를 안 들을 것이라 생각했다. 이렇게 해서 세 사람이 한 침대에 들게 되었는데, 남편의 친구는 구경만 하기로 되어 있었다. 남편은 그녀와 섹스를 했다. 그녀는 너무 긴장되어 있었기 때문에 전혀 즐거움을 느끼지 못했다. 그녀는 속에서 화가 치밀어 오르는 것을 참기 위해, 다른 한편으로 자신의 불편한 심기를 보여주기 위해 자리에서 일어나, 물 마시러 간다는 핑계를 대고 침실을 나왔다.

"내가 부엌 문턱을 지날 때 상상할 수 없는 일이 일어났어요. 내가 여태까지 느껴본 적이 없는 격렬한 오르가슴이 내 몸 안에서 녹아내리는 것을 느꼈어요. 나는 꼼짝할 수 없었어요. 나는 쓰러지지 않으려고 벽에 기대야 했어요. 그것이 끝났을 때, 나는 완전히 공허한 상태가 되어 우울해지기까지 했어요. 그러나 그런 상태는 오래가지 않았어요. 왜냐하면 그 자리에서 나는 임신했다고 확신했으니까요. 실제로 임신했고요. 바로 그날 저녁에 임신한 거였어요, 다른 날일 수가 없어요, 남편이 그 다음날부터 두 달 동안 출장을 갔거든요."

성의 생리를 단순한 기계적인 효과라고만 평가하는 학술지들은, 내가 내 귀로 직접 들은 이런 일들을 어떻게 분류할 수 있을까? 성적인 욕망이 개인적인 특수성을 가졌다는 이 명백한 사실을 어떻게 무시할 수 있을까? 굳이 기존 의학용어로 분류한다면, 내가 앞에서 제시한 사례들이나 앞으로 언급할 사례들은 '생리병리학(physiopathologie)'에 넣어야 할 것이다. 나는 "병리학"이라는 단어를 추가함에 있어 전혀 비아냥거리는 의도를 가지고 있지 않다. 내가 주장하는 것은, 신경증이 세상에서 가장 널리 퍼진 병이기 때문에 '정상적인(normal)' 사람이란 있을 수 없듯이, '정상적인' 성욕이란 있을 수 없다는 것이다.

어떤 사람의 성적인 욕망은 그 사람만의 것이며 다른 사람의 것이 결코 아니다. 그의 성적 욕망은 그의 언어에서 중요한, 절대적으로 중요한 부분을 차지한다. 그의 성적 욕망은 그의 몸이 사용하는 언어인데, 이 언어는 전혀 중립적이지 않으며, 아주 표현력이 정확한 영역 내에서 사용되고, 또 그 영역에 의한 언어다. 이 영역은 정신세계의 모든 요소들을 특별한 방법으로 동원하기 때문에 표현력이 뛰어나며, 그 존재 전체가 함축된 표현을 한다. 그런 관점에서 볼 때 모세 오경에 쓰인 '알다(connaître, connaissance)'라는 단어가 성관계에서 일어나는 일을 의미한다는 것을 이해할 수 있다. 파트너를 수단으로 삼아 자기 혼자 에로틱한 방식으로 성관계를 한다고 해도, 그것은 어느 정도 '같이 태어나는 것(co-naître, co-naissance)'이며 각 파트너는 상대 파트너와 동시에 자기 자신에 대한 새로운 인식에 접하게 된다.

이런 방식으로만 —결코 다른 방식으로는 불가능하다— 내가 제시한 여러 사례들을 이해할 수 있다. 왜 조루증을 가진 남편의 부인은 개인적인 만족을 포기하고 그와 결혼해서 두 아이를 낳는 것을 수용했는가? 왜 다른 관계에서 여자를 만족시킬 수 있는 것이 판명된 이 남자는 그 부인과는 조루증을 겪으면서 그녀를 선택했는가? 같은 애인과 강박적으로 오럴섹스를 하는 이 여성은 도대체 무엇을 추구하는가? 그런 애무에만 만족하고 그 이상의 것을 요구하지 않는 그 남성은 이 여성에게서 무엇을 찾았는가? 성질 나쁜 애인들을 수집하던 남성이나 여름 바캉스에만 여성편력을 일삼는 남성은 어떤 길을 선택한 것인가? 하포드 박사의 아름다운 부인은 잠시 눈길을 교환한 러시아 장교에게서 무엇을 찾을 수 있다고 상상했나? 완벽한 남편에게 만족하지 못한 마리안은 다비드에게서 무엇을 찾기를 기대했나?

이런 사례들과 직면할 때 우리는 파리를 방문한 외계인이 된다. 역사와 시대가 가진 엄청난 의미를 무시하고 건축물들의 건립을 주재한 법칙을 찾고자 하는 경우, 벽에 부딪칠 수밖에 없다. 관찰을 통해서 이 방대한 유물들의 건립을 주재한 건축의 기본 법칙을 파악하고자 하는 경우, 욕심을 좀 낮춰야 할 것이다. 단, 한 가지 사실만은 이해할 수 있을 것이다. 기본 법칙, 즉 다림줄(수직임을 판별하기 위해 위에서 아래로 내려뜨리는 줄—역주)이 상징하는 만유인력의 법칙에 어긋나지 않는 조건 아래서 건축 기술은 모든 것을 세울 수 있다는 것을.

이 보편적인 법칙은 사람들이 이를 무시했을 때 용서하지 않을 것이며, 남성과 여성 간의 관계도 이 묵시적인 법칙에 순응한다. 문제는 이 법칙의 표현이 대단히 다양하기 때문에, 옛날부터 이 법칙이 눈에 띄도록 노력을 기울였음에도 불구하고, 아직도 명확하게 인지되지 않는다는 것이다. 이 법칙의 존재는 신화들에 이미 적용되었고, 그 이후 종교적인 또는 철학적인 시스템들이 이 법칙을 따랐다. 종교와 철학은 미봉책으로나마 사회조직에 질서 의식을 불어넣기 위해 다급하게 많은 조치들을 공포했는데, 이 조치들은 직관에서 나온 것으로 생각보다 부작용이 적었다. 이 법칙의 존재가 프로이트의 중요한 목표가 되었다. 그는 용감하게 이 길을 갔으며, 그의 뒤를 이어갈 사람들이 그가 개척한 길을 잃지 않도록 그 모험의 지도를 그렸다. 이 탐색 작업은 라캉의 천재성 덕분에 계속 이어졌고, 라캉은 프로이트가 그린 길을 확인하는 데 그치지 않고 그 길 끝에 가면 볼 수 있는 것까지 설명해냈다. 라캉은 이전에 아무도 설명한 적이 없는 특이한 방법으로, 즉 이해하기 위해 노력하지 않는 사람들에게는 불투명하게 보일 수밖에 없는 표현을 써가며 설명했다. 나는 내 작업을 이런

맥락에 놓고 보지만, 상당 부분은 어린 환자의 부모들이 내게 보여
준 신뢰 덕분이며, 나의 진정한 스승은 어린 환자들이라 하겠다. 우
리들 각자를 지배하는 법칙은 엄연히 존재하며 내가 언급한 모든 사
례들에서 여러 가지 방법으로 실행된다. 그러나 어떤 경우에도, 우리
가 그 법칙에 엄격하게 적응한다고 해도, 그 법칙을 금방 알아볼 수
는 없다. 그 이유는 그 법칙이 우리가 접근할 수 없는 곳에 숨어서 우
리를 우롱하기 때문이 아니라, 우리들의 접근 방법이 남녀 간의 성적
인 차이를 —이 차이는 이 법칙과 나란히 서 있어 이 법칙이 보이지 않도록 가리고
있다— 감안하지 못하고 있기 때문이다.

이 성적인 차이는 성기의 해부생리학적 차이로 요약되지 않는다.
성적인 차이가 물론 해부생리학적인 차이를 포함할 뿐만 아니라, 인
지하고, 느끼고, 행동하고, 세상을 보고, 사고하고, 존재하는 방식에
서 근본적으로 상이한 두 존재를 만들어낸다는 점에서 그 차이를 초
월한다. 이는 남성과 여성이 같은 방식으로 그 법칙을 따르지 않으
며, 같은 방법으로 사용하지도 않는다는 것을 의미한다.

그러므로 이 법칙이 표현되는 방식은 미리 알고 있지 않을 경우 심
각하게 왜곡된 해석을 낳을 수 있다. 이런 이유로 사람들의 보편적
감성이나 사회적 통념과 충돌할 위험을 감수하면서, 이 성적인 차이
에 대해 다시 논하고자 한다. 하지만 내가 이미 한계를 지적한 바 있
는 해부학이나 생리학적 측면이 아니고, 내가 여성의 조건, 남성의
조건이라고 부르는 측면에서 다룰 것이다.

서로 아주 복잡하게 얽힌 여성과 남성의 조건들에 접근한다는 것
은 여성다움이나 남성다움을 논하거나 총망라한다는 것이 아니다.
다만 이 접근은, 내가 다루는 주제를 좀 더 잘 조명하기 위해 남녀의

전반적인 차이에 이 성적 차이를 통합시키는 것을 목적으로 한다. 이미 제시된 사례를 다시 보고, 앞에서 언급된 법칙을 인지하고, 그것들이 우리에게 준 영향을 생각해본다면, 성적 차이는 확실하게 강조되어, 우리에게 도움을 줄 수 있는 필터의 역할을 하게 될 것이다.

5부

# 남성의 조건

# 소모적인 에너지

내가 "남성의 조건"을 먼저 시작하는 것은 남성우위적인 사고에서 비롯되었거나, 여성들에 대한 존중심의 부족에서 —나는 나 스스로 즐거운 마음으로 여성을 존중하는 사람이라고 생각한다— 비롯된 것이 아니다. 내가 남성의 조건부터 다루는 이유는, 내가 남자이기에 남성의 조건이 내게 더 익숙하며, 여성의 조건보다 더 접근하기가 쉽기 때문이다.

그렇다면 남성의 조건을 어떻게 표현해야 하나? 남성의 조건은 활동적이지만 결국 소모될 수밖에 없는 성격의 에너지를 내포한다. 공격적으로 보이는 모습 뒤에 깊숙이 숨어서 작용하고 있는 회의와 불확실성을 감추려 하지만, 남성의 조건이란 결국 충분히 확보되지 않은 정체성을 확고하게 정립해보기 위해 —결국 실패하지만— '우위'를 차지해야 한다는 것이다. 이것은 격렬하며 제어하기 어려운 불안감의 강도에 비례해서, 편집광적이고 반사적인 방어 작용으로 나타난다.

왜 이럴까?

이것을 이해하기 위해서는 임신 석 달 미만의 태아로 거슬러 올라가야 한다. 이때 Y염색체는 아직 성별이 정해지지 않은 태아에게 SRY유전자를 연결하는데, 이 유전자는 고환의 유무를 결정짓게 된다. 이때부터 형성되고 있는 생명은 서서히 고환을 만들어 가는데, 고환이 정상적으로 형성되기 위해서는 테스토스테론을 쉴 새 없이 분비해야 한다. 왜냐하면, 병적인 요인을 포함한 어떤 우연에 의해서라도 그리고 아주 짧은 순간이라도 테스토스테론의 분비가 중단되면, 태아에 여성의 요소들이 자리 잡게 되기 때문이다. 그러나 이것으로는 충분하지 않다. 왜냐하면 일단 고환이 형성되고 나면(고환은 태아의 복강 내부인 신장에서 형성된다—역주), 고환이 형성된 출발점인 신장 부위에서부터 고환주머니까지 이동시켜야 하며 —섭씨 37도 이하가 유지되어야 하기 때문에— 신체의 바깥에 있도록 신경 써야 하기 때문이다.

남성이라는 존재는, 태어나기 전부터 죽기 직전까지 평생 동안, 노력하고(테스토스테론의 분비와 고환의 이동), 증명하고(고환이 확실한 규격에 맞아야 한다는 점), 그리고 나중에 제대로 작동해야(테스토스테론을 흥분제로 삼아 페니스가 발기해야 한다는 것) 한다는 것으로 요약될 수 있다. 따라서 자신의 해부학적, 생물학적 정체성의 기반이 되는 것을 잃지 않으려면 계속 활동하고 소모함으로써 자신을 정의해야 한다. 그가 무엇을 원하든 무엇을 하든, 그 자신의 모험을 추진하기 위해서는 정체성의 기반으로부터 떠나야 한다. 이 모험은 남성에게 처음이라는 발견의 의미를 부여하지만, 이는 피할 수 없는 회귀의 길을 잘못 이해한 것이다. 이브를 만들기 위해 아담에게서 갈비뼈를 떼어낸다는 창세기 구절(2:22-24)[1]은 거기서 교훈을 끌어내서, 여성을 만나기 위해 남성은 언제나 원래의 출발지를 떠나야한다는 사실을 정당화한다.

**남성의 조건은 이런 것이다. 추위와 공격, 시선으로부터 보호받지**

도 못하고, 웅크리지도 못한 채 벌거벗겨져 있는 것이다.

오랜 모험은 남성의 머릿속에 많은 경험을 입력시켜주었지만 남성이 필요로 하는 것을 다 주지도 못했고 남성을 안심시키지도 못했기 때문에, 초창기 인류의 후예로서 남성은 원시적인 조건을 완전히 벗어나지 못했다고 추측할 수 있다. 그래서 남성은 일찍이 피난처와 의복을 찾아 나섰고, 이 과정에서 줄곧 종의 번식이라는 동물적 본능에 따라 자신의 두 손을 모아 생식기를 보호했다. 다른 변수를 생각하거나 다른 각도에서 사물을 보기 위해, 사막 같은 공간을 홀로 꾸부정한 자세로 돌아다니는 남성을 상상해보자. 자신에게 정체성을 부여하고 번식도 할 수 있게 해주는 ―인류 역사상 상당 기간 이 사실을 모르고 있었지만― 성기를 지나치게 노출시키는 위험을 감수하지 않으면서 환경에 개입하기 위해 손을 자유롭게 쓰려고 애쓰는 그를 상상해볼 수 있다.

그런 이미지들로 무엇을 할 것인가? 수백만 년이 흘러 오늘날 안락한 거처에 앉아서 스위치 하나만 누르면 실내 온도까지 조절할 수 있는 시대에 그런 이미지들로 무엇을 할 것인가? 사막이, 고층 빌딩들이 빽빽하게 들어선 대도시로 변한 마당에 그런 이미지들로 무엇을 할 것인가? 공간과 시간이 이 정도로 축소되었는데 무엇을 하겠단 말인가? 여러 가지 교류가 쉬워지고 개인에게 그의 선택을 존중

---

1) 라캉은 성서에서 갈비뼈를 언급하는 것은 품위를 지키기 위한 것으로 생각했다. 라캉은 페니스가 발기가 안 된 상태는 두 사람의 쾌락을 결합시키는데 장애가 된다는 점에서 성서의 갈비뼈는 페니스에 없는 뼈를 말하는 것이라고 생각한다.

하겠다는 보장을 해주는 수단들이 수없이 늘어난 이 때, 무엇을 하겠단 것인가? 내가 자신 있게 한 말이 헛소리가 아닌가?

유감스럽게도 헛소리가 아니다! 왜냐하면 옷을 입었든 안 입었든, 남성은 근본적으로 벗고 있으며 자신의 나신을 가리려고 노심초사한다. 이러한 걱정을 창세기는 선악을 구분할 수 있는 금단의 열매 때문이라고 설명한다.(3:7-15) 예를 들어 남성이 해변에서 입는 가리개는 아주 간소하지만 보편적으로 보급되어 있다. 그리고 이것은 어떤 제약의 결과가 아니며, 사회 질서를 보존하고자 하는 욕구 때문도 아니다. 원시 종족들 사이에서도 성인 남성은 결코 페니스 가리개를 벗으려 하지 않는다. 시간이 아무리 흘러도 변하지 않는 것은 남성이 자신의 성기를 노출하는 것에 대한 모호한 거부감이다.

그것은 당연하다!

# 거추장스런 기관

언제라도 발기해서 거북한 성기! 그것은 남성에게 의문을 제기하고, 항상 따라다니고, 항상 의식하게 하고, 계속 걱정거리를 준다. 그 나름대로의 삶이 있고, 아주 자율적이고, 변덕스럽고, 요구 사항도 많고, 반응을 통제할 수 없으며, 때로는 거북스럽고, 요상하며, 성가시게 하는 존재. 그것은 스스로의 귀중함을 깨닫기까지 적응하기가 무척 어렵다. 기계가 잘 작동하는지 계속 확인하기 위한 것처럼 야릇한 화학작용에 의해 나름대로 작동이 조절되긴 하지만 때를 가리지 않는 발기는 얼마나 많은 문제를 야기하는가? 묘한 감각을 동반하는 이 발기에 놀라서 공포감과 수치심 속에서 오랫동안 숨기는 편이 낫다고 생각하지 않은 남자아이가 과연 있을까?

"아빠, 이거 잘라줘, 이거 잘라줘"라고 소리 지르며 세 살짜리 남자아이가 부모들의 침대로 와서 잠옷 바지를 내리고 발기된 자신의 페니스를 보여준다. 반쯤 잠든 상태에서 아빠가 재치 있고 적절하게 한 대답은 이랬다. "아냐, 그건 자르면 안 돼. 네가 평생 써야 되는 거야. 그래서 너도 나중에 아빠가 될 거야." 자신의 인상 깊었던 옛 기억이 남아서인가?

여러 다른 연령층의 남성들은 자신들의 발기를 묘사하기 위해 얼마나 많은 글들을 남겼던가! 그러나 그들이 수치심 없이 무용담을 늘어놓는 것은 그들의 깊은 관심과 불안감을 숨기기 위한 것에 불과하다. 야간의 발기는 불가피하고 생리적인 것으로, 이 발기가 에로틱한 꿈의 결과인지 원인인지 잘 알려져 있지 않다. 남성병 전문가들이나 성의학 전문가들이 발기를 연구하기 위해 반지를 끼우기도 하는데 반지가 부서지는 경우도 있다고 한다. 노년기의 빅토르 위고가 노래했던 "승리의 기상" 같은 거북한 발기도 있다. 포르노 영화에서 보여주는 과시적이고 비현실적이며 기를 죽이는 발기, 기습적인 발기, 너무 오랫동안 지속되어 절망적인 발기, 기대하는 만큼 오래가지 않는 발기, 발기 되지 않아 모욕을 느끼게 되지 않도록 기도하는 발기, 발기되지 않음으로써 빛나는 발기! 세상에 결코 똑같은 발기는 없다. 그러나 발기는 언제나 제 마음대로다. 기계적인 논리가 작용하는 것은 사실이지만, 마치 발기 명령이 그 주인의 통제를 벗어나는 곳에서 온다는 것을 증명하려는 것처럼.

현대 의학의 창시자 클로드 베르나르(Claude Bernard)가 건강한 상태를 "신체 기관의 침묵"이라고 정의한 것을 생각해볼 때, 남성들이 그렇게 '시끄럽게' 존재를 드러내는 기관에 대해 끝없이 걱정해야 한다는 것을 쉽게 이해할 수 있다. 그런 걱정을 하다 보면 그 기관이 정말 상하거나 위협받을 수 있다는 상상도 할 수 있다. 이런 상상은 더 위협적이고 더 역사 깊은 환상에 의해 유지되는데, 이 환상에 대해서는 나중에 논하겠다. 어쨌든 남성의 아랫배는 이 기관을 중심으로 형성되어 있다. 고대 문명에서 볼 수 있듯, 신의 노여움을 풀기 위해 발기된 형상을 숭배하는 행위가 위기상황에 대한 처방이 될 수 없다.

이를 부정하거나, 속임수를 쓰거나, 불쾌하게 여겨봐야 소용없다. 살면서 겪는 모든 것을 거기에 연관시킬 정도로 남성에게 그의 페니스는 사고의 중심이다.

과거나 현재나 남성의 의식상으로는 이 관심사가 전혀 걱정거리가 아니었다. 따라서 남성은 거역할 수 없는 종의 번식 본능에 따르는 것뿐이다. 모든 살아 있는 종들이 다 그런 것처럼, 교활한 이 본능은 축복받은 기관이 주는 비교할 수 없는 쾌감 뒤에 그의 목적을 숨길 수 있었다. 육체에 작용하는 악마적인 화학기관실에서 갑자기 수문을 열어 혈액이 흘러 들어가게 하면, 파트너의 기분에 따라 장엄하게, 무섭게, 매력적으로, 때로는 역겹게 보일 수도 있는 이 기관은 쾌감을 예감하며  욕망을 불러일으킨다. 이때 이 욕망은 어떤 방법으로도 숨길 수 없기 때문에 그 소유자를 투명하고 취약하게 만들며, 그 기다림은 일종의 고문이 된다.

# 불가능한 거래

다른 종의 동물들에게 있어, 성욕은 몸이 힘을 비축할 수 있는 긴 휴식기를 통해 조절된다. 인간 암컷들은 발정기가 없어 언제든지 교접할 준비가 되어 있다. 그것은 페로몬(Pheromone)이 넘치는 환경에 있는 수컷들을 미치게 만든다. 그것뿐이라면 참을 수 있다고 치자! 그러나 여성들은 매력적일뿐더러 숫자도 많다. 하나씩 차례로 다 가지거나, 한꺼번에 모든 여성들을 다 가질 꿈을 꿨던 남성에게 여성을 하나 또는 둘, 또는 셋이나 넷만 선택해야 한다는 것은 너무 심한 고통이다! 왜냐하면 "정조라는 것은 남성에게 있어 욕망이 있음에도 불구하고 포기하는 것으로밖에 생각될 수 없기 때문이다. 더할 나위 없이 사랑이 깊은 결합을 하고 있는 남성이라도 다른 여성들의 아름다움에 생리적으로 무관심한 자신을 발견한다면, 성 불능의 망령이 조만간 나타나게 될 것이다."[1]

욕망은 그렇게 크고, 인생은 그렇게 짧고, 성기에 부여한 만족감은 강력한 정체성을 정립해주고, 영원에조차 양도할 수 없는 무엇인가를 조금이라도 쟁취했다는 느낌을 가질 때, 그럴 때 어떻게 할 것인가? 이 이상한 에너지에 자극받은 우리는 꾀를 부릴 수밖에 없다. 그렇다고 그것이 간단한 것 또한 아니다! 그렇게 명백하며, 통제 불능의 욕망에 노출되었기 때문에 남성은 뭔가를 끝없이 요구하는 불편한 수요자의 입장에 처한다. 그런데 시장의 법칙에 의해, 또 거래의 논리가 확실해진 이후, 수요자는 공급자의 거절에 노출되어 있으며, 언제나 '저자세'를 취하고 있으며, 공급자는 원하는 대로 대화를 유도할 힘을 가진다! 이런 경우 어떻게 하면 너무 많은 것을 잃지 않으면서 목적을 달성할 수 있을까?

이것은 중요한 문제다. 오늘날 특히 그렇다. 왜냐하면 인류가 존재한 대부분의 기간 동안 남성은 염치 같은 것에 신경을 쓰지 않았다. 격렬한 성욕에 의해 움직이고, 그 성욕을 만족시킬 수 있는 발기에 의해 행동하는 남성은, 어떤 상황에서든 삽입하는 데 해부학적으로 아무런 준비가 필요 없는 파트너에게 신경 쓰지 않고, 필요하면 폭력을 써서라도 욕구를 충족시켰다. 그러나 문화나 언어라는 것들이 개입하면서 이 교환 행위에 일종의 절차가 도입되어, 완전히 양상이 달라졌다. 성교를 함에 있어 해부학적으로 "No"라고 말해야 하는 남자—언제나 가능한 것은 아니기 때문에—는 때를 가리지 않고 일어나는 발기 때문에, 거의 언제나 "Yes"라고 말하고 있다. 그렇기에 항상 떠들썩하게 표현하고, 성교한다. 반면 해부학적으로 항상 "Yes"라고 대답할 수 있는 여자—언제나 가능하기 때문에—는 거의 대부분 "No"

---

1) Piera Aulagnier, *in Le Désir et la Perversion*(욕망과 변태), ouvrage collectif, Paris, Seuil, 1967, p.60.

라고 말하며, 아주 가끔 "Yes"라고 대답하며 양보한다.

전자의 "저자세"와 후자의 "고자세"로 인한 자세의 비대칭 관계는 관습이나 규범의 형태로 명시된 언어의 역할로만 설명되지 않는다. 이 일을 주재하는 메커니즘을 이해하지 못하더라도 이런 관습들이나 규범들은 파트너가 이미 처한 상황을 인정하거나 조절하는 기능을 갖는다. 마치 남성들이 '그것만 생각한다'라는 기존 관념이 옳고, 여성들은 비교적 그것에 무관심한 것처럼.

우리는 여기서 번식 본능에 의해 만들어진 또 다른 신비의 정수를 보게 된다. 구조적으로 아주 간단하고 경제적으로 만들어진 것 같은 남성은 사춘기부터 죽을 때까지 정자를 수없이 만든다. 한 번 사정할 때마다 5천만 개씩 소비하며, 하루에도 여러 번 사정이 가능하다. 성적 충동의 격렬함 때문에 수확을 거둔다는 보장도 없이 헤프게 씨를 뿌린다고 설명할 수 있을 것이다. 남성은 그 행동의 최종 목적이 이루어졌는지 구체적으로 파악되지 않기 때문에, 이 행동을 무한히 되풀이할 수밖에 없다.

여성 쪽은 전혀 다르다. 여성은 좀 더 정교하게 만들어져서 자신의 번식 잠재력을 영리하고 경제적으로 관리한다고 볼 수 있다. 재고는 한정되어 있지만 충분한 수의 난자가 —총 2,000개 중 400개만 실제로 배란된다— 태어날 때부터 주어진다. 성생활에 상관없이 여성은 매달 한 개의 난자를 내보내는데, 생존하는 기간 중 비교적 제한된 기간, 즉 사춘기부터 폐경기까지 30년에서 40년간 지속된다. 여성은, 인류가 존재하는 이래 비교적 일찍 임신과 성행위를 연관시켰을 것으로 보인다. 여성은 성행위는 항상 당하는 것이라 생각하면서, 당장은 아니더라도 그 결과를 기대할 수 있었다. 다른 동물 암컷들과 마찬가지로 여성은, 그녀가 낳은 자식들에게 관여하는 것이 그녀가 당할 수밖에 없는 행위의 결과를 강화하는 것임을 일찍이 본능적으로 발견할 수 있었을 것이다. 이렇게 해서 여성은 오늘날 그녀의 후손 여성이 누리고 있는 만족의 여러 가지 원천을 ―욕망의 대상이 되고, 교접하고, 무엇보다도 자식들을 낳고 돌보는 것― 점진적으로 발전시켜 갔으리라 짐작된다.

이런 용어로 남녀의 상이한 역학들을 묘사하는 것은 도저히 수용할 수 없는 이념적인 색채를 가진 것이라고 오랫동안 비난받아왔다. 이렇게 뚜렷한 비대칭적인 면들을 성관계에 부여하고 자식들에 대한 관계에 있어서 남녀의 차이를 강조하는 것은, 과거에도 용인될 수 없었고 오늘날에도 일부 페미니스트들은 인정하지 않고 있다.

성관계를 갖는 상태의 화학적인 측면에 대해 최근 밝혀진 바에 의하면, 이 상태는 많은 분자들에 의해 조절된다. 그 분자들 중 "애정의 호르몬"이라 불리는 옥시토신이 열렬한 섹스를 하는 파트너들의 감정에 영향을 미치고, 이것은 파트너들을 마약중독에 가까운 상태로 만든다. 따라서 각 파트너는 나름대로의 호르몬을 필요로 한다. 그런데 남성은 옥시토신이 분비되게 할 수 있는 유일한 촉매가 성교인 반면, 여성은 두 가지 촉매를 가지고 있는데, 성교 그리고 자식들과의 관계이다.

어머니들이 자식들에게 쏟는 깊은 애정으로 인해 관심의 뒷전으로 밀려난 아버지들이 씁쓸해 하는 것을 충분히 이해할 수 있다.

자식숭배사상을 만들어내고, 다음 시대의 신앙이라고까지 생각하며, 이런 경향을 채택한 우리 시대에, 이런 아버지들의 말을 표현하거나 지지하기는 미묘할뿐더러 정치적으로 아주 부적절하다.

어쨌든 그것은 근본적인 비대칭 관계를 다시 한 번 생각해보기에 충분한 자료다. 쾌감의 원천을 하나밖에 가지지 못한 남성이 둘을 가진 여성에게 애착을 갖는다. 남성은 여성 없이는 살 수 없지만, 여성은 남성 없이 살 수 있다. 누가 여성을 지배하는가? 가부장적 사회를 포함한 모든 사회에서 누가 여성을 지배하는가?

사람들이 이 질문에 대답할 때 고려하는 것은 피상적으로 보이는 것뿐이다. 즉, 남성들의 섹스처럼 눈에 노출되는 폭력만 보고, 여성의 섹스처럼 훨씬 더 미묘하고 숨겨진 폭력은 고려하지 않는다. 물론 사람들은 그런 말에 대해 여성은 자신의 몸을 자신이 원하는 대로 할 수 있다는 자유의 존중이라는 개념을 들이댈 수도 있다.

자유로운 선택에 기반을 둔 합의에 의해 형성된 부부에게 자식들이 태어나면서 이 합의가 산산조각이 나는 것을 종종 볼 수 있다. 여기서 미묘한 폭력이 개입된다. 왜냐하면 남성이 제의하는 결합을 여성이 거부하면, 남성은 그의 옥시토신을 어떻게 재충전할 것인가? 물론 여성은 그런 필요성을 느끼지 않으며, 그것이 다시 필요할 가능성을 예감하더라도 억지로 하고 싶지는 않다고 주장할 수 있다. 이 경우 배우자들은 결코 좋은 결과를 기대할 수 없는 지옥의 윤무(輪舞)를 시작하게 된다. 이 거부가 의미하는 거세 효과는 훨씬 더 파괴적인 행동과 언사로 이어진다. 이 거세 효과를 벌충하거나 위로하기 위해 간통으로 가는 길뿐 아니라 부부가 완전히 결별하는 길이 열리는 것이다.

이성적으로 행동하고, 이해하고, 참고, 비폭력적으로 행동하고자 노력하는 남성의 경우, 오래전부터 그래왔던 것처럼 이 상황을 수용하려고 노력할 것이다. 즉 사회적 기준으로 봐서 모범적인 사람이 되고자 하는 남성은, 비록 호르몬의 화학적 작용에 대해 아무것도 모르지만, 자신의 충동에 의해 휘둘리지 않고, 이를 제어하려 할 것이다.

우리는 자기 손이 미치는 범위 내의 권력을 우선 확보한다. 그러고 나서 모든 권력을 가지려 한다. 조직, 재산, 입법, 정치, 제도에 대한 권력처럼 가족의 일상에 대한 권력도 마찬가지다! 우리는 자신이 가진 조건의 특성들을 최대한 활용한다. 우리는 공격하고, 더 높은 위치로 가고, 그 후에는 모든 욕구 불만을 해결할 수 있는 열쇠라고 생각되는 팔루스를 확보한다.

사람들이 좋아하는 표현을 쓰자면, 승화한다. 즉, 접근할 수 없거나 금지된 다른 모든 것들을 만족시킬 수 있는 이 힘의 일부를 원하는 곳으로 이동시킨다. 우리는 태어나기 전부터 가지고 있던 본원적 에너지를 마음껏 사용할 수 있는 일에 이 힘을 사용한다. 우리는 정복을 위해 우리의 힘, 약간의 편집증, 결단력과 규율을 투입한다. 우리는 개인적인 이득을 축적하려고 노력한다. '내가 우선'이라는 것이 기본 규칙인데 그것을 벗어날 이유가 있을까? 우리는 자신을 보호한다. 우리는 자신을 방어한다. 우리는 짓밟는다. 우리는 제거한다. 우리는 집어 담는다. 우리는 쌓아올린다. 우리는 영역을 확보한다. 우리는 문제의 그 힘을 더 확고히 하고, 그 힘이 더 매력적으로 보일 것을 확신하며 그 힘을 과시한다.

암컷은 가장 강한 수컷에 끌린다는 동물 세계의 보편적인 법칙이 있지 않은가? **우리는 자신의 욕구불만을 완전히 초월하지는 못했더라도, 어쨌든 시간을 허비하지는 않았다.** 폭력성을 발휘하는 상황에 맛을 들여 거기에 안주하거나, 우리가 추구하던 이득이 이제 접근 가능하다는 것을 기회 있을 때마다 확인한다. 손가락만 까딱해도 원하는 대상이 고분고분하게 우리 발치로 오지 않는가?

성교의 긴장 완화 효과와, 남녀 공히 해당되는 성교의 부재로 인한 부정적인 효과를 대비시켜, 평화주의자들은 "전쟁이 아니라 섹스를 하라"라고 권한다. 이런 권고를 더 강화하여 이렇게 표현할 수도 있을 것이다. "특히 전쟁을 하고 싶을 때, 섹스를 하라" 또는 "당신들이 하는 섹스는 당신들이 해야 한다고 생각하는 전쟁보다 비용이 훨씬 덜 들 것이다."

# 아주 오래전의 애정이 남긴 결과들

이렇게 벌거벗고 있는 남성. 자신만 생각하고, 특히 자신의 성기에만 관심을 갖고 있는 존재. 그렇다고 치자! 그러나 환경을 그렇게 변화시킨 남성, 그렇게 창조적인 인간인 남성이라는 존재를 설명하기에는 너무 부족하지 않은가? 이 우스꽝스러운 밑그림 뒤에서 어떻게 사상가, 통치자, 정복자, 창작가, 예술가, 건축가를 찾을 수 있는가?

아주 간단하다. 이 밑그림에 무한한 색깔을 가진 팔레트로 색칠하는 것이 금지된 것은 아니기 때문이다. 그러나 이런 잠재적인 가능성들도 남성에게 안정감을 주지는 못한다. 그뿐만 아니라 불안감을 해소시키거나 불안감과 밀접한 관계가 있는 성적 충동을 완화시키지도 못한다.

이것을 이해하기 위해 다시 벌거벗은 남성을 상상해야 한다.

그러나 다른 맥락에서 생각해보자. 내가 앞에서 말한 것처럼 남성의 일반적인 신체의 비밀 속으로 들어가기 위해서 그의 존재를 간단하게 묘사할 때와는 다른 경관을 상상해야 한다.

　다시 벌거벗은 남성을 떠올리자. 그러나 사막처럼 적대적인 경관 속을 헤매는 위협받는 성인 남성이 아니라, 태아에서 시작된 모험을 오랫동안 함께할 어머니의 품에 안겨 있는 연약한 신생아를 상상해 보자.

　이 신생아는 탄생의 순간, 약간 추위를 느꼈다. 그러나 이제 그는 따뜻한 품에 안겨 있다. 그는 이제 무엇을 볼 수 있는 감각들과 무엇을 들을 수 있는 감각들이 깨어나고 있다. 빛이 그의 망막을 때린다. 망막은 이미 추상체(錐狀體)와 간상체(桿狀體)를 갖추고 있지만 아직은 쓸 기회가 없다. 희끗희끗 움직이는 그림자들이 그의 주변에 펼쳐진다. 그는 그에게 말을 거는 목소리나, 그를 품는 방법이 바뀐 몸에서 나는 냄새를 알아챌 수 있을 것 같다. 그는 남자아이다. 그가 태어나자마자 그의 성기로 간 시선으로 인해 그를 남자아이라고 말할 수 있었다. 그는 기대와 두려움을 동시에 갖고 문제의 이 시선을 평생 살펴야 할 것이다. 그는 이 시선 앞에서 자신이 완전히 벗겨진 것처럼 느낄 것이다. 그는 평생 성생활을 하면서 이 시선에 애정을 가질 것이다. 그가 탐내는 구경거리를 즐길 때 이런 시선을 보낼 것이다. 그는 이 시선에게, 엿보기나 과시하는 행동과는 상당한 거리가 있는 무언가를 —항상 성공하는 것은 아니지만— 보여주려고 할 것이다. 그를 유혹하기 위해 모든 것을 다한 배우자가 마침내 이 시선을 맛보게 —이것이 파트너의 주관심사는 아니지만— 될 것이다.

　생물학적 법칙에 따라 만들어진 이 성기가 마침내 인정되고, 알아볼 수 있게 되고, 명칭을 부여받았다. 이것이 언어의 세계에도 적용되어, 성기를 가진 사람이라고 공포되었다. 그에게 주어질 이름도 그것을 영원히 증명할 것이다. 그가 아직 모르는 것은, 생물학적 결정이 그에게 갖춰준 모든 것이 언어라는 매체를 통해 영향을 받는다는 것이다. 그의 성기는 남성 성기 특유의 험난하고 긴 모험을 겪을 것이며, 그럼으로써 그에게 최초의 여성이었던 어머니가 주입해준 생각을 가지고 살아가게 될 것이다.

그녀는 아주 이상하고 불안하게 보였다. 그녀는 5년 사이에 아들을 넷 낳았는데, 임신 때마다 딸을 바랐고 최근 세 번의 임신 기간에는 딸을 낳는 비법까지 썼다고 한다. 그녀는 네 자녀 중 유일한 딸이었는데, 부모가 그녀를 돌보지 않았고, 남자 형제들은 그녀를 경멸했다고 한다. 그녀의 얘기를 들어서는 오히려 딸을 낳지 않아 그녀와 비슷한 운명을 걷지 않게 하는 것이 다행이겠다는 생각이 들었다. 그녀도 처음에는 그렇게 마음먹었다고 했다. 그러나 그녀의 어머니가 죽고 막내아들이 아홉 살일 때 그녀는 남편에게 그녀가 항상 원했던 딸을 갖겠다고 했다. 남편은 이 요구를 단호히 거부했다. 그녀는 그녀의 내부에서 일어나는 여러 가지 갈등에 대해 거의 15년 전부터 내게 털어놓고 있었는데, 그 과정에서 그녀가 야릇한 복수심 끝에 만들어낸 회심의 책략을 고백했다. 그녀는 여동생이 없다는 사실이 아들들에게 좋지 않은 영향을 줄 것이라는 걱정을 하면서 아이들이 여자의 몸을 보지 못하게 했다. 그리고 그녀는 그 생각만 해도 행복하다고 내게 말했다. 그 아이들을 위험에서 보호하기 위해 산다고 말하던 그녀는 몇 달 전, 자신이 생각하기엔 그것을 위해 가장 간단한 방법을 발견했다고 했다. 즉, 몇 달 전부터 그녀는 아이들을 모아놓고 자신이 생리대를 바꾸는 것을 보게 한다는 것이다.

이 남자아이들이 자신들의 내부에 반복적으로 저장해둔 그 광경을 가지고 나중에 무엇을 할 것인가? 그들은 그들 자신의 성기와 여성의 성기가 가진 생리 체계나 해부 체계에 대해 아는 것을 가지고 무엇을 할 수 있을 것인가? 그들이 임상성의학론을 읽어봐야 무슨 소용이 있겠나?

또 다른 한 여성의 강박관념은 아들의 엉덩이에 난 홍진과 침식성 구진(érythème papulo-érosif)이 그의 페니스에 "회저(壞疽)를 일으킨다는" ─ 그녀는 이 용어를 거침없이 사용했다─ 것이었다. 내가 그녀의 말에 재미있어하는 반응도, 며칠 안에 그 상처가 완전히 나을 것이라는 내 약속과 보장도, 그녀를 안정시키지 못했다. 이틀 후 약속도 하지 않은 채, 내가 예상했던 경과에 대한 나의 의견을 알아보기 위해 그녀가 다시 왔을 때, 나는 이대로 놔둘 수 없다고 생각했다. 그렇게 해서 나는 그녀가 딸만 있는 집안의 셋째 딸이라는 것을 알게 되었다. 그녀의 언니들은 모두 딸만 각각 세 명, 두 명씩 두었다. 그녀의 어머니도 딸만 다섯인 집안의 셋째 딸이었으며 딸 다섯 중에 아들이나 손자를 가진 사람은 아무도 없었다. 외할머니의 여자 형제 네 명도 마찬가지였다. 그래서 그녀의 아들은 외가 쪽에서 약 100년 만에 처음 얻은 아들이었다! 그녀는 무슨 이유나 논리에서인지 모르지만 "어떤 질서를 어겼기 때문에 분명히 그에 대한 대가를 지불해야 한다는 느낌"을 가지고 있었다. 그녀가 무슨 대가를 지불하든 그녀에겐 상관없었다. 그러나 문제는 그녀의 아들이었다! 내가 오랫동안 관찰하면서 상담하고, 여러 가지 충고도 했으며, 그 사이에 여동생도 태어났지만, 부모들이 그 애를 너무 애지중지해왔기 때문에 도저히 참을 수 없는 상태가 되어 있었다. 학교 성적에 대해 걱정이 많았던 부모들은 내가 오래전부

터 권했던 가족요법을 수용했다. 하지만 나는 그 정도 치료로 오랜 과
잉 애정이 그 아이에게 남긴 주름을 펼 수 있다고 생각하지 않는다.

그녀의 아들이 그녀를 성가시게 하는 것인가? 아니면 그녀를 실망
시키는 것인가? 그녀는 명확하게 표현할 수 없었지만, 그녀가 아들
에 대해 "사랑을 느끼면서도 동시에 격렬한 감정을 느끼는 관계"라고
인정했다. 그녀는 어머니가 자식들 중에서 그녀를 가장 좋아한다는
것을 알고 있었지만, 그녀의 언니와도 단순하고 만족스러운 관계를
가지고 있었다. 그러나 그녀의 아들과는 달랐다. 그녀의 얘기를 들어
보니 그녀는 집안의 전통 속에 꼼짝 못하고 잡혀 있었다. 그녀의 친
할머니는 할아버지뿐만 아니라 딸 셋 다음에 낳은 외아들을 싫어했
다. 반면 그녀의 외할머니는 딸 둘 뒤에 낳은 아들을 애지중지하면서
딸들을 멸시했다. 그녀의 어머니는 자신을 버림받게 한 남동생에 대
한 복수로, 남편뿐만 아니라 아들들도 싫어했다. 그러나 그녀가 선택
한 남편의 어머니는 아들보다 딸을 선호해, 아들들을 남편에게 맡겼
다가 얼마 후 남편까지 버렸다. 그녀에게 문제가 되는 아들은, 이렇
게 여러 세대 전부터 그 집안의 여성들이 남성들에게 총을 쏘아대는
사격장에 서 있는 것 같은 상황이었다.

그녀는 상담하기 위해 나에게 온 것이 아니라, 도움을 청하러 왔
다. 그녀는 그녀의 어머니와의 소송에서 패했고, 그녀가 신청한 항소
심의 결과에 대해서도 비관적이었다. 그녀의 어머니는 성격상 두려
운 존재이기도 했지만, 정치적인 영향력을 가진 거물이었다. 주말을
외할머니와 보내고 온 아들이 한 이야기를 듣고 남편과 그녀가 다시

는 외할머니에게 아이를 맡기지 않겠다는 뜻을 전달한 후 사태가 돌
변했다. 나는 그녀의 이야기에 어느 정도의 신빙성을 두어야 할지 몰
랐다. 따라서 나는 조심스러운 태도를 취했다. 그러나 그녀의 오빠
들이 법원에 제출했지만 아무 소용이 없었던 서면 증언을 읽고, 나는
그녀의 편을 들게 되었다. 그 서면 증언에 의하면, 그들의 어머니는
아들들이 각각 열두 살, 열 살 무렵에 목욕탕에 여러 차례 데리고 가
서, 매번 다리를 벌려 자신의 성기를 보여주면서 아들 각각에게 이렇
게 말하기를 반복했다고 한다. "너희들이 여기서 나왔어. 하지만 이
제 너희들은 여기에 다시는 들어갈 수 없어!"

스스로의 정체성을 만들려고 시도했던 남성들의 생생한 사례들을
나는 많이 알고 있다. 나는 그들이 왜 자신의 생물학적인 결정인자
들을 뿌리치지 못하고 어머니가 가졌던 시각이나 어머니가 그들에게
강요한 시각에서 벗어날 수 없었는지를 보여줄 수 있다. 내가 임의적
으로 지어내는 것은 아무것도 없다. 많은 유명한 남성들이 그들의 모
험이라고 이야기한 것의 윤곽을 보여줄 뿐이다.

알베르 코헨은 어떻게 그의 어머니가 그를 숭배의 대상으로 만들
었는지에 대해 솔직하게 이야기했다.[1]

그는 어머니가 그에게 베풀어준 도움에 대해 이야기하면서, 작품
을 통해 그녀에게 감사와 경의를 표했다. 그가 여성의 정신 세계에
대해 엄청난 지식을 가지고 있다는 것을 보여주면서, 자살할 수밖에
없을 정도로 불가능한 사랑을 기획한 주인공 솔랄(Solal)의 캐릭터를

---

1) Albert Cohen, *Le Livre de ma mère*(어머니의 책), Paris, Gallimard, 1954.

완벽하게 만들어냈다는 것[2]은 우연일까?

알베르 카뮈는 알제리 전쟁이 한창이던 1957년 12월 12일 노벨문학상 수상식에서, 불의에 저항하는 참여 철학자의 입으로 서슴없이 이렇게 말했다. "나는 정의를 믿는다, 그러나 나는 정의 이전에 내 어머니를 지킬 것이다." 우리가 쉽게 찾아볼 수 있는 전기 이외에도, 그의 입장을 이해할 수 있는 것이 있다. 그의 사후에 발간된 작품《최초의 인간(Le Premier Homme)》인데, 이것을 읽어보면 예상과는 달리 형이상학적이지 않은 고백을 하게 된 복잡한 과정을 파악할 수 있게 된다.

로맹 가리는 어머니의 소망이 그의 운명에 부여한 무게를 가늠하기 위해 자서전적인 책에서 이런 이야기를 했다. "확실하게 하기 위해 지금 당장 말해두는 편이 낫겠다. 나는 오늘날까지 프랑스 총영사를 역임했으며, 프랑스 해방에 기여했고, 최고 훈장까지 받은 사람이다. 내가 입센이나 다눈치오가 되지 않은 것은 내가 노력하지 않았기 때문이 아니다."[3]

그가 그 책을 쓴 것은 어머니 때문이며, 로맹 가리는 어머니가 죽은 지 3년이 지나서도 그녀로부터 편지를 받았다는 것이 나중에 알려졌다. 그녀는 죽기 전에 200통 이상의 편지를 써서 친구에게 자기가 죽은 후 수년 동안 아들에게 부쳐달라고 부탁했다.

마르셀 프루스트[4]의 어머니와 앙드레 지드[5]의 어머니가 자녀들의

---

2) Albert Cohen, *Belle du Seigneur*(군주의 미녀), Paris, Gallimard, 1968.

3) Romain Gary, *La promesse de l'aube*(새벽의 약속), Paris, Gallimard, 1960, Folio 373, p.52.

4) Michel Schneiderm, *Maman*(엄마), Paris, Gallimard, 1999

5) Jean Delay, *La Jeunesse d'André Gide*(앙드레 지드의 젊은 시절), Paris, Gallim.ard, 1956. Jacques Lacan, *Écrits*(글), Paris, Seuil, 1966, p.739-764.

254

운명에 미친 엄청난 영향력을 파헤친 작가들도 있다. 파솔리니는 이
것을 시 구절로 간단명료하게 요약했다. "당신은 나의 어머니, 당신
의 사랑은 나를 노예로 만든다(Sei mia madre et il tuo amore è la mia schiavitù)."[6]

사례를 다른 나라로까지 확대해서 통계를 낸다면 어머니와 아들의
결합에서 나온 결론을 확인할 수 있을 것이다. 흥미 있는 것은, 이 인
물들이 훌륭한 경력을 가졌고 부러움을 받을 만한 성공을 거두었다
고 하더라도 ―그들이 성생활을 하긴 했지만, 처음 세 사람은 이성 성생활, 나중
세 사람은 동성애― 어머니를 배신할 수 없었기에 어머니에게서 멀리 떨
어질 수가 없었다. 이성 성생활을 한 사람들은 ―물론 자신들은 의식하지
못했겠지만― 우리들이 통상 말하는 '여자관계가 많은 남성'이었다. 그
들은 다양한 여성편력을 하면서도, 자신의 사랑을 강요한 어머니 이
외의 다른 어떤 여성에게도 깊은 애정을 느끼는 것을 스스로에게 금
지했다. 동성애를 한 사람들은 좀 더 철저하게 어떤 여성이든 여성의
사랑을 스스로에게 금지했다. 파솔리니는 내가 방금 인용한 시에서
이를 분명히 표현한다. "당신은 대체할 수 없는 존재입니다. 그래서
당신이 내게 준 생명은 고독이라는 형벌을 받았습니다." 레너드 번스
타인(미국의 음악가)은 좀 더 특이한 경우로 ―그러나 보통 생각하는 것보다
는 흔하다― 동성애를 하면서도 "여자관계가 많은 남성"이었다.

여기서 이런 인생의 모험들을 해석하기 위해 당연히 팔루스의 개
념을 도입할 수 있다. 이런 남성들은 평생 그들 어머니의 팔루스였다
는 사실에 동의할 수 있을 것이다. 이제 독자들은 내가 앞에서 여성

---

6) Pier Paolo Pasolini, "Supplica a mia madre(해석)", in *Le Posesie*(시), Milano, Aldo Garwanti, 1975.

들이 팔루스를 보유할 수 있다고 한 말을 이해할 수 있게 되었다.

이제 마리안이 마르쿠스를 그렇게 쉽게 잊을 수 있었다는 것을 이해할 수 있을 것이다. 마르쿠스가 가지고 있었던 팔루스는 그의 어머니의 팔루스였다는 것을 그녀가 이해하게 되었고, 남편의 나이 많은 애인을 발견하고 이를 재확인했다. 비극이 연출되는 곳은 이 악마적인 메커니즘의 가장 은밀한 부분이다. 언어보다는 예술에 의지해서 사는 예술가 마르쿠스는 11년 동안 마리안과 같이 살면서 오랫동안 그가 처해 있었던 상태에서 남모르게 벗어나려고 노력했다. 그는 이 나이 많은 애인의 도움으로 겉보기에는 성공했다고 볼 수 있었다. 그는 어떤 면에서 일부이처 상태였다. 아마도 그는 어머니가 그에게 부여한 상태를 벗어나기 위해서는 적어도 두 여성이 필요하다고 느꼈을 수도 있다. 남성들을 어머니로부터 좀 더 분리시키기 위해 여러 고대 사회에서 일부다처제를 공식화 한 것이 이런 종류의 직관이 아니었나 생각해볼 수 있다. 어쨌든 남편의 노력을 파괴하고, 남편이 도피하려고 한 상태로 다시 빠트린 것은 마리안이다. 이것은 마치 마리안이 '여자관계가 많은 남성' 다비드, 즉 어머니의 팔루스일 수밖에 없는 남성에게 애정을 줌으로써, 마르쿠스에게 그의 노력이 헛수고라는 것을 보여준 것과 같다. 한 어머니의 팔루스에서 다른 어머니의 팔루스로 헤매는 여정에서, 마리안이 '어떤 어머니의 팔루스가 된다는 것'의 의미를 감지하는 것은, 그녀 자신이 그녀 어머니의 팔루스이기 때문이라는 것을 알 수 있다. 이것은 영화의 장면 편집 과정에서 어디에나 있는 듯한 그녀의 어머니를 이따금씩 보여주는 것으로 절묘하게 암시하고 있다. 모든 여성에게 그런 것처럼, 마리안에게 애인을 하나 갖는다는 것은 그녀 자신과 어머니 사이에 마르쿠스에 덧붙여 한 사람을 더 끼워 넣는 것을 의미한다. 그러나 마리안이 다비드를 애인으로 갖는다는 것은 한 사람을 더 끼워 넣는다는 의미와 더불어 그녀의 어머니에게 충성심을 보이는 것과 같다. 그 이유는 이 모든 일이 브람스 사중주곡 리허설에서 그녀의 딸 이사벨이 그녀를 필요로 하지 않는 듯한 느낌을 받은 직후에 일어났기 때문이다. 이것은 딸이 그녀의 팔루스가 되기를 마리안이 원했다는 것을 암시한다. 이 이야기에서 얻을 수 있는 교훈은, 두 개의 팔루스가 만나서 결합하면 그들의 여정은 필연적으로 비극으로 끝난다는 것이다. 어머니들이 자식들을 그녀의 팔루스로 삼는 것을 언제 그만둘 것인가? 어머니들의 손을 불태우고 있는 팔루스를 아버지에게 주면 된다. 그러나 이것은 실현 가능성이 전혀 없어서 유토피아를 꿈꾸는 것이나 마찬가지일 것이다.

나의 분석이 정확하다는 증거는, 최근 불안정한 결합들이 증가한다는 사실이다. 남성은 그들의 주장대로 결혼이라는 계약이 필요 없을 정도로 확실한 사랑을 하기 때문에 결혼을 거부하는 것이 아니라, 그가 어머니와 맺은 오랜 관계가 자신도 모르게 그로 하여금 어머니 이외의 다른 여성에게 애정을 주는 것을 금지하기 때문이다. 나중에 보겠지만 여성도 같은 논리에서 어떤 남성을 위해 어머니에 대한 애정을 포기하는 위험을 부담하지 않으려는 태도를 취한다. 이는 역사적이나 사회적인 측면에서 전혀 우연이 아니다. 이런 형태의 결합이 가족이라는 세포 단위에서 아버지의 중심 역할이 약화되고 나서 출현했다는 것이 이를 증명한다.

아래는 며느리와 시어머니 사이의 대화인데, 젊은 여성이 결혼을 하지 않고 동거만 하는 관계라고 하면 두 여성 사이가 어떨지 상상해 볼 수 있다.

— 당신은 그의 어머니지만, 나는 그의 부인이에요.

— 현재는 그렇지! 하지만 나는 영원히 그의 어머니야.


세상사를 이런 각도에서 보자면 돈 후안을 모델로 하는 사례들에 관심을 갖게 된다. 즉, 새로운 여성마다 —그는 어머니의 팔루스였고 지금도 어머니의 팔루스다— 어머니와 그 사이의 첫 관계를 강화해준다. 돈 후안은 모차르트의 오페라에서 분명히 말한다. "여자들과 그만두라고? 정신 나간 소리! 여자들과 그만두라고? 넌 알아? 내겐 여자들이 내가 먹는 빵보다 더 필요하고, 내가 숨 쉬는 공기보다 더 필요하다는 걸……, 그건 사랑이야, 한 여자에게만 변함없고, 다른 여자들에게는 잔인한 사랑." 이 자체가 어쩔 수 없는 바람둥이를 불안하게 만들 수도 있는 것이다. 왜냐하면 깊이 숨겨져 있던 관계가 드러나는 것과 동시에 환상 속의 큰 두려움도 되살아나기 때문이다. 그 두려움은 그의 아버지가 금지된 애정을 발견하고 거세로써 그를 벌하는 것이다. 이 환상은 다시 새로운 불안을 낳는데, 이 불안을 퇴치하는 방법은 새로운 성행위를 함으로써 그의 성기가 온전하다는 것을 확인하며 안도감을 느끼는 것이다. 하지만 이 안도감도 그 성행위를 하는 시간 동안만 지속된다. 성행위는 첫 관계를 되살리고, 다시 불안감이 되살아나고…… 이 모든 것이 악순환하면서, 그는 결코 이를 벗어날 수 없게 된다.

팔루스를 가진 어머니들의 아들들이 이성애자가 되거나 동성애자가 되는 것이 우연의 결과라고 추측할 수는 없을 것이다. 어머니들로부터 엄청난 애정을 받았다는 공통점이 있는 이런 남성들 중 누구는 이성애를 하고 누구는 동성애를 하게 되는가? 나는 이것이 그 남성들의 어머니가 어떤 성생활을 했는지와 관련이 있다고 생각한다. '여자관계가 많은 남성'의 어머니는 아들이 그것을 인지할 수 있을 정도로 여성으로서의 성생활을 수용하면서 살았을 것이다. 이것은 아들로 하여금 어머니가 그를 임신하는 순간 느꼈을 오르가슴을 이해하려는 시도를 하게 만들었다고 볼 수 있다. 동성애를 하게 된 아들의 어머니는 여성으로서의 성행위를 수용하지 못하고 마지못해 하거나 극도로 싫어했을 것이다. 이것을 인지한 아들은 자신도 모르는 사이에 다른 여성이 이런 경험을 하는 것을 원치 않게 된다. "성녀 같은 어머니에, 변태적인 아들이 있다"라고 라캉이 말하지 않았던가?

물론 우리들이 간혹 들을 수 있는 이야기들이나, 우리들 각자의 사연이나 행동에 대해 갖고 있는 인식은 내가 아주 간략하게 묘사한 그림에 꼭 들어맞지 않는다. 약간씩의 차이점들이 얼마든지 있을 수 있다! 사실 세상엔 작은 차이점들뿐이다. 추하게 살지 않고, 못난 몸매나 억압 관념을 가지지 않고, 스스로 행복하다고 생각하며, 탄탄한 가정을 세운 남성들도 많이 있다! 물론 고민하거나 스스로 의문을 제기하지 않는 남성들도 ―나는 나중에 그들의 공통적인 운명에 대해 논하겠다― 있다. 천만다행이다! 그러나 언젠가, 자신의 처지에 그렇게 만족했던 남성이 어느 정도 공개적으로 이 섹스에 관한 문제에 있어서 불안과 자유라는 상수(Constante)와 대치할 수밖에 없는 경우가 생긴다. 《아이즈 와이드 셧》의 주인공 하포드 박사를 다시 보자. 그는 의사라는 돈벌이 좋은 직업을 계속 영위하고, 가끔 대마초를 피우고, 부자이면서 변태적인 나이 많은 환자들의 요구를 잘 들어주면서 평생 남자아이

같이 지낼 수도 있었을 것이다. 더 이상 바라는 것이 없이 예쁜 아내와 그렇게 평온하게 잘살 수도 있었을 것이다. 그러나 한 가지 의문이 생기자, 그는 못 들은 척 할 수가 없게 된다. 그는 자신이 가까이 지낸다고 생각했던 괜찮은 사람들의 가장 중심이 되는 관심사를 발견한다. 영화의 마지막 장면에서 어쩔 줄 몰라 하는 그에게 그의 부인이 "그 짓(to fuck)"이라고 해결책을 제시할 때 우리는 그를 위해 다행이라고 생각한다. 지난 몇 세기 동안 남자들이 이런 해결책을 제의해줄 부인이 없었을 때, 그 답을 창녀촌에서 구했고, 그래서 매독이 창궐했다. 오늘날 훨씬 자유로운 성 풍속은 에이즈에 대한 두려움으로도 막지 못했다. 그러나 이 자유로운 성 풍속이 자신들이 가진 사연의 복잡한, 그리고 결정적 요인들에 빠져 있는 사람들의 성적 빈곤함을 드러내주지도 못했다. 불안감을 심하게 느끼는 사람들은 ─돈이 있기 때문에 포기하지 않는 사람들이라고 표현할 수도 있겠지만─ 코카인 가루를 코로 들이마시면서 이 상태와 투쟁한다. 이 점에서 마약 밀매 조직들의 앞날은 창창하다!

이 모든 것을 알고 나서, 어떻게 한 남성이 그의 성기를 편안하게 소유하며, 그의 페니스가 행사할 힘이 있다고 생각할 수 있나? 어떻게 그 남성이 그의 페니스를 포르노에서 통상적으로 묘사하는 방법으로, 그리고 성의학개론이 정상이라고 표현하고 에로틱한 책들이 묘사하는 방법으로, 사용할 수 있다고 생각할 수 있나? 팔루스가 그에게 전달된 사연에 의해 모든 것이 전복되었는데도 그렇게 생각할 수 있단 말인가?

내가 몇 달 전부터 치료했던 천식에 걸린 세 살 반짜리 여자아이의 아버지가 격렬한 어조로 내게 했던 말을 들으며 놀랐던 것을 아직도 기억한다. 그와 처음 대면했을 때, 나는 자기 자신 속에 웅크리고 있는 그를 보면서 어떻게 그토록 성적 매력이 풍부한 여성을 배우자로 가졌는지 궁금해했다. 그와의 대면이 내게 아이의 증상 뒤에 숨어있는 불안감을 이해할 기회를 주었기 때문에, 나는 그가 온 것에 대해 감사를 표하고 아이의 병에 대한 그의 의견을 물었다.

그는 거의 내 얼굴에다 대고 큰 소리로 말했다. "이 아이의 엄마 탓이죠, 다 아이 엄마 탓이에요!" 내가 반응을 보이기도 전에 그는 계속해서 말했다. "나는 아이 엄마가 아이한테 무슨 짓을 했는지 알 수 없어요. 하지만 분명히 무슨 짓을 했을 거예요. 그녀는 머리에 떠오르는 일을 행동으로 옮기는 데 전혀 구애받지 않아요. 한계를 넘어서는 일도 마찬가지예요. 그리고 아이에게 뿐만 아니라 나한테도 그런다구요!"

그의 반응에 놀란 나의 표정을 보더니, 그는 책상 너머로 몸을 숙여 남자끼리 할 이야기를 한다는 듯이 분노에 찬 목소리로 말했다. "아이 엄마가 어떤 짓을 할 수 있는지 아세요? 그리고 그걸 정상이라고 생각한다구요! 그 여자를 그냥 봐서는 몰라요. 정말 상상도 못하실 거예요! 아이 엄마가 선생님 말씀은 잘 들으니, 선생님이 말씀해주세요! 잠자리에 들어서, 이 더러운 여자가 나한테 무슨 짓을 하는지 아세요? 내 성기를 입안에 넣어요! 정말 기가 차요! 그리고 내가 더럽다고 얘기하면, 그녀는 '아니 괜찮아, 좋아!'라고 대꾸해요. 정말 기가 차죠, 선생님!" 이 장광설을 끝낼 무렵, 그의 얼굴은 정말 구역질이 난다는 표정이었고, 그는 진저리를 치기까지 했다.

내가 그에게 성교육용 책자를 한 권 권하지 못한 것이 유감이다!

# 모든 것이 시작되는 갑작스런 두려움

내가 언급한 작가들이나 제시한 사례들을 통해서, 나는 아들의 미래에 대한 어머니의 책임, 그리고 지나치거나 이롭지 못한 영향에 대해서만 언급했다. 마치 아버지는 존재하지 않는 것처럼! 이상하게 들리겠지만 이 남성들에겐 적어도 단어의 기능적인 의미로서의 아버지는 존재하지 않았다. 정자를 가지고 있기 때문에 생식을 가능케 한 남성들은 있었지만, 이들은 어머니가 아들에게 부여한 미래에 대해 어떤 방법으로도 개입할 수 없고, 아들의 어머니로부터 개입을 허락받지도 못했다. 이것들이 과연 극단적인 사례들일까? 일반적으로 생각할 수 있을 만큼 극단적인 경우들이 아니다. 인간의 역사를 들여다보면, 자식의 운명에 기여하는 아버지의 역할이 과거에도 매우 중요했고 현재도 얼마나 중요한지 알 수 있다. 그리고 이것이 대단히 어려운 일이라는 것 역시 알 수 있다. 나는 아버지의 이러한 역할은 아들의 탄생에 기여한 것보다 더 중요하다고 본다.

아들이든 딸이든 자식들의 운명에, 아버지가 어떤 면에서 부재한다는 것인가?

어머니를 상대적으로 볼 수 있게 할 가능성이 있는 아버지가 부재함으로써 자식들은 그들의 어머니에 대해 엄청나게 크고 무시무시한 두려움을 갖게 되고, 이 두려움이 그들을 평생 따라다닌다. 이미 언급한 바와 같이 발기의 메커니즘에 개입하는 이 엄청난 두려움이 ─이 두려움은 반복된다─ 지적 능력을 갖춘 작가들에게까지 그들 존재의 방향을 한 치도 바꿀 수 없게 만들었다. 이 두려움이 한결같은 강도를 유지하며 언제라도 쉽게 나타날 수 있다는 것을 인식하기 위해서, 이 두려움은 어떤 노력을 하더라도 없앨 수 없을 정도로 크고 깊이 파묻혀 있다고 상상해볼 수 있다. 그리고 이 두려움은 처음 만들어진 상태를 유지하며 정신세계의 깊숙한 곳에 자리 잡고 있어 아무리 노력해도 그곳까지 미칠 수 없다. 신생아의 성장 과정에서 말을 하기 이전에 생겼기 때문에 '시원적(始原的, archaïque)'이라는 수식어가 붙는 이 두려움은, 어떤 언어도 미칠 수 없기 때문에 그것을 몰아내거나, 완화시키거나, 변경할 수 없다. 그 증거로, 내가 아주 높이 평가하는 사람들도 ─개인적으로 여러 명 알고 있다─ 여러 해 동안 정신분석을 받았지만 여전히 '여자관계가 많은 남성'이나 동성애자로 남았다. 다음의 예로 이것을 설명할 수 있다. 블라디미르 그라노프는 재능이 많고 유능했지만(7개 국어를 능숙하게 구사했으며, 30세 이전에 파리 정신분석학회의 교수요원이 되었다), 65세였던 1989년에 크게 화가 나서 어머니에게 이런 편지를 쓰게 되었다.

"어머니는 내가 1959년 이후 낭테르 시립병원의 소아정신과 과장이라는 사실을 아시나요? 어머니는 내가 전문가인 영역에 대해 아무것도 모르면서 옛날처럼 그렇게 자신 있게 말할 수 있냐구요?"

내가 인간의 존재에서 가장 큰 사건이라고 주장하는 이 두려움은 성별에 구분 없이, 무슨 짓을 하든 예외 없이, 모든 신생아들에게 생후 7~9개월 사이에 사소하지만 공포스러운 일이 연이어 일어날 때 자리 잡는다. 이 시기는 감각이 예민해지기 시작하고, 인식 능력이 다듬어지며, 동작이 조정되기 시작하고, 자신을 의식하기 시작하는 시기이다.

이것은 일정한 시나리오에 따라 진행된다. 신생아는 어떤 이유로든 어머니를 부르는데, 어머니는 어떤 이유에서든(샤워를 하고 있든지, 전화를 하든지, 우편물을 찾으러 갔든지 등의 이유로) 즉각 대답을 하지 못한다. 이런 사건들이 반복되면서 신생아는 자신이 성숙하지 못했다는 무서운 인식을 희미하지만 아주 새롭게 하게 된다. 그는 자기 나름대로 이렇게 생각한다. 지금까지 살아 있었던 것처럼 계속 살아 있기 위해서 어머니에게 의지했듯이, 어머니는 자기를 살려두지 않겠다고 작정하면 살려두지 않을 수도 있다. 그는 그가 죽을 수 있는 목숨이라는 것을 혼란스럽게 인식하고, 이 인식을 어머니라는 사람에게 집중시킨다. 신생아는 어머니가 무슨 짓을 하든 어쩔 수 없으므로, 어머니에게 무시무시하고 비이성적인 "막강한 힘"을 부여한다. 그는 어머니에게 계속 정다운 감정을 가지면서도, 그녀에 대해 자신을 거의 마비시킬 정도의 갑작스러운 두려움을 가지게 된다. 그는 이 두려움에 대항해 싸울 수단도 확신도 없지만 자기 나름대로의 "막강한 힘"을 행사해본다. 즉, 손에 닿는 것이면 무엇이든 바닥에 떨어뜨려서 어머니에게 줍게 함으로써 그녀를 시험해보는 때이며, 이 변덕스러운 행동을 통해 어머니를 당황하게 함으로써 그녀에게 매달리는 것이다. 그러나 그가 무슨 짓을 하든, 이 두려움은 지속된다. 두려움의 정점은 '거울 단계'라고 불리는 9개월 무렵인데, 이때 극도의 불안감이 녹아내려 일종의 체념으로 변한다. 이 두려움의 강도는 여태까지 어머니가 아이의 필요성에 대응하는 자세의 적극성에 비례한다는 것을 지적할 필요가 있다. 즉, 언제나 보살핌을 받고 모든 필요성이 즉각 충족된 신생아는, 어머니의 생활 조건과 상관없이 필요성이 즉각 충족되지 않고 기다림이라는 것을 경험해본 신생아보다 훨씬 더 큰 두려움을 가질 것이다. 이런 이유에서 요즘처럼 자식들을 애지중지하며 기르는 것은 —나는 이런 자식 숭배 이념을 배척한다— 죽음에 대한 두려움이 엄청난 자리를 차지하는 '강박적인' 정신구조를 가진 인간들을 양산하게 된다.

그 강도가 어떠하든, 이렇게 무서운 존재인 어머니가 —주변에 어슬렁거리는 존재, 즉 나중에 아버지라는 것을 알게 된 이상하고도 친근한 존재가 있는 자리에서는— 기적적으로 훨씬 덜 무서워진다는 것을 알게 될 때, 이 두려움은 어느 정도 수정된다. 그런데 신생아가 어머니를 그렇게 느끼기 위해서는, 아버지가 그녀에게 중요한 존재이며 그녀가 어떤 행동이나 결정을 할 때 마음대로 하는 것이 아니라 아버지의 의견을 상당히 수용한다는 것을 아이에게 느낄 수 있게 해주어야 한다. 이것이 내가 아이들의 행동과 그 행동이 병적으로 전환되는 과정을 관찰하면서 아버지의 역할에 대해 —아이가 아주 어린 시절— 내리게 된 가장 간단한 결론이다. 라캉이 "내장으로 느끼는 천재"라고 칭찬했던 영국의 정신분석학자 멜라니 클라인(Melanie Klein) 역시 유아 치료를 위한 접근에 대한 그녀의 모든 이론을 —어머니일 수 있는— "나쁜 대상"이라는 개념에 기초를 두고 있다.

결국 어머니는 어머니란 조건만으로 어느 정도 '나쁜 대상'이 될 수 있다고 주장할 수 있게 된다. 그리고 이는 결국 허수아비 아버지 때문이다. 아버지의 조건은 오늘날 훨씬 더 악화되었다는 것을 짐작할 수 있다. 이것은 남성이 어느 시대든 어디서든 여성을 두려워한다[1]는 증거이기도 하다. 남성은 정도의 차이는 있지만 항상 여성에 대한 두려움을 가지고 있다. 이것은 인정되는 바이지만, 우리들은 이것이 욕망의 역학에 미치는 잠재적인 영향을 충분히 이해하지 못하고 있다. 그러나 덜 인정되었을 뿐만 아니라 일반적으로 숨겨져 있는 것이 있다. 여성도 정도의 차이는 있지만 언제나 여성을 두려워한다는 것이다. 결국 여성은 남성에게 두려움을 주는 만큼 여성에게도 두려움을 준다는 것이다.[2] "여성은 여성의 적이다, 남성처럼 그리고 남성만큼이나"라고 골리아다 사피엔자라는 여성 인사가 말했다.[3] 그런데 이런 두려움의 존재를 이해할 수 있는 유일한 방법은, 아주 오래 전부터 묻혀 있는 두려움, 즉 우리들이 처음 알게 된 여성인 어머니에 대한 두려움에 연계시키는 것이다.

---

1) Jean Cournut, *Pourquoi les hommes ont peur des femmes?*(왜 남자들은 여자들을 두려워하는가?), Paris, PUF, 2001.

2) 여성들의 행동과 두려움에 대한 고찰 중에 내가 젊었을 때 인상 깊게 읽었던 작자 미상의 인용문이 기억나는데, 이 두려움에 대해 잘 이해할 수 있게 한다: "남자들은 남자들과 우정으로 살고, 여자들은 여자들과 우정을 흉내 내고, 여자들은 남자들과 우정을 위험으로 무릅쓰고, 남자들은 여자들과 우정을 날조한다."

3) Goliarda Sapienza, *L'Art de la joie*(즐거워지는 방법), Paris, Viviane Hamy, 2005.

# 두려움에 대처하는 지능적인 전략

남자아이가 어머니와 갖는 열정적인 관계를 묘사했을 때, 나는 이 두려움에 대처하는 전략에 대해 아무것도 암시한 바가 없다. 그건 사실이다. 그 이유는 내가 묘사한 관계가, 그 이전에 무섭게 여겨졌던 모든 것에 조절이 가능해질뿐더러 억제도 가능해지기 시작하는 시기에 해당되기 때문이다. 그리고 남자아이가 선택하는 사랑의 길은 아마도 이 억제를 완벽하게 하고자 하는 욕망이라고 설명할 수 있다. 이 행동은 그냥 나온 것이 아니다. 단순히 성적 충동이 격해졌다는 것만으로 설명될 수 있는 성장의 한 단계도 아니다. 이것은 진정한 전략에 의한 작전이다. 많은 경우 결과적으로 효과가 없는 작전이긴 하지만, 상당히 지능을 동원한 것임을 인정해야 한다.

어머니에 대한 남자아이의 애정이 나타나는 것, 즉 프로이트 이래 '오이디푸스 단계'라는 용어로 지칭되는 것이 자리 잡기 시작하는 것은 이 어린아이가 두려움을 갖고 있기 때문인데, 이 두려움은 매우 영리하고 형이상학적인 속성을 지닌 모든 아이들이 예외 없이 떨쳐버리고자 하는 것이다. 이 아이가 성공할 가능성은 정확하게 이 두려움의 강도에 비례한다.

이 남자아이가 어떻게 하는가를 살펴보자.

그는 그가 잘되기를 바라는 어머니의 성향에 대해 아무런 의심도 갖고 있지 않다. 그리고 어머니는 그에게 변함없이 그렇다는 것을 보여주고 있다. 그러나 아버지가 곁에 있든 없든, 아이는 그전에 겪었던 악몽 같은 일이 다시 생겨 자신이 잘되기를 바란다는 어머니의 바람이 중단될 수 있다는 두려움에 사로잡혀 있다. 따라서 아이가 내린 결론은, 자신이 어머니에게 잘 보이면, 어머니는 자신이 잘되기를 바랄 수밖에 없다는 것이다. 그래서 아이는 모든 수단을 동원해서 어머니를 유혹하려 할 것이다. 아이는 이 목적으로 그가 겪은 여러 단계의 ―입, 항문, 페니스― 성적 충동을 이용할 것이다. 아이는 자신도 페니스에 애착을 갖고 있기 때문에 그렇게 하면 사랑받을 것이라고 확신하면서 이를 적극 이용할 것이다. 아이는 자신이 주도한 이 행동에 확신을 갖고 있기 때문에 이 페니스를 죽음에 대항할 수 있는 가장 확실한 방어 장비로 생각한다. 이것은 추후 그의 성적인 몸짓을 형성하는 데 기여할 뿐 아니라 살아가면서 이 기관에 최고의 중심성을 부여하기 때문에, 페니스를 잃는 것이 죽음과 같다고 생각하게 된다. 이 이유에서 라캉파의 정신분석 전문가들은 "죽음에 대한 불안"이라는 표현보다는 "거세에 대한 불안"이라는 표현을 쓴다.

이런 상태로 몇 년을 보내다가, 어느 날 남자아이는 어머니란 존재가 그에게 금지되었다는 것을 알게 된다. 그래서 포기한다. 가벼운 마음으로 포기하는 것이 아니라 자신을 거세하기까지 할 수 있는 아버지에 대한 두려움 때문에 할 수 없이 포기한다. 아버지에 대한 새로운 두려움은 어머니에 대한 옛 두려움을 어느 정도 완화하거나 대체하게 된다. 이 남자아이가 어머니를 포기하고 어머니에게서 멀어지게 할 수 있는 것은 어머니뿐이다. 문제는 어머니가 동의해야 한다는 것이다! 즉, 어머니가 자신의 한계를 스스로 위로하기 위해서, 또는 아이가 바라는 만족을 주지 못하는 것에 대한 용서를 받기 위해 아이를 더 애지중지해서는 안 된다는 것이다. 어머니가 아이에게 가하는 욕구불만에도 불구하고, 그녀가 아이의 모든 것이며, 그녀 또한 아이에게 모든 것을 주는 목적밖에 없다는 인식을 심어주는 것을 포기해야 한다. 왜냐하면 어머니가 아이로 하여금 계속 그런 환상을 갖게 만들면, 그녀는 아이가 빠져들 수 있는 근친상간을 포기하지 못하게 하기 때문이다.

아버지에 대한 두려움과 어머니의 건전한 행동 덕분에 종의 법칙을 벗어나지는 않았지만, 어머니에 대한 이성 차원의 사랑을 키움으로써, 남자아이는 커서 어머니와 가장 닮은 여성을 찾겠다고 스스로에게 약속하면서 위안을 삼는다. 이 모든 것은 아이의 내부에서 언제든지 깨어날 수 있는 기억의 흔적으로 남을 것이다. 그가 나중에 이와 똑같은 감정을 느끼면서 금지된 여성에게 끌려 간통을 하게 되는 것은 결코 우연이 아니다.

이런 오이디푸스 과정이 언제나 일시적인 것이며 남자아이가 성장하면서 조만간 끝나는 것이라고 생각하는 것은 잘못이다. 내가 언급한 작가들의 사연은 오이디푸스 과정이 얼마나 오랫동안 —영원할 수도 있다— 작용할 수 있는지를 보여준다. 이는 결코 유별난 이야기가 아니다. 왜냐하면 그들은 아버지가 없었거나, 아버지가 있었더라도 어머니는 아버지에게 생식만 가능하게 한 사람의 지위를 부여하면서 아들과 어머니 사이에 개입하는 것을 금지했던 것이다. 이 모든 경우에 관계는 다만 두 사람의 모험이며, 이 모험에서 어머니는 전혀 중립적이지 않다.

어머니가 아이에게 ―남자아이든 여자아이든― 보이는 초기의 격렬한 애착은 내가 상당히 장황하게 묘사한 모험의 논리를 따른다. 아이는 어머니의 배 속에 있었고, 어머니는 아이가 사는 데 필요한 모든 것―온기, 보호, 산소, 영양분―을 주었다. 어머니는 감각 기능을 가진 아이의 뇌에 그녀와 의사소통을 하는 데 필요한 모든 것―그녀의 목소리와 냄새를 아는 것, 그녀가 먹는 음식 맛을 알 수 있는 것, 그녀의 움직임을 알아차리는 것, 그녀를 시각을 통해 볼 수 있게 하는 것―을 제공했다. 어머니는 아이의 우주다. 어머니는 아이의 생명의 근원이다. 어머니는 아이의 내부에까지 확장되어 있는 생명의 근원이다. 두려움이 정착하는 단계 직전까지, 아이는 어머니를 그렇게 인식할 것이며, 그의 안전과 생존에 기여하는 모든 것이 어머니로부터 왔다는 것을 인정할 것이다.

아이는 살면서 이 궤적을 따라 앞으로 나아간다. 그러나 마지못해 전진하며, 어머니에게서 눈을 떼지 못하고, 그녀에게로 완전히 돌아가는 환상까지 갖는다. 어머니에 대한 환상이 지나쳐 어머니에게로 녹아버리는 것을 바라거나 그녀 안에 존재하기를 바란다. 열정적인 상태에서 어머니와 자신을 구별하는 기관, 즉 성기를 희생할 수도 있다고 생각하기에 이르는데, 이를 "시원적 환상(始原的 幻想, fantasme archaïque)"이라고 부른다. 그러나 아이는 이 기관이 자신의 고유한 정체성의 기반이라는 것을 알고 금방 몸을 움츠린다. 아이는 한때 고려했던 경솔한 생각을 번복하고, 이 다음에 어머니처럼 되겠다는 약속으로 대체한다. 그러나 애석하게도 이미 너무 늦었다. 그는 하마

터면 그의 성기를 뺏길 뻔했다는 것을 너무 잘 이해하고 그것을 자신이 가진 가장 중요한 기관으로 인식하며, 그때부터 그 기관에 강박적인 주의를 기울이게 된다. 그 기관을 마음 편하게 가지고 있을 수 없는 그는 그것이 언제든지 위협받을 수 있다는 환상을 갖게 되기도 한다. 딜레마에 빠진 그는 강제성이 있는 이 법에 반항하지만, 이 법을 어기는 데는 너무 큰 위험을 감수해야 한다. 그는 조용히 그의 아버지를 증오하게 되는데, 아버지는 잠재적으로 그를 거세할 수 있으며, 어머니를 향한 시선을 돌리라고 명령할 수 있으며, 본연의 삶으로 돌아가라고 명령할 수 있다. 그 명령이 아무리 논리적이라고 하더라도, 그의 인생의 끝에서 죽음에 몸을 던지지 않을 수 없다는 것을 알 때, 어떻게 그가 사물을 다르게 느낄 수 있을까? 뇌 속에 흔적으로 남아 있는 두려움이 파묻히기 시작할 때 어머니에 대한 환상이 강력한 사랑으로 변하여 그 이후 그가 하는 모든 사랑의 모태가 될 것이다. 그는 오이디푸스 과정에서 주저 없이 그것을 어머니에게 보이는데, 이것은 파묻히기 시작한 두려움을 더 깊이 파묻기 위한 것이다. 최선의 경우, 그는 아버지 덕분에 결국 어머니로부터 멀어져 마침내 허락된 여성을 찾을 것이다. 그때서야 그는 그 여성을 만날 것이다. 왜냐하면 그가 찾은 여성은 뇌의 후각 영역이 보관하고 있던 페로몬(phéromones) 냄새의 화학적 흔적 —이것은 지문과 동등한 가치를 가진다— 때문에 선택한 것이다. 자기 자신은 모르지만 동물들이 코로 발자취를 찾아가는 것처럼 흔적을 찾아간 것이다. 이것이 내가 이 장의 초반에 창세기 구절(2:22-24)을 인용하면서 '회귀하는 모험'이라고 불렀던 이유이다.

그러나 그는 이 길고 험난한 여정에서 결코 혼자가 아니었다. 결코 그를 버릴 수 없는 어머니가 그와 같이 있다.

그녀가 생명을 주고, 그녀를 자신이라는 세계의 중심으로 만든 존재에 그녀는 무관심할 수 없다. 그런 특권을 물리치는 것은 미쳤거나 기이한 이유가 있기 전에는 불가능하다. 이런 교류가 항상 만족스러운 것이 되기 위해서 모든 것이 완비되어 있다. 그녀의 새로운 지위에 걸맞게 그녀에 대해 무한한 애정을 갖고, 그녀를 위로하고, 그녀의 욕구 불만을 채워주고 모든 모욕에 대한 복수를 해주고, 지금까지 거부되었던 힘을 주는 존재를 ―남자아이의 페니스가 약간의 밀도나 구체성을 팔루스의 개념에 부여하는 것을 다시 알 수 있다― 그녀의 손이 미치는 범위 안에 두게 된다. 이렇게 종의 법칙을 무시하며, 그녀가 전혀 개의치 않는 아버지의 명령을 어기며, 남자아이 주변에 그녀가 그를 평생 동안 가둬놓고 있을 수 있는 칼집이나 무한대로 늘어날 수 있는 가상적인 자궁을 만들게 된다.

왜, 그리고 어떻게 두 사람에게 그토록이나 만족스러운 상황이 끝날 수 있을까?

사실 그런 상황은 절대 끝나지 않거나, 끝나더라도 매우 드문 경우다.

강약의 변화는 있지만 어머니나 자식에게 그런 상황은 평생 계속된다. 내가 앞에서 말한 바와 같이, **여성의 몸과의 어떤 만남이라도, 만나는 순서에 상관없이, 재회의 성격을 띠며 이 여성에게 두 번째 자리를 주는데, 첫 번째 자리는 어떤 방법으로도 떼어낼 수 없는 어머니가 변함없이 차지하고 있기 때문이다.** 그러나 내가 앞에서 사례를 든 작가들에게는 이 첫 번째 자리가 너무 컸기 때문에 다른 어느 누구도 끼어들 여지가 없었다. 그렇다고 해서 그런 어머니들이 다른 여성의 접근을 완전히 금지하는 것은 아니다. 그러나 그런 접근은 어떤 경우라도 이 아들이 그런 여성이 지속적으로 정착할 수 있게 허락하지 않을 것이다. 로맹 가리의 이야기는 불을 보듯 명확하다. 그의 어머니는, 앙드레 지드의 어머니와는 정반대로, 계속해서 아들이 자기를 가장 멋지게 유혹하는 남성이 되라는 명령을 내렸다. 그는 아들이 어머니에 대해 성욕을 느낄 수 있다는 주장을 하는 정신분석에 대해 신랄한 공격을 퍼부었다. 그는 그의 어머니에 대해 성욕을 느낀 적이 없다고 주장한다. 모든 정신분석 전문가들이 그의 말을 부정하지 않겠지만, 사실 그런 욕망은 충분히 억제되어 어떤 추억에도 남지 않을 수 있으며, 일련의 전이에 의해 비슷한 여성들에게 자리를 내줄 수 있다.

내가 하고 있는 것처럼, 모든 사연에 적용될 수 있는 논리를 찾다 보면, 내가 모든 어머니들에게, 특히 내 어머니에 대한 원한을 푼다는 비난을 —그런 비난이 처음이 아니다— 할 사람들도 있을 것이다. 나는 그런 비난에 대해 대응하지 않겠다. 다만, 내가 다른 모든 글에서 매번 주장하고 강조한 것을 다시 한 번 말한다. 즉, **어떤 어머니든 그녀 스스로가 선택한 사연의 산물이 아니기 때문에, 이성이 내린 결론에 동의하면서 그녀가 원하는 대로 의식적으로 행동할 수 있는 자유는 없다.** 그녀에게 어떤 비법을 주든, 어떤 충고를 하든, 그녀는 그녀의 사연이라는 필터를 통해서, 그리고 그 사연이 그녀로 만들어낸 필터를 통해 그 비법이나 충고를 받아들일 수밖에 없다. 여성이라고 하더라도 그녀의 어머니가 주는 메시지들을 모아두는 그릇에 불과할 수밖에 없으며, 이 메시지들은 여성이라는 특수한 생물학적 메시지들과 부딪치며, 여성의 조건에 있어 특징들을 부여한다.

　이것을 인정한다면, 내가 발견하고자 하는 법칙을 해독하는 길에
들어선 것이다.

# 6부

# 여성의 조건

"여자는 대리석! 단단하고, 밀도 높고, 변형시킬 수 없는 대리석. 여자는 대리석, 영원한 대리석. 시냇물 위에 떠있는 것을 주웠을지라도."
－『민간전승의 아포리즘』

# 유일함

나는 여성의 조건에 대해 쓰는 데 내가 당초 생각했던 것보다 훨씬 오랫동안 고민했다는 것을 거리낌 없이 고백한다. 내가 남자이기 때문에, 여성의 조건은 나의 조건이 아니며 남성의 조건보다 훨씬 복잡한 주제임을 알고 있었다. 여성의 조건을 논하긴 했지만, 앞에서 남성의 조건에 대해 쓴 것보다는 결핍감이 많을 수밖에 없을 것이다. 왜냐하면 여성의 조건에 대해 이미 발간된 책들을 읽고 그 주제에 대해 심사숙고해서, 나름대로의 주장을 펴는 데는 한평생을 다 바치더라도 모자라기 때문이다. 예를 들어, 라캉은 남성(L'homme)과 여성(UNE femme)을 항상 대비하면서, 남성에는 정관사를 쓰고, 여성에는 부정관사를 썼다. 그 이유는 남성에 관한 것은 어느 정도 일반화하는 것이 가능한데, 여성에 관한 멀고 가까운 모든 것은 여성 한 사람 한 사람의 특수성을 고려하지 않을 수 없기 때문이라는 것이다. 여성의 조건에 대해 운운한다는 것은 어느 정도 일반화한다는 것이며, 이것은 우리가 원하든 원치 않든 각 여성이 가진 특수성의 차원을 배반하는 것이다.

아울러 라캉은 여성을 "남성의 증상(le symptôme de L'homme)"이라고 지칭하면서 그 명제의 상호성이나 대칭성은 묵시적으로 배제했는데, 남성은 여성의 증상이 아니며, 결코 그렇게 될 수도 없기 때문이다.

라캉이 증상에 부여하는 위치를 이해하지 못하면, 모든 것이 근거가 없어 보이고, 아주 불투명해 보인다. 라캉은 무의식이 현실, 상상, 상징이라는 세 가지 요소를 가지고 있다고 전제하면서, 일찍이 정신 심리의 여러 가지 과정에 보다 효과적으로 접근하는 방법을 제안했다. 그는 이 세 가지 요소를 세 가지 원으로 묘사했는데, 이 원들은 매듭으로 서로 연결되어 있고, 한 매듭이 풀어지면 다른 두 매듭도 연결되어 있을 수 없는 것이다. 수년 후 그가 이미 많이 다루었던 증상에 대해 다시 논할 때 네 번째 원을 추가했는데, 최초 세 개 원들의 결합을 더 공고히 하거나 더 지속되게 할 수 있는 매듭으로 연결시켰다. 여성을 "남성의 미래"라고 했던 시인과는 달리, 라캉은 여성은 남성에게, 평생 동안 그리고 인생의 어떤 단계에서도 필수적이라고 말한 것이다.

정관사와 부정관사의 대비를 인류의 역사(L'Histoire)와 개인의 사연(UNE histoire)에 적용시켜볼 수 있겠다. 전자는 당연히 인간의 모든 업적을 바탕으로 만들어진 것이며, 후자는 역사를 만드는 데 참가하는 개인이 개별적으로 가지고 있는 자신의 사연으로, 그 기원이 하나 또는 둘일 수 있지만 항상 한 여성, 즉 어머니에게서만 전수받는 것이다.

이런 주장에 대해 의아해하는 독자들도 있을 수 있다. 내가 이런 종류의 전수에서 어머니가 차지하는 특별한 위치에 대해 자세히 설명하지 않았기 때문이다.[1] 임신 기간 중 태아의 뇌에 자리 잡은 의사소통의 감각계수가 어머니를 모든 전수의 중추적인 인물로 만드는데, 남자아이든 여자아이든, 아버지의 사연조차도 어머니를 통해서만 전수될 수 있을 정도다. 이 점에서 모든 개인은, 남자든 여자든, 어머니 자신이 의식하지 못하는 상태에서 어머니가 가진 사연의 요소들을 자동적으로 전수받게 된다. 어머니가 아버지를 개입시키지 않을 경우, 잘해봤자(최선의 경우) 그 개인은 외다리로 전진하게 된다. 여기서 내가 '잘해봤자'라고 표현한 이유는, 쓸데없다고 간주되는 아버지의 사연에 접근할 수 없었기 때문에 불완전하게 되어 버린 아이들은 사지가 절단된 사람처럼 전진할 것이기 때문이다. 물론 우리의 복지사회는 이 사람들에게 휠체어를 제공하겠지만! 어머니로부터 아버지의 사연을 조금이라도 전수받은 아이는 다리를 절면서도 다른 아이들보다는 빨리 전진할 것이다. 어머니 덕분에 두 부모의 사연을 모두 전수받은 아이는 똑바로 전진하며 자기 나름대로의 선택을 한다고 생각할 것이다. 왜냐하면 내가 앞에서 보여준 바와 같이, 어머니가 적극적으로 개입하는 오이디푸스 단계를 무난히 넘겨야, 어머니가 아버지에게 완전히 부여하는 지위 덕분에 신생아 때 가졌던 여성에 대한 피할 수 없는 두려움이 완화되고 참을 만해지기 때문이다. 일반적으로 정신분석도 이렇게 생리학적으로 이루어질 수 있는 복원 가능성을 추구하는 것이다. 이렇게 진행된 치료요법은 그 사람으로

---

1) 나는 이전에 출판된 『아버지들과 어머니들』에서 이것에 대해 자세하게 설명했다. 내가 부모들에게 설명할 때는 이해를 돕기 위해 이미지를 사용한다. 즉, 어떤 아이에게는 어머니가 1킬로미터가 넘는 터널의 저쪽 끝에서 속삭이는 소리도 들리지만, 아버지의 말은 고성능 스피커를 아이의 귀에다 가져다 대도 거의 들리지 않는다는 것이다.

하여금 어머니가 충분히 전수하지 않은 아버지의 사연의 시니피앙을 찾아 자기 것으로 만들 수 있게 해준다.

내가 건축가의 다림줄에 비교했던 법칙으로 다시 돌아오겠다. 이 법칙은 자신의 사연과 마찬가지로 다른 사람들의 사연을 제대로 읽을 수 있게 해준다. 의사소통을 주재하는 엄격한 구조에 의해 우선 다음을 확인할 수 있다. 즉, **어떤 개인에게 생기는 모든 유감스러운 일은, 그 개인의 성별이나 나이에 상관없이 부모들의 두 가지 사연에 대한 비대칭적인 접근과 상당히 명백하고도 직접적인 관련이 있다고 볼 수 있다.** 그런데 어머니가 이 접근이 이루어지게 했든 안 했든, 혹은 불충분했든, 그와 어머니 사이의 관계에서 일어나는 모든 것은 어머니의 사연으로부터 그에게 주어지고, 그가 차지하는 위치에 일어나는 모든 것과 마찬가지로 어머니의 사연 자체와 관련이 있는 것이다. 많은 정신분석 전문가들, 특히 프랑수아즈 돌토[2]는 어떤 환자가 가진 정신병의 정확한 원인을 찾기 위해 그 환자의 사연을 3대까지 거슬러 올라갈 수도 있음을 보여주었다.

이것이 모든 여성에게 —특히 어머니가 될 때— 책임을 부여하는데, 여성이 이 책임을 너무 무거운 것으로 느끼고 강력하게 항의하며, 이 책임에서 완전히 벗어나고 싶다고 말하는 경우가 얼마나 많은가! 내가 그런 말을 하면, 여성들은 자신들에게 죄의식을 느끼게 하기 위한 재판이라고 소리치며 거부한다. 거기서 대화를 단절하지 않고, 대화를 더 명확하게 이끌어갈 수 있는 뉘앙스를 설명하고, 참을성 있게

---

2) Françoise Dolto, *Le Cas Dominique*(도미니크의 사례), Paris, Seuil, 1966.

논리를 제시하면, 여성들은 책임감과 죄의식의 차이를 볼 수 있게 된다. 차를 운전하는 사람은 그 차에 탄 승객들에 대해 책임감을 느끼지만, 선험적인 죄의식은 느끼지 않는다는 비유로 여성들을 설득할 수도 있다. 그렇게 해서 그 여성에게 생기는 변화를 보고 설득에 성공했다고 추측할 수도 있다. 그러나 여성의 노력이 필요한 상황이 벌어졌을 때, 그녀는 그 상황을 새로운 방법으로 관찰하고, 심사숙고하고, 판단하고, 주저 없이 맡아서, 그녀가 찾은 독특한 해결책이 채택되도록 하기 위해 단호하게 투쟁하는 것을 볼 수 있다. 일단 일종의 거래를 하게 되었기 때문에, 여성이 남성에게 필수적인 증상이라는 것을 사전에 인식하고, 여성이 차지하는 본질적인 위치의 중요성에 비해, 그 여성이 그물 형태의 필터를 만드는 데 쓰는 실의 색깔이나 형태, 질감은 크게 중요하지 않다고 자기 스스로에게 말하는 것처럼 보인다. 그러나 여성들이 자신들 내면에 보관하는 모든 것은 다른 어떤 사람이나 다른 어떤 여성의 것도 아닌 그 여성 자신의 특성과 모양을 닮은 그물 필터를 통과해서 전수될 것이다.

그녀의 의지는 정말 감동적이었다. 태어날 때부터 귀가 먹었기 때문에 입술의 움직임을 읽어서 의사소통을 했다. 상대방의 입술 움직임에만 시선을 집중시키고 대화하는 것은 특이한 경험이다. 그녀는 활달했고 보기 드문 유머감각을 지니고 있었다. 우리는 서로에게 호감을 가지고 있었다.

어느 날 그녀는 태어날 때부터 내가 진료했던 여덟 살짜리 아들을 데리고 와서, 학교 성적이 부진한 이유를 찾고 싶어 했다. 내가 알아본 결과, 아버지가 직장 일 때문에 주중에 집에 없고 주말에만 오기 시작한 시기부터 성적이 떨어졌다는 사실이 확인되었다. 그런데 그때부터 그녀는 침대의 남편 자리에 아들을 재웠다는 것이다. 내가 그렇게 해서는 안 된다고 자세히 설명을 했을 때, 그녀는 달리 방법이 없다고 했다. 밤중에 세 살짜리 딸아이가 그녀를 찾을 때 누군가가 자신을 깨워줘야 한다는 것이었다. 나는 필요한 경우 아들이 어머니의 방으로 와서 엄마를 깨울 수 있음을 강조하면서, 아들이 아버지의 자리를 그렇게 차지하는 것이 아들에게 좋지 않다고 설명했다. 그녀는 내 설명에 열렬히 감사를 표하고 진료가 끝났을 때 아들에게 이렇게 설명했다. "애야, 지금까지 했던 것처럼 계속하지만, 아빠한테는 얘기하지 말아야 한다."

# 비장함

여성의 조건에 대해 글을 쓰겠다고 생각했을 때 내 머릿속에 제일 먼저 떠오른 단어는 "비장하다"라는 것이었다.

내가 오랫동안 의사 생활을 하면서 상대해온 여성의 조건은 내게는 아주 비장한 조건으로 여겨졌다.

사람들은 내가 지나친 평가를 한다고 생각할 수도 있다. 그 이유로는 우선 내가 접촉한 사람들이 모두 어머니들이었다는 점에서 그렇다. 그다음으로 "비장하다"는 형용사는 우리가 중대한 상황에서 중요한 역할을 하는 것을 지켜본 마거릿 대처나 힐러리 클린턴, 앙겔라 메르켈, 로랑스 파리조(프랑스 경제인 연합회 회장-역주)같은 여장부들에게나 적용되는 단어라고 말할 것이다. 첫 번째 이유에 대한 나의 반론은 그것이 어머니들에게 여성이 될 수 있는 가능성을 거부하기 위한 이상하고 의심스러운 균열을 조장한다는 것이다. 두 번째 이유에 대한 반론은, 여장부들이 정치·경제적인 무대에서 차지하고 있는 위치로 인해 그녀들이 여러 가지 막중한 일을 하지만, 그녀들도 다른 여성들과 똑같은 여성의 조건을 가지고 있다는 것이다. 이와 마찬가지로, 나는 이 글에서 직장을 가진 여성들과 그렇지 않은 여성들을 구분하지 않는다. 왜냐하면 이 차이는 현실이라는 영역에만 영향을 미칠 뿐 내가 탐구하고자 하는 조건에는 전혀 개입되지 않기 때문이다.

여성이 어떤 부문이나 어떤 장소에서 자신의 잠재력을 발휘하든 간에, 여성은 언제나 정열과 사랑을 갖고 열심히 그 일을 한다는 사실을 나는 주장해왔다. 여성은 언제나 '감내'해야 했고, '감내'하고 있다. 여성을 바라보면 여성은 그녀를 둘러싸고 있는 신비의 두께를 더하게 하는 이 고집스러운 결단력을 가지고 감내하고 있음을 볼 수 있는데, 여성에게 시선을 던지는 남성은 일반적으로 그녀에 대해 아무것도 이해하지 못하며, 여성에게 시선을 던지는 여성은 그녀와 같은 조건을 가지고 있기에 그녀에 대해 어느 정도의 통찰력을 가질 수 있다고 여겨진다.

여성은 해부학적인 성기가 몸 전체로 공간화된 하나의 은유이다. **남성은 자신을 드러내는 페니스를 자랑스럽게 과시하지만, 여성은 은근함, 비밀스러움, 신비 속에서 움직인다.** 이 최상의 비밀스러움은 욕망이나 오르가슴을 표시하는 데도 그대로 적용된다. 오르가슴에 대해 어떤 개념을 가질 수 있는지를 보여주기 위해, 라캉은 오르가슴을 논한 책의 표지에 베르니니가 조각한 성녀 테레사 상의 사진을 넣었다.[1] 황홀경에 빠진 성녀는 주름이 많이 잡힌 헐렁한 옷을 입고 있다. 그 아래에 여성들의 눈에도 보이지 않고, 여성들도 수치스럽게

---

1) Jacques Lacan, Encore, Séminaire XX(다시 한 번, 세미나 XX), Paris, Seuil, 1975.

생각하는 성기를 가졌는지 추측할 수도 없다. 여성들도 자신들의 성기를 추하게 여기기 때문에 남성들이 그것에 대한 역겨움을 잊게 만들기 위해 육체의 아름다움을 가꾸는 데 그렇게 정성을 들인다는 말도 있지 않은가!

여성들이 스스로에게 던져온 질문들이 오랫동안 답을 얻지 못한 것이 사실이다. 수천 년 동안 사람들은 통상적으로 이 성기에 다소곳이 베일을 씌우고 생식 기능만을 부여했다. 달리 표현하자면, 어느 날 남자로부터 수태를 위한 정액을 받아, 일정 기간이 지난 어느 날 그 수태의 결실을 돌려주는 기능을 말이다. 아직도 인류 중 상당수가 이 반론의 여지가 있는 진실을 신봉해, 여성들을 미천하고, 잠재적으로 악마적이지만, 불행하게도 번식에만은 필수적인 존재로 간주하지 않는가? 어린 왕자와는 반대로 눈에 보이는 것만 본질적인 것이라고 생각하면, 여성의 몸에서 우리의 눈에 가장 먼저 띄는 것이 젖을 먹이는 유방이기 때문에 여성의 역할을 출산에 한정시킬 가능성도 있다. 생태학자 데즈먼드 모리스가 유방을 "앞쪽에 있는 엉덩이"라고 하면서 성적인 미끼로 간주한 것[2]은 우리들이 세상에 태어난 직후 유방과 가졌던 관계의 흔적을 숨기기 위한 말로 보인다. 그리스 신화에서 여성의 성기를 보임으로써 악마들을 물리쳤다는 이야기가 자주 등장하는 것은 극단적인 남성적 세계관에서 나온 결과이며, 단지 시각만을 고려한 것이다.

---

2) Desmond Morris, *Magie du corps*(육체의 마술), Paris, Grasset, 1986.

# 시각을 넘어서

그러나 다른 시각으로 보면 그것은 무엇이 될 수 있는가? 이 다른 시각이란 넓은 의미의 시각으로, 다른 많은 부위들도 가지고 있는 감각의 효과에 시각과 시각에 반영되는 것을 연계한 것이다.

넓은 의미의 다른 시각은 몇 십년 전에 겨우 시작된 말이나 글에서 성기의 존재를 추측하게 해주는 정도인데, 아직 모든 사람들이 이해할 수 있는 언어로 표현되지 못했다. 따라서 가야 할 길은 멀고 경사가 심할 뿐만 아니라 아주 미끄럽기까지 하다!

아주 최근까지도, 여성들의 세계관이나 다른 사람들과의 관계, 인생, 성적 환상, 여성의 성기, 남성의 성기, 성적인 모험담에 대해 여성들 쪽에서 남긴 기록은 거의 전무한 실정이다. 반면 남성들 쪽에서는, 문자가 발명된 이후 수많은 언어로 그런 것을 주제로 쓴 글이 넘쳐난다. 그 방면에 조예가 깊은 사람들만 아는 몇 가지 예외들을 제외하고는, 그 부문에 존재하거나 여성들의 작품이라고 하는 것들은 모두 남성들이 자신의 상상력의 산물을 여성에게 투영한 것에 불과했다. 이런 조심스러운 여성들의 태도는 아주 오랫동안 그런 방면에 여성들이 접근하는 것을 금기시하는 풍속 때문이었다고 볼 수 있다. "착한 여성은 쾌락을 모른다"라는 격언이 통용되던 시기에 '착한 여성'이 감성이나 감각, 특히 성적인 감각에 대한 것을 논한다는 것은 상상하기 어렵다. 그러나 나는 오직 그것 때문이라고 생각하지는 않는다. 그것은 내가 "여성 각각의 특이성(singularité)"이라 부르는 것에 기인한다고 본다. 자신만 가지고 있다고 느끼는 특이성, 스스로를 금지된 사람으로 만드는 특이성, 그 독특함을 다른 사람들이 감지하지 못한다고 느낀다면 그 주장을 포기하게 만드는 특이성. 왜냐하면 그녀와 대화를 시도했던 다른 어떤 사람들의 말이나 글에도 그녀는 동의하지 않을 것이기 때문이다. 중복되는 표현이지만 나는 이 특이성이 여성을 일반화할 수 없는 개체로 만드는 것이라고 본다. 이 여성 개체는 필요한 것들을 기록하고, 자기 것으로 만들고, 내가 앞에서 말한 자신만의 필터가 가진 역학에 따라 신진대사를 일으키는 수많은 메시지가 합류하는 지점이다. 여성들에게 우선적으로 자신의 메시지를 전달하고자 했던 카트린느 미예를 보자. 어떤 방법으로든 그녀의 말을 듣거나, 그녀를 따라 행동한 여성이 몇이나 될까? 그 중에는 그녀의 책을 읽지도 않고 공개석상에서 그녀를 모독한 여성들이 또한 얼마나 많은가? 한 여성이 다른 여성의 비교적 자유분방한 행실을 신랄하게 평가하는 것은 자주 볼 수 있지 않은가? 한 여성이 다른 여성의 태도를 병적으로 억제하고 있다고 평가하는 것을 자주 볼 수 있지 않은가? 한 여성이 다른 여성에 대해 예측하기 힘든 놀라운 반응을 보이는 것은, 평가하는 여성이 아무 기준 없이 자기 나름대로의 성향에 따라 다른 여성을 평가한다는 사실에 기인한다. 각 여성이 가진 특이성을 인정하는 것은 여성들의 면모를 모르고 하는 소리라는 비난을 받을 수도 있음을 나도 알고 있다. 그것은 유행이나, 의상, 향수, 화장에도 있지 않은가? 같은 옷을 입고, 같은 향수, 같은 머리 스타일, 같은 화장을 한 여성 두 명이 파티에서 만났다면 이는 두 사람 모두에게 비극이 되지 않겠는가? 같은 상품이나 서비스를 제공한 상인들에게도 마찬가지로 비극이 될 것이다. 우리들이 실제로 "남성은 그것만 생각한다"는 말에 동의한다면, 각 여성이 성에 대해 어떤 생각을 하는지에 대해서는 아무것도 모른다. 다만 어떤 여성도 그것을 고백한 적이 없기 때문에, 여성이 느끼지 않는다고 할 수는 없다는 사실만 빼고. 남성들에겐 한편으로 마음을 놓게 만드는 확신이지만, 다른 한편으로는 짜증스러운 확신이다. 이 확신이 없다면 남성들에게는 이 세상이 참을 수 없이 싱겁게 느껴질 것이다.

1954년, 장 폴랑(Jean Paulhan)이 서문을 쓴 폴린 레아주(Pauline Réage)의 『O양 이야기(Histoire d'Ô)』가 발간되었다. 당시 내 또래의 젊은 세대들에게는 대단히 충격적인 사건이었다고 기억된다. 이 책은 외설로 낙인 찍혀 이내 판매 금지되었지만 몰래 유통되었는데, 현실감 있는 포르노였다는 이유가 아니라 —그런 정도의 책은 얼마든지 있었다— 단지 여성이 썼다는 이유에서였다! 그 후 40년이 지난 1994년, 실제 저자는 장 폴랑의 애인이며 안 데클로(Anne Desclos)라는 필명으로 갈리마르 출판사에서 저널리스트 활동을 하던 도미니크 오리(Dominique Aury)였다는 사실이 밝혀졌다. 이 작품이 미친 영향을 측정하기는 어렵다. 항상 얌전한 여성들은 그녀들이 억제하고 있는 많은 것들에 대해 이 작품이 어떤 영향을 미쳤는지에 대해 아무 반응이 없었고, 남성들은 쾌감에 대한 여성의 진정하고 공개적인 욕망이 마침내 인정되고 자세하게 ―좀 이상한 방법이긴 했지만― 묘사되었다는 사실로 묘하게 죄의식에서 해방되는 것을 느꼈다. 남성들은 그때까지 그들의 배우자들이 가정을 가질 수 있다는 바람이나 언젠가 어머니가 될 수 있다는 바람 때문에 할 수 없이 그들의 욕구에 응해준다고 생각했으나, 이제는 자신들만이 억제할 수 없는 욕망의 노예들이라는 생각에서 벗어났다. 오늘날에는 우스꽝스럽게 보일 수 있는 상황이지만, 당시의 의식과 풍속에 대한 일반적인 태도는 그랬다.

수십 년 사이에 세상이 변해서 많은 여성 작가들이 경험담이나 고백의 성격을 띤 작품들을 발표했지만 역설적으로 큰 반향을 일으키지 못하고 있다. 왜냐하면 우리는 그런 작품들에서 전체를 파악할 수 있는 최소한의 상수도 아직 발견하지 못했기 때문이다. 많은 출판사에서 여성들이 썼다는 포르노에 가까운 작품들을 출판했지만, 이 작품들이 여성들의 느낌에서 나온 것이라고 생각하며 즐길 남성 독자들을 대상으로 한 속임수가 아니라고 확신할 수 없다. 수십 년 전부터 성공을 거두고 있으며 최근에는 더 노골적인 시리즈도 추가된 할리퀸 시리즈의 "장미의 수액(à l'eau de rose)" 편을 살펴보면, 여성은 구체적인 묘사나 너무 강하고 노골적인 이미지보다는 꿈을 꾸듯 희미하고 상당히 로맨틱한 작품들을 아직도 좋아하는 것으로 보인다. 생텍쥐페리가 말한 것처럼, "여성은 삭막한 해변에서도 파란 외투를 걸친 왕자님 비슷한 것이 나타나기를 기다린다"[1]라는 것이 사실인가? 그렇지 않으면 여성이 시각보다는 소리에 더 민감하기 때문에 과시

---

1) Antoine de Saint-Exupéry, *Citadelle*(성채), Paris, Gallimard, 1948.

적이고 폭력적인 언어보다는 은근하고, 희미하고, 애무 같고, 미묘한 언어를 일관되게 선호하는 것인가? 언젠가 써야 하는 전략에 필수적인 신비감을 적절하게 유지하기 위한 것인가? 여성이 겁먹지 않도록 남성이 여성과 가지고 싶어하는 관계의 확장성을 지혜롭게 소화한 것인가?

나는 나와 친분이 있는 여성이 이 확장성을 이용한 사례를 기억한다. 인적이 없는 시골길을 가다가 좁은 다리로 건너야 하는 강물에 도달했을 때, 저쪽에서 남자 두 사람이 오고 있는 것을 봤다. 그녀는 그 남자들이 자신을 괴롭힐 의도가 있음을 느꼈다. 그녀는 도움을 받을 데가 전혀 없다는 것을 알고 위험을 의식하면서 앞으로 나아갔다. 두 남자들에게 이르렀을 때 그녀는 기발한 생각을 실천에 옮기는 용기를 발휘했다. 두 남자 사이에 왔을 때 두 손으로 각 남자의 사타구니를 움켜잡았더니, 남자들이 깜짝 놀라 줄행랑을 쳤다고 한다! 그녀는 이 행동으로 적극적인 남성과 소극적인 여성의 역할을 바꿨을 뿐만 아니라, 어릴 때 확립된 무엇인가를 건드렸던 것이다. 즉, 남자아이는 근친상간을 무릅쓰면서까지 어머니가 반응을 보이지는 않을 것이라는 것을 확신할 때만 어머니에게 자신의 욕망을 표현할 수 있다. 같은 이유에서 여자아이는 그녀의 은근한 제의에 아버지의 반응을 희망하지만, 그녀가 어머니에 대한 애정을 가지고 있는 한, 아버지의 반응을 정말 기대하지는 않는다는 것이다.

그러므로 서로서로 철저하게 다른 여성들의 다양성으로 내가 그녀들에 대해 이야기한 것을 모두 부정하더라도, 그것은 수긍할 만한 일이다. 이 여성 개체들의 다양성은 남성들뿐만 아니라 여성들까지 어리둥절하게 만들었으며, 그중에서도 가장 통찰력 있고 관심이 많은 사람들만 그 여성들에게서 무엇인가를 이해하려고 노력한다.

　프로이트는 여성을 "검은 대륙"이라고 불렀고, 여성은 "다양한 형태의 변태적 성향을 보유하고 있다"고 주장하면서, "노련한 남자의 유혹을 받으면 모든 변태 행위에 취미를 갖게 되어 성행위를 할 때도 그것을 활용할 것이다"라고까지 말했다. 그의 예리한 주장에 대해 얼마나 큰 반향이 일어나고 반론이 제기되었는지는 이미 잘 알려져 있다. 그의 뒤를 이은 라캉은 그의 학파에 소속되어 있는 모든 여성 정신분석가들에게 여성에 대한 확고한 논리를 확립하도록 고무했다. 그러나 라캉은 1960년 9월 5~7일 암스테르담에서 열린 학회에서 프랑수아즈 돌토의 논문 발표를 듣고는 그녀에게 "정말 뻔뻔스럽다"라고 함으로써 그녀를 당황하게 만들었다. 몇 년 후에 라캉은 이렇게 썼다. "여성은 이 쾌감에 대해 아무것도 모른다. 여성들에게 무릎을 꿇고 빌며 ―최근에 여성 정신분석가들에게― 그것에 대해 얘기해달라고 애원했다. 그런데 사실상 아무것도 얻지 못했다." 그때 이후 정신분석에 대한 연구와 논문이 많이 발표되었고, 그 과정에서 여러 가지 모순되는 이야기들이 오고 갔다. 여자아이의 성장과정에서 나타나는 명백한 질의 경험에 대해 관심을 불러일으켜서[2] 팔루스 중심의 논리를 어느 정도 희석시켰을 뿐만 아니라, 일차적으로 치료의 기술적인 토대를 다지는 데 크게 기여했고, 부차적으로 남성들이 여성에 대해, 그리고 여성들이 여성 자신에 대해 좀 더 잘 이해하게 만들었다. 따라서 이런 종류의 지식은 아직도 지나치게 단순하고 강력한 이념적

---

2) Jqcqueline Schaeffer, *Le Refus du féminin*(여성의 거부), Paris, PUF, 1997.

논리에 귀속되어 있으며, 일반 잡지들이 이를 자주 다룬다.

내가 옵서버의 입장에서 말할 수 있는 것은, 이런 정보들이 내가 접촉하는 여성들의 관심을 끄는 경우에도 그녀들이 그 정보를 접하고 나서 충격을 받았다거나, 생각을 바꿨다거나, 조금이라도 감동을 받았다는 말은 들은 적이 없다는 사실이다. 마치 그 여성 각자가 그 정보들을 있는 그대로 받아들이고, 동료들이나 친구들, 파트너와 화제로 삼기도 하지만, 자신들과 조금이라고 직접적인 관계가 있는 것이라고는 생각하지는 않는 것처럼.

이 여성들은 각자가 쌓은 탑, 아무도 들어오지 못하고, 보지도 못하게 하는 탑 속에 갇혀 있는가? 그러나 그게 사실이라면, 어떻게 그런 태도를 선택하게 되었나? 어떤 경험 때문에 그런 결심을 하게 되었나? 어디서 어떤 기준으로 그런 선택을 취했나? 이런 의문들이 제기되는데도 여성은 그에 대한 대답을 상상할 수 있게 해주는 조그만 단서도 제공하지 않는다. 이런 의문들이 남성 쪽에서 나올 법도 하다. 왜냐하면 여성들은 누군가가 그런 의문을 제기하리라고 상상조차 하지 않기 때문이다!

# 임무와 법칙

그런데, 그것을 표현하지도 알아보지도 못하면서, 여성이 스스로 임무라고 생각하는 그것에 갇혀 있다면?

어떤 임무. 여성의 임무. 물론 무의식적인 임무이긴 하지만 임무는 임무다. 여성이 결코 배신할 수 없는 임무이며 명확하게 말할 수도 없는 ―명확하게 말하는 것은 배신에 해당된다― 임무다. 여성은 다만 그 임무가 복합적이며, 그녀의 모든 잠재력을 필요로 하는 임무라는 것을 암시만 할 수 있다. 내가 여러 차례에 걸쳐 여성의 필터라고 했던 것을 설명할 수도 있는 임무. 여성은 그녀에게 주어진 자리를 인정받기를 요구하며, 최선을 다했다고 인정받기를 열정적으로 요구하며, 딸, 여동생, 언니, 누나, 슈퍼우먼, 애인, 어머니, 친구, 비밀스러운 지인 또는 애인이 된다. 그리고 최선을 다한다는 고집스러운 욕망에서 여성은 체면보다는 성과를 중시하며 불확실한 동의를 기대하며 끝없이 결산한다.

여성은 시간이나 에너지를 아끼지 않고, 어려움 앞에서도 물러서지 않으며, 장애물에 부딪치며, 그녀가 가진 모든 수단을 동원해서 할 수 있는 최선을 다하고 나서, 평가를 받게 된다. 즉, 여성은 언제나 열심이고, 최선을 다한다! 그녀가 태어날 때부터 떠나지 못하는 속고 속이는 시장 같은 세상에서 늘 최선을 다한다. 무스타파 사푸안은 이렇게 말한다. "어머니에 대한 딸의 관계는 한 가지 의문을 둘러싸고 있다. 즉, 어린 딸은 어머니에게 무엇을 요구하는가? 분석 결과가 우리에게 가르쳐주는 것은…… 어린 딸은 **원하는 것이 없다**는 사실이다. 어린 딸을 짜증나게 하고 화나게 하는 것은 일반적인 모성에 덧붙여 어머니가 딸이 무엇이 필요하고 어떻게 해야 한다는 것을 다 알고 있다고 자부하는 것이다. 딸은 어떻게 해야 하나? 예쁘고, 영리하고…… 등등? 그러나 누구를 위해서? 결혼을 하고 자식을 낳아야 한다? 딸에게는 중요하지 않은 일이다. 딸의 관심은, **이 모든 것이 그녀에게 주어지는 것은 도대체 어떤 결핍감에서 나온 것인가를 아는 것이다.**"[1] 그런데 그 어머니도 스스로 자문해봤음직한 이 의문에 대해 아무런 해답을 얻지 못했지만, 양쪽 집안의 모든 선대 여성들이 법의 기억만 영원히 존속하는 일종의 망각 속에 빠져서 그랬던 것처럼, 그녀는 과거에도 최선을 다했고, 지금도 최선을 다하고 있다. 이렇게 충실하게 최선을 다한다는 것은, 여성이 한 남성의 현실, 상징, 상상에 연결되는 고리로서의 증상이 될 수 있다는 사실을 설명한다. 동시에 이 최선을 다한다는 것이, 그녀가 형성하는 막강한 반대 권력을 암시하며, 그녀가 애써 관심을 두지 않으려고 노력하는 여러 가

---

1) Moustapha Safouan, *La Sexualité féminin*(여성의 성욕), Paris, Seuil, 1976, p.118-119.

지 술수에 대해 완전한 권력을 가지고 있지 못하다는 유감도 암시한다. 시간과 기억에 대한 특이한 관계를 만들 정도로 망각이 무력하게 만들려고 하는, 회귀가 가져올 고통이 강조하는 영원하고 진을 빼는 토론. 시간이나 기억이 증언하는 지속적인 것보다는 순간에 더 애착을 갖는 것처럼 여성 특유의 관용이 —여성들은 쉽게 용서한다고 한다— 거기에 뿌리를 두고 있다고 한다. 여성들이 결과를 빨리 얻는다는 사실 때문에, 그녀들이 "여성의 일"이라고 불리는 것에 능하다는 것을 알 수 있다. 즉, 청소로 어질러진 것을 금세 깨끗이 치우며, 다림질로 금방 주름을 없애며, 아이에게 먹을 것을 주어 금방 울음이나 배고픔을 해결한다. 남성들은 시간에 대한 자신의 인식을 구성하기 위해 쉴 새 없이 기억하지만, 여성들은 순간이라는 것을 영원에 아주 편안하게 기대고 있는 시간이 발산되는 것으로 생각하기 때문에 기억하기보다는 쓰는 것으로 생각한다.[2]

프로이트가 말한 "다양한 형태의 변태적 성향"으로 돌아오면, 여성 각각이 특수하다는 것은 종의 법칙에 대한 변태적인 사람들의 경우와 같다고 생각할 수도 있다.

변태적인 남성들은 —변태적인 여성은 없다고 오랫동안 주장되어 왔다— 이 법칙을 인정하지 않으며, 이 법칙을 우회하거나 무시했다. 아마도 아주 오래 전부터 구조적으로 모든 여성들이 —종의 법칙을 모르지는 않았

---

2) '남성'을 뜻하는 히브리어 단어 'ZaKHoR'는 '기억'이라는 뜻도 가지고 있고, '여성'을 뜻하는 'NeKeVa'는 '구멍'을 뜻하기도 한다. 이와 관련한 탈무드에 대한 한 토론에서 내린 결론은, 문제의 '구멍'은 '기억의 구멍'으로서 여성들이 생리라는 생물학적인 시계를 가지고 있기 때문에 자신들의 내부에 시간을 기록하는 기억을 굳이 가질 필요성을 느끼지 못하기 때문이라는 것이었다.

지만- 종의 법칙에 의도적으로 거부감을 표시해왔다. 이것이 각 여성을 독특하게 만드는 것이며, 표시하는 거부감에 정도의 차이만 있을 뿐, 언제나 할 수 없이, 압력이나 위협을 받아가며, 종의 법칙에 부분적으로 따랐다는 것이다. 여성은 사방에서 압력을 받아 종의 법칙을 채택할 수밖에 없게 되어, 형식적으로 겨우 따랐기 때문에, 그것은 여성 특유의 깊고 특이한 성향을 바꾸지 못한 것처럼 보인다. "망각과 기억"의 변증법에서, 법칙의 기억을 유지시키기 위해 노력하는 주변의 압력과 투쟁하기 위해, 각 세대의 여성들은 다음 세대에게 망각을 권했던 것처럼 보인다.

이것은 여성의 행동과 태도에서 오래전부터 풍기던 것인데, 그 상황이나 보는 사람에 따라 역설적으로 경멸과 동시에 측은한 감정을 자아내게 했다. 그러나 그것에 대해 여성 자신은 할 말이 없는 경우가 많다! 종의 법칙을 따르는 남성들이 여성들의 이런 행동에 대해 아무런 대책을 강구할 수 없어 낙담하는 것도 이 때문이다. 또 이 때문에 자극을 받은 남녀 정신분석 전문가들이 여성의 성욕에 대해 의문을 갖고, 여성이 성욕을 유지하는 체질과 유형의 성격을 이해하려고 노력했다.

항상 수다스럽다고 비난받는 여성들이 이 체질에 대해 침묵을 지키는 것이 이상하지 않은가? 여성들이 침묵을 지키는 것은 사실이다. 그러나 여성들의 해부학적 특징과 생리학적 특징과는 철저하게 조화를 이루는 여성 나름의 언어가 남성들에게는 들리지 않는 것으로 보이며, 이 이유에서 남성들이 이를 비난하는 것으로 보인다. 우리가 엄밀하게 여성적인 성향을 이해하려면, 여성에게 그 성향에 대해 이야기시키려고 할 것이 아니라 독특한 각 여성들의 행위와 몸짓에서 표현되는 것에서 그 체질을 찾아나가야 할 것이다.

이 침묵을 인간들 사이에 있는 통상적인 의사소통의 문제로 치부하고, 여성들도 남성들의 언어를 듣지 못한다고 반박할 수도 있을 것이다. 이것은 사실이 아니다. 즉, 여성들은 자신들을 남성들에게 이해시키지는 못하더라도, 남성들의 언어는 통상 잘 이해한다.

모차르트의 오페라 《돈 조반니》 2막 6장에서, 체를리나는 돈 조반니에게 얻어맞은 남편 마제토에게, "어떤 약사도 만들 수 없는, 모든 통증을 없앨 수 있는 처방을 내가 가지고 있는데 그것을 남편에게 주겠다"라고 은유적으로 말한다. 그녀는 그것을 할 수 있으며, 그것을 할 만반의 준비를 갖춘다. 그녀는 자신이 저지르려고 하는 배신, 즉 멍청한 남편이 비난할 수 있는 배신을 잊게 할 수 있는 최상의 수단을 자신 안에 가지고 있다는 사실을 이해했다.

다른 여성은 감동적인 말투로 파트너에게 이렇게 말한다. "당신이 내게 몸을 붙이고, 나라는 여자를 안으면, 나는 우리가 계속 살아 있기 위해서 변화시켜야 하는 것을 기억하고 그것을 두려워하지 않도록 당신을 도와주겠어요."[3] 이 여성이 이렇게 간곡하게 권유하는 것의 의미를 이해하는 데는 대단한 지식이 필요하지 않다. 그녀는 파트너가 기대하는 쾌감을 제공할 뿐 아니라, 그와의 관계에서 만들 자식들에게 그녀의 사연을 전수해줌으로써 언젠가 죽을 수밖에 없는 그 남성에게 조금이라도 위안이 될 수 있는 영원의 한 조각을 주겠다고 제안하는 것이다. 그 여성이 이렇게 말할 때는 그녀의 기억과 심장,

---

3) Goliarda Sapienza, *L'Art de la joie*(즐거워지는 방법), Paris, Viviane Hamy, 2005.

지능만으로 하는 것이 아니라, 그녀의 유방과 성기, 배, 창자로 말하는 것이다. 그녀의 이 말 한 마디 한 마디에는, 구구절절 달려 있는 그녀 몸의 부위들을 가지고, 문제의 그 임무를 철저하고 끈질기게 최선을 다해서 수행하려는 뜻이 담겨 있다.

독특한 여성 하나하나가 다 이렇다. 그렇게 자비로운 행위의 수혜자가 되는 것에 행복한 애인들은 스스럼없이 그것을 행하고 갖은 수단을 다 동원해서 그것을 요구할 것이다.

그러나 왜 여성들은 임무라고 생각하는 것을 그렇게 고집스럽게 수행하고 최선을 다하는 것일까? 여성들이 거기서 무엇을 얻을 수 있다고 기대하는 것일까? 어렸을 때 그 여성들은 어머니들이 그녀들을 위해서 하고자 원하던 것 중에 아무것도 요구한 적이 없다. 그녀들이 상징적인 부채로 생각했던 것을 청산하고, 그녀들이 상상했던 자유를 되찾기 위해 임무를 마감하기를 원했던 것일까? 이렇게 함으로써 그녀들은 어머니에게로 돌아와서, 동의를 얻고, 마침내 멀어질 수 있을 것이라고 생각한 것일까? 어떤 악마적인 매력이 그녀들로 하여금 이렇게 뒷걸음질을 치게 하고, 그녀들을 갑자기 그녀들의 세계에서 끌어내는가? 어떻게 그녀들은 그렇게 어렵게 빠져나온 심연에 다시 회귀할 위험을 택했을까?

그녀들이 의미심장한 선을 넘어 한 발자국을 내딛을 때, 그녀들은 별 생각을 하지 않으며, 그녀들에게는 배우자의 말도 전혀 들리지 않는다.

예를 들어 아이가 여성들에게 특별한 지위를 차지하거나, 제3자가 여성들의 인생에 들어오거나, 이 두 가지 일이 동시에 일어나는 경우에 그런 일이 일어날 수 있음이 알려져 있다. 한 가지 또는 두 가지 요소가 발생하면 여성들의 가능성들이 갑자기 넘쳐서, 그때까지 ―
임무를 수행하기 위해 큰길을 똑바로만 가다가― 전혀 상상조차 하지 못했던
샛길에 들어설 수밖에 없게 된다. 여성들이 원하든 원치 않든, 무엇
을 하든, 그때까지의 행동과는 상관없이 거기에 빠져들 수밖에 없다.
여성들이 임무를 배신하는 경우를 상상할 수는 있겠지만, 실제로 이
임무는 그때까지 그녀들의 존재 이유였기 때문에 결코 배신을 실제
로 행동에 옮기지 못할 것이다!

"어머니가 제게 말씀하셨죠. '남자는 아무래도 좋아. 남자는 중요
하지 않아. 언제든지 바꿔버릴 수 있거든. 중요한 건, 애야, 아이뿐이
란다.'" 이렇게 말한 여성은 내가 진료하던 아이의 친할머니였다. 그
녀는 아들과 며느리가 아이를 데리고 올 때 종종 함께 왔다. 나는 이
런저런 사연 듣기를 좋아하기도 했고, 세대들의 운명에 중요한 위치
를 부여하기 때문에, 그녀의 이야기를 계속 듣고 싶어했다. 그녀의
어머니는 아버지에게 버림받았다고 했다. 그리고 보니 그녀의 이야
기는 그녀에 대한 그녀 어머니의 사랑의 표현으로 들렸다. 이 부채의
무게를 더 무겁게 하지 않으려는 듯이 그녀는 어머니와 비슷하게 그
녀의 남편과도 깊은 관계를 갖지 않았다. 그러나 이런 이야기를 하면
서 며느리에게 남편을 우습게 봐도 된다는 뜻으로 비칠 것을 우려한
나머지, 그녀는 덧붙여 말했다. "그러나 내 아들은 정말 좋은 애라 분
명히 내 며느리가 손자만큼이나 사랑할 거예요." 이렇게 말하는 것
은, 그녀의 어머니가 그녀에게 준 임무가 어머니와 딸 사이에서만 유
효하고, 시어머니와 며느리 사이에서는 유효하지 않다는 것을 강변
하는 것이다. 그래서 그녀는 딸이 아니고 아들을 낳았나? 그 말을 하
기 위해서 진료 때마다 며느리를 동반했나? 그녀에게 그 말을 하게

298

하기 위해서 아들은 그녀가 동반하는 것을 묵인했나? 선대가 망각을 권고했던 종의 법칙을 상기시키는 교류장치를 보게 되었다. 이 할머니의 어머니가 혈통의 계승에 남성들을 배제한다고 말했지만, 이 할머니는 —그녀의 어머니가 어머니와 딸 사이에 준 임무와는 달리— 그녀의 아들에게는 혈통을 부여할 수 있다고 며느리에게 말했던 것이다.

부부를 구성하는 파트너들이 각자 어머니와 유지하고 있는 관계의 강도와 성격에 따라 문제가 생길 수도 있다.[4] 왜냐하면 이 관계는 조정이 쉽지 않기 때문이다. 이 관계는 경우에 따라서 부부관계를 강화할 수도 약화할 수도 있기 때문에, 간통과 별개의 문제가 될 수 없다.


한 젊은 여성의 이야기를 들어보자. "제 친정어머니가 저더러 언제 남편 몰래 바람을 피울 작정인지 물으시기에, 전 그런 생각이 전혀 없다고 대답했어요. 어머니는 머지않아 그럴 기회가 올 거라고 우기시더군요. 전 그게 어머니하고 무슨 상관이 있느냐고 반발했죠. 어머니는 내가 바람피우는 일을 개인적인 복수로 생각하며 즐길 거라고 하셨어요. 사위가 3년 전 망년회에서 자기를 포옹하는 것을 잊는 결례를 했다는 데 크게 앙심을 품고 있다면서 말이죠."

---

4) 독자들은 내가 이 파트너들의 아버지에 대해 전혀 언급하지 않는 것을 이상하게 생각할 것이다. 내가 언급하는 어머니는, 아버지가 개입하더라도 전혀 변함없는 어머니이다. 얼마나 많은 아버지가 —아버지의 역할을 전혀 못하면서— 자식들에 대한 어머니의 행동을 그대로 배가시키는가! 어머니에게 아무 역할도 주지 않으며 전권을 장악한 아버지는 극히 드문데, 그 경우에도 결코 좋은 효과를 기대하기가 어렵다. 두 가지 극단적인 경우 사이에 여러 가지 뉘앙스가 존재한다.

경험적으로 가장 이해하기 어려운 것은, 그런 상황에서 **여성의 배우자가 자신도 모르게 그 여성이 임무에 대해 가진 큰 충성심의 구현에 어느 정도 참가한다는 것이다.** 그 배우자는 그들 부부에게 일어나는 일을 모르는 것이 전혀 아니다. 왜냐하면 그는 그 여성과 어머니를 결합하는 관계의 성격에 대해 묵시적인 이해를 분명히 가진 상태에서 그 여성과 결합했으며, 여성과 어머니의 결합은 그 여성에게 그들 부부의 결합을 깰 가능성도 있는 샛길로 가게 하는 상황을 야기할 수도 있기 때문이다. 한 남성이 어떤 여성과 결합하면서 어떤 영원한 약속을 했든 간에, 그녀가 언제라도 샛길로 빠질 가능성을 배제한다면 그는 멍청하거나, 비현실적이거나, 미친 것이다. 그 샛길은 원래 관계로 회귀하거나, 아이에게 집착하거나, 간통을 하는 것이다. **그 여성은 어머니에 대한 사랑을 모태로 그 남성을 선택했기에, 그녀는 어머니와 끝장을 보지 못한 갈등을 그와 함께 해결할 것이다.** 그 여성은 자신도 원인을 모르는 상태에서 갈등을 겪을 수밖에 없게 되는데, 이런 경험은 일시적인 관계에 그치는 애인과는 경험할 수 없는 것이다.

# 다시 예로 돌아가서

마르쿠스와 마리안 부부는 이 점에서 특히 좋은 예가 된다.

완벽한 삶을 살며, 막강한 힘을 가진 것처럼 보이는 마르쿠스도 마리안을 언제나 절실히 필요로 한다. 모든 여성이 모든 남성에게 기본적으로 그러하듯, 마리안은 마르쿠스에게 부족한 바로 그곳에 있었다. 반면, 마르쿠스는 마리안에게 아주 신사적으로 행동했다. 아마 지나치게 신사처럼 행동했는지도 모른다! 그리고 역설적으로 이것이 그 이후 다른 일들을 일으킬 소지를 만든 것이다! 마르쿠스는 그가 거둔 여러 가지 성공과 앞으로의 계획을 자세히 설명하면서, 그의 순회공연 계획과 새 음반들의 커버를 보여준다. 이 행위는 마리안에게서 감탄을 얻어내기 위한 것이 아니라 그녀에게 얼마나 그녀가 보조적인 역할을 잘해왔으며 현재도 잘하고 있는 사람인지를 확인시키는 것이다. 이렇게 함으로써 마르쿠스는 마리안이 그들 사이에서 태어난 아이의 어머니이기 때문에 여성이자 어머니인 그녀에게 이야기하는 것이며, 그녀가 어머니라는 시니피앙을 은밀히 갖고 있기 때문에 그에게도 어머니가 돼야 한다는 것을 말하는 것으로 볼 수 있다. 이렇게 마르쿠스는 그를 만들고, 그의 깊숙한 곳에 살고 있으며, 그 흔적을 결코 지울 수 없었던 어머니에게 이야기하는 대신 마리안에게 이야기한다. 완전한 모성의 기능에서 마르쿠스가 마리안으로 하여금 그녀의 어머니로부터 묵시적으로 받은 임무의 한 장(章)을 차지하게 하고, 마리안은 이 임무를 자진해서 수행하면서(이 점에서 앞에서 언급된 프로이트의 명제와 완전히 일치한다) 쾌감도 얻는다. 그러나 마르쿠스는 그가 어머니로 만든 마리안에게만 이야기하는 것이 아니다. 그는 마리안의 일에 관심을 보이고, 브람스 사중주 리허설에서 그녀의 감성과 지성을 요구하고, 우정의 경험을 나누며 ─이 우정의 대상은 나중에 그녀의 친구가 된다─, 마리안의 존재와 육체에게도 이야기한다. 이렇게 함으로써 마르쿠스는 임무의 다른 장을 만족시킨다. 마르쿠스가 그렇게 하지 않았다면 마리안은 어찌 되었을까? 많은 여성들이 배우자가 부부관계에서 너무 큰 자리를 차지하기 때문에 욕구불만을 느끼지는 않는다. 마르쿠스는 마리안에게 욕구불만을 느끼게 하지 않는다. 그는 그녀에게 오르가슴을 느끼게 하고, 그녀를 기절하게까지 하고, 그녀의 뱃속에 그들의 아이 이사벨을 넣어줌으로써 그녀를 충족시킨다. 끝으로 마르쿠스는 마리안이 믿음을 배신하지 않을 것이라고 신뢰하고 희망하면서, 그들의 공동 사연에게 ─그의 사연뿐만 아니라 그녀에 대한 그의 사연에게─ 이야기한다.

그런데 마르쿠스는, 마리안과 다비드의 간통 현장을 확인한 자리에서 말하는 것처럼, 파리 여행이라는 문제의 샛길에서 간통의 위험을 예감하게 된다.

그는, 그가 말했던 것처럼, 앞으로 일어날 일을 알기 위해 어떻게 했을까?

미리 알았다는 사실이 그로 하여금 파국으로 가는 것을 막을 수 있는 조치를 취하게 하지 않았을까?

우리는 필히 이 두 가지 질문을 하고, 대답을 찾아야 한다. 이 질문들이 보여줄 것은, 마르쿠스가 자기도 모르는 사이에 마리안이 아직 들어서지 않았지만 들어설 수밖에 없는 샛길의 존재에 기여했다는 사실이다. 나는 각자 어머니의 팔루스로 남아 있는 두 사람의 만남을 언급하면서 이 점을 거론했었다.

마르쿠스가 앞으로 일어날 일을 알았다는 것은 그가 친구인 다비드의 됨됨이를 안다는 데에 기인한다. 다비드는 일반적인 남성에게 적용할 수 있는 기준이 적용되는 남성이다. 마르쿠스는 다비드가 기회를 일부러 만들 수도 있지만 그렇지 않더라도 기회가 있으면 놓치지 않는 '여자관계를 좋아하는 남성'임을 잘 알고 있다. 마르쿠스는 다비드가 그런 기회를 통해 어머니와의 관계를 다시 찾고 성기를 온전하게 가지고 있다는 데 대해 안도감을 느낀다는 것을 알고 있다. 마르쿠스 자신이 이 오랜 관계 때문에 20년 전부터 정부를 가지고 있는데, 그는 이 관계에서 해방되기를 원했을지도 모르지만 실제로 해방되지는 못했다. 마르쿠스는 고상한 감정을 보이고, 우정과 신뢰를 존중하며, 도덕적인 논리로 말하지만, '여자관계를 좋아하는 남성'은 작은 기회도 놓치지 않는다는 사실을 너무나 잘 알고 있다! 마르쿠스가 마리안의 정조 의식에 기대할 수 있을까? 그는 그들 부부의 만족스러운 관계, 특히 그가 그녀를 만족시켜주는 것을 고려할 때 그런 기대를 가질 만하다고 생각한다. 그래서 그가 한 말 중에 "나의 마리안"이 "나의 다비드"보다는 더 진실성이 깃든 것으로 생각된다.

두 애인들의 계획은 단번에 마르쿠스에게 두 가지 가능성을 열어 준다. 첫 번째 가능성: 마리안이 그를 배신하지 않고, '여자관계를 좋아하는 남성'에게 저항할 경우 그가 어머니와의 관계에 대해 가진 향수를 청산하고, 따라서 더 이상 소용이 없어진 오래된 정부를 청산하는 데도 도움이 될 것이다. 두 번째 가능성: 마리안이 파리에서 간통을 하더라도 일시적인 것이 될 것이며, 이것은 그가 오래전부터 행하고 있는 간통에 대한 양심의 가책을 덜어줄 것이다. 간통을 저지른 남녀가 파리에서 돌아왔을 때 후자의 상황이 벌어졌다. 그러나 두 애인들의 관계가 일시적인 간통에서 지속적인 기만행위로 변함에 따라 상황이 급변한다.

우리가 상상하는 것보다 위험에 대한 인식이나 이런 종류의 계산이 부족했던 마르쿠스는 상황이 파국으로 가는 것을 막기 위한 조치를 취하지 못했다.

부부들은 항상 이렇다. 그들의 가장 은밀한 신체 부위들의 접촉이 그들 사이에 어느 정도 은밀한 관계를 만들든, 각자의 사연들이 얼마나 얽히든, 각 배우자는 나름대로의 뭔가를 가지고 있고, 진행되는 게임에 쓸 수 있는 중요한 카드들을 감추고 있다.

이 카드들은 무엇을 포함하고 있으며, 왜 감추고 있나?

이 카드들은 팔루스를 배분하는 방법을 포함하고 있다. 그러나 마리안에 대한 그의 애정 덕분에 마르쿠스는 어머니의 팔루스가 되는 완전한 혜택을 그만 두게 되었으며, 그의 어머니는 마르쿠스를 팔루스의 보유자로 보게 되었다. 이것이 마리안이 그들의 여름 바캉스를 마르쿠스 부모들의 집에서 보내는 전통에 대해 이야기할 때 암시하는 것이다. 마리안은 어디에나 있는 그녀 어머니의 팔루스로 남아 있다. "우리가 가지지 않은 것을 가질 수 없는 사람에게 준다"는 방정식은 어머니들로부터 팔루스를 받은 두 사람에게 완전히 적용될 수 없다.

이것을 내가 앞에서 언급했던 다른 방법을 써서 좀 더 이해하기 쉽게 표현해보자. 어떤 사람이 어머니의 팔루스였을 때, 그의 어머니는 그에게 모든 것을 충족시켜 조금도 결핍감을 느끼지 않도록 했다. 이것은 그 사람을 요구가 많은 사람으로 만든다. 즉, 그 사람은 부족한 느낌을 참지 못하고, 다른 사람이 결핍감을 느끼도록 내버려두지도 않는다. 이것은 위의 방정식에 어긋나는 것을 가지고 있거나, 가지게 하는 것이 된다. 이 방정식 안에서는 결핍감이 중심적 위치를 차지하는데, 결핍감이 욕망의 원동력이며 결핍감이 없어지면 욕망도 사라지기 때문이다.

마르쿠스와 마리안이 각기 자신들의 어머니와 가진 관계는 거울 효과를 가졌다. 마르쿠스는, 마리안이 어머니와의 지속적인 관계에 안주하는 것을 참으며 ─마리안의 어머니는 없는 듯하면서도 어디에나 있다─ 거기에 대해 말을 하지 않지만 나이 많은 애인과 그 관계에 빠진다. 마르쿠스와 나이 많은 애인과의 관계에 대해, 일반적인 상식은 그런 관계가 지속되지 않을 거라 예상하는데, 상식의 관점에서 볼 때 그 관계는 근친상간 냄새가 풍긴다고 생각할 것이다. 일반적인 상식은 마리안과 어머니와의 관계에 대해 묵인하거나 더 관대한 태도를 취하는데, 상식이 이 관계를 권장하지는 않더라도, 이 관계가 훨씬 더 근친상간적이고, 파괴적이며 치명적이라는 것을 모르고 있다. 이 주제에 대해 훌륭한 연구 성과를 발표했으며 어느 쪽을 편든다고 의심받을 수 없는 프랑수아즈 에리티에는 어머니─딸 사이의 근친상간을 근본적인 근친상간으로 간주한다.[1] 이는 인류학이 근친상간에 대해 내린 정의, 즉 "자신으로 같은 행동을 하다(faire du même avec du soi)"에 의한 것이다.

마리안이 브람스 사중주 리허설에서 그녀 자신이 딸에게 필수적인 사람이 아니라는 느낌을 가질 때 그녀는 모성의 충동으로 갑자기 돌아가지만, 잠들어 있는 다비드 외에는 다른 대상이 없다. 그녀에게 있어서 간통은 어머니와의 오래전 관계로 돌아가는 한 방법으로, 어머니는 마리안이 이 관계를 잊지 않을 정도로 모습을 나타낸다. 이는 아니크 우엘의 분석을 확인하는 것으로, 그녀는 이렇게 말한다. "간통의 관계는 첫 관계, 즉 어머니-딸 간의 근본적인 관계를 되풀이하게 해준다. 그녀의 애인은 아무 말 없이 욕망을 지지하는 어머니를 향한 욕망과 요구를 책임지는 인물이다."[2]

비극은 여기에서 각인된다. 마르쿠스를 제외하고는 아무도 이어지는 사건들에 대해 유감이 없다. 즉, "여자관계를 좋아하는 남성"은 부러움을 받고, 여성은 자신의 욕망을 실현할 절대적인 자유를 가지고 있다고 인정받고, 종의 법칙의 최악의 실패작인 어머니-딸 사이의 밀착[3]은 수십 년 이래 우리 사회에서 가장 순수하고 전도가 유망

---

1) Françoise Héritier, *Les Deux Soeurs et leur mère*(두 자매와 어머니).

2) Annick Houel, *L'Adultère féminin et son roman*(여성의 간통과 소설), Paris, Armand Colin, 1999, p.163.

3) 나는 "딸들과 어머니들"을 책으로 내고 나서 수천 통의 편지를 받았는데, 어머니의 딸이 보낸 이 모든 편지들이 한결같이 어머니의 지나친 애정이 딸의 인생에 얼마나 해를 끼쳤는지 강조했으며, 이미 어머니가 된 여성은 자신의 딸에게 그보다는 덜 해로운 어머니가 되고자 하지만 성공할 수 있을지 여부는 확신할 수 없다고 말했다.

한 사랑의 패러다임이 되었다![4] 이것이 간통에 대해 극도로 너그러운 태도를 설명하며, 간통이라는 개념 자체를 사라지게 하고 있다. "남편이 근친상간의 금기를 책임지고 있지만, 어머니—딸 사이의 근친상간은 남자 애인과의 사이에서 되풀이된다."[5]

이 관점에서 마리안이 마르쿠스의 시신을 보러 가서도 비교적 무관심한 태도를 취하고, 딸 이사벨에게 아버지의 죽음을 알릴 때도 감정을 보이지 않고 간단하게 알리기만 했던 것을 이해할 수 있다. 마리안은 마치 마르쿠스의 모호함을 이해한 듯하고, 마르쿠스가 그녀의 모든 것을 충족시켜주면서 그녀에게 어머니와의 관계보다 자기와의 관계를 더 중요하게 여길 것을 은근히 요구한 것을 이해했던 것처럼 보인다. 마리안은 마르쿠스의 죽음에 의해 이 요구에서 벗어날 수 있었으며, 딸을 안심시키는 동시에 자기 자신도 안도감을 느낄 필요성을 느끼면서 딸에게, "이제 우리 관계에 끼어들 사람이 아무도 없다"라고 말하는 듯하다. 어머니와 딸 사이를 오가야 하는 그녀에게는 아무래도 반가운 일이 아닐 수 없다.

나는 며칠 전에 사고로 아버지를 잃은 네 살짜리 여자아이를 동반하고 온 어머니와 외할머니를 함께 만났다. 두 여성들은 가까운 미래에 닥칠 일들에 대해 내게 질문했다. 얘기를 들으면서 나도 충격을 받았는데, 그 이야기 중에 외할머니가 사위가 죽었다는 소식을 듣고 이 소식을 손녀의 방으로 가서 전하면서 이렇게 말했다고 한다. "애

---

4) 어머니와 딸이 같이 입을 수 있는 옷들을 전문적으로 취급하는 가게들이 성공하는 것도 이것을 증명한다.

5) Annick Houel, *L'Adultère féminin et son roman*(여성의 간통과 소설), Paris, op, cit,, p.164

야, 드디어 정말 네 아빠가 죽었단다."

나는 또 다른 여성의 아이들을 태어날 때부터 진료했는데, 막내가 열세 살이었다. 남편이 큰 사고를 당한 후 나는 이 여성을 만났다. 그녀는 친어머니와 함께 의식불명 상태에서 깨어난 남편을 문병하러 갔는데, 남편이 빈사 상태에서 이렇게 말했다고 한다. "당신, 괜찮은 과부가 될 뻔했어." 그녀가 반응을 보이기 전에 등 뒤에서 그녀의 어머니가 냉정하게 하는 말이 들렸다고 한다. "걱정하지 말게. 그 애가 괜찮은 과부가 되도록 내가 잘 챙길 거야."

# 여성의 성기 그리고
# 종의 법칙에 대한 거부감

　지구상에 식물군이 존재한 이래 식물들은 이산화탄소를 양분으로 변화시키기 위해 태양 에너지를 이용했다. 이 과정이 클로로필이라는 색소에 의해 가능하다는 것이 오래전에 발견됐다. 생물학자들이 많은 노력을 기울였음에도 불구하고 클로로필의 광합성 작용에 대한 신비는 아직도 파악되지 않았다. 간단한 일이 아니다. 왜냐하면 이 과정의 은밀한 메커니즘을 파악하면 지구상의 환경 문제와 같은 에너지 문제 모두가 해결될 수도 있기 때문이다. 내가 이런 생각을 하게 된 것은 여성의 성기와 오르가슴을 통해서 여성의 성욕을 연구하는 작업이 비슷한 수수께끼에 부딪치기 때문이다.

　이미 파악된 여러 가지 특징들과 임상성의학이 많은 공을 들여 파악한 여러 가지 정보에도 불구하고, 우리는 실제로 어떤 일이 벌어지는지 아직 전혀 모르고 있다. 여성의 쾌감은 순전히 음핵에 의한 것인가? 질에 의한 것? 동시에 음핵과 질에 의한 것? 자궁에 의한 것?

파트너의 에로틱한 자극에 의한 것? 자위 같은 자극에 의한 것? 그렇다면 남성의 경우와 비슷한가?

최근 저술에 참고하기 위해 고생물학 관련 서적을 많이 읽게 되었는데, 그러면서 이전에 덴마크 탐험가 겸 소설가 요른 리엘(Jørn Riel)의 소설 『단층(La Faille)』을 재미있게 읽으며 느꼈던 이미지에 여러 가지 생각이 연상 작용을 일으킨다는 사실을 깨달았다. 종의 기원이 시작될 때 남성의 조건에 관한 맨 처음 층(strate)이 깔리고 나서 그 위에 계속 나머지 층들이 싸여 여성의 복잡성을 만들었다는 생각이 든 것이다.

인류가 진화하는 과정에서 수많은 여성들이 죽었다는 사실이 알려져 있다. 직립 자세는 여성들의 골반을 변형시켜 조기에 출산할 수 있는 여성들만 −실제로 몇 년이 걸릴 수 있는 임신 기간이 9개월 정도로 단축되었다− 생존할 수 있게 했다. 따라서 여성들이 희귀해졌다. 그리고 여성들이 동물계에서 발정기가 없는 유일한 동물이었기 때문에, 성적으로 항상 대기 상태에 있다는 사실이 남성들을 미치게 만들었다. 남성들은 여성들을 찾아내고 소비하는 데 시간을 보냈지만, 그들의 행동이 가져올 결과에 대한 여성들의 동의 여부에는 전혀 개의치 않았다. 『단층』은 뉴기니의 원시 부족을 배경으로 한다. 여주인공이 남성들과 만나는 장면이 연출되는데, 인류의 역사상 이 무렵에 있었을 것으로 충분히 상상할 수 있는 장면이다. 즉, 그녀는 알지 못하거나 그녀에게 불안감을 주는 남성을 만나 위협을 받는다는 느낌을 가질 때마다 목숨을 보존하기 위해 자진해서 바닥에 누워서 자신의 성을 바친다. 다시 강조하지만, 이것은 픽션이며 실제로 이런 일이 벌어졌다는 것을 증명할 수 있는 것은 아무것도 없다. 그러나 전혀 불가능한 일은 아니다. 이는 나이 많은 여성들이 젊은 여성들에게 주는 가르침의 논리와도 일치하는 것이다. 그 가르침에 따르면 여성들은 그녀들의 성기로 남성들의 공격성을 없앨뿐더러 파트너들의 미래를 장악할 수 있다. 그것은 부부 사이에 일어날 수 있는 대부분의 갈등이 잠자리에서 쉽게 해결될 수 있다는 의미이며, 남성들은 '꼬리로' 통제될 수 있다는 교훈을 주는 것이다. 일반적으로 "밤이 조언을 준다"나, 포르투갈에서 쓰이는 "베개와 상의한다"와 같은 격언들과 마찬가지 의미이기도 하다. 체를리나의 말이나 골리아다 사피엔자의 결론을 상기시키는 것으로 여성의 성기가 남성들에게 중요할뿐더러 얼마나 필수적인가를 보여줄 수 있다. 이런 말들이 떠올릴 수 있는 이미지는, 성교를 함으로써, 또는 여성 덕분에 자위를 함으로써 공격성에서 해방된 남성은 그의 성적인 긴장감이 −신경생물학자들의 표현에 의하면, 옥시토신 결핍이− 가리고 있던 이성을 되찾는다는 것이다. 전혀 다른 부문이지만, 내가 젊어서 이 모든 것이 미칠 수 있는 범위에 대해 전혀 무지했을 때, 정신분석 전문가 미카엘 발린트가 그룹을 편성하는 데 필요한 의사 요원들을 뽑는 근본적인 기준의 하나가 규칙적인 성생활이었다[1]는 말을 듣고 충격을 받았었다. 이 조건이 임상의들의 차분함을 보장할뿐더러, 그들의 업무나 사고의 질 또는 사고의 정확성을 보장한다는 것을 이해하는 데는 오랜 시간이 걸렸다.

요른 리엘의 소설에서, 여러 남성들은 여주인공이 무슨 말을 하든 무슨 생각을 하든 신경 쓰지 않으면서, 그리고 그녀가 자신을 살려둔

---

1) Michael Balint, *Le Mé decin, son malade et la maladie*(의사, 환자 그리고 질환), Paris, Payot, coll. "Petite BibliothèquePayot", 1966.

다는 사실을 고맙게 생각해야 한다고 상상하면서, 그녀를 이용한다. 언제나 삽입이 가능하다는 사실과 함께 힘이 약하다는 사실이 그녀를 수동적인 자세에 두고, 그녀를 나름대로의 고독 속에 가두면서 고고학적 존재의 첫 번째 층을 형성한다. 이 해부학적인 특징에 기인하는 행위를 오늘날 성희롱, 강간 및 근친상간에서 확인할 수 있다. 여성들이 무술을 배우고, 여태까지 남성들만 하던 위험한 직업을 택할 수 있게 되었다고 해서 상황이 변할 수는 없다. 자연적으로 부당한 무언가가 내재한다는 느낌은 중요한 불만의 한 형태를 낳고, 다른 불만들이 그 주위에 계속 형성된다.

나는 몇 년 전 이탈리아에서 한 할머니가 아이를 낳았던 소식에 대해 질문을 받은 유명한 프랑스 산부인과 여의사가 라디오에서 한 말을 듣고 놀랐던 기억이 있다. 그녀는 남성들은 나이가 상당히 들어서도 아이를 낳을 수 있는 반면, 여성들은 폐경기에 접어든 이후에는 아이를 낳을 수 없다는 사실에 대해, "의학이 해결해야 할 부당한 일이다"라고 말했다. 부당한 일! 그걸 부당한 일이라고 하다니! 그렇다면 자연이 살아 있는 사람들에게 부여한 모든 것을 다 부당하다고 평가할 수 있을 것이다. 흰 피부, 검은 피부, 우윳빛 피부, 까무잡잡한 피부, 빨강머리, 노랑머리, 곱슬머리, 뻣뻣한 머리, 작은 유방, 큰 유방, 키, 다리 길이…… 이 모든 것들이 부당한 일이 될 수 있다니! 그런 말이 평범한 여성의 입에서 나왔다면 나는 그냥 지나쳤을 것이다. 그러나 많은 사람들에게 조언을 하고, 정치활동도 하는 유명 인사의 입에서 나왔다는 것이다. 나도 다른 모든 남성들처럼 여성들의 언어를 잘 이해하지 못한다고 하더라도, 이런 말은 통상 여성들이 펴는 논리에서 자주 볼 수 있는 일종의 편집증 증상이라 볼 수밖에 없다.

내가 이미 남성들이 가지고 있다고 말한 편집증을 상기하자면, 남성들은 어떤 상황에서도 그들의 성기를 잃을 것을 걱정하지만, 여성들은 언제라도 삽입이 가능하다는 사실 때문에 모든 영역에서 모든 상황에서 이용당할 것을 걱정한다. 그 이유 때문에 여성들은 불평등에 대한 합법적인 투쟁에서 팔루스를 요구하고 성적 차이에서 기인하는 결과를 부정하고 거부한다.

프로이트는 이 점에 대해 이렇게 썼다. "여성은, 솔직히 말해서, 정당함의 의미에 대해 높은 인식을 가지고 있지 않다. 이것은 여성의 정신·심리현상에서 욕망이 너무 중요한 자리를 차지하고 있기 때문이라고 본다."[2]

그런 편집증이 아주 옛날부터 자리 잡았다면, 근친상간을 금하는 종의 법칙의 출현이 편집증을 더 강화할 수밖에 없었을 것이다. 프로이트가 만든 시나리오에 의하면, 인류학적인 논리에서 이 법칙은 남성들이 만들었으며, 이것은 여성을 소유하기 위해 남성들이 서로 죽이고 죽임을 당하는 것을 피하기 위해, 여성들을 교환하기로 결정한 것[3]인데, 이 과정에서 여성들의 의견이나 감정은 전혀 고려하지 않았다. 오늘날까지 이 법칙에 대해 거부감을 표시하는 여성들은 자신들의 논리를 뒷받침하는 근거를 이 시기에 일어난 일에서 찾는다.

요른 리엘은 여주인공이 오르가슴을 느끼는 것까지 묘사하는데, 첫 오르가슴은 그녀를 어머니로 만들 수태와 같은 시점에 발생한

---


2) Sigmund Freud, *La Féminité*(여성성), op, cit,, p. 176.
3) Sigmund Freud, *Totem et tabou*(토템과 터부), Paris, Payot, coll "Petite BibliothèquePayot", 1965

다. 두 사건을 일치시키는 부자연스러운 설정은 너무 단순하며 토끼
나 고양이의 생리에서 힌트를 얻은 것으로 보인다.[4] 그러나 이 설정
은 내가 번식 본능의 술책이라고 부르는 것을 가능하게 만들며, 여성
의 오르가슴을 수태를 촉진하는 잠재력으로 −수태하는 데 오르가슴이 필
요한 것은 아니며, 포유류의 암컷들은 발정에 의해 움직인다− 볼 수 있게 한다.
즉, 오르가슴이 수태의 메커니즘에 직접 개입하는 것은 아니지만, 여
성들이 성교에 적극 대비하도록 하는 효과는 가지고 있다. 셰어 하이
트가 주장하는 것처럼 오르가슴이 단순히 음핵의 자극에 기인하든,
엘리자베스 로이드가 주장하는 것처럼 "남성 오르가슴의 우연한 메
아리"이든, 남성과 여성의 관계를 수정하는 데 기여했으며, 많은 시
간이 걸렸지만 보다 안정적인 사회관계를 형성하는 과정에 기여했
다. 이 과정에서부터 남성과 여성의 성적 교환이 '과시'라고 불리는
다른 동물들의 암컷과 수컷의 성적 교환과 비슷하게 된 것이 아닌가
생각된다. 관계의 논리가 바뀌어서, 남성들이 원하는 여성으로부터
선택을 받기 위해서 '과시'하거나 투쟁을 하기 시작했다.

이런 방향으로 급속하게 진행되었다는 시나리오를 상상하기는 어
렵지 않다.

그 이유도 모르고, 성적 흥분의 시작점이 여전히 아주 낮은 남성들
은 교접의 필요성에 의해 계속 고통을 받았는데, 이것은 그들을 만족
시켜줄 수 있는 대상−무감각한 상대−의 의도와는 전혀 관계없는 혼자

---

[4] 토끼와 고양이 암컷들은 교미 중에 배란한다. 흔히 오르가슴의 표현이라고들 생각하는
−동물들은 오르가슴을 느끼지 못한다− 그들의 울음소리는 수컷의 페니스에 있는 비늘
때문에 통증을 느끼기 때문이며, 이 통증이 배란을 유발한다.

서 에로틱한 감정을 느꼈기 때문이다. 이런 상태에 있는 남성들을 만날 경우 폭력을 감수해야 한다는 것을 아는 여성들은 다른 도리가 없을 때 그들에게 조심스럽게 몸을 맡겼다. 여성들이 자진해서 그런 만남을 찾지 않았으며, 그런 폭력 때문에 깊은 불쾌감과 함께 그런 만남을 바라보았으리라고 상상할 수 있다. 순종이 요구되는 이런 상황이 발생시키는 공포감과 더불어, 은근하지만 당연한 반발이 여성의 성적 흥분 시작점을 낮추지도 못했고, 어떤 쾌감도 발생시키지 못했을 것이다. 보이지 않는 곳에서 남성과 여성 사이의 전쟁이 벌어지는 우리 시대에 그런 감정들이 아직도 어느 정도까지 발생할 수 있다는 것을 사람들은 정확하게 인식하지 못 한다. 「스피라 보고서」에 의하면, 여성의 35%만 성교 중에 오르가슴을 느낀다는 사실[5]이 이를 설명한다. 그러나 어느 정도 강한 거부감을 발생시킬 수 있는 감정만 느끼던 여성이 남성과의 성적 만남을 높이 평가하거나 긍정적인 여러 가지 쾌감을 어느 날부터인가 느끼기 시작했으리라고 가정할 수 있다. 오늘날에도 볼 수 있는 행동의 모호함으로, 이렇게 표현될 수도 있다. "여성의 성기는 패배를 요구하지만, 여성의 자아는 패배를 증오한다."[6] 오늘날 여성의 오르가슴은 남성의 오르가슴에 비해 효율이나 생산성이 훨씬 높고 복합적이라는 것이 인정되었지만, 기본적인 편집증을 받치고 있는 상대적인 힘의 부족이나 수동성에 대한 보상으로 개입하는 것처럼 보인다.

5) A. Spira, N. Bajos, *Les Comportements sexuels en France*(프랑스인의 성적 행동에 관한 보고서), Paris, La Documentation française, 1993.

6) Jacqueline Schaeffer, *Le Refus du féminin*(여성의 거부), Paris, PUF, 1981.

그러나 모든 여성들이 다 그런 것은 아니다. 성행위를 두 성기가
—아주 잘 맞는 두 성기라 할지라도— 기계적으로 교접하는 단순한 작업이
아니라 많은 감정들이 동원된다는 사실을 인지할 때 이 사실은 전혀
놀라운 일이 아니다.

여러 감정들의 개입이나 그 기원은 인류 역사상 여성의 운명을 정
확하게 파악하기 위한 격렬한 토론의 주제가 되고 있음을 오늘날 확
인할 수 있다. 내가 그 주제에 대해 말한 것은 역사적인 측면을 비롯
해서 사회학적 · 인류학적 · 정신분석학적 · 이념적 · 정치적 측면에서
다룬 글들에 비하면 미미한 분량에 불과하다.

남성들의 사회, 남성들의 권력, 세상을 남성의 입장에서 보겠다는
생각, 그리고 그 관점에서 모든 것을 제어하겠다는 생각은 점점 더,
여성들뿐만 아니라 남성들로부터도 비난받고 있다.

우리들은 얼마 전부터 강도 높게 비약하는 단계에 들어섰다. 다양
한 주장들이 제기되어 대립하고, 여러 가지 시각들이 제시되어, 마침
내 부적절하고 괴상망측하고 극단적인 양상을 띠고 있다. 인권의 본
고장 프랑스에서 여성들이 투표권을 갖기 위해 1945년까지 기다렸
고, 여성들이 남편의 동의 없이 은행 계좌도 열지 못했던 것을 생각
할 때, 당시 정치인들의 유치함을 비웃을 수밖에 없다. 이것을 설명
하는 방법은 오직 하나뿐이다. 즉, 여성들이 오래전부터 남성들을 경
계하고, 스스로 부당한 대우를 받고 있다고 생각한다면, 반면에 남성
들은 항상 여성들을 두려워하며, 그들의 사연들이 전수하는 두려움
에서 —인류 역사 전체를 다 통해서 보더라도— 해방되지 못했다는 것이다.

# 성들의 전쟁

진정으로 무자비한 이 전쟁의 존재를 확인하기 위해서는 남성과 여성의 관계에 대한 역사를 되돌아볼 필요 없이, 개인들의 사연을 듣는 것만으로도 충분하다.

이제 막 결합하는 젊은이들이 애써 감추는 이 전쟁은 결코 중단된 적이 없으며, 수많은 피해자들과 엄청난 물질적 피해를 발생시켰다. 이 인적·물적 피해는 사법적인 처벌 대상이 되지 않기 때문에 그 피해의 규모를 확인할 수도 없으며, 근본적으로 척결도 불가능하다. 이 피해를 종식시키려는 의도에서 지구상의 여러 사회 제도들이 주먹구구식으로 만들어졌지만, 아직까지 남성이나 여성에게 조금도 만족스러운 결과를 만들어내지 못했다. 여성들은 자신들이 처한 부당한 운명에 대해 계속 불만을 —당연한 일이며, 내가 앞에서 여러 가지 사례를 제시했다— 토로하고 있다. 오늘날 남성들이 이 여성들의 의견에 합류하는 것에 경의를 표해야 할 것이다. 그러나 일부 여성들이 지나친 제안을 하는 것을 볼 때, 인류의 미래에 대해 걱정을 하지 않을 수 없다.

여성들에게 가사노동의 노예나 남성들의 성적 노예의 지위밖에 주지 않으며, 그녀들이 낳는 자식들에 대해서도 아무 권리도 주지 않는 사회에 대해서는 당연히 분개할 수 있다. 그러나 이런 여성들이 자식들에게 여성의 성(姓)을 주자고 하고, 성적 쾌감을 위해 자위행위를 권하는 것을 볼 때, 이런 사회의 집권자들은 그들의 무자비한 선택을 보다 더 강화할 필요성을 느낄 것이다. 문명의 충격은 눈에 보이지는 않지만 두 성의 관계라는 위험한 영역에서 일어나고 있다.

여성의 출산 경험의 효과를 포함하여 이 사실들을 전체적으로 재검토하는 일은 이런 문제들에 대해 좀 더 명확한 시선을 갖게 할 것이다.

왜냐하면 선사 시대의 여성은 수백만 년 동안, 어머니가 되었을 때 동물의 어미처럼 자식을 상당 기간 혼자서 길렀다. 인류의 오랜 역사를 기준으로 보면 아주 최근에야 발명된 문화는 여성을 아버지가 존재하기 시작하는 핵가족 또는 대가족에 편입시켰지만, 이는 여성을 그녀의 고독에서 벗어나게 하지도 못했고, 그녀의 편집증을 완화시키지도 못했다. 여성은 그녀의 거부감을 그대로 간직하고, 이 거부감은 그녀의 아이 주변에 무한대로 확대되어 그 안에 있는 그녀의 아이가 전혀 결핍감을 못 느끼게 할 수 있는 가상의 자궁을 만들게 되었다.

이 근친상간적인 성향은 아이의 성장 과정에서 이 아이가 남자 또는 여자인지에 따라 다른 방향으로 진행된다.

나는 오이디푸스 단계를 언급할 때 남자아이가 어머니와 유지하는 관계의 성격을 보여주었다. 어머니가 여자아이와 유지하는 관계는 아주 다르며, 근본적으로 다른 효과를 만들어낸다.

여성은 이 딸을 자신의 복제본으로 볼 수 있으며, 따라서 단순한

전이에 의해, 그녀와 딸과의 관계에 그녀가 어머니와 가졌던 관계를
—러시아 인형의 논리(크기만 다른 똑같은 인형이 겹겹이 들어 있는 인형)— 투영
할 수 있다. 딸은 그녀에게 익숙한 존재이며, 그녀가 딸에게 전수하
려는 것은 그녀가 아들과 가졌던 관계보다 훨씬 더 용이한 관계를 통
해서 전수된다. 아무리 애지중지하던 아들이라도, 그 여성은 아들이
언젠가 다른 남자들과 합류하는 것을 어느 정도 고통을 느끼며 바라
볼 수밖에 없다. 그러나 그 여성은 자신을 그렇게 닮은 딸이 그녀에
게서 멀어져서, 다른 여성들이 여전히 대항하여 투쟁하고 있는 법칙
에 바쳐지는 것을 참을 수가 없다. 그녀는 그녀가 아는 모든 것을 딸
에게 가르쳐주는데, 그중 가장 중요한 것은 아주 옛날부터 어머니들
이 딸들에게 전수했던 것이다.

이 관계에 엮인 여자아이는 남자아이와 비슷한 방식으로 신생아기
를 보낸다. 여자아이는 자신이 미성숙하고 죽을 수 있다는 것을, 생
후 9개월경에는 어머니에 대한 강한 두려움을 발견하게 될 것이다.
그다음 단계에서 여러 가지가 변한다. 프로이트는 여자아이의 행동
의 원칙을 '페니스의 욕망(Pénisneid)'이라고 불렀다. 이 욕망은 페니스
를 자신의 몸에 이식시킬 수 있다고 생각하는 여자아이로 하여금 그
것을 갖고 있는 아버지에게로 가서 그것을 요구하게 하는데, 이것은
아이의 성장 과정 중의 오이디푸스 단계를 예고하는 것이다. 내가 주
장하는 바는 —이에 대해 여전히 사람들의 이해를 얻지는 못했지만— 페니스에
대한 이 관계를 페니스의 소유에 대한 '향수'로 이해해야 한다는 것이
다.[1] 왜냐하면 페니스를 소유했더라면, 우선 여자아이는 어머니와의
지나친 동일화를 —또는 어머니가 제의하는 완전한 합치를— 피하면서 자신
의 정체성을 발견하게 되었을 것이기 때문이다. 페니스를 소유했더

라면, 여자아이는 아무 위험 없이 어머니를 유혹하고, 남자아이와 마찬가지로 어머니에 대해 품었던 두려움을 제거하려 하면서 어머니를 자기편으로 만들었을 것이다. 그런데 페니스를 소유하는 것이 객관적으로 불가능하다는 것을 알고 나서, 여자아이는 낙망하며, 자신의 목적을 달성하기 위해 남자아이의 전략과 동등한 전략을 쓰게 된다. 즉, 여자아이가 보기에 그의 존재만으로 어머니에 대한 두려움을 완화시켜주는 아버지에게로 관심을 돌린다. 여자아이는 주저하지 않고 아버지에게 애정을 갖게 되며, 아버지를 가장 신임할 수 있는 동맹자이자 보호자로 만들려고 노력한다.

이 사랑스러운 네 살짜리 여자아이는 아빠를 너무 사랑하기 때문에 나중에 아빠와 결혼하겠다고 말한다. 이런 경우에 어떻게 처신해야 하는지를 미리 알고 있던 아빠는, 자신은 이미 결혼했으며, 네가 결혼할 나이가 되면 아빠는 너무 늙어서 네가 더 이상 관심을 갖지 않을 것이라고 찬찬히 설명한다. 그리고 아빠는 딸에게 나중에 비슷한 나이의 남자아이를 만나서 서로 사랑하게 될 것인데, 아직은 서로 모르는 사이라고 말한다. 끝으로 엄마와 아빠도 그랬다고 말해준다. 딸에게 잘 설명했다고 생각한 그는 한 시간 후 딸아이가 청소년이 된 조카 남자아이의 어깨에 걸터앉아서 대화하는 것을 듣는다.

— 너 참 예쁘다. 너 나중에 커서 나랑 결혼하자.

— 아냐, 아빠가 지금은 모르는 사람들끼리 나중에 결혼한다고 했어.

---

1) Aldo Naouri, *Les Filles et les mères, Les Pères et les Mères*(딸들과 어머니들, 아버지들과 어머니들), op. cit.

그는 딸아이가 그 메시지를 잘 이해했다고 생각했다. 그러나 이튿날 신문을 읽고 있을 때 딸아이가 다시 와서 그의 목에 매달리면서 말한다.

— 아빠, 아빠, 내가 모르는 남자아이랑 나중에 결혼할 거라는 것은 알았지만, 그래도 지금은 아빠가 최고야.

그는 요령 있게 설명했다고 생각했었다. 그러나 아주 순순히 설명을 따라오던 딸아이는 그에게, 현재 상태에서 아빠는 엄마에 대한 두려움으로부터 자기를 방어하기 위한 전략 차원에서 필요하다는 것을 상기시킨 것이다.

남자아이의 경우, 문제는 비교적 간단하다. 아버지에 대한 두려움이 어머니에 대한 두려움을 대체하면서 그가 종의 법칙의 테두리 안으로 들어가서, 첫사랑과 같은 이성애의 차원에 남아 있게 된다. 반면, 여자아이의 전략은 문제를 아주 복잡하게 만든다. 여자아이가 어머니에 대해 가진 두려움이 여러 배로 증가하게 된다. 우선 여자아이는 그녀의 새로운 애정이 필연적으로 만들어낼 분노의 여파를 두려워하게 된다. 여자아이가 어머니로부터 돌아서서 아버지를 더 좋아한다는 것에 대해 어머니가 앙심을 품지 않을 수 없다! 그리고 여자아이가 아버지를 유혹하려고 시도한 것에 대해 어머니가 벌을 내릴 것을 두려워하게 된다. 여자아이에게는 일이 정말 잘못 풀린 것이다. 한 가지 두려움을 없애보려다가 두 가지 미움을 추가하게 되었다! 여자아이가 이 막다른 골목을 빠져나갈 가능성이 있다면, 그것은 어머니가 아무리 무서운 존재라고 하더라도, 어머니도 아버지라는 존재에 대해 두려움 비슷한 감정을 느낀다는 것을 목격하는 경우다.

이 조건은 오늘날 정말 유토피아에 가까운 것이다. 따라서 여자아이는 이성애 차원의 애정에 빠지는 것에 대해 일종의 망설임을 갖게 되어 종의 법칙을 벗어나게 된다. 남성이 성기를 잃는 것에 대한 두려움 속에 산다면, 여성은 사랑, 특히 어머니의 사랑을 잃는 두려움 속에 사는데, 이 두려움이 너무 커서 결코 사랑 받는다는 느낌을 가지지 못할 것이다. 미국의 여류시인 앤 섹스튼(1928~1974)은 이를 더없이 명확하게 증언한다. "내가 아름답다는 것은 결코 아니다. 그저 어떤 남자들이 나를 사랑하게 만들 줄 안다는 것이다. 이것의 효과는 술보다 훨씬 더 강하다. 그들과 잠자리를 같이하기 위해서가 아니다, 다만 의식(儀式) 같은 것이다. 내가 좀 더 진행되기를 원한다면, 이렇게만 말하면 된다. '나는 당신이 필요해⋯⋯' 그 생각을 하면, 정말, 나는 그것 때문에 죽을 것 같다는 느낌이 든다. 이건 정말 병이다. 그건 내 애들을 망칠 것이고, 내 남편을 망칠 것이며, 사람들이 나에 대해 가지고 있는 이미지를 망칠 것이다. 어머니가 죽은 후, 나는 누군가가 나를 사랑하고 있다는 감정을 언제나 갖고 싶다. 나를 사랑하는 사람들을 갖고 싶다는 마약 같은 것."[2]

이런 여성은 욕망의 표현보다는 사랑의 표현을 언제나 더 좋아할 것이다. 그래서 그녀 사연의 ─그리고 아버지의, 어머니의─ 상황과 뉘앙스에 따라, 이 여성은 언제나 그녀 나름의 특수한 방식으로 성생활을 시작할 것이다. **여성은 결코 동성애의 차원을 완전히 배제하지 못할**

---

2) Diane Wood Middlebrook, *Anne Sexton, a Biography*(앤 섹스톤, 자서전), New York, Vintage Books, 1992, p.147-148.

**것이다.** 그녀는 결코 이 차원을 완전히 설명할 수 없을 것이다. 특히 이 차원이 그녀에게 금지되어 있기 때문에, 그 차원의 내용에 대해 최소한의 정확한 의식이라도 가질 수 있는 언어로 표현할 수 없을 것이다. 그 여성은 간통을 경험할 때 그 차원을 자연스럽게 경험할 것이다. 왜냐하면 간통하는 여성의 욕구는 한 명 또는 여러 명의 남성을 향한 것이지만, 어린 여자아이의 사연에 기록된 동성애로부터 자신을 방어하는 데 쓰이는 것이다. 이성애의 욕구는 채워지지 못한 동성애의 욕구를 계속 감춘다.[3]

언제나 특수한 방식으로 각 여성의 성욕에 기생하는 동성애적 차원에 관해 내가 말한 것에 대해서는 오해의 소지를 없애는 것이 중요하다고 생각된다. 이 동성애의 욕구가 음부에 관한 것이 아니며, 남성과의 성관계 중에도 어떤 여성이든 다른 여성과 성관계를 하고 있다는 환상을 가질 수 있다는 것이 아니다! 물론 그런 것이 존재할 수는 있다. 어떤 여성이 내게 털어놓은 것인데, 그녀는 이성애를 하지만, 오직 여성의 큰 유방을 빠는 환상이나, 한 여성이 다른 여성의 유방을 빠는 것을 상상해야 오르가슴을 느낄 수 있다고 했다. 그러나 이 같은 여성이 우리가 상상하는 것만큼 흔하지는 않다. **관계의 동성애적 색깔은 여성적인 자질이나 기준을 선호하여 남성적인 차원이나 남성들의 세계관을 전반적으로 거부하는 데 있다.** 예를 들어 남자들의 다음과 같은 면들은 항상 비웃음의 대상이 될 것이다. 서부영화를

---

3) Annick Houel, *L'Adultère féminin et son roman*(여성의 간통과 소설), Paris, Armand Colin, 1999, p.166.

좋아하는 것, 친구들 간의 모임, 경마, 맥주, 축구, 멋진 차, 낮은 대화 수준, 지저분함, 여자만 보면 의식적으로 흥분하는 태도를 보이는 것 등. 수염은 언제나 거칠게 느껴지고 냄새가 난다고 생각된다. 남성 인생의 중심인 페니스는, 성교를 할 때는 좋다고 느낄지 몰라도, 그것을 보는 것은 절대로 참을 수 없다. 이런 것은 남성들에게도 영향을 미치는데, 그 대표적인 예가 남성 화장품의 폭발적인 수요, 인공적으로 피부를 태우는 것, 털 뽑는 것, 냄새 없애는 화장품, 남성용 크림, 향수, 여러 개의 날을 가진 면도기 등 '도시형 섹시 스타일' 경향의 제품들이 모두 다 남성들이 여성들로부터 받아들여지기 위해 사용하는 것이며, 남성들이 보는 잡지에도 이와 관련된 충고들이 넘치고 있다. 다른 성의 현실을 그렇게 왜곡하는 시각은 여성이 떨어질 수 없는 어머니가 여성의 성을 포메이션하는 것을 도와준다.

이것은 더 나아가서, 마리안과 마르쿠스의 경우, 마리안이 부부를 형성할 파트너와의 관계를 관리하는데도 개입한다. 아주 어린 나이 때 어머니에 대해 가졌던 사랑의 모태를 따라 선택된 이 파트너로부터 —그녀가 어머니에 대한 두려움을 알기 전에 어머니가 그녀를 충족시켜준 것과 마찬가지로— 그녀는 모든 것이 충족되기를 바랄 것이다. 그가 그녀를 충족시켜줄 수 없을 경우, 그녀는 실망해서 다른 남자에게 그것을 요구할 것이다. 그러나 그가 충족시켜줄 경우, 그녀는 이중으로 타격을 받을 것이다. 우선, 결핍감이 없어짐에 따라 그녀는 욕망이 없어지고 죽어 있는 것처럼 느낄 것이다. 그리고 그녀는 그 남자에게서 어머니를 —어머니에 대해 어릴 때 가졌고 아직까지 가지고 있는 두려움을 포함한 어머니의 모든 것을— 발견함으로써, 그에 대해 상당히 큰 경계심 내지 역겨움을 느낄 것이다. 이때 애인을 갖는 방법이 쓸 만한 해결책으로 나타나게 된다. 정략결혼의 경우, 상존하는 사회적 억제에 의해 꼼짝할 수 없는 여성은 시대에 따라 억울한 생각을 갖거나, 우울증이나 기사도 사랑, 병 또는 환상에 빠질 것이다. 오늘날 여성은 훨씬 더 자유롭기 때문에 위안을 받거나 자유를 맛볼 수 있는 혼외 모험을 비롯한 여러 가지 수단을 활용할 것이다. 뤼시엥 이스라엘이 "아내의 정조를 확신하는 사람은 정신병 환자들밖에 없다"라고 말할 수 있는 것도 이 때문이다.

프로이트가 '페니스의 욕망'의 직접적인 결과라고 한 이 관계의 어려움은 평생 전개될 것이다. 어린 나이에 느꼈던 부당함에 대한 깊고 강한 감정은 여성에게는 아주 잘 정리된 일종의 회계장부에 기록되어 있는 것과 같다. 남성들의 경우, 모든 성행위는 시계를 제대로 맞추거나 카운터를 제로로 놓는 행위에 해당되지만, 여성들의 경우, 어느 정도 오르가슴의 질에 따라, 성장 과정의 그 시원적 단계(phase archaïque)로 돌아가게 된다. 많은 여성들이 늙어가면서, 분한 생각이나 불만족에 빠지거나, 자신들조차 깜짝 놀랄 정도의 공격적인 태도를 갖게 되는 것을 볼 수 있다. 마치 그녀들이 원치도 않고 알지도 못하면서 부름을 받은 역할을 주변 환경에서 충실히 다하는 것처럼, 그녀들은 여성들이나 남성들이 모두 두려워하는 —그중에서 가장 두려워하는 사람은 남편이다— 존재가 된다. 그 여성들은 자신들도 모르게 까다롭고, 비판적이고, 권위적이고, 퉁명스러워지는데, 물론 남성들에게는 거세 효과를 가진다. 주변에서 그런 점을 지적하면, 그녀들은 부정하며, 진정으로 놀라며 항의한다. 그럴 경우 그 여성이 나쁜 의도를 가졌다고 의심할 수 없으며, 그녀들이 가진 좋은 의도, 애정과 충실함도 의심할 수 없다. 이것은 그 부부의 실존적인 구조체계이다. 여성들이 요구하는 강도와 그 파트너들이 표시하는 감성의 정도에 따라 그들의 운명이 결정될 것이다. 조기에 결별하는 부부가 있는가 하면, 끊임없이 충돌하는 부부도 있는데, 이 양극단 사이에 다양한 사례가 있을 수 있다.

이 문제에 대한 논의를 마감하기 위해 라캉의 말을 인용하는 것이 적절해 보인다. "여성은 존재하지 않는다(La femme n'ex-siste pas)." 이 말은 단번에 퍼져서 큰 스캔들을 일으켰다. 나는 그가 그 말을 한 세미나에 직접 참가했었다. 라캉은 이 문장을 칠판 위에 내가 쓴 것처럼 썼다. 그의 일생 동안 이렇게 던진 여러 가지 말들과 마찬가지로, 이 말도 단어의 통상적인 의미에 고정되지 않은 정신분석학 특유의 해석이 가능한 것이다. 여기서 부정관사를 쓰지 않고 정관사를 쓴 이유는, 여성(femme)이란 독특한 여성 개체(UNE femme)만 있으며, 일반화할 수 있는 여성(LA femme)은 없다는 것이다. 아울러 '존재하지 않는다'는 '밖에 있지 않다(n'ex-siste pas)'의 의미인데, 이성애의 운명을 가진 남성과는 반대로, 여성은 어느 정도 항상 여성적인 것 안에 있다는 의미다. 즉, 어려서부터 여성적인 것에 갇혀, 그것을 놓아버리지 못했기 때문에, 그것을 가지고 꾸려나가지 않을 수 없어, 결국에는 그것에 대해 관심과 애정을 갖게 된다는 것이다. 여성은 평생을 근친상간이라는 두 개의 절벽 사이에 서 있는 산등성을 따라가며 살면서, 끈적끈적한 어머니 쪽 근친상간의 절벽이나 매력적이지만 금지된 아버지 쪽 근친상간의 절벽으로 떨어지지 않으려고 노력하며 나아간다.

여자아이의 향후 성생활 여정에 대한 이 묘사는 프로이트의 말을 더 잘 이해하게 한다. "노련하게 유혹하는 사람의 영향을 받아 여자아이는 모든 변태적 행위에 취미를 들여, 그녀의 성생활에 활용할 것이다." 애정이 전혀 기생하지 않는 이 '변태적 행위들'은 그녀에게 변태적인 행위들을 제안하고, 그 행위들에서 쾌감을 얻게 하고, 어릴 때 가졌던 두려움의 재현을 걱정할 필요 없이 그 행위들을 좋아하게 만들 페니스에 집착하게 만든다. 남성과 여성에게 있어서, 오르가슴의 지위를 이해하게 해줄 수 있는 것들은 말이나 상징으로 표현이 불가능하다.[4] 남성에게는 짧은 시간만 지속되고, 재현하기가 상당히 어렵지만, 오르가슴은 거세에 대한 불안을 해소시켜준다. 여성에게는 더 지속적이고, 여러 번 잇달아 재현할 수 있는 오르가슴은 매번 그 여성에게 자신이 그녀의 어머니가 아니라 자기 자신이라는 확신을 ―그 여성이 오르가슴에 이를 수 있을 경우― 준다. 그녀의 사연의 내용이나 오이디푸스 단계의 내용에 따라 오르가슴을 못 느낄 수도 있으며 ―이는 그녀 스스로 만든 억제가 여러 가지 공포심을 만들었기 때문이다― 느끼는 것을 어느 정도 대담하게 스스로 수용할 수도 있고, 그것을 경험하고도 결코 만족할 수 없는 강박 속에 빠질 수도 있다.

이 점에서 독자들은 내가 성의학이 우리들에게 가르치는 바에 대해 유보적인 태도를 보인 이유를 이해할 것이다. 한 여성이 가진 성기의 활동이나 그 성기가 할 수 있는 수많은 제스처는 그녀의 과거에 뿌리를 두고 있어 ―특히 남성들을 대상으로 한 과거에― 정상적인 기준을 설정하려는 시도는 헛된 일이다. 부부간의 성행위에서는 얌전해야 한다고 느끼는 여성이 일시적이든 지속적이든 간통 관계에서는 보기

---

4) F. Péréa, J. Morénon, "Les manifestations vocales et verbales pendant l'acte sexuel: une désactivation de la chaîne signifiante(성교 중 언어나 소리에 의한 표현: 시니피앙 사슬이 작동하지 않는 것)", *Synapse*, n°223, 2006. p.31.

드문 대담성을 보이는 것도 놀라운 일이 아니다.

성교 중 두 파트너들이 느끼는 오르가슴의 비대칭성에 대한 책임이 팔루스의 이념에 있다는 비난에 대해서도 나는 유보적 입장을 갖는다. 나는 어떤 여성이 팔루스의 이념에 따른다면 이 비대칭성을 완전히 제거할 수 있다고 보는데, 단 그녀의 사연 중에 어머니가 팔루스를 가지지 말고 아버지에게 양도해야 한다는 조건이 따른다. 남성이 여성에게 쾌감을 느끼게 해야 할 이유가 바로 여기에 있는데, 이는 여성이 팔루스를 그에게 줄 준비가 되어 있고, 팔루스를 그녀의 것이라고 주장하지 않을 것이기 때문이다.

# 부부 내에서의 관계

어떤 여성의 부부관계는 어머니의 재등장이라는 문제가 언제나 어느 정도 기생하기 때문에, 그 여성은 일상생활에서 이 문제를 관리하고 배우자와 타협하는 방법을 찾아야 한다. 이 남자가 어머니를 상기시킨다는 이유를 기준으로 그 여성이 이 남자를 배우자로 선택했다면, 그는 그 여성이 어릴 때 자기편으로 만들려고 했던 아버지처럼 페니스를 가지고 있기 때문이다.

최근까지 여러 문화 사회들이 부부 중 남성에게 제공했던 사회적 지지는 여성들에게 어머니의 재등장에 대한 강박관념과 그녀들 자신 사이에 아버지를 계승하는 남자를 끼워 넣을 것을 권했다. 부부관계에 종의 법칙이 개입함으로써 각 여성 배우자에게 일종의 공식적인 보호 장치를 제공했던 것이다. 즉, 남편은 종의 법칙을 유지하기 위해서 있으며, 애인은 그 법칙을 어기기 위해서 있는 것이다.[1] 이것은 그 여성이 어머니와의 끝나지 않은 갈등을 그녀의 배우자에게 투영하는 것을 막지는 못했으며, 그 배우자도 역시 그렇게 할 수 있었다.

일상생활에서 끝없이 일어나는 크고 작은 수많은 문제와 갈등들 덕분에, 각 배우자는 자신의 사연이 가진 고통스러운 점을 회복할 수도 있는 것에 대해 자신의 배우자로부터 보호받는 느낌을 가졌다. 부부 싸움 후에 화해하는 감미로운 맛이나 성관계가 개선되는 것은 그런 갈등이 해소되면서 족쇄가 풀어지는 정도를 설명할 수 있었다. 그러나 한 단계를 넘어설 때마다 청소년 시절의 풋사랑에서 멀어지며, 그 사랑에 성인의 차원을 부여하며 그만큼 애정도 강화됐다. 이런 정도의 발전은 한두 세대가 아닌 여러 세대가 지나가는 시간 동안 기대할 수 있었다. 사람들은 인간을 영원 속에 투영해서 로마 시대의 수로나 중세의 대성당 같은 기념비적인 건축을 추진할 정도로 장기적인 안목과 정신 상태를 가지고 있었다. 미요 지방의 협곡을 따라 지나가는 다리의 건설을 추진할 때, 그 수명을 160년으로 예상하고 지었다고 하는데, 오늘날 더 이상 그런 장기적인 안목으로 무언가를 짓는 사례를 찾아보기는 쉽지 않다.

결혼한 여성들이 자신과 어머니 사이에 남편을 끼워 넣으면서 어머니와의 관계를 언제나 희생시켰는가? 과거에는 그랬고, 현재도 계속되고 있긴 하지만 이제는 아주 드문 일이 되었다. 이런 여성들은 그녀들이 가진 아주 독특한 특징에 의해 알아볼 수 있다. 즉, 그런 여성들은 아주 차분하고 영민하며, 자식들을 크게 두려워하지도 않고, 자식들에 대해 크게 걱정하지도 않는다. 지금까지 말한 여성들과는 다르지만 부부간에 어느 정도의 평화를 위해 의도적인 선택을 한 여

---

1) Annick Houel, op. cit., p.166

성들이 있다. 그 여성들은, 배우자들이 그녀들과 어머니들 사이에 두기를 요구하는 거리를 좀 더 잘 참을 수 있는 전략을 개발했다. 그녀들은 전이라는 심리구조를 통해서 사랑했던 죽은 사람의 기억을 가꾸거나, 그녀들이 겪었고 여전히 회복하지 못한 깊은 실연의 기억을 소중히 가꾼다.

# 뒤늦은 발견

그녀는 어머니와 함께 왔다. 이번에도. 그리고 내게 말하기를, 막내딸의 아버지인 남편을 쫓아냈다고 했다. 그녀는 남편이 그녀를 졸졸 따라다니며 술에 빠져 지내고, 사업에 실패한 후 실업 상태에서 벗어날 노력을 전혀 하지 않을 뿐만 아니라, 어떤 의사와의 상담도 거부하는 것을 견딜 수 없었다고 했다. 그녀의 세 번째 남편이었다. 전 남편과의 사이에 아들이 하나 있었다. 그녀의 어머니는 한심하다는 듯이 하늘을 쳐다보고 난 후 말했다. "너한테 필요한 게 뭔지, 네가 뭘 찾는지 나는 모르겠다. 도대체 어디로 가겠다는 건지, 어떻게 항상 너를 실망시키는 그따위 남자들만 고르는지 말이야!"

젊은 딸은 증오에 찬 눈초리를 어머니에게 던지며 대꾸했다. "그걸 말이라고 해요? 엄마는 내가 엄마처럼 살기를 바라요? 평생 한 남자랑, 헤어질 용기가 없어 서로 매일 싸우고 살았으면서. 요새는 그런 세상이 아니에요! 머릿속에 단단히 넣어두라고요! 그리고 이건 내 일이지 엄마 일이 아니에요!"

이 할머니가 증인이 되라는 듯 내게 시선을 주기에, 나는 그녀에게 딸이 그녀의 부부에 대해 하는 말이 맞는지 물었다. 그녀는 서슴없이 얘기했다. 그녀는 무남독녀였다. 그러나 그녀 어머니의 첫 결혼에서 태어난 언니가 있었는데, 어머니는 언제나 언니를 더 좋아했다. 이 언니는 공무원으로 출세했는데, 아들 세 명을 낳아 잘 키워 모두 성공했다. 그녀는 첫딸이 태어나자마자 다니던 은행을 그만두었다. 딸을 키우기 위해 그런 선택을 한 것이었다. 그날 동반한 딸은 막내딸이었다. 그녀는 딸들을 늦게 낳았기 때문에 아이들을 키우는 데 전념하는 것이 자기의 의무라고 생각했다. 그녀의 어머니도 직장을 다니지 않았다. 그녀는 딸이 자신의 부부관계에 대해 좀 과장했다고 말했다. 이미 고인이 된 남편과는 미친 듯이 열띤 사랑은 아니었지만 그렇게 나쁜 사이도 아니었다. 두 사람은 친구들의 소개로 만났다. 두 사람 다 비슷한 처지였다. 이미 나이가 들만큼 들었고, 나서서 스스로 이성을 구하기에는 너무 소심했다. 나는 그녀 언니의 아버지가 어떻게 되었는지 아느냐고 물었다. 그녀는 그가 2차 대전 초반에 죽었다고 말했다. 그는 임신한 젊은 아내를 두고 전쟁터에 나갔었다.

그 사이에 좀 진정하고 아무 소리 없이 이야기를 듣고 있던 딸이 마치 중단되었던 대화를 계속하듯이 지친 듯한 말투로 말했다. "엄마, 난 엄마를 원망하지 않아요. 엄마가 내게 말했던 것처럼, 엄마는 항상 남자들이랑 문제가 있었어, 엄마는 일종의 사랑 장애자라고 했잖아."

어머니가 갑자기 울음을 터트리며 소리쳤다. "무슨 소리야! 나도 사랑했어, 그리고 사랑받았어! 나는 정말 사랑했어! 너 같은 애는 상상할 수 없을 정도로 사랑했어!"

그녀는 그 자리에 주저앉았다. 한참 동안 울고 나서 다시 말했다. "나는 열아홉 살이었고, 그이는 스무 살이었어. 이름은 세르지였어. 우리는 미친 듯이 서로 사랑했어. 우리는 결혼하기로 했어. 부모님들도 찬성했어. 그는 알제리 전쟁 말기에 징집되어 갔다가, 거기서 죽었어. 정전협정 직전에 테러를 당해 죽었어. 이제 알겠지. 나는 그를 잊은 적이 없어. 나한테는 아직 살아 있어, 나는 그 사람의 여자지 어느 누구의 여자도 아냐."

그녀의 어머니 역시 전사한 첫 남편의 기억을 신성화했고 그녀의 아버지에게 애정을 주지 않았다. 그녀도 어머니의 사연을 반복하면서, 전쟁에서 죽은 그녀의 첫사랑을 기억하며 정조를 지키고, 아이들의 아버지에게 애정을 주지 않은 것이다. 이 진료 시간에 처음으로 어머니의 사연의 중요한 부분을 알게 된 그녀의 딸도, 살면서 만난 여러 남성들에게 애정을 주지 않았다. 이 3대의 여성들 각자에게 ―그 이전 세대에 대한 정보가 없기 때문에 3대만 볼 수 있다― 시간이 흘러도 변치 않는 애정은 어머니, 어머니만의 애정이지, 아버지는 전혀 중요하지 않았다.

# 두근거리는 가슴

여성이 먼저 상담을 하겠다고 해서 남성이 따라온 경우였다. 그녀가 말하기 시작했을 때 가벼운 영어 억양이 섞여 있는 것을 알 수 있었다. 남자는 조용했지만, 존재감이 느껴졌다. 그는 주의깊어 보였고, 내가 그들의 말을 경청하는 것을 바라보는 눈빛에는 ―처음에는 장난기로 생각했는데 나중에 알고 보니― 희망이 담겨 있었다. 그녀는 키가 컸고 아름다웠으며, 서른다섯 살 정도 되어 보였다. 그는 체격이 좋았고 쉰 살쯤 되어 보였다. 그들에게는 두 살 된 아들이 있었다.

그녀가 내게 원하는 것은 그들이 헤어지는 것을 도와주고, 그 아들을 보호할 수 있도록 해달라는 것이었다. 그녀는 그에게 몇 달 전에 선언하기를, 이제 더 이상 그를 사랑하지 않으니 떠나달라고 했다고 한다. 그는 떠나기는커녕 오히려 더 눌러앉을 이유만 찾았다고 한다. 그는 즉시 항의하며 따로 월세를 낼 만큼의 소득만 생기면 떠날 것이라고 말했다. 이미 여러 번 반복된 부부 싸움을 내가 같이 있는 자리에서 되풀이하는 것이었다. 따라서 나는 발언권을 요구하고,

그들이 그런 식으로 계속 다투고, 내 질문에 대답하지 않으면 내가 그들의 사연에 대해 아무것도 이해하지 못할 것이라고 말했다.

그녀는 셋째 딸이었고, 남동생이 두 명 있었다. 그는 독자였다. '6대 독자'라고 명시하면서 모두 기욤이라는 이름을 가졌었는데, 자기 아들은 그녀가 원해서 윌리엄이라는 이름을 주었다고 했다. 이 부분에서 그녀가 반응했다. "내가 그렇게 강렬하게 사랑한 첫 남자였어요, 그래서 아이를 갖겠다고 했죠. 그건 간단했어요. 그에 대한 나의 사랑이 너무 강렬했고, 그가 나를 온통 점령하고 있었기 때문에, 5분 뒤에 다시 보기만 해도 갑자기 가슴이 두근거렸어요. 나는 임신이 안 돼서 절망했어요. 불임 치료를 여러 차례 받았고, 이 사람도 끌고 갔었어요."

그는 미소 지으며 가만히 있다가, 이렇게 말했다. "다른 어떤 여자와도 아이를 낳지 않았으니, 우리는 조만간 나 같은, 내 아버지 같은, 내 할아버지 같은, 내 증조할아버지 같은…… 기욤이 태어날 거라고 생각했어요. 나에겐 그게 정말 명백한 일이었고, 확신까지 갖고 있었어요."

그날 시작된 상담은 수주일 동안 계속되었다. 그들의 요구에 따른 것이었다. 왜냐하면 매번 상담이 끝날 때마다 나는 그들에게 원하는 경우에만 다시 오라고 말했다. 많은 다툼들이 자유 연상으로 찾아낸 자전적인 사건들과 결합하여 나올 만한 이야기는 다 나온 생산적인 작업이었다.

그들이 다음 약속을 했는데, 그녀는 내게 편지를 보내 배우자 대신 그녀의 어머니와 같이 와도 좋은가를 물어왔다. 나는 그 정도까지 기대하지는 않았지만, 그녀의 남자는 나름대로 이해한 것처럼 보였다. "남성이 더 이상 승리할 수 없을 때, 더 이상 의기양양할 수 없을 때, 부부는 어린 시절 막강한 권력을 가졌던 어머니의 영역으로…… 모든 것을 다시 삼켜버리는 생식 이전의 어머니의 영역으로 돌아간다."[1]

나는 두 여성을 맞아서 서로 많은 이야기를 교환하는 것을 경청했다. 두 여성은 평소 서로 이야기할 때는 영어로 했지만, 나를 위해서 프랑스어를 사용했다. 이 자리에서 딸은 그녀가 태어날 때 부모들이 크게 기뻐했다는 사실을 처음 듣고 아주 놀라워했는데, 그때까지 그녀는 딸이었기 때문에 부모들이 실망했었다고 생각해 왔다. 그녀는 어머니에게 여러 가지 질문을 했다. 어머니는 중학생 시절 학교 교장 선생님을 사랑했는데, 이 교장 선생은 결혼해서 애가 둘이나 있는데도 불구하고 그녀의 사랑에 무감하지 않았다. 그러나 그들 사이에는 아무 일도 없었다. 다만 그녀가 그에게서 너무 멀어지지 않도록 자기가 데리고 있던 직원과 결혼을 주선했다. 그래서 그들은 몇 년 동안 같은 동네에서 서로 계속 만나며 살았는데, 어느 날 남편이 다른 직장으로 발령을 받았다. 그사이에 그녀는 자식을 네 명 낳았다. 그녀는 이사를 하고 나서도 그 교장과의 플라토닉한 관계를 유지했고 그가 죽어서야 관계가 끝났다.

어머니의 이야기를 듣고 충격을 받은 딸은 자기가 이 모든 것을 어떻게 해야 하느냐고 울면서 어머니에게 물었다. 어머니는 딸의 얼굴을 쓰다듬으며 말했다. "딸을 낳아!"

---

1) Jacqueline Schaeffer, Le Refus du féminin(여성의 거부), Paris, PUF, 1981, p.23.

"딸을 낳아!" 그녀는 그렇게 말했다. 마치 딸에게 비법이나 비밀을 가르쳐주는 것처럼. 임무라고 볼 수도 있지 않을까? 어머니는 이렇게 설명을 덧붙였을 수도 있었을 것이다. "왜냐하면 네가 할 수 없었던 일을 네 딸이 너를 위해 대신할 수 있을 거야. 그리고 네 딸이 그것을 못하면, 네 딸의 딸이 그렇게 시도할 거야. 아주 옛날부터 이렇게 해온 거잖아?"

요새는 있을 수 없고 옛날에나 있던 일이라고? 그렇지 않을 수 있다. 얼마나 많은 여성들이 그녀의 어머니들이 이혼한 나이에 이혼할 필요성을 —그것을 전혀 의식하지 못하면서— 느끼는가? 그녀들이, 어머니들이 이혼을 고려했던 나이에 —나중에 생각을 번복했지만— 이혼하는 경우가 있다. 마치 그녀들이 그것을 알아채고 어머니들이 이루지 못했던 것을 대신해서 이루어야 할 의무감을 —실제로 의식하지 못하면서— 느낀 것처럼. "상징되지 않은 모든 것은 현실에서 재현된다"라고 라캉은 가르쳤다. 나는 여기에 "세대가 바뀌어도"라는 말을 덧붙이고 싶어진다. 그녀의 심장을 뛰게 하던 남성을 갑자기 사랑하지 않게 된 나이는, 그녀의 어머니가 이사로 인해 플라토닉 러브를 했던 남성으로부터 멀어지게 된 바로 그 나이였다. 그녀의 어머니가 애들의 아버지와 그녀 사이에 끼워두었던 불가능한 사랑을 고백한 후 위로로서 하는 그녀의 메시지가 무엇이었나? "딸을 낳아!"였다. 그 말을 들으면, 딸들은 무한하게 세대를 거슬러 올라가면서 어머니들이나 할머니들이 증조할머니가…… 기회나 용기가 없어 수행할 수 없었던 임무를 완수할 의무를 가진 것처럼 느낀다. 각 세대에서 남성들이 개입해서 여성들을 이성애로의 방향으로 끌어감으로써 그 옛날부터 어머니들이 딸들에게 전수한 임무를 어느 정도 실패하게 만드는 데 기여했다. 이 아버지의 개입은 아이들에게 지나친 모성을 모면하게 함으로써 아버지라는 존재가 배제되거나, 아이가 나르시시즘의 요소를 갖는 것을 막아주었다. 변태적인 관계에서 아이가 계속 어머니의 에로틱한 파트너가 된다면, 아이가 성인이 되어서도 성생활에 위협을 받게 된다. 사랑하는 배우자와 보완되기보다는 아이와 보완되는 어머니는 그녀의 아이의 정체성과 성적인 완전성을 위협한다.

부부 내에서 민주적인 이상이 자리 잡고 아버지의 중심적인 역할에 대한 사회적인 지원이 결정적으로 없어짐에 따라, 이전에 존재했던 모든 조건이 변화했다. 마침내 여성들은 성공했다. 그러나 어떤 대가를 치러야 하며 어떤 피해가 생겼는가! 결혼이라는 제도를 회피하기 시작한 이후 각 파트너는 각자의 어머니와의 극히 중요하고도 무서운 대화를 피할 수 없게 되었다. 각자 자신도 모르게 순종하는 팔루스로 남게 되었으며, 수명이 길어짐에 따라 어머니들은 자식들의 일상생활에 보다 더 개입하게 되었다. 성관계도 영향을 받게 되었다. 금방 실망을 느낄 수밖에 없는 이 성관계에 시효도 없이 무조건 만족되어야 할 권리가 주어져, 종의 법칙을 어기는 심연으로 향한 길을 열게 되었다. 그런데 이 법칙을 어기는 것이 정상이나 기준이 되고, 그렇게 하지 않고는 구원이 있을 수 없다고 생각하게 되었다.

이는 남성들과 여성들의 관계에 심각한 영향을 미치는 불안감을 만들었다.

남성들은 새로운 기준을 찾기 위해 많은 시간을 보냈다. 그들은 현대적인 아버지가 되려고 노력했으며, '새로운 아버지'에서 새로운 철학, 새로운 행동, 새로운 정치를 표명하는 사람이 되었다. 그들은 '암탉 같은 아버지'가 되다 못해 '빚진 아버지'가 되었다. 그들은 아직도 그들의 막다른 골목에서 빠져나오지 못했으며, 조만간 빠져나올 기미도 없다. 그들은 잘못된 진단의 희생자들이지만, 아무도 그 문제를 충분히 거론하지 못한다. 그들은 가부장제도에 대한 재판에서 히틀러나 무솔리니, 레닌, 스탈린, 마오쩌둥과 같은 권위주의적이고 치명적인 '인민의 아버지들'과 동일시되어 증오의 대상이 되었다. 그러나 이 '인민의 아버지들'은 각자 그들의 아버지들로부터 격리된 ―보통 사람들이 그들의 아버지로부터 격리되는 것보다 더 격리된― 세상의 모든 것을 가질 수 있고, 아무도 그들을 거역할 수 없다고 설득한 막강한 어머니들의 팔루스가 아니면 무엇이었는가? 우리는 역사적으로 이의를 제기할 수 없는 명백한 사실을 반복하며 감동받을 수 있지만, 아무도 이 명백한 사실을 실제로 감안할 수 없다. 따라서 **오늘날 아버지들에게 남은 일은 오직 어머니들과의 경쟁 관계에 들어가서 자식들을 유혹하려고 시도하는 것밖에 없는데, 이는 우리를 통치하는 자들의 선동 행위를 모방하는 것에 지나지 않는다.**

여기저기서 빌려온 이런 연혁 자체는 큰 흥미가 없다. 왜냐하면 여러 가지 과정에서 ―모두 눈속임에 불과하지만― 여성들의 비위를 맞추지만, 여성들도 사실상 그녀들의 배우자들과 별반 다를 게 없는 상황에 처해 있다. 일상적 현실에서 그녀들을 달래기 위해 인정된 여러 가지 권리들을 수집하는 것과 동시에 그녀들은 여러 가지 불리한 점도 수용할 수밖에 없게 됐다. 그중에는 꽤 만만치 않을 것으로 보이는, 혼자서 부모의 역할을 하는 일이나,[2] 여러 가지 역할을 맡는 동시에 고

---

2) 혼자 자식을 키우는 어머니들의 수가 1979년 79,000명에서 2003년 2,300,000명으로 증가했다.

독까지 감수해야 하는 경우도 있다!

그녀들은 모계혈통의 효과를 완전히 감수하게 되었으며, 부계혈통으로부터 보호받지 못한 남성들은 소비사회가 제공하는 자유분방한 섹스를 적극 활용함으로써 재미를 본다고 생각하고 있다.

왜 청소년들이 그 재미를 거부하겠는가?

어른스러운 존재 차원을 잠재우기 위해 모든 수단이 동원되는 상황에서 왜 재미를 거부하겠는가?

임상성의학이 성관계의 속성인 비대칭성을 고집하기 때문이라고?

얼마나 큰 오류인가! 얼마나 지독한 속임수인가! 얼마나 막강한 환상인가!

7부

# 기존관념에 반하는 규칙

# 부부의 막다른 골목들

간통은 항상 상식 수준에서 인정할 만한 당사자의 성적 불만족과 연관된다. 사회가 당사자에게 이해와 관용을 보일 정도다. 무지몽매한 이념과 가혹한 처벌로 인해 비난받고 있는 몇몇 나라들을 제외하면 남성들은 어디서나 동정을 받는다. 과거에 한 서약을 어기게 만든 사랑은 너무 귀중한 것이어서 감히 심판할 수가 없는 것이다. 사랑의 신비는 우리 모두를 감동시키며, 어느 누구도 사랑을 안다고 자부하거나, 통제하거나, 규칙을 정할 수 없다. 사랑은 어떤 경우에도 법이나 명령으로 선포될 수 없으며, 사랑의 전개 방식을 예측하거나, 그 변덕을 예상할 수도 없다. 도발적 기질을 지녔던 포졸(Pausole) 왕은 배신한 부인을 처벌해달라는 한 남자의 호소가 있었을 때, 그 부인에게 무죄를 선고했다. 남편은 판결에 항의하며 이렇게 소리쳤다. "저 여자는 평생 나를 사랑하겠다고 약속했단 말입니다!" 왕이 되물었다. "저 여자가 너보다 먼저 죽지 않겠다고 약속하고, 너보다 먼저 죽었다면, 너는 어떻게 할 것이냐?"

절제 없는 과시적 사랑, 한계를 비웃는 사랑, 존재들을 완전히 변화시킬 수 있는 사랑, 이렇게 멋지고 생생한 활력을 줄 수 있는 사랑도 결국은 사라진다! 부부 제도가 맞은 위기를 볼 때, 사랑은 갈수록 더 쉽게 사라지는 듯하다. 그 이유는, 은연중 인정된 바에 따르면, 사랑의 조건이자 증표인 성적 만족이 사라졌기 때문이라고 한다. 사랑하는 사람이 이 불만족 상태에서 단념하지 않고 해결책을 찾아 나서고, 경우에 따라서 실제로 해결책을 찾아내기도 하는 것에 대해 사람들이 수긍하고 호감을 표시하기도 하지 않는가? 사랑의 소멸이라는 불안에 빠져본 사람이거나, 사랑의 부재가 자신의 평범한 일상을 결핍과 슬픔의 상태에 빠뜨릴 수 있다는 것을 아는 사람이라면 여기에 이론을 제기할 수 없다!

사랑에 아무런 가치도 부여하지 않는 결혼 전략을 생각해보자. 그런 전략을 만들어 그들 나름의 기준을 부여함으로써, 결합 당사자들의 의사를 무시하고 부부로 결합시켜 평생 동안 지속될 불행을 심는 사람들의 잔인함이란! 그 사람들은 어떤 환상을 가지고 있었던 것인가? 어떻게 그런 부부들 사이에서 육체와 애정의 합치가 생겨날 것을 기대했나? 육체와 애정의 합치에는 아무런 흥미도 두지 않고 완전히 무시했었던 걸까! 그래서 결혼에 그렇게도 강력한 제제조치를 부과한 것인가? 이렇게 보면 부부관계는 그 정의에 더 이상 완전하게 일치할 수 없다. 적절한 조치에 의해 이혼이나 간통을 단념할 수밖에 없었던 정략결혼의 배우자들은 평생 동안 같은 멍에를 나누어 지고 살았다. 그들이 이렇게 평생 동안 겪은 처참한 악몽이 우리들 속에 어떤 흔적을 남겼는지 자문해볼 수 있다. 현재 우리의 운명은 그들이 겪었으리라 짐작되는 고통의 빚을 지고 있는 것은 아닌가?

마침내 의식이 계몽된 시대를 사는 우리가 얼마나 행운아인가를 알고 있더라도, 그건 마찬가지다!

다행히 구시대와는 멀리 떨어져 있는 우리들 의식의 지평선은 충분히 넓어져 행복을 손으로 잡을 수 있을 듯한 예감이 든다! 이제 사랑은 더 이상 몇몇 사람들의 특권이 아니다. 이제 사랑은, 제도적으로 사랑을 금지당한 사람들을 위안하는 환상이 아니다. 이제 사랑은 이룰 수 없는 꿈이 아니다. 사랑은 우리들 사이에 존재할 권리가 있다. 사랑을 반박할 사람은 더 이상 없다. 각자가 나름대로 사랑을 구상하고 접근할 수 있다. 사랑이 유치원에 다니는 아이에게까지 주된 관심사가 되고, 그것을 흐뭇해하는 부모들 앞에서 터놓고 이야기하는 주제가 되지 않았는가? 오늘날 자신의 배우자를 선택하는 문제를 두고 부모의 권고나 강요를 받을 것을 염려하는 사람은 없다. 사랑에 접근할 수 있는 자유는 우리 각자에게 사랑이 지속될 것이라는 희망까지 주었다. 자신이 사랑의 주체라는 것을 자각하고 주저 없이 행동하면 좋은 결과를 얻을 것이라는 의식도 갖고 있다. 어떤 사람의 취향과 기대치에 신경을 쓴다는 것은 그 사람의 존엄성을 존중할뿐더러 성관계의 완전한 만족을 보장한다는 인상을 주는데, 이 만족한 성관계는 사랑을 강화하고, 다시 사랑은 성관계의 만족감을 증가시키고…… 이렇게 순환하며 만들어지는 황홀한 회오리는 거칠 것 없는 밝은 앞날을 예감케 한다.

그런데 이렇게 희망찬 전망이 인류의 전체 역사를 두고 볼 때 그렇게 짧은 시간에 그렇게 빨리 실망으로 기울 수밖에 없게 된 이유는 무엇이었나? 이 희망찬 전망이 난파함에 따라 새로운 의문들이 나타났는데, 이 의문들 속에는 여러 가지 개념들―사랑, 욕망, 소유, 쾌락, 환상, 쾌감, 재능, 현실, 교환—이 너무 심하게 얽혀버렸기 때문에, 언젠가는 이 개념들이 정리될 수 있으리란 희망을 갖기조차 힘들게 되었다.

어떻게 한 남성이나 여성을 사랑하면서 동시에 다른 남성이나 여성을 원할 수 있는 것일까? 어떻게 자기 자신의 간통 행위는 용서하면서 자기 배우자가 다른 남성이나 여성에게 관심만 보여도 죽을 것 같이 고통스러운가? 어떤 상대에게 주거나 그 상대에게서 얻은 쾌감의 강도가, 일상이나 상황의 특수성에 따라, 또 그 상대가 갖는 위치에 따라 그렇게까지 다를 수 있는 것일까? 용인된 것, 언급을 회피한 것, 일시적인 것, 합의한 것, 순수하지 못한 것, 지속적인 것, 금지된 것이 환경에서 차지하는 위치가 무엇이기에 그토록 인상적인 효과를 만드는가? 어떻게, 그리고 왜 우리는 배우자가 배신하는 것을 참거나 또는 참지 못하는가? 어떻게, 그리고 왜 우리는 그 배우자가 다른 인생을 살기로 결정하는 것을 (또는 그렇게 결정하지 않는 것을) 참거나 참지 못하는가? 왜 우리는 실패했는가? 왜 우리는 그것 때문에 고통받는가? 왜 우리는 그것 때문에 안도하는가? 우리가 의도하는 대로 우리 인생을 살아가기 위해, 맑은 정신과 모든 수단을 다 가지고 있으며, 무슨 일이든 다 할 준비가 되어 있는데, 왜 정신이 이토록 흐릿해질 수 있는가?

프로이트는 더 고통스럽고, 더 비밀스러운 토양 위에서 이미 이런 고통의 경이로움을 연구했으며, 그 모든 것이 성적인 것(le sexeuel)과 관련되어 있다고 밝혔다. 그리고 요즘 사람들은 프로이트의 진단을 문자 그대로 받아들였다. 프로이트가 언급한 성이 생의 충동을 표현한다는 것을 이해하지 못했다. 그들은 그것을 생식기와 혼동했다. 그들은 수치심을 털어버리고, 억제와 검열을 제거하고, 최대의 자유를 채택하면, 모든 문제들이 단번에 해결될 수 있으리라 기대하면서, 성관계와 성적 만족을 부부관계의 형성과 미래의 중심에 두었다. 오늘날 젊은 신부의 흰 드레스와 오렌지 화관을 곧이곧대로 믿는 사람은 없다. 그런 것들에는 심미적 의미와 약간의 전통적 의미밖에 없다는 것을 누구나 알고 있다. 신랑이 이미 —속된 표현으로— '재미를 보았는데' 무슨 다른 의미가 있을 수 있을까? 신부도 똑같이 '재미를 보는 것'이 고귀한 투쟁에서 쟁취한 정당한 균형에 해당되는 것이 아닐가? 결혼을 하든 안 하든, 관계를 형성하고 정착하는 커플들은 서로가 만족스럽다고 판단할 만큼 충분한 시험적 관계를 통과한 사람들이다. 여기서 문제는 '왜 공주님이 갑자기 매력을 잃기 시작하는가' 이다. 왜 왕자님은 말에서 떨어져, 침대에서도 —아니 특히 침대에서— 되는 일이 없는가? 이런 상황에서 필연적으로 나타나는 성관계의 악화는 부부가 겪는 불화의 원인인가 아니면 결과인가? 사실상 선험적으로 판단할 수 있는 근거는 없다.

어쨌거나 문제는 간단하지가 않다. 이 관계는 아주 중요하고, 또한 그렇기 때문에 큰 관심의 대상이며, 아주 만족스러울 것으로 오랫동안 기대되었으며, 언제나 환상의 대상이었다. 그 목적에 적절한 보조 장비들이 있고 성능도 뛰어나니 만족할 이유 또한 충분하다. 그러나 서로 사랑하고, 똑바른 정신으로 서로를 선택한 사람들 사이에서도 기대했던 것보다 만족감을 느끼지 못하게 된다는 사실을 알게 된다. 자신의 인생에서 비교적 일찍 성적인 만족을 포기한 프로이트는 자연적인 취약성을 강조했고, 특별한 설명 없이 시간이 흘러감에 따라 성적 만족이 필연적으로 감퇴한다는 사실을 지적했다. 로제 바양은 이와 비슷한 의미지만 특유의 스타일로 "한 여자와 백 번 섹스하

는 것보다 여자 백 명과 한 번씩 섹스하는 것이 분명히 더 쉬울 것"이라고 썼다. [1]

그렇다면 이런 숙명론을 수용하고 인정하는 데 그칠 것인가, 아니면 이런 접근의 타당성에 의문을 던져봐야 하는가? 개인적으로 내게 이런 접근은 다른 시대, 다른 영역에서 제공된 빈약한 설명들을 연상시킨다. 즉, 아편은 '잠들게 하는 효능'을 가졌다거나, 자연은 '공백을 싫어한다'는 것 등이다. 자연과학은 이런 어리석은 소리들이 적절하지 않음을 증명했다. 그리고 자연과학은 이제까지 이해가 불가능했던 현상에 대해 계속 더 정교해지고 있는 설명을 제공하고 있다. **어떤 확실한 증거를 토대로, 관계를 형성하는 모든 부부들이, 어떤 계획을 가지고 있든 또는 어떤 배경에서든 반드시 실패할 것이라고 미리 확언할 수 있는가?** 글재주 있는 몇몇 유명 인사들의 실패담을 근거로? 설익은 낭만주의의 이름으로? 실패할 수밖에 없다는 이념의 이름으로? 변태적인 논리가 제시하는 경험 사례를 근거로? 여러 사람들의 의견이라는 이유로? 여론조사와 통계를 근거로?

통계가 판을 치는 세상! 아무리 통계 만능 시대라 하더라도, 개인주의가 승승장구하는 시대에, 살아 움직이는 사람들이 가진 사연들의 특수성을 무시하고, 사람들의 애정 문제에 대해 불명확한 기준을 만들려고 하는 것은 가당치 않다. 이는 모든 여성을 동일체로 보고 일반화할 수 있다고 간주하면서, 그 여성들이 제각각 독특하고 특수하다는 사실을 부정하는 것이다. 모든 남성을 동일체로 간주하며 그

---

1) Roger Vailland, *Drôle de jeu*(재미있는 놀이), Paris, Buchet Chastel, 1996.

러한 일반화가 가능한 것처럼 논할 수 있는가! 그것 또한 오류일 수 있다! 왜냐하면 여성이 없었다면 남성이 있었을 수 없고, 지금 현재도 여성이 없다면, 남성이 있을 수 없기 때문이다. 모든 남성은 여성에게서 태어난다. 남성이 태어날 수 있게 한 여성이 남성에게 얼마나 중요한 영향을 주는지를 안다면, 그 남성 또한 동질적이고 교체 가능한 통계 표본으로 간주해서는 안 된다.

우리의 사고를 점령한 혼란스러운 상황은 숙명론에 동의하는 태도에 기인하는가? 아니면 우리 시대 전반에 침투한 음울한 체념의 표상인가? 아니면 절망이나 게으름의 표현인가? 이 요소들 중 어느 하나도 배제할 수 없다. 그러나 우리 사회의 변화를 틈타서, 무서울 정도로 효과적이고 교묘하게 위장된 광범위한 조작을 통해 그 요소들을 능란하게 이용하는 상황을 포착할 수 있다.

최근에 부부의 성격이 변질된 것은 분명히 이 조작에 기인한다. 성의 해방과 통시적인 다부다처제의 대가로 부부는 버티기를 포기했다. 각 배우자는 주변의 동정심에 힘입어 속도의 차이는 있지만 따로따로 정착한다. 따라서 아파트에서부터 −파리 아파트의 절반은 한 사람만 거주하고 있다− 텔레비전, 세탁기, 냉장고, 자동차에 이르기까지 모두 두 배로 소비됨으로써 제조업자들에게 더할 나위 없이 좋은 상황이 연출된다. 두 배로 소비되고, 보상 마케팅을 고려하면 그 이상 소비된다. 이는 문제의 원인을 해결하는 데 전혀 도움이 안 되는데, 왜냐하면 이 원인들이 인생이라는 모험에 필수적인 요소인 것처럼 제시되기 때문이다.

# 해결책

성관계의 악화가 부부간 불화의 원인인지 결과인지를 알고 싶어 하는 사람들에게, 임상성의학은 의학의 한 부문으로서 자신 있게 대답한다. 즉, 임상성의학의 입장에서는 성적인 문제가 모든 문제의 원인이다. 따라서 임상성의학은 그 문제를 성기의 역학적인 불균형에 기인한다고 간단하게 설명한다. 남성은 여성보다 객관적으로 항상 빨리 흥분되고, 남성의 쾌감은 빨리 얻어지는 반면 반복될 수 없으며, 여성의 쾌감보다 강도가 낮다고 본다. 한편 여성의 쾌감은 보다 천천히 얻어지지만 더 폭넓고, 더 길고, 특히 쉽게 반복될 수 있다고 본다. 따라서 남성은 여성이 만족하기를 기다리다 지치고, 여성은 관계를 할 때마다 실망을 해서 결국 낙담한다는 것이다!

임상성의학은 속사정을 털어놓는 상담 환자들을 돕기 위해, 이 중요한 축에서 출발해서 여러 가지 요인들을 분석하며 문제에 접근한다. 임상성의학은 인간관계의 영역을 다루는 데 필수적인 조심스러운 태도를 가지고 상황에 맞는 행동요법을 일반적으로 처방한다. 이런 경향의 미국 전문가들은 일견 관대한 의도로 텔레비전 프로그램에 정기적으로 출연해서, 예를 들자면 여성들에게 오럴섹스나 항문 섹스가 사랑의 행위에 도움이 된다는 설명을 하며 여성들이 느낄 수도 있는 거부감을 퇴치하기 위한 처방을 해준다. 이런 프로그램의 목적은 무엇보다도 여성들로 하여금 남성들의 성적 역학에 적응하는 흥분 단계를 가속시키기 위해 여성들의 성적 제스처에서 억제 요소들을 제거하고자 하는 것으로 보인다. 이런 대증요법(對症療法)들은 환상적인 면을 활용한다는 점에서 얼마 동안 보조적 기능을 할 수 있다. 그러나 이런 대증요법들은 처음부터 효과가 없을 수도 있고, 효과가 있더라도 부작용이 더 심해질 가능성에 노출된다. 이 요법들이 아주 다른 수준에 있는 근본적인 문제를 해결하지 못하기 때문에 기대 이하의 결과는 놀라운 것이 아니다. 이런 요법에는 분명 통증을 못 느끼게 하는 진통제의 사용이 필수적인 이유와 같은 기제도 있다. 그러나 병의 원인이 치료되지 않았다면, 약효가 떨어질 때 이 통증을 분명히 다시 느낄 것이다. 그런 악순환은 끝없이 되풀이된다.

이런 상황을 객관적인 현실로 접근하는 방법은, 같은 문제가 수 세기 전에 동아시아 문명에서도 있었고 해결되기까지 했다는 점을 상기시키면서, 문제를 반대 방향에서 풀어나가는 것이다.[1] 도교는 남성들에게 성교 중 사정을 하지 않도록 권함으로써 여성들이 쾌감을 느낄 시간을 확보해주었는데, 이 비법의 목적은 원래 여성들이 쾌감

---

[1] Gisèle Chaboudez, *Rappport et rapport des sexes*(관계 그리고 남녀 간의 관계), Paris, Denoël, 2004.

을 느끼도록 하기 위한 것이 아니라, 남성들의 정력 낭비를 방지하기 위해서였다.

그런 방법은 상이한 문화적 환경에서 실제로 쓰기 어렵다는 것뿐만 아니라, 여성의 역학에 직접 개입하는 것이 아닌, 단지 불균형을 새로운 각도에서 접근했을 뿐이라는 점에서 결코 문제의 근본을 해결하지 못하는 대증요법에 불과하다.

왜냐하면 문제의 근본은 성기나 성기의 생리학과 아무 관련이 없기 때문이다. **섹스는 성기 속에서 또는 성기를 가지고 하는 것이 아니다.** 성적 쾌감은 성기들이 제대로 작동하는 것에서 나오는 것이 아니다. 성적 쾌감은 성기들의 해부학적인 특징에 좌우되는 것이 아니다. 섹스는 머릿속에 있다! 섹스는 정신세계에 축적된 많은 요인들이 —사랑이 그중 하나— 만든 상황의 산물인데, 이 요인들은 섹스를 하거나 섹스를 떠올리는 순간 다시 나타나서 서로 접속된다. 섹스는, 파트너가 일깨울 수도 있고 못할 수도 있는, 우리는 결코 정확하게 파악할 수 없고 대개의 경우 모르고 지내는, 깊숙이 파묻혀 있는 자아의 한 부분과 만나는 행위다. 섹스는 복잡미묘하고 아직 완전히 해독되지 않은 뇌 속에서 일어나는 화학작용으로, 뇌와 뇌로부터 정보와 명령을 받는 성기를 밀접하게 결합시키는 것이다.

그렇다면 섹스에 대해 아무것도 모른 채로 그 명령을 받고, 그것이 출현하는 것을 보고만 있다는 말인가?

그렇다고 볼 수도 있고, 그렇지 않다고 볼 수도 있다.

그렇다고 볼 수 있는 경우는, 정신 자원이 고갈되어 거의 없는 사람―정신분석 용어로 초자아가 약한 사람―, 또는 질환에 의해 이성을 잃은 사람인데, 충동을 억제할 수 없다고 스스로를 항변하는 아동성애 범죄자가 여기에 해당하며 여러 나라에서 화학적 거세방법이 제시되고 있다.

그렇지 않다고 볼 수 있는 경우는, 대부분의 사람들에게 해당되는데, 특히 스스로의 정신 상태를 돌아볼 수 있는 능력을 가진 사람들이다. 이런 사람들은 살아가면서 비교적 일찍 몇 가지 감정들이 존재한다는 것을 파악하고, 이 감정들을 체계화(hiérarchiser)하지는 못하더라고, 알아보고, 구별하고, 말로 표현할 수 있다. 그들은 어린 시절에 느꼈던 두려움이나 애정 또는 그들에게 애정의 대상이었던 것에 대해 쉽게 이야기할 수 있으며, 그 시절의 만남·기쁨·행복·노여움·슬픔의 순간들을 상기할 수 있다. 그들은 자신들이 어떤 사연─부모들과 함께 산 시절 이전까지 거슬러 올라갈 수는 없지만─을 가지고 있다는 것을 어느 정도 인정한다. 그렇다고 해서 그들이 그 사연에 의해 만들어졌다고 생각하는 것은 아니다.

그들 중 많은 사람들에게 추억은 단지 추억일 뿐이며, 아주 어릴 때의 일은 기억할 수 없는 경우가 많다. 그들이 가지고 있는 기억과 그들의 현재나 미래의 삶 사이에 어떤 관련이 있을 수 있다고 생각하긴 어렵다. 그들은 스스로를 보호하는 것인가? 자신들의 감정에 대해 알고 싶지 않은 것인가? 그 감정들이 폭발하는 것을 두려워하는가? 이 세 가지 가능성들은 서로 배제되지 않으며, 그 이외의 다른 가능성과 겹쳐질 수도 있다. 알리 마구디에 의하면, 다른 사람들과 저녁을 먹을 때 그가 정신분석 전문가라는 사실을 알면 사람들이 불편해하기 시작한다고 한다. 한번은 그중 한 사람이 퉁명스럽게 이렇게 말했다고 한다. "선생님, 나는 우리 어머니와 자고 싶어 한 적이 없습니다." 정신분석 전문가는 이렇게 대꾸했다고 한다. "당신은 아직 젊어요. 앞으로 그럴 기회가 올 수도 있지요."[2] 아마도 그 상대방은 무척 무안했을 것이다.

내가 이러게 잡다해 보이는 요소들을 거론하는 것은, 우리가 오이디푸스 과정에서 부모들에 대해 가졌던 감정에 부여했던 위치—우리들이 이것을 인정하든 않든, 이것이 파악될 수 있든 없든—를 강조하기 위해서다.

정신분석이 이 점에 대해 시사하는 바는, 남자아이는 어머니를 열렬히 사랑해서 아버지와 경쟁 관계에 들어갔고, 여자아이는 아버지를 정복하기 위해 어머니에 대한 사랑을 아버지에 대한 사랑으로 대체했다는 것이다. 나는 이 과정의 중요성에 대해 이미 설명했다. 내가 상기시키고 싶은 것은, 남자아이에게나 여자아이에게나, 이 과정이 어머니에 대해 가졌던 두려움을 완화하기 위한 시도에 있어서 아주 중요한 전략적 역할을 한다는 것이다. 그러나 이 과정은, 남자아이에게는 이성애 관계를 강도 높게 경험하는 기회이며, 여자아이의 경우에도 이성애 관계를 시도해보는 기회이지만 성공하지 못하는 경우가 많다. 여자아이의 경우, 얻을 수 있다는 확신이 없는 아버지의 사랑을 위해 어머니에 대한 사랑을 포기하기를 두려워하면서 두 가지 사랑 사이를 오가며 곡예를 벌이기 때문이다. 그리고 우리가 알고 있는 바로는, 어떤 시나리오가 개입되었든 어떤 영향이 작용했든, '철이 드는 시기(période de latence)'부터 잠복기를 거쳐 청소년기까지 사랑과 섹스에 대한 지대한 관심이 지식욕이나 사회적 접촉에 대한 관심에 자리를 양보하게 되는 것이 사실이다.

---

2) Ali Magoudi, *Le Livre d'Ali*(알리의 서), Paris, Albin Michel, 2004.

그런데 어느 날 침묵이 깨진다. 잠자고 있던 사랑과 섹스에 대한 지대한 관심이 전면으로 돌아와 가장 중요한 자리를 차지한다. 이와 함께 찾아오는 것은 자신이 만나는 몸에 대한 지대한 관심으로 이 나이 특유의 강력한 힘을 동반한다. 어머니에 대한 두려움을 물리치기 위한 오이디푸스 전략을 다시 가동하기 위해 이 만남이 꼭 필요한 것처럼. 왜냐하면 어머니에 대항해서 혼자서 다시 발버둥치는 것은 상상할 수도 없기 때문이다. 물론 옛날처럼 "누구는 엄마 편, 누구는 아빠 편"으로 편가르기를 다시 시도한다는 것이 불가능하다는 것 또한 확실히 이해된 상태다. 부모의 행동으로 인해 이따금 편가르기가 재발될 가능성이 있지만, 그런 경험에 약간의 수치심을 느끼고 있기 때문에 그 위험은 회피된다. 그러니 다른 만남을 고려하지 않을 이유가 있을까? 그러니 만남이 반드시 온다는 확신을 갖고 기다린다. 그것은 아주 중요한 만남일 수밖에 없으며, 당연히 그럴 권리가 있고, 이 만남은 인생을 변화시킬 것이고, 영원히 지속될 조짐도 있다.

대체 확신의 근거는 무엇인가? 어린 시절 들었던 동화가 시차를 두고 효과를 나타내는 것인가? 억제되어 묻혀 있던 감정들이 다시 표면에 나타나는 것인가? 아니면 앞에서 언급했던 '부름'을 대리하는 '오브제 a'가 돌아온 것인가? 그러나 이런 설명들을 강조하거나, 이런 설명들에 너무 오래 머물러서는 안 된다. 이상의 세 가지 요인에 다 기인할 수도 있고, 또 다른 요인들이 있을 수도 있다. 이 현상에서 가장 흥미로운 것은 무엇보다 현상 그 자체다. 이유는, 그 현상이 자기들끼리 서로 털어놓고 얘기할 수 있는 청소년들에게 나타나기도 하지만,[3] 스스로에게도 털어놓지 못하는 소심하고 얌전한 청소년에게도 나타난다는 점에 있다. 더 놀라운 것은 이 현상이 단단하게 결합된 가정의 남녀 청소년들에게 나타날뿐더러, 여러 차례 해체되고 재구성된 가정의 청소년들이나, 결손가정의 청소년들이나, 아예 가정을 가져본 적이 없었던 청소년들에게도 나타난다는 사실이다! 그런데 이런 만남이 이 단계에서는 섹스의 현실에 크게 관심을 두지 않을거라고 알려져 있지만 ─요즘은 점점 그렇지도 않다!─ 우리 아이들은 다른 성과 만날 때 그 다른 성을 자신의 성과는 완전히 다른 것으로 생각한다. 소년에게 소녀는 당연히 완전 소녀이고, 소녀에게 소년은 당연히 완전 소년이다. 당초 이 인식에 뉘앙스(세부적 차이)가 있을 수 있다고 생각하는 소년이나 소녀는 없다. 물론, 이상하게도 양쪽 모두다 아주 빨리 뉘앙스가 있다는 것을 발견하게 된다. 두 성 사이의 근본적인 차이를 인식하는 것이 새로운 것과 금지된 것에 일정 정도 접근함에 따라 생기는 것이며, 시간이 흐르면서 이 감정이 약화되어 좀더 현실적인 관점이 생기는 거라고 주장할 수도 있겠다. 그러나 금기와의 대치가 우리들 모두 예외 없이 우리 내부에 지니고 있는 종의 법칙의 흔적을 다시 활성화시킨다고 생각할 수도 있다. 이 흔적은, 변태적인 사람들만 빼고, 모든 사람에게 제자리로 돌아갈 것을 상기시키는데, 살아가면서 어떤 나이에서나 나타날 수 있다.

 종의 법칙과 그 흔적의 활성화가 개입되지 않는다면 오이디푸스 단계가 잠복해 있었음을 어떻게 상상할 수 있었을까? 이 단계가 너무 오랫동안 지속되는 경우가 있다면, 이는 직접적으로 그 남자아이

---

3) Agnès Desarthe, *Je ne t'aime pas, Paulus*(폴뤼스, 난 너를 사랑하지 않아), Paris, École des Loisirs, 1991 및 *Je ne t'aime toujours pas, Paulus*(폴뤼스, 난 아직도 널 사랑하지 않아), Paris, École des Loisirs, 2005.

와 그 여자아이 때문이 아니라, 그 남자아이에 대한 어머니의 근친상간적 행동이나, 그 여자아이에 대한 아버지의 근친상간적 행동 때문이다. 전자의 예는 어린 아들에게 "하지만 얘야, 아빠가 있잖아!"라고 말한 어머니의 경우이고, 후자의 경우는 어린 딸에게 멍청하고도 자랑스럽게 "저 애는 내가 찍었어. 어떤 놈도 저 애한테 손대면 안 돼!"라고 말하는 아버지의 경우다.

청소년기에 개입하는 것 역시 종의 법칙이다. 그 나이에 몸이 성장하는 것을 보면 인류 역사상 아주 오래 전부터 그랬을 것임을 짐작할 수 있다. 종의 법칙은, 청소년들이 그 법칙에 복종하도록 하기 위해, 오늘날 청소년들의 몸이 만들어지는 것처럼 그 옛날에도 거기에 맞춰 만들어졌을 것임이 확실하다. 청소년은 근육질의 긴 다리에 비해 빈약한 상체를 가지며, 몸무게는 적게 나가는데, 종의 법칙이 청소년을 위해 세운 계획에 따르자면, 빨리 뛸 수 있도록 하기 위한 배려로 보인다. 태어났을 때의 누에고치 상태에서 벗어나 적대적인 환경과 수많은 위험에도 불구하고 파트너를 찾아 나설 용기를 갖기 위해서는 이 수단이 필요했을 것이다. 청소년기의 여자가 남자에 비해 다리가 짧고 엉덩이 주변이 비대한 것은 임신 후 식량이 부족할 경우에 대비해 에너지를 저장하기 위한 목적이었다. 숲과 맹수들이 사라졌다고 해서, 그리고 청소년들이 떼로 몰려다니고, 모두들 용돈을 쓰고, 핸드폰, 웹캠, 블로그를 가지고 있다고 해서 근본적으로 달라질 것은 없다. 선사 시대 청소년들의 행동을 지배했고 각 청소년에게 각인되어 있는 종의 법칙이 왜 지금에 와서 존재하지 않겠는가?

조류에서 원숭이까지 여러 동물들의 근친상간을 피하기 위한 행동에 관해 최근 몇 년간 발표된 연구 결과를 보더라도, 활성화되기만 기다리고 있는 종의 법칙에 대해 내가 세운 가정은 건재하다고 본다. 단지 동물과 인간 사이에 차이점이 있다면, 후자는 근친상간 회피의 기본 메커니즘에 더해서 언어에 각인된 이중 장치를 가지고 있다는 점이다. 동물들의 근친상간 회피를 연구한 사람들은 인간의 행동과 비교하긴 했지만 —때로는 그 타당성에 의문을 제기하거나 비웃기도 했다[4]— 동물들이 하는 행동의 기원에 대한 설명을 시도하지는 않았다.

이런 비교는 역설적으로, 유전자에 각인될 수도 있는 근친상간 회피가 종의 법칙이라고 설명해야 할 언어가, 도리어 이 법칙을 공격하거나 이 법칙의 필요성을 부정하는 데 기여했음을 보여준다.

이 역설에 대한 유일한 설명은, 충동을 단어로 표현하면서 제어해야 했을 언어가 불충분했기 때문에 스스로 포화 상태를 만드는 동시에 덫을 만들기까지 했다는 것이다. 성경의 말처럼 "태초에 말씀이 있었다"라는 것이 사실이라면, 이 갈등은 일어나지도 않았을 것이고, 우리들이 현재와 같은 상황에 처하게 되지도 않았을 것이다. 아울러 언어를 가진 인류는 이 점에서 진정한 공적을 세웠다. 즉, 기억과 사연의 형태로 이전 세대의 지식을 다음 세대에게 유산으로 남겼다는 말이다. 이는 문화가 정착된 이후 지속되고 있는 일이다.

그런데 여기서부터 모든 것이 이상하게 꼬이기 시작했고, 남녀 간의 전쟁이 더 과격해지고 지금까지 지속되고 있으며, 오늘날 종의 법칙이 공격받으며 심각한 의문이 제기되고 있다.

내가 이미 제시하고 분석한 여러 사례들로부터 우리가 별로 주의

---

4) Boris Cyrulnik, *Les Nourritures affectives*(사랑의 양식), Paris, Odile Jacob, 1993.

하지 않는 사이에 벌어진 이 전쟁의 규모와 걱정스러운 결과의 면모를 보여준다.

나는 몇 년 전에 출판업자 한 사람과 다투었던 일을 기억한다. 나는 그가 주문한 원고를 넘겼다. 출판업자는 자신이 강자의 입장에 있고 자신이 옳다는 확신에서 내게 종의 법칙에 해당하는 모든 부분을 삭제할 것을 좋은 말로 명령했다! 그가 제시한 이유는 "여성들이 이 법칙을 더 이상 원치 않는다"는 것이었으며, 따라서 여성 독자들을 잃을 것이 분명하다는 것이었다. 나는 그 사람이 과학도였던 것을 알고 있었고, 그런 변칙적인 논리에 놀란 나머지, 순진하게도 그의 의견을 바꿀 수 있으리라 생각했다. 나는 카페 탁자 위에 있던 잔을 손으로 쳐서 땅에 떨어뜨려 깼다. 그리고 그에게, 우리들이 그렇게 많은 위성들을 우주 공간에 보냈는데도, 이 잔이 만유인력의 법칙에 따르는 것을 어떻게 설명하겠냐고 물었다. 물론 지금까지도 내 논리로 많은 사람들을 설득시킬 수 없는 것과 마찬가지로, 그를 설득시킬 수는 없었다!

그런데 왜 그렇게 여러 가지 여담까지 동원하며 그렇게 많은 증거를 쌓아놓느냐고 묻는 사람들도 있을 것이다.

그것은 종의 법칙의 흔적에 대한 가정, 종의 법칙에 표시하는 존경심의 정도, 종의 법칙에 대한 태도로부터 남성들과 여성들의 —그들의 관계와 그들이 함께 만든 자식들에게 주고자 하는 운명과 관련된— 크고 작은 문제점이 드러나기 때문이다.

이 명제의 적절함을 확인하기 위해 가끔 오이디푸스 단계에서 생기는 일을 다시 한 번 보자. 내가 앞에서 언급한 것처럼, 그 어머니가 아들에게 "하지만 애야, 아빠가 있잖아!"라고 할 때, 어머니는 은연중에 무엇을 말하는가? 어머니가 아들에게 고백하는 것은 아들이 표시하는 욕망과 기대하는 만족은 그녀를 아주 흐뭇하게 하기 때문에 체격 차이의 문제만 없으며 그 요구에 응하겠다는 것이다! 아버지가 딸을 두고 "저 애는 내가 찍었어. 어떤 놈도 저 애한테 손대면 안돼!"라고 말하는 것은 그가 언제라도 만족시킬 수 없음을 유감스럽게 생각하는 근친상간의 환상이 아니면 무엇인가? 어떻게 이 아이들이 두려움을 ―그 두려움이 이 정도의 사악한 상황으로까지 전개될 수도 있다면― 퇴치하기 위해 시동을 건 장치에서 벗어날 수 있을까? 이 아이들은 그들이 보편적인 진리라고 생각하게 될 메시지의 노예로 남을 수밖에 없다고 예상할 수 있다. **예를 들어, 남자아이는 바람기 많은 여성들이나 자신보다 훨씬 나이가 많은 여성들과 결합할 수밖에 없으며, 여자아이는 나이가 많은 남성들과 교제하겠지만 반드시 만족을 얻지는 못할 것이다.** 그들은 나중에, 의식하지도 못하고, 다른 방법도 모르기 때문에, 그들의 부모들이 그들을 대했던 것처럼, 그들의 자식들에게도 그렇게 대할 것이다. 그들의 자식들도 마찬가지로……. **왜냐하면 종의 법칙을 왜곡하는 행위는 자동적으로 회복되지 않고, 세대를 거치면서 더 악화되기 때문이다.** 내가 그 행동을 비난했던 어머니와 아버지는 자신들이 각자 사연의 희생자들임이 분명하기 때문에 책임은 있지만 유죄라고 할 수는 없다. 나는 다른 글에서[5] 이 모든


<hr>

5) Françoise Héritier, Boris Cyrulnik, Aldo Naouri,, *De l'inceste*(근친상간에 관하여), Paris, Odile Jacob, 1994, "Un inceste sans passage à l'acte : la relation mère-enfant.(행동화되지 않은 근친상간 : 모자 관계)"

것에 대해 충분히 분석했는데, 근친상간적 행동을 하는 아버지는 그런 행동을 했던 어머니의 아들이었음이 밝혀졌다. 어머니가 '아들에게 부족한 것이 없도록 배려하는 것'[6]에 대한 강박관념을 가지고 있다는 것은 자동적으로 근친상간을 할 자세가 되어 있다는 것이다.

남성들과 여성들 사이에서 일어나는 일은 —특히 성관계까지 포함해서— 종의 법칙의 영향을 받지만, 우려할 정도로 왜곡될 수도 있다.

그것을 이해하기 위해서는 청소년 시절의 행동과 만남의 기대로 돌아와야 한다. 각 성은 다른 성에게 완전하고 뉘앙스(세부적 차이)가 없기를 바란다. 즉, 젊은 남성들은 젊은 여성들이 완전히 여성이라고 생각하며, 젊은 여성들은 젊은 남성들이 완전히 남성이어야 한다고 생각한다. 종의 법칙이 정립될 때 엄밀하게 그래야 했던 것처럼. 그 이후에 문화는 감정의 모호함과 감수성을 만들어 성이 요구하는 동물성의 잔재를 완전히 배제시켰다. 오늘날 관계를 맺는 젊은 여성들과 젊은 남성들이 현실에 부딪치는 것은 그들 성 본능의 포메이션을 부각시켜주는 것이며, 이 전략은 어릴 때 어머니와 유지하던 관계에 의해 좌우된다는 것을 우리는 알고 있다.

이 사실에서 유추해보면, 남성은 아버지에 의해 거세될 것을 두려워한 나머지 포기했던 어머니와의 이성애 관계를 모델로 포메이션 되었기 때문에 종의 법칙에 명확하게 편입된다. 어머니의 행동이 암시했던 '모든 것'의 한계까지 가봤기 때문에 남성은 '결핍감'을 느낄 것이다. 남성은 어머니의 이미지에 따라 어떤 여성을 선택할 때, 그

---

6) 라틴어 "incestus"는 "부족한 것이 없다"는 의미

가 어머니에게서 기대했던 '모든 것'에서 '부족한 것'을 그 여성이 채워주기를 기대할 것이다. 남성이 그 여성에게서 '부족한 것'을 찾지 못할 때 ―성적인 만족이 그것의 중심이긴 하지만 드러나는 부분에 불과하다― 그는 간통에 몸을 던져 그의 기대가 적절한지 확인하려고 할 수 있는데, 간통이 금기라는 점에서 더 매력적으로 느낄 것이다.

여성의 운명은 남성의 운명과 근본적으로 다르다. 어머니에 대해 남자아이와 같은 관계를 가졌던 여자아이는 어머니와의 관계를 버리고 아버지와 관계를 맺음으로써, 남자아이가 어머니와 가졌던 것과 같이 이성애적인 관계를 가질 수 있으리라 생각한다. 그 여자아이와 부모들이 이 사랑의 변화를 수용하는 방법은 나름의 방정식을 만드는 것이다. 즉, 여자아이는 부모 각각의 ―특히 어머니의― 정신심리의 영역에서 차지하는 위치에 따라, 이성애 관계에 흥미를 느끼지 못하며 오랜 시간을 보낼 수 있다. 이 점에서 여자아이는 자신이 시작한 행동을 오랫동안 주저하며 결론짓지 못할 것이다. 신생아 때 어머니와 가졌던 상당히 혼란스러운 관계의 흔적과 남아 있는 동성애적 요소로 인해, 여성은 완전히 이성애적이지 못한 방식으로 이성에 접근할 것이다. 동의하든 않든, 그 나름대로 종의 법칙을 거부하는 것이다. 이 거부는 그녀의 애정과 성행위에 제동을 건다. 이것이 정확하게 성의학 요법이 해결하고자 하는 어려움이다. 성의학 요법은 처방과 권고를 통해 여성들이 종의 법칙의 효과를 경험함으로써 그 경험을 완전히 자기 것으로 만들도록 하는 것이다. 도교식 성교 방법은 남성들로 하여금 여성의 거부감을 수용하고 적응하게 한다. 어느 방법이든 이 조치들은 남성과의 결합에서 일반적으로 합리화될 수 없으며, 두 파트너가 자신들만의 성적인 잠재력에 가급적 많이 접근하도록 유도하는 것에 있다. 왜냐하면 어떤 여성이 종의 법을 따르거나 수용하게 되면, 그녀의 성적 흥분 단계가 남성에 비해 늦지 않을 것이기 때문이다. 두 남녀는 같은 리듬으로 움직이며, 여성은 섹스 심벌과는 거리가 먼 파트너와도 오르가슴을 경험할 수 있을 것이다. 그러나 남성은 똑같은 경우에도 페니스가 가라앉는 것은 어쩔 수 없다.

어느 날 한 기자가 '사랑의 대가(grande amoureuse)'로 알려진 아나이스 닌(Anaïs Nin)에게 사람들이 흔히 말하는 것처럼 사랑이 "더러운 것"이냐고 물었을 때, 그녀는 이렇게 대답했다. "생각해보니 더럽다고 할 수 있겠네요. 특히 잘했을 때!"

# 법칙 엿보기

알든 모르든 내가 장황하게 설명한 성관계의 근본적 차이가 사람들의 결합을 막지 못했고, 그들이 성공하거나 실패한 타협을 통해 각자의 사연 속에서 결합이 전개되는 것을 막지도 못했다. 이 전개 가능성은 익숙해져서 서로에게 유익한 관계를 유지하는 것부터 서로를 치명적으로 거부하는 관계까지 있을 수 있다. 익숙해진 관계는 부부관계가 지속되는 터전을 마련할 것이며, 치명적인 거부는 부부관계를 결별로 치닫게 한다. 남성의 경우든 여성의 경우든, 간통은 과거를 탐험하는 영역으로 들어가는 것인데, 완전히 침묵하거나 속임수로 변하지 않는 경우에는, 타협의 논리가 적용되는 경우가 자주 있다.

성별에 관계없이 보통 사람들에게 이런 해석은 한 가지 단점이 있다는 것에 이의가 있을 수 없다. 즉, 종의 법칙은 어떤 타협도 거부하고, 언제나 엄정하게 준수되어야 하며, 그 법칙을 어기는 사람이나 그 후손에게 대가를 치르게 한다. 다른 무엇보다도, 오이디푸스 과정은 철저하게 통제되며 어느 누구에게도 예외가 없다.

내가 시도한 모든 상황 분석에서 오이디푸스라는 필터에 언제나 특별한 의미를 부여했던 점에 대해 비난받을 소지가 있다는 것을 주저 없이 인정한다. 그것은 내게 다른 뭔가가 없었기 때문인가? 그것은 나의 정보 부족이나 상상력 부족 때문인가? 내가 소아과 의사를 하면서 들은 사연들은 이 필터를 통해서만 이해되고 해결될 수 있었기 때문에, 내가 기회만 있으면 이 필터에 의지하는 것인가? 인식이라는 것이 반복 효과에 의한 것이라는 것을 확인할 기회는 수없이 많았다. 왜냐하면 아이의 사연은, 어느 순간에라도, 부모 중 한 사람의 사연, 또는 부모 각자의 사연, 또는 부모 두 사람 모두의 사연과 동시에, 공명하기 때문이다!

나는 그런 경우에 해당되지 않는 아이를 결코 과거에도 상상할 수 없었고, 지금도 상상할 수 없다!

물론, 무의식이 존재하지 않고, 모든 것이 우연이나 상황이 낳은 결과이며, 모든 증상들이 예외 없이 DSM(정신장애 진단과 분류체계)의 리스트에 포함되어 화학적으로 치료될 수 있다고 단정한다면 모를 일이다. 그러나 나는 결단코 무의식의 존재를 믿으며, 가장 유기적인 경향의 신경의학조차도 그 존재를 증명하고 있다.[1]

우리들이 민주주의를 누리게 된 것과 마찬가지로, 수 세기 동안의 발명과 연구, 진보, 정복, 개방이 많은 사람들에게 그들이 자유롭게, 그들의 운명을 뜻대로 할 수 있으며, 가능성의 한계가 없다고 설득한 것으로 보인다. 그러나 우리가 아무리 그 반대 방향으로 설명하려고

---

1)  Lionel Naccache, *Le Nouvel Inconscient*(새로운 무의식), Paris, Odile Jacob, 2006.

해봐도, 그런 의견을 주도하는 사람들은 모든 수단을 장악하고, 모든 사고를 하잘것없는 괴상한 사치로 치부해 버리고 만다. 우리의 언론 매체들은 화제나 구경거리가 되는 것에 우선적으로 관심을 갖는데, 그 부문의 변태성[2]과 대적할 주제가 없기 때문에 자연스럽게 변태적인 세계관이 돋보이게 한다. 변태적인 세계관에 따르면 모든 법칙, 무엇보다도 종의 법칙은 회피하거나 타도해야 할 것이다.

내가 오래전부터 시작한 작업의 목표는 내 어린 환자들에게 정신 세계의 균형 잡힌 성장을 위한 가능한 한 최선의 조건을 제공하는 것이다. 그래서 나는 조금이라도 종의 법칙이 왜곡된 것처럼 보이면, 젊은 부모들에게 그들 각자의 사연들은 느닷없이 다시 나타난다는 사실부터, 그들 자신과 아이들을 보호하는 데 그들의 결합과 상호보완성, 각자의 위치를 존중하는 것이 얼마나 중요한지에 대해 설명하곤 했다.

내가 앞에서 여러 번 얘기한 것처럼, 사람들의 사연은 성관계에 — 그 역학과 가장 깊숙한 부분까지— 기생할 뿐 아니라 어느 누구도 가만히 내버려두지 않는다.

---

[2] 2006년 4월 22일 France Inter 13시 뉴스 시간에 벨기에 정부가 동성애자들이 아이를 입양할 수 있도록 허락하는 문제에 관한 논의가 있었다. 출연한 사회학자는 프랑스는 아직도 원칙에 의해 움직이는 나라라고 유감을 표시했다. 이것은 아동성애의 합법화를 주장하는 사람들만큼이나 변태적이다.

# 행복한 부부들도 사연이 있다

내가 대기실 문을 열었을 때 그녀가 내 눈에 들어왔다! 그녀는 아이를 팔에 안고 서 있었다. 가늘고, 길고, 경쾌하고, 아주 편한 자세로 공간을 차지하고 있었다. 아름다웠다, 아주 아름다웠다. 칠피 구두 위까지 내려오는 검은색 새틴 크레이프 바지에, 큰 장미와 접시꽃 무늬의, 허리 부분이 들어가는 재킷을 입은 그녀는 보기 드물게 우아했다. 웃는 표정의 검은 눈은, 거의 청색에 가까운 부드러운 머리를 뒤로 묶은 얼굴에 우아하고도 힘찬 느낌을 주었다. 그녀는 내가 처음 보는 사람이었다. 스스로 심미적인 사람이라 자부하는 나는 그녀를 이전에 보지 못한 것이 유감스러웠다. 그녀는 내 동료 여의사의 환자였다. 그 토요일 아침에는 내가 진료를 맡고 있었는데, 그녀는 어린 아들이 갑자기 열이 나서 방금 전화를 하고 온 것이었다.

나는 그녀에게 따라오도록 청했다. 그녀가 진찰실에 들어왔을 때, 그녀의 아름다움에 감동한 나머지, 나는 아이를 진찰하기 전에 이렇게 말하지 않을 수 없었다. "정말 아름다우시군요! 전 아름다움은 언제라도 모든 사람들에게 도움이 된다고 주장합니다. 당신을 보는 즐거움에 대해 감사드립니다. 당신 덕분에 흐린 아침 날씨가 훨씬 덜 우울해 보입니다. 혹시 모델 아니세요? 아니에요? 제가 잘못 봤나요?"

"잘못 보셨어요, 선생님. 저는 대학에서 분자생물학을 가르치고 있어요." 그녀는 환하게 웃으며 대답했다.

진료 자체는 아주 평범했고 특별할 만한 것이 전혀 없었다.

몇 년 후 그녀는 내가 "당신 아버지께 아름다운 외모만큼이나 좋은 머리를 딸에게 물려준 것을 축하드린다고 전해 주세요."라고 말했다고 상기시켰다. 나는 기억이 나지 않았다. 그러나 나는 내가 진료를 시작할 때 한 말과 마찬가지로 그렇게 하는 것이 내 스타일임이 분명했고, 단지 기억에 남지 않았을 뿐이었다. 앞에서도 말한 바와 같이, 나는 처음 몇 마디 교환하는 말의 어조를 중요하게 생각한다. 나는 나이가 들면서 진료하는 젊은 어머니들과 나와의 관계가, 아버지와 딸 사이 같은 전이에 바탕을 두고 있음을 알게 되었다. 젊은 엄마들은 모두 내 딸 같았다. 그 여성은 더 그랬을 것이다.

나는 그녀를 다시 보지 못했다.

여러 해 동안.

어느 날 오후 동업하는 여의사와 나는 각자 진찰실에서 진료를 하고 있었는데, 그녀가 인터폰을 통해 나에게 이렇게 말했다. "내가 보기에 가와사키 병으로 보이는 애를 데리고 온 어머니가 대기실에서 기다리고 있어요. 지금 보고 있는 환자가 끝나면, 이 어머니를 좀 봐 주세요. 그러고 나서 다시 얘기해요."

진찰실을 동료 의사와 함께 운영하는 것의 장점 중 하나가 판단하기 어려운 질환에 대해 상의할 수 있다는 것이다. 가와사키 병이 그런 질환의 하나다. 원인이 알려지지 않은 이 병은 갑자기 열을 동반하는 유행병 같은 증상을 보인다. 특별한 치료법이 없어 치명적일 수 있는 까다로운 병인데, 소아병 중 유일하게 심근경색을 동반할 수 있는 병이다.

몇 분 후 나는 대기실로 갔다.

몇 년 만에 만나는 것이었지만 나는 그녀를 바로 알아봤다. 수심에 차 있었지만 그녀는 몇 년 전 처음 만났을 때 대화 분위기를 기억하는 듯 환한 미소를 지었다.

나는 그녀의 둘째 아들인 15개월 된 아이를 진찰하며, 동료 여의사를 기다렸다. 그녀가 왔을 때 나는 내 의견을 이야기했다. 가와사키 병이 아니라 다형 홍진으로 보이는데 가와사키 병보다는 훨씬 가벼운 병이다. 아주 세심하고 탁월한 의사인 내 동료는 지난 몇 년 동안 이 병을 세 번이나 치료했기 때문에 증상 하나하나를 확인해보았다. 그런데 그녀는 내 의견에 동의하지 않으며, 자신의 진단에 100프랑을 걸겠다고 했다. 그 순간 우리들의 대화가 젊은 엄마를 조금 더 불안하게 만들 수 있다는 것을 의식한 나는 동료 여의사의 동의를 구하고 나서, 그 엄마에게 이렇게 말했다. "좀 까다롭고 기술적인 문제라서 결론을 못 내린 것 같습니다. 우리 두 사람이 의견의 일치를 보지 못했기 때문에 제3자의 의견을 들어보라고 제안하고 싶네요. 여기서 멀지 않은 병원의 과장으로 있는 아주 가까운 친구가 있습니다. 지금 전화해서 아이를 즉시 진찰하도록 하겠습니다. 내 동료가 옳다고 해도, 시간 낭비는 아닐 겁니다, 바로 입원해서 치료에 들어가면 됩니다. 내가 옳다면, 입원할 필요 없이 일주일 동안 항생제 치료만 하면 됩니다."

그녀는 내가 제안한 해결책에 동의하면서, 동료 여의사에게 내가 내기에 지면 자기가 돈을 내겠다고 말했다. 우리들은 웃었다. 그녀에게 인사하고 돌아서서 내 진찰실로 돌아오는데 문 앞에 멋진 남자가 보였다. 그의 풍채를 훑어보고 힘이 넘치는 얼굴과 잘 어울리는 강인한 파란색 눈과 마주쳤을 때, 등 뒤에서 그녀의 목소리가 들렸다. "제 남편을 소개해드리죠." 나는 남편과 인사를 나누었고, 그는 우리들의 대화를 들었다고 말했다. 나는 두 사람이 정말 잘 어울린다고 생각했다.

다음 날 동료 여의사가 100프랑짜리 지폐를 내게 주려고 왔을 때 나는 진찰 결과를 알게 되었다.

내가 그녀를 세 번째 본 것은, 아주 오랜 후 아이를 동반하지 않은 부모들만 보는 시간대였다. 나는 놀랐다.

그녀는 임신 후기였다. 빨개진 눈이 그녀가 한참 울었다는 것을 말해주고 있었다. 그러나 그녀는 미소 지으려고 애썼다. 아마도 내가 알고 있던 시선을 실망시키지 않고, 이전에 가졌던 대화의 맥을 끊지 않으려는 의도였을 것이다. 그녀가 나와 약속을 잡은 것은 내 동료가 권했기 때문이었다. 그녀는 딸을 낳을 것이라는 것을 얼마 전에 알고 나서 "끔찍했다"고 했다. 그녀는 아들 두 명을 낳고 나서 행복했다. 그녀는 셋째 아들을 기대했고, 맹세코 딸은 갖고 싶지 않았다. 그녀의 말을 주의 깊게 들으면서 나는 그녀의 아름다움을 딸에게 물려주지 못한다면 유감이라고 생각했다.

나는 그녀에게 이렇게 설명했다. 즉, 무의식의 차원을 감안해서 가정한다면, 의식적으로 그녀가 딸을 원치 않는다는 것은 그녀의 내부 어디인가에 딸을 갖고 싶다는 욕망이 있다는 것을 증명하는 것이다. 내 말이 그녀에게 전혀 헛소리로 들리지는 않는 듯 했다. 그녀가 동의했다. 그러고 나서 나는 그녀에게 자신의 두려움을 살펴보고 딸로서 그녀의 경험과 관련시켜보라고 권했다. 그녀가 미리부터 '끔찍하다'고 생각하는 것이 그녀가 어머니의 딸이었던 과정에서 경험했던 '끔찍했던' 다른 일과 관련이 있는 것이 아닌가? 나는 그녀에게 딸로서의 그녀 인생을 얘기해보라고 했다. 그녀가 이야기하는 데는 전혀 어려움이 없었다.

그녀는 여섯 남매 중 유일한 딸이었다. 그녀에게 오빠가 둘 있었고, 남동생이 셋 있었다. 그녀는 내게 나이까지 말해줬다. 그녀는 그녀의 부모, 삼촌, 이모, 숙모, 사촌들에 대해 아주 자세히 이야기했기 때문에 족보까지 그릴 수 있을 정도였다. 그녀는 어린 시절, 가족들의 모임, 남자 형제들과의 관계, 동료 교수들과의 관계, 친구들과의 관계에 대해 이야기했다. 이 모든 것이 연상 방법에 의해 나왔으나, 실질적으로 필요한 내용은 없어 내가 절망하려 할 즈음, 그녀는 무슨 이야기 끝에 이렇게 말했다. "내가 싫어하던 것은, 학교 가기 전 아침을 먹을 때 어머니가 잠옷 바람으로 부엌에 오는 거였어요." 왜 그랬는지, 어떻게 그랬는지 알 수 없지만 내가 어떤 반응을 보였던 것이 분명했다. 아마도 내가 몸을 일으켰던지, 고개를 들었던지, 의문을 제기하는 시선이나 고무적인 시선을 던졌을까? 정확히 알 수는 없다. 그녀는 계속했다. "어머니는 식탁에 앉아 이렇게 말할 때가 있었어요. '애야, 나한테서 냄새가 나지, 미안하다. 네 아빠가 지난밤에 섹스를 하자고 했어, 아빠 성기는 냄새가 고약해.'"

나는 소리쳤다. 물론 마음속으로, 그러나 온 힘을 다해 소리쳤다! 문제의 기원을 분석하고 이해하려고 노력하더라도, 절망적일 정도로 멍청하고 파렴치한 수많은 부모들이 세대 간의 건강한 차이를 없애는 것을 받아들이는 것은 내 기준에선 살인 행위일뿐더러 자살 행위이기도 하다. 이 멍청함과 파렴치한 사례는 종의 법칙에 대한 거부를 여실히 보여준다. **어떤 어머니가 이런 짓을 한다면 이는 딸을 점령하고, 딸을 자신의 연장이라고 간주하여, 자신과 딸을 전혀 구분하지 않고, 딸이 예전에 어머니에게 가졌던 두려움을 격렬하게 일깨우고 유지하는 것이다.** 아무리 좋은 환경에서라도 이 불행한 딸이, 어머니에 대한 두려움을 쫓기 위해 아버지에게 도움을 청하며 자신의 정체성에 접근하는 것은 지극히 어려운 일이다! 그런데 이 어머니가 기회가 있을 때마다 이를 상기시키는 것은 딸에게는 지옥과 마찬가지다! 오늘날 종의 법칙을 당연하게 비판하는 사람들의 폭력성을 보라! 남성들 사이에서 여성들을 교환하기 시작한 종의 법칙은 여성들의 의견을 무시하고 남성들이 강요한 것이라는 이유로 무시되고 있다. 또 현재 우리 사회에서 가장 중요하게 생각되는 평등 개념을 배경으로 종의 법칙은 속속들이 부당한 것으로 여겨지고 있다. 남성·여성을 막론하고 종의 법칙을 어기고, 너도나도 다투어 종의 법칙을 짓밟는다! 차이점과 불평등은 쉽게 혼동될 수 있기 때문에, 종의 법칙이 여성 오이디푸스가 맡은 바를 완수하기 위한 필수적이고 대체 불가능한 요소임을 증명하는 위험을 아무도 감수하려 하지 않는다.

이런 의도에서 나는 내 환자가 방금 언급한 짐을 덜어주기 위해 그녀 어머니의 태도를 격렬하게 비난했다. 내 행동에 대해 확실한 의식을 가지고 있었기에 나는 이 여성이 갖고 있는 어머니의 이미지를 공격했지만, 과거의 그녀였던 딸은 —그런 추잡하고 부적절하며 은밀한 이야기로부터 자신을 방어할 수 없었던 딸은— 더 격렬하게 방어했다. 나는 기회를 잡아 그녀에게 말했다. 그녀도 어머니의 행동을 반복할 수밖에 없다고 생각해서는 안 되며, 어머니의 행동을 반복하지 않으려는 목적으로 그녀가 그녀와 어머니 사이에 훌륭한 남편을 선택해 가운데 끼웠다고 말했다. 더 확실히 하기 위해서, 내가 남편을 만났을 때 느꼈던 감동과 내가 가졌던 생각을 사실대로 말해주었다. 내가 말하는 동안 그녀는 계속 미소 지었고, 행복해 하고 자랑스러워했다. 이 말을 하는 동안 나는 단지 우리의 대화를 종의 법칙의 정신에 맞추고, 그 법칙이 세운 여성 교환의 정신에 맞추기만 한 것이다. 역전이(逆轉移)에 의해 그녀에게 아버지 격이 되고, 우리들이 이전에 가졌던 상담을 통해 이루어졌을 수도 있는 전이에 의해서도 아버지 격이 되는 내가, 그녀에게 아버지가 해주던 역할을 대신 해줄 수 있다는 것을 이해시켰을 것이다. 따라서 그녀는 어머니와 그녀 사이에 아버지를 끼울 수 있는 것이다. 다시 말해서 어머니의 사연이 돌아올 수 있다는 두려움과, 현재 형성되고 있는 그녀의 사연 사이에 아버지를 끼울 수 있다는 것이다.

그녀의 얼굴 표정이 풀렸다. 그녀가 미소 짓는 걸로 봐서 마음이 안정된 것처럼 보였다. 내가 이렇게 행동한 것은 그녀의 어려움을 풀어주기 위해서가 아니라 —이미 풀어진 것으로 보였다— 그녀에게 이 모든 문제점들에 대해 계도 차원의 정확하고 세부적인 정보를 주기 위해서였다. 이것이 내 나름의 투쟁 방법이다. 즉, 상황을 이해해서 자기 것으로 만들면, 그녀는 언젠가 비슷한 상황에 처한 다른 동료나 친구들을 도울 수 있을 것이다. 내가 이런 행동을 할 때마다, 나는 자신에게 이렇게 다짐한다. 우리의 현주소를 잊을 정도로 대중 언론 매체들이 큰 소리로 떠드는 멍청한 논리와 주장이라는 배경 위에, 내가 쓰는 모든 것이 기름 자국처럼 퍼질지라도 나는 이렇게 할 수밖에 없다. 언제라도 치명적일 수밖에 없는 반복의 여러 가지 의미를 설명했고, 상대라는 현실을 감안하기 때문에 늘 활력을 주는 섹스의 여러 가지 의미도 설명했다. 우리들은 그녀가 필요를 느낄 경우 다시 만나기로 했다.

그녀는 다시 오지 않았다.

몇 주 후 그녀는 아주 즐겁고 행복한 소식을 이메일로 보내왔다. 뤼실이라는 이름의 딸아이가 아빠 품에 안겨 있는 멋진 사진은 우리가 마지막 상담에서 나누었던 내용을 의미하는 듯했다. 시간이 걸리더라도 어떤 사연을 제자리에 놓기만 하면 되는 일을 아주 적은 비용으로 해냈다는 드물고도 뿌듯한 만족감을 느꼈다. 나는 내가 느꼈던 기쁨과 애정을 억누르지 못하고 긴 답장을 보냈다.

서너 달이 지나 그녀를 목요일 아침 상담 시간에 봤을 때, 나는 깜짝 놀랐다. 내가 알던 미소는 그녀의 얼굴에서 떠나버렸다. 그녀는 긴장하고 있었고, 걱정한다기보다는 화가 난 듯했다. "토요일에 변호사를 만나기로 했다는 말씀을 드리러 왔어요. 이혼 소송을 시작하려고 해요."

아무 정보도 없었기 때문에 내가 반응을 보이지 않자, 그녀는 극도로 화가 난 어조로 계속 말했다. "우리 이메일 박스를 보다가 어떤 여자가 남편에게 호텔 방에서 몇 날 몇 시에 만나자는 약속을 하는 메일을 보낸 것을 봤어요. 내가 도저히 참을 수 없는 것은 메일을 보낸 날이 내가 해산 후 퇴원하는 날이었다는 거예요. 나는 이것을 내가 겪을 수 있는 최악의 배신이라고 생각해요. 나는 남편이 그런 일을 할 수 있다는 걸 인정할 수 없어요. 추잡해요. 가증스러워요. 아무리 생각해봐도 어떻게 그가 그런 짓을 할 수 있었는지 상상이 안 돼요.

내가 남편을 용서할 수 있다고 생각하세요?”

“…….”

“내가 발견한 것을 남편에게 얘기했어요. 그도 부정하지 않았어요. 그는 크게 신경 쓸 일이 아니라고 담담하게 내게 말했어요. 남편의 말에 따르면 오래전부터 혼자 흥분해서 그를 따라다니는 여자인데, 어떻게 처리해야 할지 모르겠다는 거예요. 그 여자로부터 다른 메일도 여러 개 받았지만 답장을 하지 않고 모두 휴지통에 버렸다고 해요. 그는 이메일 박스를 정리할 때 그것을 놓친 것을 정말 유감스럽게 생각한다고 했어요. 내가 그걸 믿을 거라고 생각하나 보죠? 너무 뻔뻔스럽지 않아요? 남편은 나를 완전 바보 취급하고 있어요!”

사연의 역풍에 어느 정도의 예지력으로 대응함으로써 평범한 행복을 지속시켜왔던 우리의 만남이 서글픈 통속극으로 끝나고 마는 것인가! 나는 그녀의 남편이 내게 남긴 강한 인상을 기억하고 있었다. 나는 무의식을 개입시킴으로써 그녀가 딸을 임신한 ‘끔찍함’을 어떻게 내쫓았는가를 상기시켰다. 나는 그녀에게 같은 방법을 쓸 것이라고 말했다. 주의 깊고 착한 학생이었을 것이 분명한 그녀는 반대 의사를 표시하지 않고 분노를 잠시 접어두는 듯했다.

나는 그녀에게, 남편이 간통을 하려고 했다면, 간단하게 지우면 될 이메일을 그렇게 메일 박스에 남겨두지 않았을 것이라고 말했다. 이 말에 그녀는 내가 예상했던 것보다 더 놀라는 것 같았다. 아마도 그녀는 내가 이 사건을 이렇게 해석하면서 그녀를 위로하려는 것으로 생각했을지도 모른다. 내 해석에 대한 그녀의 반응을 기다리지 않고 나는 계속해서 말했다. 그녀가 발견한 메일이 메일 박스에 남아 있었다는 것은 그녀가 읽도록 남겨져 있는 것인데, 따라서 그것이 가진 의미가 뭔가 하는 문제가 제기된다고 설명했다. 그녀는 내가 하는 해석이 남자로서 가진 동지의식이 아닌가 의심하면서 내 의견에 동의하기를 주저하는 듯했다. 그녀의 얼굴에는 동의할 수 없다는 빛이 역력했지만 직접 내게 말로 표현하지는 않았기 때문에, 나는 남편의 설명을 감안할 때 그 메일이 메일 박스에 남아 있는 것은 의도적인 실수라고 봐야 한다고 주장했다. 물론 나는 왜 남편이 그녀에게 그런 메시지를 남겼는지는 알 수 없었다. 그러나 이 메시지는 논리적으로 이런 유감스러운 의미를 담고 있었다고 볼 수 있다. "내가 바람피우는 것을 당신한테 알려준다." 드디어 내 논리가 그녀를 흔들리게 한 것처럼 보였다. 그녀는 조금 기운을 차렸다. 그리고 좀 진정하는 듯했고 엷은 미소를 짓기까지 했다.

이 모든 것이 전이 속에서 일관성 있게 작용하는 듯했다. 나라는 상징적인 아버지는 그녀의 명예를 배신하는 행위에 무관심할 수 없었다. 누구보다도 내가 잘 알 수 있는 위치에 있었다. 나는 그녀의 남편을 만난 적이 있었다. 내가 격하게 반응을 보이지는 않았지만, 내가 그녀에게 한 설명은 옳았을 것이다. 나는 그녀에게 두 사람이 어떻게 만났는지 이야기해달라고 했다.

"대학 1학년을 마치고 난 후 여름 방학 때 용돈을 벌기 위해 보험 회사에서 아르바이트를 했어요. 그 사람은 내가 시작하기 전 달부터 거기서 일하고 있었어요. 내가 일을 시작한 날부터 모든 여자아이들이 침을 흘리며 그 사람에 대해 이야기를 했기 때문에 그를 알게 되었어요. 다음 날 내가 자료실에 갈 일이 있었어요. 기둥 사이로 어떤 남자와 마주치며 지나가는데 그 전날 이야기 들은 생김새와 일치하는 것 같았어요. 순간적으로 서로 지나쳤어요. 나는 기계적으로 뒤돌아봤는데, 그 사람도 뒤돌아서 나를 쳐다보고 있었어요. 같은 날 오후에 여자 동료 한 사람이 와서 떠나는 동료가 한턱내는 저녁 파티에 나를 초대했어요. 그녀는 여자 셋 남자 셋일 거라고 말하면서 사진을 보여줬는데 그 중 한 남자가 괜찮았어요. 나는 초대에 응했고, 가는 길에 나도 조만간 열아홉 살인데 첫 경험을 할 때가 되었다는 생각이 들었어요. 나는 내가 좀 전에 봐둔 그 남자와 그날 저녁에 해야겠다고 다짐했지요. 내가 도착했을 때, 여자 셋밖에 없었어요. 남자 셋은 약속을 취소하고, 대신 자료실 기둥 사이로 지나쳤던 남자만 왔어요. 자정 무렵 나는 그 남자와 자리를 떴어요. 그러고 나서 우리는 다시는 떨어지지 않았어요."

결정적인 만남. 그런 만남이 있을 때 그것이 결정적인 만남이 될 것이라는 것을 모르지만, 결정적인 만남은 언제든 일어날 수 있고, 한 존재의 흐름을 바꿔놓을 수 있는 것이다.

나는 상담을 마치면서 그녀가 필요성을 느끼면 다시 보자고 제의했다. 진료실 문 앞에서 그녀는 토요일 변호사와 한 약속을 취소하겠다고 말했다.

내가 한 일은 참 이상한 일이었다! 내가 보통 하는 작업이지만, 이념적인 요소가 들어 있기 때문에, 우리 사회의 변태적인 지배층에게는 비난받을 수 있는 일이다. 물론 속임수가 아니다. 왜냐하면 이 작업은 종의 법칙에 대한 완전한 동의에 바탕을 두며, 종의 법칙에 봉사하며 그 법칙을 열렬히 따르기 때문이다. 그러나 이 두 사람이 그들이 각자 가진 사연에 존재하는 결정적인 동기로 헤어지는 것을 지켜보는 것이 그렇게 쉬운 일인가? 그들은 서로를 선택했고, 자신들의 의지로 세 아이를 낳아 기르고 있는 사람들이다. 그들이 성인이기 때문에 완전히 독자적인 결정을 내려야 한다고? 나는 이 여성이 하려 했던 대로 내버려두고, 중립적인 위치를 지키며 말로만 호의를 보여야 했을까? 내가 그녀에게 가르쳐준 것을 혼자 발견하도록 내버려두었어야 했을까? 그 사이에 엄청난 시간이 흘러가고, 나르시시즘의 상처가 심화되어 돌아올 수 없는 다리를 건너는 위험을 감수해야 할까? 물론 환자는 의사에 예속된 것이 아니다! 환자는 자유인이다. 가장 중요한 단어가 나왔기 때문에 이제 합의가 있어야겠다! 이 자유라는 단어의 의미가 무엇인가? 라캉이 "자아독립에 대한 환상"이라고 정의한 자유의 의미를 다시 한 번 물어보자! 치료상의 리비도가 작용하지만, 전이와 역전이에 의해 신뢰가 지배하는 분위기에서 나는 환자에게 그의 '자아'—어머니에 대한 '구태의연한 두려움'에 대항하기 위해 만든 '자아'—를 한번 둘러보도록 권한다. 환자가 우연한 기회에 들어섰던 오솔길, 그리고 그가 어쩔 수 없는 요소들의 압력에 의해 떠날 수밖에 없었던 그 오솔길을 엿보게 하는 것이 그렇게 쉬운데 그 방법을 내가 활용하지 않을 이유가 무엇인가?

나는 두 살배기 딸아이를 가진 부부를 상담할 기회가 있었다. 내외가 뛰어난 지성인들로서, 자신들에 대한 응용분석 연구도 시도했던 사람들이었다. 부인은 수 년 전부터 원시적인 고함, 에릭손식 치료법, 분석정신치료법, 행동요법 등 다양한 방법론들을 시도했었다. 남편은 6년 전에 시작한 정신분석에 만족하고 있었다. 그들은 2년 전부터 부부요법도 받고 있었다. 첫 상담에서 나는 그들 사연의 요소들과 불화의 동기에 대해 들었다. 두 번째 상담에서 내가 그들 부부의 불화의 핵심이 뭐냐고 물었을 때, 그녀는 임신했다는 판정을 받은 이후 성관계가 없었다는 사실에서 오는 것이 분명할 거라고 말했다. 내가 그에게 이 금욕 행위에 대해 물었을 때, 그는 물론 욕구불만을 느낀다고 말했다. 그렇다고 해서 "아내에게 강요할 수는 없다"고 말했다. 그는 부인이 '욕망을 표시하기'를 기다리고 있었다. 나는 해부학, 생리학, 남성과 여성의 표현 방식의 차이, 가당찮은 예의와 배려의 이름으로 저지른 오류 등을 예로 들며 오랫동안 설명했다.

끝으로 나는 그에게 그의 배우자에게 욕망을 표시하는 것을 결코 망설여서는 안 되며, 욕망을 제시하고 만족시켜줄 것을 요구하라고 했다. 그는 놀란 표정으로 내 말에 귀를 기울였다. 나에 대한 사람들의 평가에 영향을 받았다면 일어서서 자리를 떠날 수도 있을 것 같았다. 반면에 그녀의 표정은 아주 밝았다. 다음 번 상담에 온 그들은 모든 것이 호전되었다고 했다. 그들은 합의하에 부부요법에 종지부를 찍었다. 콜럼버스의 달걀!

나의 여주인공이 돌아왔다. 한 달 뒤에. 그녀의 얼굴은 활짝 펴 있었다. 우리의 첫 만남 이후 좀처럼 볼 수 없었던 표정이었다. 그녀는 "존재한다고 상상조차 하지 못했던 행복 속에 빠져 있다"고 했다. 그녀의 인생이 완전히 변해 "너무너무 좋아서, 믿지 못할 정도로 좋아서 가끔 자신을 꼬집어본다"고 했다. 그녀는 내게 감사를 표하고, 상황의 변화를 알려주러 왔었다. 그녀는 그런 어조로 1~2분 동안 이야기했다. 나는 그녀에 대해 만족했다. 그러나 나는 그녀가 이메일이나 편지로 할 수 있는데 일부러 온 이유가 궁금했다.

"남편이 받은 이메일에 대한 선생님 나름대로의 해석에 대해 많이 생각했어요. 선생님의 해석은 완전히 동의할 수는 없었지만 당초의 제 결심을 흔들어놓았어요. 그래서 이렇게 결론 내렸지요. '선생님이 옳다고 가정하고, 선생님이 제시하는 길을 한번 가보자'라고요. 선생님이 말씀하신 것처럼, 남편이 바람을 피운다는 것을 내게 알리고 싶은 게 아니라 다른 메시지를 주는 것이라고 생각했어요. 남편이 다른 여자와의 성관계를 통해서 내게 무슨 메시지를 주고자 한다는 것은 우리의 성관계와 관련이 있는 것이라고 생각했어요. 그래서 전 미친 짓을 했어요. 제가 할 수 있으리라고 생각조차 못한 짓을 했어요. 선생님한테 말씀드리기가 쑥스럽네요. 아주 에로틱한 란제리를 샀어요!

그래요! 선생님이 옳았다는 말씀을 드리러 왔어요. 왜냐하면 그 이후로 우리는 '부부관계의 극치(apothéose)'를 누리고 있어요. 전 무용을 오래 했기 때문에 제 몸을 잘 안다고 생각했구요. 제 몸이 그렇게 많은 잠재력을을 숨기고 있고 그렇게 큰 행복을 줄 것이라는 것은 상상도 못했어요. 남편을 탓하기까지 했어요. 어쨌든 여태까지 다른 남자는 몰랐으니까요. 남편은 나의 피그말리온(사이프러스의 전설적인 왕. 자신이 직접 만든 조각상과 사랑에 빠져, 사랑의 신에 의뢰하여 그 조각상에 생명을 불어넣게 한 후 결혼했다–역주)이었어요. 제게 모든 것을 가르쳐준 것은 남편이었어요."

"흠! 그런데 그 란제리는 어디서 착안하신 건가요?"

"아, 그건 아주 오래된 얘기예요. 열여섯 살쯤 되었을 때인데 마음에 드는 게 있어 용돈으로 예쁜 속옷을 샀어요. 집에 가자마자 입어 봤지요. 그걸 입고 보니 너무 예뻐서 거실에 있는 부모님께 보여드리러 갔어요. 어머니는 놀라서 소리를 지르지 않으려고 손으로 입을 막았고, 아버지는 웃으며 연극 대사 식으로 이렇게 말했어요. '저 년, 나중에 남자들깨나 죽이겠어!'"

그녀가 인용한 아버지의 말은 분명히 속된 표현이었다. 어머니의 반응과는 반대로 아버지는 거친 표현으로 어머니가 수 년 전에 일으킨 역겨움을 보상받았을 것이며, 이 역겨움은 이 여성이 딸의 임신 소식을 들었을 때 되살아났을 것이다. 이 여성이 여성으로 인정받기 위해 남성의 시선을 끌도록 한 수작을 설명하다보니, 아버지의 그 말이 다시 연상된 것이다. 오이디푸스적 모험을 통해 이성애적인 운명에 편안히 정착하게 된 아들에게 어머니의 시선이 항상 필수적인 것은 아니다. 그러나 운명이 딸에게 버리기를 강요하는 동성애에서 딸을 벗어나게 하는데는 아버지의 시선이 필수적이며, 거기에는 아버지와 딸이 적절한 거리를 두어야 한다는 조건이 따른다.

왜냐하면 "어머니와의 관계가 어떤 방식으로 지속되는 것은 여성이 쾌감을 느끼는 데 가장 큰 걸림돌들 중 하나다. 여성이 자신과 비슷한 존재로서의 남성을 욕망하면서도, 모성의 팔루스의 대상으로 남아 있기를 원하는 것이 걸림돌의 성격이다. 남성과의 관계에서 쾌감을 느낀다는 것은, 여성으로 하여금 어머니로부터 분리되어 고아가 되는 것이다."[1]

이를 보통 말로 표현하면 이렇게 된다. "한 남성에게 완전히 사랑받는 여성이 된다는 것은, 그 여성이 자기 자신을 어머니의 딸이 아니라 여성으로만 수용하는 것이다."

---

1)  Gisele Chaoudez, *Rapport sexuel et rapport des sexes*(성관계와 남녀간의 관계), Pasis, Denoel, P.238

# 하나 안에 모든 것이 있다


사연의 줄거리가 진주알처럼 꿰어진다. 어머니가 애지중지하는 무남독녀, 즉 어머니의 팔루스의 대상이었던 이 젊은 여성은 자신이 딸아이의 어머니가 된다는 사실을 알 때까지 −조만간 자신이 어머니와 같은 서열을 갖게 되는 것이다− 그런 상태로 지낸다. 내 권고대로, 그 여성은 자신과 어머니 사이에 남편을 끼워 넣음으로써 두려움을 극복하고 반복적 위협에 빠지는 것을 피할 수 있다. 이때 남편이 메시지를 보내오는데 그녀는 이렇게 해석한다. "모든 여자들이 다 당신 같지 않다. 나를 따라다니는 여자들도 있다. 뭔가를 좀 해봐!" 나르시시즘이 작동한 그녀는 처음에는 맹목적으로 행동한다. 배우자의 이런 반응이 얼마나 자주 부부들을 파경으로 내몰았던가! 그 여성 나름대로 연민과 분노에 가득 찬 상태에서 내린 상황 판단 대신에, 나는 그녀에게 논리적인 상황분석을 하도록 권한다. 그때 그녀는 속옷을 통해 아버지의 말을 기억한다. "저 년, 나중에 남자들깨나 죽이겠어!" 이 말은 그녀를 여성으로 인정하며, 이 인정을 통해서 그녀가 아무 거리낌

없이 이성애로 뛰어들어 그 모든 잠재력을 활용하는 것을 허용하는 것이다. 그녀는 자신의 피그말리온인 남편이 그녀가 발견한 길로 일찌감치 인도해주지 않은 것을 유감스럽게 생각했다고 말한다.

이 사이프러스의 조각가가 언급된 것은 나름대로 의미가 있는데, 그의 기예와 욕망이 아프로디테로 하여금, 그가 만든 조각상 갈라테이아에 생명을 불어넣도록 했다.

조지 버나드 쇼는 그 신화에서 영감을 얻어, 한 언어학자가 거리의 소녀를 재교육시키는데, 그 일에 성공하자 그녀를 사랑하게 된다는 작품을 썼다. 예술에 능한 남성은 자신의 걸작을 만들고, 이 걸작이 그 남성을 정복한 것이다. 처음 결합한 남성이며, 유일하게 아는 남성인 남편이 그녀에게 생명을 불어넣기를 기다리고 있었던 것이다. 더욱이 이 남성은 다른 여성들과 많은 경험을 갖고 있었다. 그 여성의 동료들이 '침을 흘렸다'고 하지 않았나? 이 피그말리온에 대한 언급과 언급된 방식은 그녀의 내부에서 그녀도 모르는 사이에 많은 작업이 이루어졌다는 것을 증명한다. 왜냐하면 남편은 그녀에게서 그 방면과 관련하여 많은 억제에 부딪혔음이 분명했다. 남편은 어떤 시인처럼 이렇게 말할 수도 있었을 것이다. "그녀는 내게 숫처녀의 부끄러움만 보였다." 그러나 섹스 행위의 풍부하고 복잡함에 대해 다른 남성들로부터 배우지 못했다는 것을 증명하는 그녀의 부끄러움을 그녀의 탓으로만 돌릴 수 있나? 그 부끄러움을 유지하고, 행복해하고, 자랑스러워해야 하지 않을까? 그렇다, 하지만 어떤 대가를 치르면서? 남편의 실수가 그런 부끄러움을 유지하는 데 지불해야 할 대가를 부인에게 보여주는 것으로, 그녀는 그를 잃는 것을 두려워하여 그 부끄러움을 포기한다.

그녀는 여기서 '부부관계의 극치'라는 말을 하는데, 이것과 유일하게 같은 의미로 쓰일 수 있는 단어는 '절정(summum)'으로 인간을 신격화하는 것이다. 갈라테이아는 —그녀의 어머니가 아버지와의 섹스에 대해 느끼는 역겨움을 딸의 귀에 속삭이는 가운데— 그녀에게 생명을 주고 섹스 행위의 풍요성과 복잡성을 가르쳐준 그녀의 남성을 나름대로 신격화한다. 그때 그녀는 모든 동성애적 요소들을 털어버리고 이성애를 망설임 없이 수용한다는 것을 명확하게 그리고 열정적으로 선언한다. 달리 표현하자면, 그녀는 종의 법칙의 테두리 안으로 들어간 것이다.

이 질서가 여성들을 남성들로부터 소외시킨다는 말은 삼가야 한다. 이 젊은 여성이 속옷 차림으로 나타났을 때 감탄했던 아버지는 그녀가 대학교수가 되는 것을 막지 않았으며, 그녀에게 성행위를 다른 차원에서 접근할 수 있다는 뜻을 알린 남편도 그녀를 계속 사랑했다. 이 모든 것이 여성이라는 수수께끼에 대해 이렇게 말한 여성 작가의 해석과 일맥상통하는 것이다. "여성은 상처받을수록 더 욕망의 대상이 될 필요성을 느낀다. 여성은 도전받을수록 악착같아진다. 여성은 추락할수록 더 필사적으로 애인을 만든다. 여성은 순종할수록, 애인에게 더 큰 힘을 행사한다. 여성은 정복될수록, 쾌감을 느끼고 사랑받는다."

이 상담에서 나는, 그녀 아버지의 감탄이 억제되어 있다가, 몇 번의 면담에서 내가 한 말들과 나의 시선에서 나를 '좋은 사람"이라고 판단하면서 —그 이후에 그녀의 둘째 아들이 아팠을 때를 비롯해서 여러 번 확인할 기회가 있었다— 전이가 이루어졌다는 것을 확인할 수 있었다. 누군가는 이 모든 것에 대해 악담을 할 수 있고, 내가 내 딸들이나 진찰실에서 만나는 젊은 어머니들을 그렇게 바라보는 것은, 내 어머니가 나

한테 주었던 시선을 내 딸들과 젊은 어머니들과 내가 교환하는 시선
에서 나온 것이라 지적할 수 있을 것이다. 그래서 어쨌다는 건가? 나
는 그것을 부정할 이유가 없다고 생각한다. 나는 내 어머니와의 사
연에서 각별한 위치를 차지하고 긍정적인 혜택을 보았다는 것을 의
식하고 있다고 덧붙이고 싶다. 모든 어린이의 성(性)은, 성별이 다른
부모의 시선이 그 어린이의 성을 본질적으로 인정하고 존중할 때 더
향상되고 감수성이 높아지는 것이 아닌가? 우리 누구에게나 이러한
것이 더 바람직하지 않을까?

　이 이야기에는 더 흥미로운 요소가 있다. 즉, 결합한 지 상당한 시
간이 흐른 이 부부가 왜 결별로 이어질 수도 있는 위기를 겪었는가?
왜 남편은 그때까지 그런대로 만족했던 성생활이 더 이상 맘에 들지
않는다는 사실을 부인에게 전하기 위해 그런 실수를 하게 되었는가?
이 질문에 대한 대답은 다름 아닌 그의 첫째 딸 뤼실의 탄생에 있다.

　나와의 상담에서 그가 확인한 것이기도 하다.

　그 여성이 나와의 상담에서 있었던 내용을 남편에게 이야기했더
니, 남편이 나를 만나고 싶다고 해서, 나는 부적절하거나 불가능한
일이 아니라고 판단했다.

　남편이 왔다. 나는 그가 나를 만나겠다고 한 이유를 몰랐다. 그는
한참 동안 내 의문을 풀어주지 않았다. 그는 내게 개인적으로 감사를
전하기 위해 왔다고 했다.

　"아내와 저는 선생님을 만난 것은 큰 행운이라고 늘 생각합니다.
선생님과 상담 후 우리 생활은 전에는 상상조차 할 수 없을 정도로
변했습니다. 저는 아내를 만나자마자 사랑에 빠졌습니다. 다른 여자
가 아닌 바로 그 여자를 기다리고 있었던 거지요. 저는 즉시로 그녀

와 평생을 지내고 그녀와 인생을 마칠 것이라는 사실을 알았습니다. 그녀 없는 세상은 아무 의미가 없어요. 내가 너무 저속한 표현을 쓰는 것을 용서하십시오. 저는 늘 '창녀 같은 여자들'도 필요했습니다. 섹스에 각별한 취미를 가진 그런 여자들 말입니다. 그 일 이후에 저는 하나 안에 모든 것을 갖고 있습니다!"

여성과 창녀라는 거창한 테마! 영원한 남성, 간통을 포함한 모든 것을 포함하는 영원한 남성이 내 앞에 있었다!

한쪽에는, 우리가 선택한 여성, 제도가 인정하는 여성, 어느 날 아이들의 어머니가 될 여성이 있다. 그녀에 대한 사랑은 우리가 '성스러운' 어머니에 대해 가졌던 사랑을 바탕으로 만들어진 것이다. 우리는 이 어머니가 성관계를 갖는다고 상상하기 힘들다. 다른 쪽에는, 방수격벽(防水隔壁)을 사이에 두고, 자연 그대로의 섹스, 동물적인 섹스, 환상을 키우는 섹스, 신비에 싸인 섹스, 모든 호기심의 원천인 섹스, 정복되는 섹스, 언젠가 우리가 거기서 나왔다고 인정하기가 죽기보다 싫지만 인정할 수밖에 없는 섹스, 우리가 이유도 모르면서 다시 들어가고 싶어하지만 우리 몸 전체가 들어갈 수 없기 때문에 그것만 바라고 있는 페니스라도 들어가는 섹스, 창녀들이 절제 없이 행하는 섹스! 돈으로 살 수 있으며, 모든 것을 줄 수 있기 때문에 너그러운 것 같지만 흥정도 주저하지 않는 여성들의 섹스!

'하나 안에 모든 것'을 갖는다는 것은 생각만큼 흔치 않다. 남자로서 실행에 옮기기가 쉽지 않다. 왜냐하면 "남성은 여성에 대한 존중심으로 인해 성행위에 제한을 느끼며, 격하된 성적 대상하고만 최대의 힘을 발휘한다"라고 프로이트는 말하고 나서, 다음과 같이 덧붙였다. "내가 말하는 것은 듣기에 불쾌하고 더욱이 역설적이지만, 말하지 않을 수 없다. 즉, 성행위를 하면서 정말 자유롭고, 따라서 행복하기 위해서는 여성에 대한 존중심을 초월해서 어머니나 누이와 간통하는 표상과 친숙해져야 한다."[1]

"네 엄마는 창녀(Putain de ta mère)"라는 말은 지중해 주변 지역에서 가장 심하고 참을 수 없는 욕이다. 이 욕은 다른 어느 지역보다도 남성들에게 어머니의 후광이 가장 큰 중요성을 가지는 지역에서 예의 방수격벽을 무너뜨리는 것이다. 하지만! 남성이 창녀나 어머니가 그에게 '모든 것'을 주기를 기대한다고 볼 때, 어떤 면에서 창녀와 어머니보다 더 근접한 관계가 있을 수 있을까? 이 '모든 것'은 너무 광범위해서 그것을 무한대로 확대하거나, 동등한 것들을 포함시킬 수 있다.

종의 법칙에 의하여, 어머니는 '모든 것'에서 섹스를 배제할 수밖에 없다. 창녀는 그녀의 서비스를 사는 사람의 -또는 그녀가 그것을 좋아할 때 상거래는 없지만- '결핍감'을 채워주며, 섹스의 '모든 것'에 접근하게 함으로써 남성에게 마침내 '모든 것'을 얻었다는 느낌을 준다. 왜냐하면 그가 오랫동안 얻기를 꿈꾸던 '모든 것'에서 '부족'하던 부분을 이 기회에 얻을 수 있기 때문이다. 이 점에서 항상 '기질'이라는 불명예스러운 개념을 거론할 수 있다. '적절한' 성행위를 하는 남성들이 있고, '과도한' 필요성을 느끼는 남성들도 있다. 이렇게 상투적인 표현 뒤에 무엇이 있는가? 그 옛날 어머니가 아이에게 주었던 '모든 것'의 변형된 한 형태 이외에 아무것도 아니다.

이 '모든 것'이 너무 과다하게 제공되면, 성적인 면에 기록될 '결핍

---

1) Sigmund Freud, *La Vie sexuelle*(성생활), Paris, PUF, 1969, p.62.

감'은 그것에 밀접하게 비례하여, 이 영역의 수요가 엄청나게 커질 것이다. 그 점에서 어머니가 아들에게 애정을 주는 데 절제하는 편이, 만족시키기가 덜 어려운 성인을 만들 것이라고 생각할 수 있다.

이 점에서 나는 "부인이 남편을 그녀의 아이같이 만드는 데 성공하여, 그 남편의 어머니같이 행동할 수 있기 전에는 부부의 행복은 확실하지 않다"라고 한 프로이트의 주장[2]이 가진 모호성과 불충분성에 대해 얼마든지 논할 수 있다고 생각한다. 왜냐하면 그의 논리를 문자 그대로 따르자면 배우자의 어머니가 되는 여성이 아이에게 하듯, 배우자에게 모든 것을 주라고 요구하는 것이 될 것이다. 그런데 내가 '서비스를 통한 복종'이라고 부르는 전략을 쓰는 여성들의 경우를 우리는 생각 보다 더 자주 볼 수 있다.

이 여성들은 "그에게 무엇이 부족한가?"라고 자문하며 배우자들을 극진하게 배려함으로써 스스로 진정한 노예가 되고 있다. **사실 이 남성에게 부족한 것은 아무것도 없다. 다만 이 여성들이 어떤 전지가위보다도 날카로운 말이나 태도로 그를 거세한 것뿐이다.** 이 여성들은 이 본질을 떠나서 ─그녀들이 어머니와 관계를 맺음으로써 회피할 수 없는 속죄성 충성심을 획득한─ 원초적인 동성애로 돌아와서 이것을 세심하게 유지한다. 이 지점에서 연결되는 것이 통상적 부부간에 이루어지는 여성들의 행동이며, 성관계가 감퇴되는 원인이다.

여성들의 행동과 관련해서라면 그녀들이 원치 않는데도 불구하고 끌어내야 하는 쾌감의 테마를 다시 보게 된다. 이 테마는 오이디푸스

---

2) Sigmund Freud, *La Féminité, in Nouvelles Conférences sur la psychanalyse*(여성성), Paris, Indées-nfg, 1978, p.175.

단계에 있었던 관계의 모호성으로 돌아간다. 즉, 나는 엄청난 두려움을 알게 되기까지 어머니를 사랑했다, '어머니에 대한 두려움'과 싸우기 위해 아버지에게로 돌아섰다. 아버지는 그가 할 수 있는 일을 다 했지만, 그 자신이 어머니로부터 공격을 받기 때문에 사실 큰 도움이 되지 못했다. 그러나 이 모든 것이 나를 더 큰 두려움 속으로 몰아넣었는데, 내가 어머니에 대한 사랑을 버렸을 뿐만 아니라 그녀가 사랑하는 사람을 내가 '유혹'했다고 생각할 것이기 때문이다. 어머니는 나를 더 이상 사랑하지 않을 것이며, 아버지도 내가 원하는 만큼 나를 사랑하지 않을 위험이 있다. 따라서 나는 내가 그들의 이미지에 따라 선택한 사람에게 나를 완전히 주지 않음으로써 나의 잘못을 완화할 것이다. 아마 부모는 잘 모르겠지만, 나는 이렇게 자제함으로써 양심의 가책에서 회복되고, 충성스럽게 임무를 다할 것이다.

한 여성의 근본적인 태도가 이렇게 며칠, 몇 달, 몇 년 동안 계속된다면, 그녀에 대한 배우자의 욕망은 소진될 것이다. 그 여성의 배우자는 생리학적으로 '그것만 생각하고 있다'는 사실을 잊어서는 안 된다. 그녀는 사랑받지 못하는 것을 두려워하기 때문에 그보다는 훨씬 덜 그것을 생각한다. 배우자도 자신의 오이디푸스 과거에 시달리고 있어 그녀를 설득하기 위해 아무것도 하지 않는다면, 부부 싸움은 반복될 것이다. 부부 싸움 끝에 성관계로 잠재적인 파괴성을 해제하는 기회가 점점 줄어들 것이다. 나이가 들어가는 부부들 사이에서 성관계가 감퇴한다는 것은 이런 이유에 불과하다.

한 남자가 부인에게 말한다. "나는 장모님에 대해 악감정이 없어. 당신 어머니도 인간이고, 당신은 내가 도리를 중시한다는 것을 알잖아. 장모님은 매력적이고 친절해. 나도 그 점을 좋아해. 걱정하지 마,

장모님께 악감정은 없어. 당신이 원한다면, 우리하고 같은 건물에 아파트를 얻어드릴 수도 있어. 당신이 원한다면, 우리하고 같은 집에 살아도 좋아. 당신이 원하고, 내가 장모님께 가진 감정에 대해 당신이 걱정하지 않도록 하기 위해서 장모님이 우리하고 같이 주무셔도 돼, 우리 침대에서 같이. 나는 장모님을 쫓아내고 싶어하는 게 아냐. 내가 장모님을 쫓아내고 싶은 곳은 바로 여기야!" 그는 이 마지막 말을 하면서, 집게손가락으로 자신의 머리를 가리켰다.

성배를 찾는 일!(그리스도가 최후의 만찬 때 사용한 그릇으로 십자가에 못 박혔을 때 흐른 피를 담았다고도 알려져 있다. 12~13세기의 많은 소설들이 아서 왕의 기사들이 이 성배를 찾는 것을 주제로 삼았다—역주)

내가 시작했지만 결론을 내리지 못한 정략결혼과 애정에 의한 결혼에 대한 토론으로 잠시 돌아가 보자. 애정에 의한 결혼의 경우, 배우자에 대한 사랑은 생리학적으로 예전의 어머니에 대한 사랑을 상기시키는 것이다. 이 어머니는 부부에 기생한다고 말할 수 있으며, 여성이 어머니에 대해 유지하고 있는 관계는 그녀가 종의 법칙과 이성애에 완전히 접근하는 일에 제동을 건다. 정략결혼의 경우, 한 남성과의 결합이 강제된 여성에게 이 남성은 근본적으로 이방인이다. 여기서 추론할 수 있는 것은, 이 전략은 어머니를 모델로 한 관계가 기생하는 것으로부터 여성을 보호하고, 이 남자를 발견함으로써 그 여성이 이성애에 보다 용이하게 접근할 수 있게 했다는 것이다. 물론 이렇게 될 수도 있고 안 될 수도 있긴 하다.

이런 접근의 타당성을 증명하는 예를 하나 들겠다.

이 여성은 두 살 된 첫딸의 심각한 불면증 때문에 나를 보러 왔다. 그녀는 자신의 개인적 긴장감 때문에 딸이 증상을 보이기 시작한 것이라는 데에 아주 빨리 동의했다. 우리는 그녀 자신에 대해 이야기하기 위해 다시 만났다. 그녀는 어머니와의 관계가 소원해지는 것에 대해 심한 고통을 받는다고 즉각 이야기했다. 그녀는 자신이 결혼한 것에 대해 어머니가 섭섭해 한다는 인상을 받았다고 했다. 그 증거로 어머니가 결코 먼저 전화하는 일이 없고, 그녀를 선선히 만나러 오는 일도 없었다. 그녀를 더 가슴 아프게 한 것은, 그녀의 친구들은 자기와는 달리 어머니와 모든 것을 공유했으며, 아이를 낳고 나서 그런 관계가 더 깊어진다는 것이었다.

그녀의 결론은 이랬다. "내가 미래의 남편과 제단의 닫집 밑에 있는 것을 본 날부터 어머니는 내 어머니가 아니고, 나는 어머니의 딸이 아니었다." 닫집은 유태인들이 종교적 혼례를 올릴 때 신랑이 신부를 맞이하는 곳이다. 그 말을 듣고 나는 그녀에게 그녀의 사연을 얘기해달라고 했다. 모로코 출신의 유태인 부모들은 그녀가 태어나기 전에 벨기에로 이민 갔는데, 그녀는 벨기에에서 태어나 다섯 살까지 살았고, 거기서 남동생 둘도 태어났다. 그 후 가족은 다시 모로코로 돌아갔다.

그녀는 모로코에서 4~5년 살다가 프랑스로 와서 완전히 정착했다. 그녀는 이 과정에 대해 이야기하면서 그녀의 어머니가 그녀에게 보여준 정성에 대해 강조했다. "나는 이 세상에서 나만큼 행복하고 애지중지 키워진 여자아이가 없고, 교육 면에서는 엄격하면서도 내 어머니만큼 부드럽고 배려와 사랑이 깊은 어머니가 없다고 생각해요. 나에게 벌어진 상황에 적응할 수가 없어요. 나 자신의 반을, 아니 그 이상을 잃어버린 것 같아요. 내가 어머니를 위해 뭘 할 수 있는지 모르겠어요."

이 모든 것이 내게는 아주 명확했기 때문에 나는 그녀의 인생 여정에 대한 내 나름의 해석을 해주었다. 그녀의 부모와 같은 이민자들은 항상 그들의 원래 문화에 깊이 뿌리를 두고 있다고 설명했다. 그녀의 부모들은 5~6세대 또는 20세대 전 조상들과 마찬가지인 모로코 유태인들로 남아 있었고 아랍—이슬람 환경으로부터 수백 년 전부터 물려받은 전통을 따르고 있었다. 이 전통에서 가장 중요한 것은 남편의 거처였다.

한 남성이 한 여성을 택할 때, 그는 그녀를 자기의 원래 가족에 편입시킨다. 여성의 부모들은 언젠가 딸을 결혼할 남자에게 '주어야 한다'는 것을 알고 있으며, 그들도 마찬가지로 며느리를 그들의 가족으로 맞을 것이다. 부모들은 명예 상의 문제 때문에 딸을 받아들이는 가족이 딸이나 딸의 교육에 대해 불평하지 않도록 노력한다. 어머니가 그녀와 유지한 관계의 질은, 물론 진정한 사랑도 포함되어 있지만, 그런 배려와 함께 딸이 처녀인 상태로 제단의 닫집에 도착하도록 하는 것이다.

나는 그녀에게 그런 어려운 상황에서도 어머니가 그런 전통을 지킬 수 있었다는 것을 훌륭하게 평가한다고 말했다. 그녀가 일단 제단의 닫집에 도착했을 때, 어머니는 자신의 의무를 완수한 것으로 평가한 것이다. 그 문화에서 딸은 어머니에게 영원히 감사하고 그녀의 딸도 그렇게 키울 것이라고 다짐했을 것이다. 어머니가 그녀에게 전화나 방문을 하지 않은 것은 그녀 나름대로 사위를 존중했던 것이며 그녀에게 방해가 되거나 그녀의 일상에 개입하지 않으려 노력했던 것이다.

이 모든 것은 그녀의 주변에서 벌어지고 있는 일과 아주 달라서 그녀가 그것을 잘못 해석해서 고통을 느꼈던 것이다. 그녀는 내 설명을 잘 이해했다. 나는 그녀를 다시 만날 일이 없었다. 내가 이 사례를 기억하고 있는 것은 문화적인 차이와 이런 문화들이 나름대로 딸과 어머니의 관계를 관리하는 방법을 보여주는 것이었기 때문이다.

이런 여담에도 불구하고, 나는 '모든 것을 하나에' 가지고 있던 그 남성을 잃어버리지 않고, 내 앞에 마주 보고 있었다.

상담은 아주 평범하게 계속되었다. 나는 기회를 이용해 그의 족보를 보완했다. 그 남성은 아들 4형제 집안의 막내였는데, 그는 셋째가 열네 살 때 태어난 늦둥이였다. 그는 항상 어머니와 아주 가까웠던 ― 내가 앞에서 언급한 기질의 문제를 보여주는 예다― 걸로 봐서 막내들이 보통 그런 것처럼 어머니의 팔루스였음이 분명했다.

그의 인생 경험은 그를 '여자관계를 좋아하는 남성'이 되게 내버려 두지 않았기 때문에, 그는 '창녀들'과의 잦은 만남을 통해 그의 어머니에게로 회귀했다. 그는 아들들의 미래에 대해 전혀 걱정하지 않는 것처럼 보였는데, 아들들도 자기처럼 그럭저럭 알아서 해나갈 거라고 생각했을 것이다. 그런데 딸이 태어난 것이다. 그는 어떤 아버지가 될 것인가? 여자 형제를 가져본 적이 없기 때문에 자기 아버지의 예를 따를 수도 없었다.

그는 그의 장인과 장모 사이의 관계를 참고할 수밖에 없다. 그는 여성들에게 있어 어머니와의 관계를 느슨하게 하는 것이 얼마나 어려운가를 전혀 의식하지 못하고 있었다. 이메일을 지우지 못한 것이 모든 것을 작동시켰다. 그의 부인은 마침내 이해했다. 부인은 그를 그녀의 아버지를 대체하는 사람으로 간주하며 그를 받아들이고 완전히 수용한다. 그들은 이제 서로 함께 종의 법칙 안에 존재하게 되었

다. 그녀에 의해 그는 아들들에게 더 좋은 아버지가 되었고, 딸의 완
전한 아버지가 되었고, 딸은 오늘날 대다수의 딸들과는 달리 어머니
의 지배를 받지 않고 살아갈 것이다.

  그의 작전은 그들 부부의 두 어머니를 동시에 떼어놓는 데 성공한
것이다. 이것은 그의 부인이, 그가 세상에 태어나자마자 주겠다고 약
속받은 '모든 것'에 포함되지 않은 섹스를 제한 없이 주는 데 성공했
기 때문이다.

# 법칙으로의 회귀

이 이야기는 우리에게 무엇을 가르치는가?

어린 시절의 꿈들은 비현실적인 것이 아니다, 또는 "그들은 많은 자식을 낳고 오랫동안 행복하게 살았다"라고 할 수 있는 부부들이 존재한다는 확실한 증거를 제공할 수 있는 무엇! 계속 형성되고 있는 부부들의 내부에 불화가 불가피하다는 생각을 여러 가지 방법을 동원해 교묘하게 전개하는 이론에 완전히 역행하는 무엇! 우리를 종의 법칙으로 다시 돌아가게 해서, 낯간지러울 정도로 팽배한 나르시시즘과 사회적 불평등으로 야기된 소비적인 성의 전쟁이 무의미하다는 것을 알게 하는 무엇이다!

나는 앞에서 내가 제의하고자 하는 어떤 법칙, 즉 우리 자신의 사연뿐만 아니라 우리가 관심을 가진 사람들의 사연도 파악할 수 있는 법칙의 존재에 대해 여러 차례에 걸쳐 언급했다. 이 법칙은 내가 직업상 자주 사용하는 것이며, 그 이유 때문에 임상사례를 그렇게 자세하게 제시한 것이다. 사실 가능한 범위 내에서 그런 사례들을 들었는데, 직업상 알게 된 비밀을 노출시키는 잘못을 범하지 않기 위해 일부 내용의 성격을 변질시키지 않고 가리기만 하는 것이 불가능했기 때문에 책 내용에 넣는 것을 포기한 사례가 너무나 많다!

이 법칙은 아주 간단하고 확실한 사실에 기반을 두고 있다. 즉, 어떤 부류의 증상이든, 모든 증상은 당사자의 사연에서 종의 법칙을 —어느 시점이든— 어느 정도 어긴 것에 기인한다는 것이다.

이 법칙의 위반은 다양한 표현과 형태를 취할 수 있으며, 한 세대에서 다른 세대로 전달되는 과정에서 점점 인내하기 어려운 피해를 발생시키고 악화되어 마침내 증상이 형성된다. 이 법칙은 정신분석의 논리가 사용하는 접근법에 결코 역행하는 것이 아니다. 오히려 정신분석의 접근법에서 착상된 것이다. 그러나 그 법칙이 열고자 하는 지평선은 정신분석과 근본적인 차이가 있다. 정신분석의 논리는 환자가 자신의 시니피앙들의 촘촘한 망에 갇혀 있다거나(라캉학파), 자기 감정의 촘촘한 망에 갇혀 있다고 보며(라캉학파 이외 다른 학파), 이 망을 탐험함으로써 그 망에서 환자를 해방시켜줄 수 있다고 본다. 내가 제시하는 법칙의 가설은 종의 법칙이 가진 무형의 성격을 확고하게 인정하는 것이다. 그리고 나서야 자신의 이성이나 기억을 이용해서 우리 각자의 사연에서 종의 법칙을 어긴 지점을 찾으려고 시도할 수 있다는 것이다. 이런 방식의 장점은 첫째 섣부른 판단에 대한 모든 유혹을 물리칠 수 있다는 것이다. **아무리 사연을 거슬러 올라가도 가해자들은 없으며 희생자들만 있는데, 이들은 오늘날까지 종의 법칙을 수용하거나 실행하지 못하는 사회적 논리의 표류에 따른 희생자들인 경우가 많다.**

종의 법칙에 어떤 취약점이 있기 때문에 이렇게 공격을 받는가?

이것은 모든 어머니가 그녀의 자식과 가지는 관계이며, 자식의 성별은 상관없다. 왜냐하면 본질적으로 이 관계는 근친상간으로 표류할 소지가 많기 때문이다. 어떤 어머니가 '자기 아이가 부족한 게 없기'를 바라지 않겠는가? '부족한 게 없다'는 라틴어로 'incestus'라고 한다. (근친상간을 뜻하는 불어는 inceste임을 환기시키고 있다-역주) 아이에게 부족한 게 없게 하려는 어머니의 성향이 신생아의 처음 몇 주 동안에 필수적이라면, 그것은 아이에게 해로운 만큼이나 아이 엄마에게도, 그리고 아이 엄마가 형성하고 있는 부부관계에도 해롭다는 것이 곧이어 밝혀진다. 그런데 이런 성향에 스스로 제동을 거는 어머니는 없다. 어머니를 자제하도록 하는 것은 아이 아버지의 개입에 의해서만 가능한데, 아버지의 개입은 종종 독단적이라는 이유로 거부되곤 한다. 어머니가 이 개입을 수용할 수 있는 것은 그녀 자신의 사연을 바탕으로 하는데, 다시 말해서, 그녀의 어머니가 그녀의 아버지에게 부여한 지위를 바탕으로 해서만 이 개입이 이루어질 수 있다. 어머니가 자기 아이들의 아버지의 개입을 수용하는 방법에 따라 그녀의 딸이 자신의 아이의 아버지의 개입을 수용하거나(수용하지 않거나), 그녀의 아들이 자신의 부인에게 발언권을 행사할 수 있게(없게) 된다. 세대를 거치면서 각 부부가 부담하는 반복의 위험 때문에 사회가 가족 조직 내에서 아버지에게 부여된 자리를 아주 최근까지 의도적으로 지지·옹호한 것이다. 이것이 권력의 남용을 낳고 참을 수 없는 불평등을 만들었다고 해서 아버지의 요구를 완전히 배제하면서 아버지를 어머니의 재판(再版)으로 만드는 어리석은 행위를 정당화할 수는 없다.

이 밑그림에, 아이가 어려서 어머니에 대해 갖는 두려움과 오이디푸스 단계에서 이 두려움을 퇴치하기 위해 쓰는 전략, 어머니가 아이의 전략을 깨기 위해 동원하는 모든 수단을 추가하면, 각 사연에 작용하는 논리를 비교적 잘 이해할 수 있는 도표를 얻게 된다.

나는 내 직업에 종사하는 내내 이 해로운 행동들을 고발할 목적으로 많은 글을 썼다. 나는 나에게 신뢰감을 표시해준 것에 항상 감사하는 환자들을 제외하고는, 내 관점에 동의하는 사람들보다 비판하고 증오하는 사람들을 더 많이 만났다. 나는 아이에게 지나치게 애정을 쏟는 부모들의 열성을 진정시키려는 시도에 많은 시간과 노력을 들였다. 그러나 나는 내 권고가 어떤 사연의 흐름에 제동을 거는 데 충분하다는 환상을 키운 적은 없다. 나는 모든 요구들을 만족시키기에 급급한 —그 요구들을 침묵시키기 위해서 그리고 그에 수반되는 결과를 알지 못하며— 이 사회의 방관적인 태도를 유감스럽게 생각한다. 라캉이 이미 이론가로서 "무의식은 사회적인 것이다"[1]라고 경고하지 않았는가? 어린이들을 위한 대의명분의 개척자 프랑수아즈 돌토는 우리 시대가 갖고 있는 조건의 논리적 궁지들을 적정 시간 내에 해결하기는 어렵다는 사실을 나름대로 파악했다. 그래서 그녀는 아이들은 가능한 한 친부모가 아닌 다른 사람에게 맡겨서 키워야 한다고 주장했다. 프랑수아즈 돌토는 자기분석을 통해서 유모가 자신을 키웠기에 인생을 온전하게 살 수 있었다는 결론을 내렸기 때문에 그런 주장을 펼 근거가 있었다고 볼 수 있다. 그러나 그녀의 권고는 부모들이 내가 누차 강조한 그 어려움에서 빠져나올 수 있도록 도움을 주고자 하는 목적도 있었다. 충동의 노예인 사람들에게 그들의 이성에 호소하는

---

1) Jacques Lacan, *Télévision*(텔레비전), Paris, Seuil, 1973.

말로 권고해서 통할 것이라는 기대를 가질 수 있을까? 질서유지에만 관심이 있는 사회이념이 모든 의견을 존중한다는 구실로 어느 누구의 기분도 망치지 않으려는 상황에서 그런 권고가 통할 수 있을까?

나는 아이들을 어린 폭군이 되는 것으로부터 보호하기 위해 자식 우상주의를 비난할 수 있다고 생각했다. 나는 신생아를 돌보는 노력을 양적 및 시간적으로 통제하는 방법으로 아주 간단하고, 효과적이며, 전혀 부작용이 없는 육아법을 제안했다.[2] 이 육아법은 채택되지 않았으며, 나의 동료 소아과 의사들은 관심을 표시하지도 않거나, 나를 공격하기까지 했다. 20~30년 후에 한두 세대가 희생되고, 문제의 심각성이 더해지고 나서 나의 육아법에 대해 다시 관심을 표시할는지도 모른다.

그때 내가 다시 돌아와서 뻔뻔스럽게 이렇게 말할 수 있을까? 이렇게 신생아에게 부과된 욕구 불만은 아이로 하여금 일찍이 시간의 흐름을 경험하게 하고, 어머니에 대해 가지고 있는 두려움의 강도를 어느 정도 완화하며, 조금이라도 아이를 무장시켜서 그의 오이디푸스 단계와 청소년기를 좀 더 무난하게 보낼 수 있게 할 것이다. 이런 방법으로 어머니의 죄의식을 침묵시킴으로써, 배우자가 우선적으로 사랑하는 여성의 조건으로 돌아가게 하고, 부부의 연대의식을 지키는 여성으로 만들 수 있을까?

아주 오래 전의 일이다. 한 어머니가 대기실에서 30~40분을 기다린 후 예닐곱 달 된 남자아이를 팔에 안고 내 진찰실로 들어왔다. 그

---

2) Aldo Naouri, *Les Pères et les mères*(아버지들과 어머니들), *op. cit.*

녀는 심각한 표정으로 한숨을 쉬며 자리에 앉았다. 나는 기다리게 한 것에 대해 —내 잘못은 아니었지만— 그녀가 화를 내거나 불만을 터트릴 것에 대비하고 있었다. 나는 난처했지만 그녀에게 사과할 마음의 준비를 했다. 그녀는 침묵을 깨고 내게 이렇게 말해 나를 놀라게 했다. "대기실에서 아주 재미있는 시간을 보냈어요."

약간의 놀라움과 걱정이 섞인 내 시선을 의식한 그녀가 말을 이었다. "시간 낭비한 건 없어요. 심심하지 않았고, 배운 것도 있어요. 놀라셨어요? 애들을 데리고 온 저 부모들을 볼 시간이 있었어요. 저 부모들을 보면서 특히 많이 생각했어요! 살아가면서 저런 사람들을 자주 보지 못해요. 정말이에요, 대단한 사람들이에요! 부모들이 애들 발밑에 있어요! 부모들이 상상할 수 없는 인내심을 갖고 있어요! 이걸 줄까? 저걸 줄까? 넘어지면 일으켜주고, 뽀뽀해주고. 네가 원하는 장난감을 줄게. 네가 원하면 바꿔줄게. 네가 염소가 되라면, 내가 염소가 되고, 네가 배추가 되라면, 내가 배추가 되마! 게다가, 아세요? 저 사람들은 감탄해서 입을 헤벌리고 있어요. 입을 헤벌리고 있다고요! 간단해요, 애들을 세상에 희귀한 보물처럼 취급해요! 그거예요! 내가 지어낸 말이 아니에요! 부모들의 눈에서 읽을 수 있어요! 그런데 그게 기적인가요? 고양이도 개도 다 새끼를 낳잖아요, 다른 짐승들도 마찬가지고요. 보셨다시피, 내가 앉아서 다 봤잖아요, 그러나 이건 쉬운 일이에요. 그냥 즐기는 거예요. 그리고 대가 없이 즐기는 거죠! 나는 결국 전혀 중요하지 않은 일이라는 생각이 들었어요. 저 사람들에게는 대단한 일이에요, 그렇다고 쳐요. 저 사람들은 시선을 여기저기 하찮은 것에 쓰다가 스스로를 지치게 만들 거예요! 그들은 그 시선을 다른 데 써야 해요. 그들은 그 시선을 잘 갖고 있어야 해요.

오랫동안 자기 자신들 안에 조심스럽게 가지고 있어야 해요, 아주 오랫동안. 25~30년 후에나 그 시선을 풀어놔야 해요. 인생에서 중요한 것은 주먹만 한 애한테 기쁨을 주는 것이 아니에요, 그 애를 잠시 또는 오랫동안 행복하게 하는 것이 아니에요. 인생에서 중요한 것은 남자를 만들고, 여자를 만드는 거예요! 그건 정말 다른 문제예요!"

이 젊은 엄마가 한 말은 우리 사회가 좋아하는 단기적인 개념과 우리 사회에서 사라진 장기적인 개념에 대한 토론뿐만이 아니라, **부모들의 헌신과 무사무욕**(無私無慾)**이 감추고 있는 근본적 이기주의에 대한 주제이다.** 오늘날 대부분의 부모들은 그들이 기대하는 나르시시즘적인 즐거움을 위해 자식들을 낳고 기른다. 아이들은 도구화의 산물이 되어, 의도적으로 번식에 등을 돌린 동성애자들까지 입양할 권리를 주장할 정도다! 우리가 조상들의 속셈을 주저 없이 비난했지만, 우리 조상들은 농사일을 위한 노동력이 늘어나는 것을 생각하며 태어나는 아이들을 반갑게 맞아들였다. 조상들은 이 아이들을 폐쇄된 운명에 가둬 두었지만, 적어도 장기적인 안목을 갖고 있었다. 오늘날엔 더 이상 있을 수 없는 일이다. **오늘날 아이는 당장 개인적인 나르시시즘을 회복하는 데 이용된다.** 그래서 그 아이에 대해 식인종의 관계를 만든다. 우리는 자식을 먹고 살고, 자식에 엎혀산다. 자식에게 만들어주는 흔적들은 그 애가 나중에 성인이나 부모가 되어서도 혼자서 생각하고, 자기 자신을 위해 살고, 자기가 원하는 대로 자기 아이들을 키울 수 있는 권리를 주장할 수단마저 박탈한다.

여론을 주도하는 주체들에게 이렇게 요구하면 헛소리라고 할까? 즉, 우리가 아이를 기르는 것은 우리 자신을 위해서가 아니며, 아이를 우리 곁에 영원히 데리고 있기 위해서도 아니다. 우리에게는, 아이가 언젠가 떠날 수 있도록 자기 자신을 위할 줄 아는 아이로 길러야 할 의무가 있다. 이는 아이에게 미래의 인생을 준비시켜줄 책임을 포함하는 것이다. 아이를 양처럼 기르면 두 발을 제대로 딛고 서지 못하게 될 것이고, 방탕한 인간으로 기르면 요절할 것이다.

부모들이 죽음에 대한 불안감 때문에 상식과 아이의 이익에 역행하는 행동을 한다. 신생아 사망률이 자연 상태에서 보여지는 40% 수준에서 모든 사망 원인을 다 포함하더라도 0.6% 이하로 떨어졌는데도 이 불안감은 어느 때보다도 강하게 유지되고 있다.

여기서도 종의 법칙을 상기하는 것이 필요하다. 그 법칙은 세대 간의 차이를 정하고, 항상 같은 방향으로 흘러가며, 그 안에서 죽음은 삶의 지배가 남긴 쉼표에 불과하다는 사실을 의식하게 해주었다. 이런 삶의 계측 단위에서 자리를 잡고, 자신이 낳은 아이가 있든 없든 이 삶이 자신을 넘어 연장된다는 생각을 수용하는 것은, 피할 수 없는 미래를 수용하는 것이며, 어른스러운 존재 차원에 완전히 접근하는 것이다. 우리 모두 이 차원으로부터 부름을 받고 있지만, 간통이 자주 이 차원을 침묵하게 한다는 것을 우리는 알고 있다.

이제 더 이상 새로운 장을 쓸 시간이 아니다. 따라서 나는 이 주제에 대해 두 가지 포인트를 제공하는 것으로 만족하겠다.

첫째는 에밀 졸라의 시 「라자르(Lazar)」에서 인용한 것이다. 예수가 부활하라고 명령한 라자르는 말한다. "다시 살라고? 아 슬프도다! 매일 자신의 육체가 조금씩 죽는 것을 느끼는 것…… 나는 죽음의 문턱을 넘었다, 그 순간은 너무 끔찍해서 인생 전체를 망치기에 충분하여라."

  다음은 색소폰 연주자 폴 데즈먼드가 한 말을 재즈비평가 알랭 제르베를 통해서 들은 것이다. "빈사 상태에 있는 사람의 모든 근심은 영원에 대한 환상에 기인하는데, 영원에 대한 환상은 인간이 꾸는 꿈 중에서 가장 어리석은 꿈이다. 몇 초만 생각한다면, 제 정신을 가진 사람이 정녕 불사를 원할 수 있을까? 누가 그런 짐을 등에 지고 싶어 할까? 우리가 영원을 갈망하는 것은 우리 자신이 유효 기간이 있는 제품이기 때문이다."

**에필로그**

나는 불투명성에 대한 나의 투쟁과 안경 렌즈에 대한 나의 세심함에 대해 프롤로그에서 장황하게 얘기했다. 이런 종류의 불투명성은 보통은 시각에만 해당되지만 내 경우에는 시각을 초월하기도 한다. 불투명성이 언어에도 있으며, 이 언어의 불투명성을 갖고 살아야 하는 사람에게는 정말 병적 상태가 될 수 있다는 것을 나의 어린 시절에 있었던 일로 설명해보겠다.

이 병적 상태는, 가족 상황 때문에 내가 전혀 이해하지 못하는 새로운 언어에 직면하게 되었을 때 나에게 나타났다. 불투명성의 참을 수 없는 공격과 그것에 대한 나의 투쟁은 이 시절에서 유래된 것으로 보인다. 그리고 나는 이 책의 본론에서 언어의 명확성만을 위해 동원된 충동 분석의 부정적인 면을 거론하게 된 것을 후회하지 않는다. 섹스와 언어가 뒤섞였다는 것을 부정하지는 않겠다. 왜냐하면 은밀함을 구성하는 이 두 가지 요소들이 서로에게서 양분을 취하고, 서로에게 양분을 주기 때문이다. 그러나 이것은 내 말에 변태적인 취향을 굳이 넣고자 하는 ─아무도 그렇게 할 수 없고, 원하지도 않겠지만─ 논거가 되어서는 안 된다.

　1942년 여름, 우리 가족은 리비아에 몇 세대 전부터 정착해 있었지만 프랑스 국적을 가지고 있었는데, 이탈리아 당국이 외국인들, 특히 적국의 국민들을 이탈리아 영토 내에 두지 않겠다고 결정했기 때문에 우리 가족을 추방했다. 그래서 우리는 강제로 알제리로 이송되었다.

　우리가 프랑스나 프랑스어에 대해 무엇을 알고 있었나? 아무것도 없었다. 다만, 프랑스 대사관이나 영사관에 모든 결혼과 출생, 사망에 관련된 신고를 했다는 것뿐이었다. 이 이야기의 구체적인 내용이나, 고통스럽게 뿌리가 뽑히는 것 같았던 귀국에 대해 장황하게 늘어놓지는 않겠다. 다만 이 여행 중에 우리의 가장 큰 걱정은 언어에 관한 것이었다.

　각각 열일곱 살, 열세 살이었던 형들은 이탈리아어로 교육을 받아 그 말을 잘했지만, 프랑스어를 못한다는 것은 역시 넘어야 할 핸디캡이었다. 형들은 아랍 방언을 사용했고 알제리에서 그것이 웬만큼 통한다고 알고 있었다. 그러나 그들은 공공기관에서는 아랍 방언이 통하지 않는다는 사실을 알고 있었다. 당시 마흔 살도 되지 않았지만 아주 나이가 많았던 것처럼 내게 느껴졌던 우리의 과부 어머니는 형들의 불안감을 달래줄 겸, 당신의 불안감도 해소하기 위해 대화에 개입했다. 어머니는 초등학교 4학년 때 프랑스어를 좀 배웠다고 말했다. 어머니의 말은 우리를 너무 놀라게 하고 안심시켰기 때문에 우리들은 어머니에게 프랑스어로 무엇이든 말해보라고 했다. 어머니가 내기 시작한 소리는 황홀하게 이국적이었고 너무 마음을 놓이게 하는 것이었기 때문에 나는 그것을 아직도 기억하고 있다. 우리는 그 이유를 몰랐지만, 어머니는 손짓을 해가며 우리에게 이렇게 말했다.

"Mêmêouassimêmê, éassinoua, mêmêssidou, mêmêssitoua, sississisoudou,

sissiésoutoua." 물론 우리는 그 자리에서 그녀가 한 말을 번역해달라고
했다. 어머니는 번역할 수 없지만, 분명히 프랑스어이며, 그녀가 아
주 어렸을 때 배운 것을 아직까지 기억하고 있는 걸로 봐서, 이미 다
큰 우리들에게 프랑스어는 극복할 수 없는 문제가 아닐 것이라고 강
조했다.

　나는 내 형들과 누이들이 ―부모님은 자식을 열 명 낳아 일곱 명이 생존했
다― 이 화려한 대목을 어떻게 이해했는지 알 수 없다. 나는 우리가
도착한 후 몇 주 동안 프랑스어로 들리는 대화에 귀를 기울이며 내
가 그때 저장해둔 음소들을 찾으려 했다. 물론 헛수고였다. 그러나
그 실망을 소화하는 데는 큰 고통이 따랐다! 어머니의 후광이 이렇게
상처받는 것은 내게 간단한 문제가 아니다.(여기서 오이디푸스가 코를 내
민다!) 어머니나 형들이 그들의 프랑스어가 통하지 않아, 그나마 짧은
아랍 방언을 사용할 수밖에 없을 때, 같이 이야기하는 사람들의 태도
와 시선이 보이던 동정과 경멸은 내게 이루 말할 수 없는 고통을 주
었다! 정확한 기억이 없기 때문에, 가족들과 마찬가지로 내가 가졌던
고립감에 대해 길게 이야기하지 않겠다. 다만 한 장면이 ―기억의 스크
린 기능!― 기억난다. 내가 큰형의 손을 잡고 가다 만난 나이 많은 아저
씨가 큰형과 이야기하다가 내게 말을 걸었다. 그런데 내가 대답을 않
자, 그는 계속 말을 하다가 마침내 현지 아랍 방언으로 번역해서 말
을 하며 이렇게 덧붙였다. "그래, 넌 혀가 없어? 네 혀를 내밀어봐."
이 말을 하면서 그는 자기 혀를 보여주면서 나한테 똑같이 하라고 했
다. 나는 모든 애들이 그런 상황에서 하는 짓을 한다, 나는 머리를 돌
리고, 다시는 형들을 따라 나가지 않겠다고 다짐한다. 이것 외에도
나는 다른 행동을 했는데, 금방 버릇이 되었다. 같은 상황에서 어떤

사람이 내게 말을 거는데 내가 이해하지 못하면, 나는 그 사람을 뚫어지게 바라보며, 그 사람의 표정과 같은 표정을 짓는 것이다.

어떤 이상한 메커니즘에 의해 언어를 습득하나? 우리는 아직 모른다. 그러나 내가 발견한 전략은 내가 언어를 습득하는 데 많은 도움이 되었다. 어쨌든 우리들이, 특히 어린 형제들이 프랑스어를 이해하고 말하는 데는 몇 주밖에 안 걸렸다. 그런데 거기서 특히 내게 이상한 비극이 형성되었다. 왜냐하면 나는 어머니가 우리를 배신했거나, 황당한 거짓말을 (오이디푸스의 또 다른 변신이다!) 했다고 확신했기 때문이다. 프랑스어에는 'mêmêouassimêmê'와 비슷한 단어도 없었다. 우리 형제들은 거기서 그만두지 않았다. 그들은 어머니의 명령이나 확신을 부인하는 데 그 옛날 그녀의 자랑거리를 동원했다. 그들은 가차 없이 이렇게 말하곤 했다. "어머니가 할 줄 안다고 했던 프랑스어 같은 거지, mêmêouassimêmê처럼." 어머니는 참았다. 어머니는 침묵했다.

26년 후에 나는 두 아이를 가진 소아과 의사가 되었다. 큰애는 유치원에 2년째 다니고 있었다. 내가 부엌에 들어섰을 때, 아이는 식탁에 앉아 어머니가 준비하고 있는 점심을 기다리고 있었다. 아이가 귀엽게 말했다. "오늘 재미있는 노래를 배웠어, 들어볼래요?"

우리는 그렇게 하라고 했고, 아이는 몸짓까지 하면서 노래했다. "Ma main, voici ma main; elle a cinq doigts; en voici deux, en voici trois; si ceux-ci sont deux, ceux-ci sont trois."

아이는 내가 왜 갑자기 엄청나게 큰 소리로 웃고, 그 웃음을 그칠 줄 모르는지 이해할 수 없었지만, 그 웃음은 내게 크나큰 안도감을 주었다. 아이 엄마는 아이보다 더 놀랐다. 나는 딸꾹질 같은 웃음을 울음으로 끝내고, 그 옛날 이야기를 해주었다. "Mêmêouassimêmê, éassinoua,

mêmêssidou, mêmêssitoua, sississisoudou, sissiésoutoua." 억양과 기억에 의
해 변형되었지만 확실히 알아볼 수 있는 음소들이 자리를 잡았다. 나
는 우연히 진정한 카타르시스를 경험했다. 그녀는 우리를 배신하지
않았다, 우리 어머니, 내 어머니. 안개는 걷히고, 유리창은 더 이상
불투명하지 않고, 햇빛이 분출했고, 이 모든 것을 지나가던 시선은
장애물을 만나지 않았고, 이제 무한에 접근할 수 있게 되었다. 나의
이 경험은 어느 누구의 경험이 될 수도 있다는 확신이 들었다. 나는
이상하고 놀라운 통찰력을 가진 듯한 기분을 갑자기 느낄 때 이것이
나한테만 일어날 수 있다는 생각은 결코 하지 않았다. 그 경험은 모
든 사람이 나처럼 그런 경험을 할 수 있다는 생각을 갖게 해주었다.

　불투명성. 이것은 말을 하는 존재들의 운명이며 비극이다. 우리 모
두에게 해당되며 예외가 있을 수 없다. 우리가 지배하고 있다고 생각
하는 여러 형태의 언어 속에서 불투명성은 가장 잘 나타난다. 이것이
내가 바로 확신한 것이다. 그러나 우연이 아니다, 그 옛날의 실망감
에 의해서, 내 아들의 노래자랑에서, 부엌에서의 그 장면에서, 되찾
은 기억에서 내 생애의 방향을 잡은 것이다.

　불투명성은 언제나 계속해서 나의 문제가 될 것이다. 그것은 내 개
인적인 인생에서나 나의 직업에서도 계속 투쟁해야 할 대상이 될 것
이다. 나는 그것이 숨어 있거나 변화무쌍한 형태를 취하고 있더라도
반드시 추적할 것이다. 어린 환자의 증상, 부모들의 말, 주변의 조작
논리까지. 내가 반동적이고, 보수적이거나 편집증 증상이 있다고 해
도 상관없다. 그렇다고 해서 나의 인내심을 꺾을 수는 없을 것이다.
26년 동안의 기다림은 시간의 험난한 흐름에 면역성을 주었다. 카뮈
는 "사물들을 잘못 지칭하는 것은 세상에 불행을 추가하는 것이다

(Mal nommer les choses, c'est ajouter à misère du monde)"라고 말했다. 참으로 아름답고 적절한 이 말이 내 태도에 확신을 주었는지 모른다. 내 행동 방식을 내 어머니의 상처받은 존엄성을 회복시키려는 시도나 음침한 복수로 왜곡할 수도 있을 것이다. 이것 또한 나와 아무 상관이 없다. 나를 새로운 프로메테우스가 되려는 야망을 가진 건방진 이단아로 취급할 수도 있을 것이다. 전혀 개의치 않는다. 언제나 의사였고, 지금도 의사인 나는 전혀 후회 없이 나의 '치료 유혹'을 감당하고 있다. 여담이지만, 나는 첫 저서의 제목을 당초 『치료 유혹』이라고 붙였는데, 출판사에서 상업적인 이유로 『잉태한 아이(L'Enfant porté)』라고 바꿨다.

# 간통

초판 1쇄 | 2012년 2월 13일

지은이 | 알도 나우리
옮긴이 | 조용희
펴낸이 | 이용배
펴낸곳 | (주)고려원북스
편집주간 | 설응도

기획 | 성장현
기획편집 | 안은주
편집디자인 | 최혜진
마케팅 | 이종진

판매처 | (주)북스컴, Bookscom, Inc.

출판등록 | 2004년 5월 6일(제16-3336호)
주소 | 서울시 광진구 중곡동 639-9 동명빌딩 7층
전화번호 | 02-466-1207
팩스번호 | 02-466-1301



ISBN : 978-89-94543-41-3 03180